高职高专交通土建类系列教材

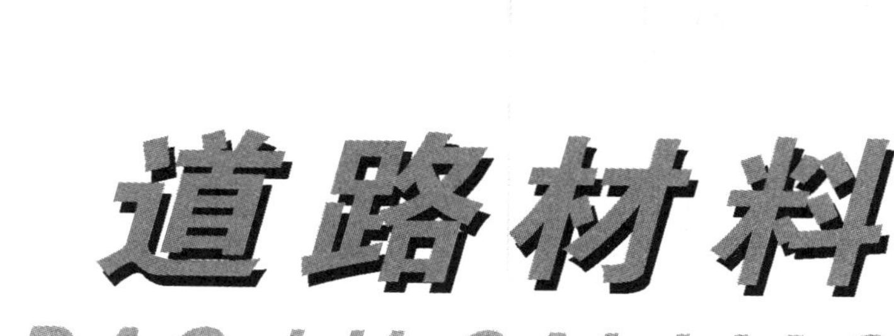

道路材料

DAO LU CAI LIAO

主　编　陈晓明　周　娟
副主编　吴自强　徐凤纯　王　彪

合肥工业大学出版社

前　言

本书是按高职高专道路与桥梁工程技术专业的培养目标与教学要求，同时还考虑了成人高校大专层次及自学人员等特点编写而成。

编写本书的指导思想是以应用为核心，“必需、够用”为度；以讲清概念、强化应用为重点；加大实践环节的教学力度，注重理论与实践相结合；深入浅出、重视实用。本教材在编写过程中引用了最新规范和标准，力求反映最新的、最先进的技术和知识。

本书按最新颁布的标准、规范编写。全书共八章，主要介绍道路建筑材料方面的相关知识，主要内容为砂石材料、石灰和水泥、水泥混凝土和砂浆、无机结合料稳定材料、沥青和沥青混合料、工程聚合物材料、建筑钢材和木材。结合每一章介绍了相关的试验内容。每章前有学习要求，每章后有小结与复习思考题与习题，便于教学与自学，利于必修与选修的灵活掌握。

本书由陈晓明、周娟担任主编，参编人员有陈晓明、周娟、吴自强、徐凤纯、王彪等老师，参编的学校包括江西交通职业技术学院、安徽职业技术学院、淮北职业技术学院等。

本书可作为高等职业院校道路与桥梁、公路与城市道路、公路监理、高等级公路维护与管理等专业的教材，也可作为相关工程技术人员的学习参考书。本书在编写过程中引用了大量的有关建筑材料方面的文献、资料，在此向这些文献、资料和书籍的作者表示谢意。

由于时间仓促，水平有限，书中难免存在不足和错误之处，敬请各位读者批评指正。

编　者

2012 年 7 月

前言

编者

目　　录

绪　论 …………………………………………………………… (1)

一、道路材料在路桥工程中的作用 ………………………… (1)

二、本课程研究的内容和任务 ……………………………… (1)

三、道路材料在路桥工程中应具备的性质 ………………… (2)

四、道路材料的检验方法和技术标准 ……………………… (3)

第一章　砂石材料 ………………………………………… (4)

第一节　岩石 …………………………………………… (5)

一、岩石的技术性质 ………………………………… (5)

二、道路和桥涵用岩石制品 ………………………… (10)

三、石料选用原则 …………………………………… (11)

第二节　集料 …………………………………………… (11)

一、粗集料的技术性质 ……………………………… (12)

二、细集料的技术性质 ……………………………… (16)

第三节　矿质混合料的组成设计 ……………………… (20)

一、矿质混合料的级配理论 ………………………… (20)

二、矿质混合料的组成设计方法 …………………… (23)

第四节　粉煤灰 ………………………………………… (31)

一、粉煤灰的技术性质与技术要求 ………………… (31)

二、粉煤灰在道路工程中的应用 …………………… (32)

试验一　岩石单轴抗压强度试验 ……………………… (33)

试验二　细集料筛分试验 ……………………………… (35)

试验三　细集料表观密度试验(容量瓶法) …………… (37)

试验四　细集料堆积密度及紧装密度试验 …………… (39)

试验五　粗集料筛分试验 ……………………………… (41)

试验六　粗集料密度及吸水率试验(网篮法) ………… (44)

试验七　粗集料堆积密度及空隙率试验……………………（47）
试验八　粗集料压碎值试验………………………………（51）
试验九　水泥混凝土用粗集料针片状颗粒含量试验(规准仪法)
……………………………………………………（53）
试验十　粗集料针片状颗粒含量试验(游标卡尺法)…………（55）
小　结……………………………………………………（56）

第二章　石灰和水泥……………………………………（59）
第一节　石灰…………………………………………（60）
一、石灰的生产工艺概述………………………………（60）
二、石灰的消化和硬化…………………………………（60）
三、石灰的技术要求和技术标准…………………………（61）
四、石灰的应用和贮存…………………………………（63）
第二节　水泥…………………………………………（63）
一、硅酸盐水泥…………………………………………（64）
二、掺混合材料的水泥和其他品种水泥……………………（73）
试验一　石灰 CaO、MgO 含量测定试验……………………（78）
试验二　水泥标准稠度用水量试验…………………………（86）
试验三　水泥凝结时间测定…………………………………（89）
试验四　水泥安定性试验……………………………………（90）
试验五　水泥胶砂强度试验(ISO 法)…………………………（93）
小　结……………………………………………………（98）

第三章　水泥混凝土和砂浆………………………………（100）
第一节　普通水泥混凝土…………………………………（101）
一、普通水泥混凝土的组成材料……………………………（102）
二、普通水泥混凝土的主要技术性质…………………………（113）
三、普通水泥混凝土配合比设计（以抗压强度为指标的计算方法）……………………………………………………（125）
四、道路混凝土的配合比设计………………………………（139）
第二节　其他功能混凝土 *…………………………………（143）
一、高强混凝土…………………………………………（144）
二、流态混凝土…………………………………………（144）
三、纤维增强混凝土………………………………………（145）

四、碾压式水泥混凝土 …………………………………… (145)
五、仿生裂缝自愈合混凝土 ……………………………… (146)
第三节　建筑砂浆 …………………………………………… (147)
一、组成材料 ……………………………………………… (147)
二、主要技术性质 ………………………………………… (148)
三、砌筑砂浆配合比设计 ………………………………… (151)
四、抹面砂浆 ……………………………………………… (155)
五、防水砂浆 ……………………………………………… (157)
试验一　水泥混凝土拌和物的拌制和工作性试验 ……… (157)
试验二　水泥混凝土的力学强度试验 …………………… (161)
试验四　砂浆拌和物的拌制 ……………………………… (165)
试验五　砂浆稠度试验 …………………………………… (165)
试验六　砂浆抗压强度试验 ……………………………… (166)
小　结 ……………………………………………………… (168)

第四章　无机结合料稳定材料 ………………………… (171)
第一节　无机结合稳定材料的组成 ……………………… (172)
一、无机结合稳定材料的分类 …………………………… (172)
二、无机结合料稳定土组成材料及要求 ………………… (172)
第二节　无机结合稳定材料的技术性质 ………………… (176)
一、无机结合稳定材料的强度形成原理 ………………… (176)
三、影响无机结合料稳定材料强度的因素 ……………… (179)
二、无机结合稳定材料的技术性质和技术标准 ………… (180)
第三节　无机结合稳定材料的组成设计 ………………… (185)
试验一　试件成型制作方法(圆柱形) …………………… (188)
试验二　无侧限抗压强度试验 …………………………… (192)
小　结 ……………………………………………………… (195)

第五章　工程聚合物材料 ……………………………… (196)
第一节　高聚物材料概论 ………………………………… (197)
一、高聚物的基本概念和特征 …………………………… (197)
二、高分子化合物的分子构型 …………………………… (197)
三、高分子化合物的分类 ………………………………… (198)
四、工程应用 ……………………………………………… (198)

第二节　高聚物材料在道路与桥梁工程中的应用 …………（198）
一、土工布 …………（198）
二、高聚物改性水泥混凝土 …………（199）
三、其他应用 …………（200）
小　结 …………（202）

第六章　沥青材料 …………（204）
第一节　概　述 …………（205）
第二节　石油沥青 …………（205）
一、石油沥青的分类 …………（205）
二、石油沥青的元素组成和结构 …………（207）
三、石油沥青的技术性质 …………（210）
四、我国道路石油沥青的技术要求 …………（221）
第三节　其他品种沥青 …………（225）
一、煤沥青 …………（225）
二、乳化沥青 …………（228）
三、再生沥青 …………（235）
四、改性沥青 …………（236）
试验一　沥青针入度试验(JTG E20 T 0604—2011) …………（240）
试验二　沥青延度试验(JTG E20 T 0605—2011) …………（243）
试验三　沥青软化点试验(环球法)(JTG E20 T 0606—2011) …………（245）
试验四　沥青标准黏度试验(道路沥青标准黏度计法)(JTG E20 T 0621—1993) …………（248）
小　结 …………（252）

第七章　沥青混合料 …………（253）
第一节　概述 …………（254）
一、沥青混合料的分类 …………（254）
二、沥青混合料的特点 …………（254）
三、沥青路面使用性能的气候分区 …………（255）
第二节　热拌沥青混合料 …………（256）
一、沥青混合料的强度理论 …………（256）
二、沥青混合料的技术性质和技术标准 …………（260）

三、沥青混合料组成材料的技术要求 …………………… (264)
四、沥青混合料配合比设计 ………………………………… (268)
第三节　其他沥青混合料 ……………………………………… (282)
一、冷拌沥青混合料 ……………………………………… (282)
二、沥青稀浆封层混合料 ………………………………… (283)
三、桥面铺装材料 ………………………………………… (287)
四、新型沥青混合料 ……………………………………… (287)
试验一　沥青混合料试件制作方法(击实法)(JTG E20 T 0702—2011) …………………………………………………… (290)
试验二　压实沥青混合料密度试验(表干法)(JTG E20 T 0705—2011) …………………………………………………… (295)
试验三　沥青混合料马歇尔稳定度试验(JTG E20 T 0709—2011) …………………………………………………… (299)
试验五　沥青混合料车辙试验(JTG E20 T 0719—2011) …………………………………………………… (303)
小　结 ………………………………………………………… (306)

第八章　建筑钢材和木材 …………………………………… (308)
第一节　建筑钢材 …………………………………………… (309)
一、钢材的分类及建筑钢材的类属 ……………………… (309)
二、建筑钢材的技术性质 ………………………………… (310)
三、化学成分对碳素钢技术性能的影响 ………………… (315)
四、桥梁建筑用钢材及其制品 …………………………… (316)
第二节　建筑木材 …………………………………………… (334)
一、建筑木材的分类 ……………………………………… (334)
二、建筑木材的构造 ……………………………………… (335)
三、木材的性质 …………………………………………… (336)
四、建筑木材的缺陷 ……………………………………… (339)
实验一　钢材拉伸试验 ……………………………………… (340)
实验二　钢筋冷弯试验 ……………………………………… (342)

主要参考文献 ……………………………………………… (345)

绪　论

道路材料就是指道路与桥梁建筑用各种材料，它是道路与桥梁工程的物质基础。道路材料是研究道路与桥梁用各种材料的组成、性能和应用的一门课程。

一、道路材料在路桥工程中的作用

一切物质产品都是生产者对材料进行劳动加工的成果。工程师和建筑工人所建筑的道路、桥梁、房屋及其附属构筑物也不例外。

材料质量的好坏，配制是否合理及选用是否适当等，均直接影响结构物质量。在道路与桥梁结构物的修筑费用中，用于材料的费用占30%～50%，某些重要工程甚至可达70%～80%。所以，要节约工程投资，降低工程造价，认真合理地选用材料是很重要的一个环节。

在道路与桥梁工程中实现新设计、新技术、新工艺、新材料亦为其中重要一环节。许多新型先进设计，由于材料一关未能突破，因而长期未能实现。某些新材料的出现，又推动新技术的发展，所以，道路材料的研究是道路与桥梁技术发展的重要基础。

二、本课程研究的内容和任务

1. 砂石材料

砂石材料有的是由地壳上层的岩石经自然风化得到的（天然砂砾），有的是经人工开采或再经轧制而得到的（如各种不同尺寸的碎石和石屑）。这类材料是道路与桥梁工程结构中使用量最大的一种材料。其中尺寸较大的块状石料经加工后，可以直接用于砌筑道路、桥梁工程结构及附属构造物；性能稳定的岩石集料可制成沥青混合料或水泥混凝土；一些具有活性的矿质材料或工业废渣，如粒化高炉矿渣、粉煤灰等经加工后可作为水泥原料，也可作为水泥混凝土和沥青混合料中的掺合料。

［想一想］
道路材料用在路桥工程中哪些地方呢？

2. 无机结合料及制品

道路与桥梁工程中最常用到的无机结合料主要是石灰和水泥。水泥是桥梁建筑中水泥混凝土和预应力混凝土结构的主要材料。水泥混凝土路面也是主要的路面类型之一。无机结合料稳定类混合料，通常用于高等级道路路面基层结构或低等级道路路面层结构。水泥砂浆是各种桥梁圬工结构物砌筑的重要结合料。

3. 有机结合料及混合料

有机结合料主要是指沥青类材料，如石油沥青、煤沥青等。这些材料与不同粒径的集料组配，可以修筑成各种类型的沥青路面。沥青混合料是现代路面建筑中极为重要的一种材料。

4. 高分子聚合物材料

各种高分子聚合物材料应用于道路与桥梁工程中，除了可以替代传统材料外，更主要的是用来改善沥青混合料或水泥混凝土的性能。

5. 钢材

钢材是桥梁钢结构及钢筋混凝土结构或预应力钢筋混凝土结构的重要组成材料。

在学习本课程时，应了解一些上述材料的技术性能以及检验方法；各种材料的内部组成结构及其与技术性能之间的关系；产源（天然材料）或加工工艺（人造材料）对其性能的影响；各种材料的技术性能以及存在的问题和改善途径；也要注意合理选用和保管、运输等问题。

三、道路材料在路桥工程中应具备的性质

道路与桥梁工程都是一种承受频繁交通动荷载反复作用的结构，同时又是一种无遮盖而裸露于大自然的结构物，它不仅受到车辆复杂的力系作用，同时又受到各种自然因素的恶劣影响。所以，用于修筑道路与桥梁结构用材料，不仅需要具有抵抗复杂应力作用下的综合力学性能；同时，还要保证在各种自然因素的长期影响下，综合力学性能不产生明显的衰降，即所谓持久稳定性。

为了保证道路与桥梁用建筑材料的综合力学强度和稳定性，就要求建筑材料具备下列四个方面的性质。

1. 力学性质

力学性质是材料抵抗车辆荷载复杂力系综合作用的性能。目前对建筑材料力学性质的测定，主要是测定各种静态的强度，如抗压、拉、弯、剪等强度；或者某些特殊设计的经验指标，如磨耗、冲击等。

2. 物理性质

材料的力学强度随着其环境条件而改变。影响材料力学性质的物理因素主要是温度和湿度。材料的强度随着温度的升高或含水率的增加而显著降低，通常用热稳定性或水稳定性等来表征其强度变化的程度。对于优质材料，其强度随着环境条件的变化较小。

此外，通常还要测定一些物理常数，如密度、实积率、孔隙率等。这些物理常数是材料内部组成结构的反映，并与力学性质之间存在一定的相依性，可以用于表征力学性质。

3. 化学性质

化学性质是材料抵抗周围环境对其化学作用的性能。道路与桥梁用材料除了受到周围介质（如桥墩在工业污水中）或者其他侵蚀外，通常还受到大气因素

(如气温的交替变化、日光中紫外线、空气中氧以及水等)的综合作用,引起材料的"老化",特别是各种有机材料(如沥青材料等)更为显著。

4. **工艺性质**

工艺性质是材料适于按照一定工艺流程加工的性能。例如,水泥混凝土在硬化以前要求有一定的流动性,以便制成一定形状的构件。但是加工工艺不同,要求的流动性亦不同。

四、道路材料的检验方法和技术标准

1. **道路材料的一般检验方法**

道路材料应具备的性能必须通过适当的测试手段进行检验。检验供道路用材料在实际结构物中的性质,通常可采用试验室室内原材料性能检验、试验室室内模拟结构检验以及现场足尺寸结构物的性能的测定等方法。而本课程主要着重试验室室内原材料性能的检验。对应上述道路材料应具备的性能,室内材料试验包括的内容有物理性质试验、力学性质试验、化学性质试验和工艺性质试验。

2. **道路材料的技术标准**

材料的技术标准是有关部门根据材料自身固有特性,结合研究条件和工程特点,对材料的规格、质量标准、技术指标及相关的试验方法所做出的详尽而明确的规定。科研、生产、设计与施工单位,应以这些标准为依据进行道路材料的性能评价、生产、设计和施工。

[问一问]

与道路材料有关的国家标准及行业标准有哪些呢?

目前我国建筑材料的标准分为国家标准、行业标准、地方标准和企业标准。国家标准由国家标准化管理委员会颁布,简称"国标",代号 GB;行业标准由国务院有关行政主管部门制定和颁布;企业标准适用于本企业,凡没有制定国家标准或行业标准的材料或制品,均应制定企业标准。

国际上有影响的技术标准有:国际标准(ISO),美国材料试验学会标准(ASTM),日本工业标准(JIS)和英国标准(BS)等。

复习思考题

1. 试述道路材料的研究内容和任务及其在路桥工程建设中的地位和作用。
2. 试述道路材料应具备的主要技术性质以及试验室常用的一般检验方法。

第一章　砂石材料

【基本要求】

1. 具有砂石材料的技术性质和技术要求的知识；具有矿质混合料级配理论的知识；
2. 能合理选用砂石材料和配制矿质混合料；
3. 能进行砂石材料技术性质的检验；
4. 能描述粉煤灰、矿渣集料。

【知识链接】

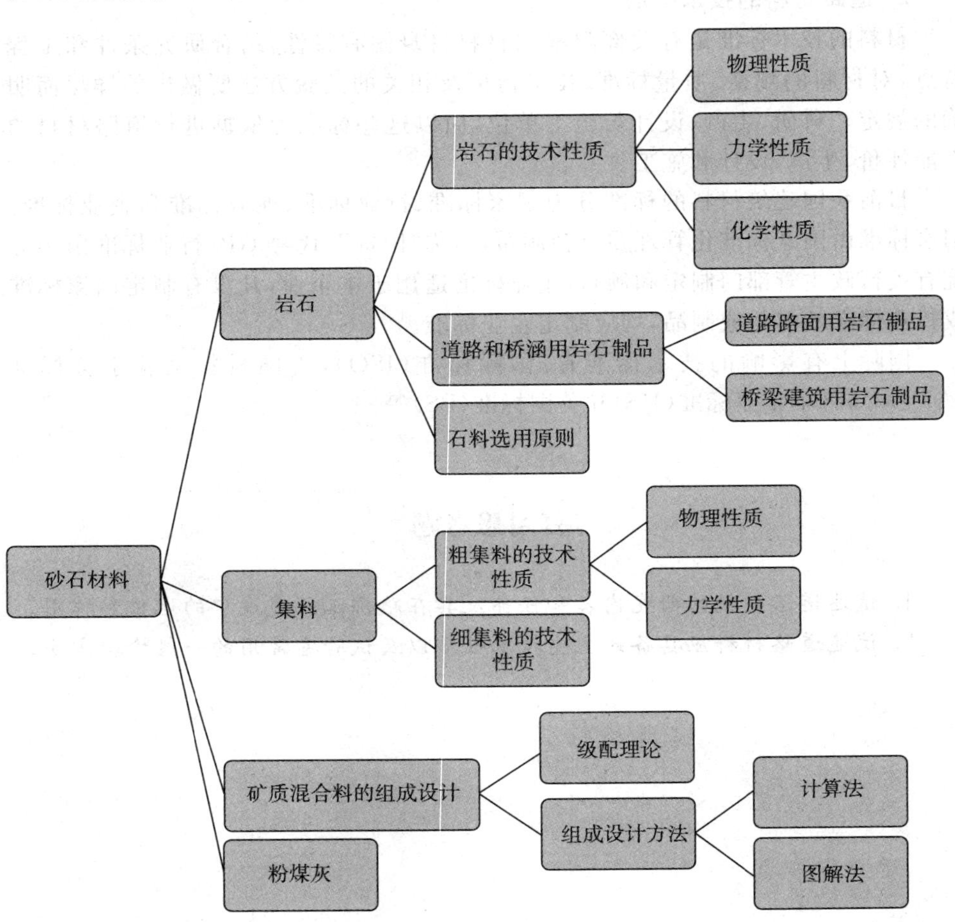

第一节 岩 石

一、岩石的技术性质

岩石的技术性质，主要从物理性质、力学性质和化学性质三方面来进行评价。

[问一问]

开口孔隙和闭口孔隙有什么区别？

（一）物理性质

岩石的物理性质包括：物理常数（如真实密度、毛体积密度和孔隙率等）、吸水性（如吸水率、饱水率等）和耐候性（耐冻性、坚固性等）。

1. 物理常数

岩石的物理常数是岩石矿物组成结构状态的反映，它与岩石的技术性质有着密切的联系。

岩石可由各种矿物形成不同排列的各种结构，岩石的内部组成结构主要是由矿质实体和孔隙[包括与外界连通的开口孔隙和不与外界连通的闭口孔隙所组成，见图 1－1(a)]。各部分的质量与体积的关系如图 1－1(b)所示。

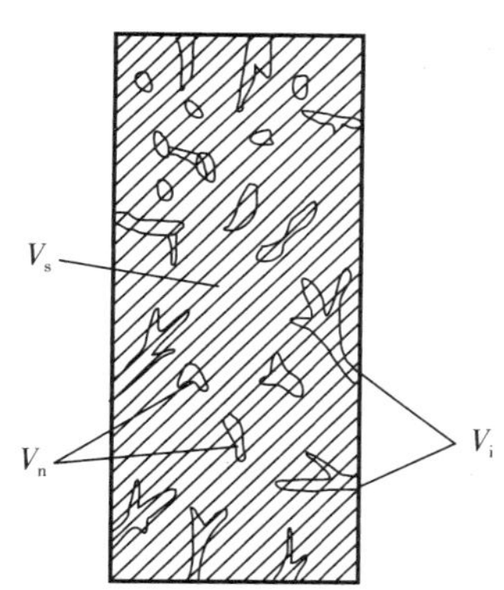

（a）岩石组成结构外观示意图

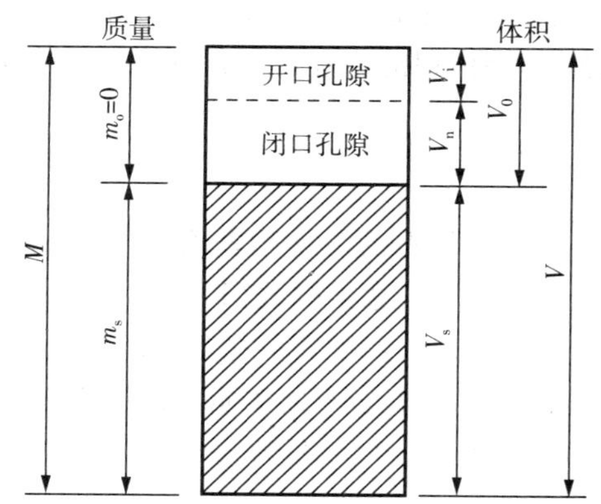

（b）岩石结构的质量与体积关系示意图

图 1－1 岩石组成结构示意图

为了反映岩石的组成结构以及它与物理－力学性质间的关系，通常采用一些物理常数来表征它。在路桥工程用块状岩石中，最常用的物理常数主要是密度、毛体积密度和孔隙率。通过这些物理常数可以间接预测岩石的有关物理性质和力学性质。此外，在混合料组成设计计算时，这些物理常数也是重要的原始资料。

(1)密度

密度是岩石在规定条件（105℃±5℃烘干至恒重，温度 20℃）下，单位体积（不含孔隙的矿质实体的体积）的质量。密度用 ρ_t 表示。由图 1－1(b)体积与质量的关系可表示如式(1－1)：

$$\rho_t=\frac{m_s}{V_s} \tag{1-1}$$

式中：ρ_t——岩石的密度(g/cm^3)；

m_s——岩石矿质实体的质量(g)；

V_s——岩石矿质实体的体积(cm^3)。

由于测定岩石密度是在空气中称量岩石质量的，所以岩石中的空气质量 $m_0=0$，矿质实体的质量就等于岩石的质量，即 $m_s=M$，故式(1－1)可改写为式(1－1′)：

$$\rho_t=\frac{M}{V_s} \tag{1－1′}$$

式中：ρ_t、V_s——意义同式(1－1)；

M——岩石的质量(g)。

[想一想]

同一种岩石的密度和毛体积密度比较，哪个要大些？

岩石密度的测定方法，按我国现行《公路工程岩石试验规程》(JTG E41—2005)(以下简称《岩石规程》)是将岩石样品粉碎磨细后，在105～110℃条件下烘至恒量，称得其质量。然后在密度瓶中加水经煮沸后，使水充分进入闭口孔隙中，通过"置换法"测定其实体体积。已知实体体积和质量即可按式(1－1′)求得真实密度。

(2)毛体积密度

毛体积密度是岩石在规定条件下，单位毛体积(包括矿质实体和孔隙的体积)的质量。毛体积密度用 ρ_h 表示，由图1－1(b)体积与质量的关系可表示为式(1－2)：

$$\rho_h=\frac{m_s}{V_s+V_n+V_i} \tag{1－2}$$

式中：ρ_h——岩石的毛体积密度(g/cm^3)；

m_s、V_s——意义同式(1－1)；

V_i、V_n——岩石开口孔隙和闭口孔隙的体积(cm^3)。

由于 $m_s=M$，岩石的矿质实体体积和孔隙体积之和即岩石的毛体积，$V_s+V_i+V_n=V$，故式(1－2)可写为式(1－2′)：

$$\rho_h=\frac{M}{V} \tag{1－2′}$$

式中：ρ_h——岩石的毛体积密度(g/cm^3)；

M——岩石的质量(g)；

V——岩石的毛体积(cm^3)。

岩石毛体积密度的测定方法，按我国现行《岩石规程》规定，采用"静水称量法"。该方法是，将规则岩石在105℃±5℃烘干至恒重，测得其质量。然后将岩石吸水24h，使其饱水后用湿毛巾揩去表面水，即可称得饱和面干时的岩石质量。最后用静水天平法测得饱和面干岩石的水中质量，由此可计算出岩石的毛体积。按式(1－2′)即可求得毛体积密度。此外，现行试验法亦允许用"蜡封法"来测定毛体积密度。

(3)孔隙率

孔隙率是岩石的孔隙体积占其总体积的百分率，由图1－1可表示为式(1－3)：

$$n=\frac{V_0}{V}\times 100 \quad (1-3)$$

式中：n——岩石的孔隙率(%)；

V_0——岩石的孔隙(包括开口和闭口孔隙)的体积(cm^3)；

V——岩石的总体积(cm^3)。

孔隙率亦可由公式(1-3′)计算得到

$$n=(1-\frac{\rho_h}{\rho_t})\times 100 \quad (1-3')$$

式中：n——岩石的孔隙率(%)；

ρ_t——岩石的密度(g/cm^3)；

ρ_h——岩石的毛体积密度(g/cm^3)。

岩石的物理常数(密度、毛体积密度和孔隙率)不仅反映岩石的内部组成结构状态，而且能间接地反映岩石的力学性质(例如相同矿物组成的岩石，孔隙率愈低，其强度愈高)。尤其是岩石的孔隙结构，会影响其所轧制成的集料在水泥(或沥青)混凝土中，对水泥浆(或沥青)的吸收、吸附等化学交互作用的程度。

[问一问]

岩石含的水是存在开口孔隙里还是存在闭口孔隙里?

2. **吸水性**

吸水性是岩石在规定的条件下吸水的能力。岩石与水作用后，水很快湿润岩石的表面并填充了岩石的孔隙，因此水对岩石的破坏作用的大小，主要取决于岩石造岩矿物性质及其组织结构状态(孔隙分布情况和孔隙率大小)。为此，我国现行《公路工程岩石试验规程》规定，采用吸水率和饱和吸水率两项指标来表征岩石的吸水性。

(1)吸水率

岩石吸水率是指在室内常温(20℃±2℃)和大气压条件下，岩石试件最大的吸水质量占烘干(105℃±5℃干燥至恒重)岩石试件质量的百分率。

岩石吸水率按式(1-4)计算：

$$w_a=\frac{m_1-m}{m}\times 100 \quad (1-4)$$

式中：w_a——岩石吸水率(%)；

m——岩石试件烘干至恒量时的质量(g)；

m_1——岩石试件吸水至恒量时的质量(g)。

岩石吸水率采用自由吸水法测定。

[想一想]

饱和吸水率和吸水率有什么不同?

(2)饱和吸水率

岩石饱和吸水率是在室内常温(20℃±2℃)和真空抽气(抽至真空度为残压2.67kPa)后的条件下，岩石试件最大吸水的质量占烘干岩石试件质量的百分率。

饱和吸水率采用煮沸法或真空抽气法测定。

因为当真空抽气后占据岩石孔隙内部的空气被排出，当恢复常压时，则水即进入具有稀薄残压的岩石孔隙中，此时水分几乎充满开口孔隙的全部体积，所以，饱和吸水率大于吸水率。饱和吸水率的计算方法与吸水率相同。

3. 耐久性

道路与桥梁都是暴露于大自然中无遮盖的建筑物，经常受到各种自然因素的影响，用于道路与桥梁建筑的岩石抵抗大气自然因素作用的性能称为耐久性。目前对道路与桥梁用岩石，在某些气候条件下，必须考虑其抗冻融耐久性（简称抗冻性）。

目前已列入我国《岩石规程》的方法有：抗冻性和坚固性。

(1)抗冻性

岩石抗冻性是指岩石在吸水饱和状态下，抵抗多次冻结和融化作用而不发生显著破坏，同时也不严重降低强度的性质。

我国现行抗冻性的试验方法是采用直接冻融法。该方法是将岩石加工为规则的块状试样，在常温条件下（20℃±5℃），采用逐渐浸水的方法，使开口孔隙吸饱水分，然后置于负温（通常采用－15℃）的冰箱中冻结 4h，最后在常温条件下融解，如此为一冻融循环。经过 10、15、25 次循环后，观察其外观破坏情况（产生裂缝、掉边、缺角或表面松散等破坏现象）并加以记录。采用经过规定冻融循环后的质量损失百分率表征其抗冻性。

质量损失率按（1－5）计算：

$$L=\frac{m_s-m_f}{m_s}\times 100 \tag{1-5}$$

式中：L——冻融后的质量损失率（%）；

m_s——试验前烘干试件的质量（g）；

m_f——试验后烘干试件的质量（g）。

此外，抗冻性亦可采用未经冻融的岩石试件抗压强度与冻融循环后的岩石试件抗压强度比值（称为冻融系数）表示。冻融系数按（1－6）计算：

$$K_f=\frac{R_f}{R_s} \tag{1-6}$$

式中：K_f——冻融系数；

R_s——未经冻融试验的试件饱水抗压强度（MPa）；

R_f——经若干次冻融试验后的试件饱水抗压强度（MPa）。

水在结冰时，体积约增大 9%左右，对孔壁产生可达 100MPa 的压力，在压力的反复作用下，使孔壁开裂。所以当岩石吸收水分体积占开口孔隙体积 90%以下时，岩石不因冻结而产生破坏。因此对岩石抗冻性要求，要根据岩石本身吸水率大小及所处的环境和气候条件来考虑。一般要求在寒冷地区，冬季月平均气温低于－15℃的重要工程，岩石吸水率大于 0.5%时，都需要对岩石进行抗冻性试验（因岩石本身毛细孔中的水，在此温度下才结冰）。

(2)坚固性

坚固性是评定岩石试样经饱和硫酸钠溶液多次浸泡与烘干循环后，不发生显著破坏或强度降低的性质。

试验时将烘干岩石试件置入饱和硫酸钠溶液中浸泡 20h 后，将试件取出置于 105℃±5℃的烘箱中烘烤 4h，至此完成第 1 个循环。待试样冷却至 20～25℃后，即开始第 2 个循环。从第 2 个循环起，浸泡和烘烤时间均为 4h。完成 5 次循环后，仔细观察试件有无破坏现象，将试件洗净烘至恒重，准确称出其质量，按式(1-7)计算坚固性试验质量损失率。

$$Q=\frac{m_1-m_2}{m_1}\times 100 \tag{1-7}$$

式中：Q——试件经硫酸钠溶液浸泡后的质量损失率(%)；

m_1——试验前烘干试件的质量(g)；

m_2——试验后烘干试件的质量(g)；

(二)力学性质

公路与桥梁工程结构物中用岩石，除受上述物理性质影响外，还受到外力的作用，所以岩石还应具备一定的力学性质。除了一般材料力学所述及的抗压、抗拉、抗剪、抗弯、弹性模量等纯粹力学性质外，还有一些为路用性能特殊要求的一些力学指标，如抗磨光、抗冲击和抗磨耗等。由于道路建筑用岩石多轧制成集料使用，故抗磨光、抗冲击和抗磨耗等性能将在粗集料力学性质中讨论。

道路建筑用岩石的(单轴)抗压强度是指在单轴受压并按规定的加载条件下，达到极限破坏时，单位承压面积的强度，按式(1-8)计算：

$$R=\frac{P}{A} \tag{1-8}$$

式中：R——岩石的抗压强度(MPa)；

P——极限破坏时的荷载(N)；

A——试件的截面积(mm^2)。

岩石的单轴抗压强度是岩石力学性质中最重要的一项指标。岩石的抗压强度值，取决于岩石的组成结构(如矿物组成、岩石的结构和构造、裂隙的分布等)，同时也取决于试验的条件(如试件尺寸和形状、加载速度、试验状态温度和湿度等)。

(三)化学性质

早年的研究认为矿质集料是一种惰性材料，它在混合料(各种矿质集料与水泥和沥青组成)中起着物理作用。随着科学发展，科学家们根据物化-力学的研究，认为矿质集料在混合料中与结合料起着物理-化学作用。岩石的化学性质将影响着混合料的物理-力学性质。

根据试验研究的结果，按 SiO_2 的含量多少将岩石划分为酸性、碱性及中性。按克罗斯的分类法，岩石化学组成中 SiO_2 含量大于 65%的岩石称为酸性岩石；SiO_2 含量在 52%～65%的岩石称为中性岩石；SiO_2 含量小于 52%的岩石称为碱性岩石。所以在选择与沥青结合的岩石时，应考虑岩石的酸碱性对沥青与岩石黏结的影响。

二、道路和桥涵用岩石制品

(一)道路路面建筑用岩石制品

道路路面建筑用岩石制品，包括直接铺砌路面面层用的整齐块石、半整齐块石和不整齐块石三类；用作路面基层用的锥形块石、片石等。各种岩石制品的技术要求和规格简要分述如下。

1. 高级铺砌用整齐块石

由高强、硬质、耐磨的岩石经精凿加工而成，其加工费用昂贵，这种块石铺筑的路面，需以水泥混凝土为底层，并且用水泥砂浆灌缝找平，所以这种路面造价很高，只有在特殊要求的路面，如特重交通以及履带车等行驶的路面使用。尺寸一般可按设计要求确定。大方块石为 300mm×300mm×(120～150)mm，小方块石为 120mm×120mm×250mm。用于加工高级铺砌用的岩石，抗压强度不低于 100MPa，洛杉矶磨耗率不大于 5%。

2. 路面铺砌用半整齐块石

经粗凿而成立方体的方块石或长方体的条石，顶面与底面平行，顶面积与底面积之比不小于 40%～75%。半整齐块石宜用硬质岩石制成，为修凿方便，常采用花岗岩。顶面不进行加工，因此顶面平整性较差，一般只在特殊地段使用，如土基尚未沉实稳定的桥头引道及干道，铁轮履带车经常通过的地段等使用。

3. 铺砌用不整齐块石

又称拳石，它是由粗打加工而得到的块石，要求顶面为一平面，底面与顶面基本平行，顶面积与底面积之比大于 40%～60%。其优点是造价不高，经久耐用，其缺点是不平整，行车震动大，故目前应用较少。

4. 锥形块石

又称“大块石”，用于路面底基层，是由片石进一步加工而得的粗打集料，要求上小下大，接近截锥形，其底面积不宜小于 100cm^2，以便砌摆稳定。高度一般有(160±20)mm、(200±20)mm、(250±20)mm 等，通常底基层厚度应为石块高的 1.1～1.4 倍。除特殊情况外，一般不采用大石块基层。

(二)桥梁建筑用主要岩石制品

桥梁建筑所用岩石主要制品有：片石、块石、方块石、粗料石、镶面石等。

1. 片石

由打眼放炮采得，其形状不受限制，但薄片者不得使用。一般片石其中部最小尺寸应不小于 15cm，体积不小于 0.01cm^3，每块质量一般在 3kg 以上。用于圬工工程主体的片石，其极限抗压强度应不小于 30MPa；用于附属圬工工程的片石，其极限抗压强度应不小于 20MPa。

2. 块石

由成层岩中打眼放炮开采获得，或用楔子打入成层岩的明缝或暗缝中劈出的岩石。块石形状大致方正，无尖角，有两个较大的平行面，边角可不加工。其厚度应不小于 20cm，宽度为厚度的 1.5～2.0 倍，长度为厚度的 1.5～3 倍。砌缝宽度一般不大于20mm，个别边角砌缝宽度可达30～35mm。岩石极限抗压强度应符合设计文件的规定。

3. **方块石**

在块石中选择形状比较整齐者稍加修整，使岩石大致方正，厚度不小于20cm，宽度为厚度的1.5～2倍，长度为厚度的1.5～4倍。砌缝宽度不大于20mm。岩石极限抗压强度应符合设计文件的规定。

4. **粗料石**

形状尺寸和极限抗压强度应符合设计文件规定，其表面凹凸相差不大于10mm，砌缝宽度小于20mm。

5. **细料石**

形状尺寸和极限抗压强度应符合设计文件规定，其表面凹凸不大于5mm，砌缝宽度小于15mm。

6. **镶面石**

镶面石受气候因素——晴、雨、冻融的影响，损坏较快，一般应选用较好的、较坚硬的岩石。岩石的外露面可沿四周琢成2cm的边，中间部分仍保持原来的天然石面。岩石上、下和两侧均加工粗琢成剁口，剁口宽度不得小于10cm，琢面应垂直于外露面。

三、石料选用原则

1. **适用性原则**

主要考虑石料的技术性能是否能满足使用要求。根据道路桥梁中的用途和部位，选用其主要技术性能满足要求的石料。

2. **经济性原则**

天然石料密度大，不宜长途运输，应综合考虑地方资源，尽可能做到就地取材。

第二节　集　料

集料是指在混合料中起骨架和填充作用的粒料，包括碎石、砾石、机制砂、石屑、砂等。工程上一般将集料分为细集料和粗集料两类。

表1-1　集料的种类

种类	水泥混凝土	沥青混合料
粗集料	粒径大于4.75mm的碎石、砾石、破碎砾石	粒径大于2.36mm的碎石、破碎砾石、筛选砾石、矿渣
细集料	粒径小于4.75mm的天然砂、人工砂	粒径小于2.36mm的天然砂、人工砂(包括机制砂)、石屑

一、粗集料的技术性质

粗集料的技术性质包括物理性质和力学性质。粗集料物理性质有物理常数（表观密度、毛体积密度、堆积密度和空隙率等）、级配和坚固性。路用粗集料的力学性质有集料压碎值、集料磨光值、集料冲击值和集料磨耗率四项指标。

1. 物理性质

(1)物理常数

在计算集料的物理常数时，不仅要考虑集料中的孔隙（开口孔隙和闭口孔隙），还要考虑颗粒间的空隙（见图 1－2）：

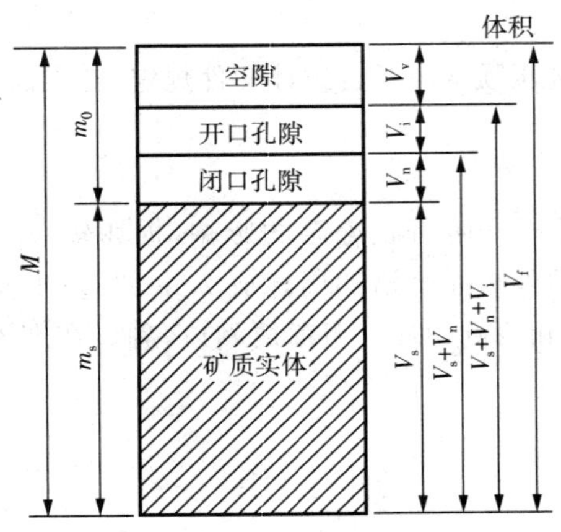

图 1－2　粗集料的体积与质量关系

① 表观密度（简称视密度）　粗集料的表观密度是在规定条件（105℃±5℃烘干至恒重）下，单位表观体积（包括矿质实体和闭口孔隙体积）的质量。粗集料表观密度按图 1－2，可按式（1－9）计算。

$$\rho_a=\frac{m_s}{V_s+V_n} \tag{1-9}$$

式中：ρ_a——集料的表观密度（g/cm^3）；

m_s——矿质实体质量（g）；

V_s——矿质实体体积（cm^3）；

V_n——矿质实体闭口孔隙体积（cm^3）。

矿质实体质量即为集料质量（$m_s=M$）。令 V_a 为表观体积，式（1－9）亦可写成：

$$\rho_a=\frac{M}{V_a} \tag{1-9'}$$

式中：M——集料质量（g）；

V_a——集料表观体积（cm^3）。

粗集料表观密度测定方法是按《公路工程集料试验规程》（JTG E42—2005）（以下简称《集料规程》）规定测定。

② 毛体积密度　粗集料的毛体积密度是在规定的条件下，单位毛体积(包括矿质实体、闭口孔隙和开口孔隙)的质量。粗集料毛体积密度按图1-2，可按式(1-10)计算。

$$\rho_b=\frac{m_s}{V_s+V_n+V_i} \tag{1-10}$$

式中：ρ_b——粗集料毛体积密度(g/cm^3)；

V_s、V_n、V_i——分别为粗集料矿质实体、闭口孔隙和开口孔隙体积(cm^3)；

m_s——矿质实体质量(g)。

已知：$m_s=M$，令 $V_s+V_n+V_i=V_h$ 得式(1-10′)：

$$\rho_b=\frac{M}{V_h} \tag{1-10′}$$

式中：M——集料质量(g)；

V_h——粗集料毛体积(cm^3)。

集料毛体积密度的测定方法是按《集料规程》规定测定。

[比一比]

集料的表观密度、毛体积密度、堆积密度有什么不同？哪个最大？哪个最小？

③ 堆积密度　粗集料的堆积密度是单位体积(包括矿质实体，以及其闭口、开口孔隙体积及颗粒空隙体积)物质颗粒的质量。有干堆积密度和湿堆积密度之分。可按式(1-11)求得：

$$\rho=\frac{m_s}{V_s+V_p+V_v} \tag{1-11}$$

式中：ρ——粗集料的堆积密度(g/cm^3)；

V_s、V_p 和 V_v——分别为矿质实体、孔隙和空隙的体积(cm^3)；

m_s——矿质实体的质量(g)。

已知：$m_s=M$，令 $V_s+V_p+V_v=V_f$ 代入式(1-11)得：

$$\rho=\frac{M}{V_f} \tag{1-11′}$$

式中：M——粗集料的质量(g)；

V_f——堆积体积(cm^3)。

粗集料的堆积密度由于颗粒排列的松紧程度不同，又可分为：堆积密度、振实密度和捣实密度。

④ 空隙率　粗集料空隙率是粗集料试样颗粒之间的空隙占总体积的百分率。

a. 水泥混凝土用粗集料振实状态下的空隙率可按式(1-12)计算：

$$V_G=\left(1-\frac{\rho}{\rho_a}\right)\times 100 \tag{1-12}$$

式中：V_G——粗集料的空隙率(%)；

ρ——按振实法测定的粗集料的堆积密度(kg/m^3)；

ρ_a——粗集料的表观密度(kg/m^3)。

b. 沥青混合料用粗集料骨架捣实状态下的间隙率按(1-13)计算。

$$VCA_{DRC}=\left(1-\frac{\rho}{\rho_b}\right)\times 100 \tag{1-13}$$

式中：VCA_{DRC}——捣实状态下粗集料的间隙率(%)；

ρ——捣实状态下粗集料的自然堆积密度(kg/m^3)；

ρ_b——用网篮法确定的粗集料的毛体积密度(kg/m^3)。

[想一想]

级配的三大参数是什么?

(2)级配

粗集料中各组成颗粒的分级和搭配情况称为级配，级配是通过筛析试验确定的。筛析试验就是将粗集料通过一系列规定筛孔尺寸的标准筛，测定出存留在各个筛上的集料质量，根据集料试样的质量与存留在各筛孔上的集料质量，就可求得一系列与集料级配有关的参数。

① 集料中通过 0.075mm 筛的含量按式(1-14)计算，准确至 0.1%。

$$P_{0.075}=\frac{m_1-m_2}{m_1}\times 100 \tag{1-14}$$

式中：$P_{0.075}$——集料中粒径小于 0.075mm 的含量(通过率)(%)；

m_1——用于水洗的干燥集料总质量(g)；

m_2——集料水洗后的干燥质量(g)。

② 分计筛余百分率

各号筛上的分计筛余百分率按式(1-15)计算，但 0.075mm 筛不计算分计筛余，准确至 0.1%。

$$a_i=\frac{m_i}{m_0}\times\frac{100-P_{0.075}}{100} \tag{1-15}$$

式中：a_i——各号筛上的分计筛余百分率(%)；

m_0——用于干筛的干燥集料总质量(g)；

m_i——各号筛上的分计筛余(g)；

i——依次为 0.15mm、0.3mm、0.6mm……至集料最大粒径。

③ 累计筛余百分率

各号筛的累计筛余百分率为该号筛及大于该号筛的各号筛的分计筛余百分率之和，但 0.075mm 筛不计算累计筛余，准确至 0.1%。

④ 各号筛的质量通过百分率

各号筛的质量通过百分率等于 100 减去该号筛累计筛余百分率，但 0.075mm 筛的质量通过百分率即为 $P_{0.075}$，准确至 0.1%。

(3)坚固性

除前述的将原岩石加工成规则试块进行抗冻性和坚固性试验外，对已轧制成的碎石或天然的卵石，亦可采用规定级配的各粒级集料，按现行《集料规程》选取规定数量，分别装在金属网篮中浸入饱和硫酸钠溶液中进行干湿循环试验。经一定的循环次数后，观察其表面破坏情况，并用质量损失百分率来计算其坚固性。

2. 粗集料的力学性质

(1)压碎值

压碎值是指按规定的方法测得岩石抵抗压碎的能力，也是集料强度的相对指标，用以鉴定集料品质。

按《集料规程》的规定，粗集料压碎值试验是将 9.5～13.2mm 集料一定试样(用规定金属筒确定石料数量)装入压碎值测定仪的钢质圆筒内，放在压力机上，在 10min 左右均匀地加荷至 400kN，稳压 5s 卸载，称其通过 2.36mm 的筛余质量，按式(1-16)计算：

[问一问]

压碎值试验对所选的集料有什么要求?

$$Q_a=\frac{m_1}{m_0}\times 100 \tag{1-16}$$

式中：Q_a——集料的压碎值(%)；

m_0——试样的质量(g)；

m_1——试验后通过 2.36mm 筛孔的细料质量(g)。

(2)磨光值

磨光值是反映岩石抵抗轮胎磨光作用能力的指标，它是采用加速磨光机磨光岩石，并用摆式摩擦系数测定仪测得的磨光后集料的摩擦系数。用高磨光值的岩石来铺筑道路路面表层，可以提高路表的抗滑能力，保障车辆的安全行驶。

磨光值试验的基本方法是将 9.5～13.2mm 干净岩石颗粒单层紧密地排列在试模之中，并用环氧树脂砂浆固定，制成试件，经养护后拆模。同种岩石制备四个试件，顺序安装在道路轮上。先用 30 号金刚砂对试件磨蚀 3h，再用 280 号金刚砂磨蚀 3h 后停机。取出试件后，用摆式摩擦系数测定仪测定试件的摆值即为集料的磨光值，以 *PSV* 表示。岩石磨光值愈高，表示其抗滑性愈好。

(3)冲击值

冲击值反映岩石抵抗多次连续重复冲击荷载作用的能力。由于路表集料直接承受车轮荷载的冲击作用，这一指标对道路表层用集料非常重要。

按现行规范《集料规程》中规定的试验方法，集料的冲击值试验采用尺寸为 9.5～13.2mm 的干燥集料颗粒，按标准方法分三层装入量筒中，称取集料试样质量。将称好质量的集料装入圆形钢筒中后置于冲击试验仪上，用捣实杆单独捣实 25 次。调整锤击高度，让锤从 380mm±5mm 处自由落下，连续锤击集料 15 次，每次间隔不少于 1s。将击实试验后的集料用 2.36mm 筛筛分，称取通过 2.36mm 筛的石屑质量。集料冲击值按式(1-9)计算：

$$ATV=\frac{m_1}{m}\times 100 \tag{1-17}$$

式中：ATV——集料的冲击值(%)；

m——试样的总质量(g)；

m_1——冲击破碎后通过 2.36mm 筛的试样质量(g)。

(4)磨耗值

磨耗值用于确定岩石抵抗表面磨损的能力，适用于对路面抗滑表层所用集料抵抗车轮磨耗能力的评定。

按我国现行《集料规程》，采用道瑞磨耗试验机测试岩石的磨耗值。试验将 9.5～13.2mm 的岩石颗粒以单层紧密排列在试模中，岩石颗粒不得少于 24 粒。

用环氧树脂砂浆填模成型，经养护后脱模制成试件。同种岩石2个试件为一组。试件用金属托盘固定于道瑞机的圆平板上，按28～30r/min转速旋转100转，旋转的同时连续不断地向磨盘上均匀地撒布规定细度的石英砂。停机后取下试件，观察有无异常现象，然后按相同方法再磨400转，可分为4个100转重复4次磨完，也可连续1次磨完，停机后，称取试件质量，集料的磨耗值按式(1-18)计算。

$$AAV=\frac{3(m_1-m_2)}{\rho_s} \tag{1-18}$$

式中：AAV——集料的道端磨耗值；

m_1——磨耗前试样的质量(g)；

m_2——磨耗后试样的质量(g)；

ρ_s——集料表干密度(g/cm^3)。

集料磨耗值愈高，表示集料耐磨性愈差。

(5)磨耗性

磨耗性是石料抵抗撞击、剪切和摩擦等综合作用的性能。按我国现行试验规程规定，石料的磨耗试验采用洛杉矶式磨耗试验(又称搁板式磨耗试验)方法。

试验机是由一个直径为710mm±5mm，内侧长为510mm±5mm的圆鼓和鼓中的一个搁板所组成。试验用的试样是按一定规格组成的级配石料，总质量为(5000±50)g。当试样加入磨耗鼓的同时，加入12个钢球，钢球总质量为(5000±50)g，磨耗鼓以30～33r/min的转速旋转，在旋转时，由于搁板的作用，可将石料和钢球带到高处落下。经旋转500次后，将石料试样取出，用1.7mm的方孔筛筛去试样中的石屑，用水洗净留在筛上的试样，烘至恒重并称其质量。石料磨耗率按式(1-19)计算：

$$Q=\frac{m_1-m_2}{m_1}\times 100 \tag{1-19}$$

式中：Q——石料磨耗率(%)；

m_1——装入圆筒中的试样质量(g)；

m_2——试验后洗净烘干的试样质量(g)。

二、细集料的技术性质

[想一想]

河砂、山砂、海砂在工程应用当中要注意什么？

(一)细集料的技术性质

砂按来源分为两类。一类为天然砂，它是岩石在自然条件下风化形成的。因产源不同可分为河砂、山砂和海砂。河砂颗粒表面圆滑，比较洁净，质地较好，产源广；山砂颗粒表面粗糙有棱角，含泥量和含有机杂质多；海砂虽然具有河砂的特点，但因在海中所以常混有贝壳碎片和盐分等有害杂质。一般工程上多使用河砂。在缺乏河砂地区，可采用山砂或海砂，但在使用时必须按规定作技术检验。另一类为人工砂，它是将岩石轧碎而成的颗粒，表面多棱角，较洁净。因为是由人工轧制而成，所以造价较高，如无特殊情况，多不采用这种砂。

细集料技术性质主要包括物理性质、颗粒级配和粗度。

1. **物理常数**

细集料的物理常数主要有表观密度、堆积密度和空隙率等，其含义与粗集料完全相同，具体数值可通过试验测定。细集料的物理常数计算方法与粗集料相同，详见“粗集料技术性质”。

2. **级配**

级配是集料各级粒径颗粒的分配情况。砂的级配可通过砂的筛分试验确定。筛分试验是将预先通过 9.5mm 孔径的干砂，称取 500g 置于一套孔径分别为 4.75mm、2.36mm、1.18mm、0.6mm、0.3mm、0.15mm、0.075mm(方孔筛)的标准筛上，分别求出试样存留在各筛上的质量，然后按下述方式计算其级配有关参数。

[想一想]
集料筛与土工筛有什么区别?

(1)分计筛余百分率

某号筛上的筛余质量占试样总质量的百分率，按式(1-20)计算：

$$a_i=\frac{m_i}{M}\times 100 \tag{1-20}$$

式中：a_i——某号筛上的分计筛余(%)；

m_i——存留在某号筛上的质量(g)；

M——试样的总质量(g)。

(2)累计筛余百分率

某号筛的分计筛余百分率和大于某号筛的各筛的分计筛余百分率之总和，可按式(1-21)计算：

$$A_i=a_1+a_2+\cdots+a_i \tag{1-21}$$

式中：A_i——累计筛余(%)；

$a_1,a_2,\cdots,a_i$——4.75mm、2.36mm……至计算的某号筛的分计筛余(%)。

(3)通过百分率

通过某号筛的试样质量占试样总质量的百分率，即 100 与某号筛累计筛余百分率之差，按式(1-22)计算：

$$P_i=100-A_i \tag{1-22}$$

式中：P_i——通过百分率(%)；

A_i——累计筛余(%)。

3. **粗度**

粗度是评价砂粗细程度的一种指标。通常用细度模数表示。细度模数亦称细度模量。

对水泥混凝土用砂，可按式(1-23)计算细度模数，准确至 0.01。

$$M_x=\frac{(A_{0.15}+A_{0.30}+A_{0.6}+A_{1.18}+A_{2.36})-5A_{4.75}}{100-A_{4.75}} \tag{1-23}$$

式中：M_x——细度模数；

$A_{0.15},A_{0.30},\cdots,A_{4.75}$——0.15mm，0.30mm，…，4.75mm 各筛的累积筛余百分率(%)。

细度模数愈大，表示细集料愈粗。砂的粗度按细度模数可分为下列三级：

M_x＝3.7～3.1 为粗砂；M_x＝3.0～2.3 为中砂；M_x＝2.2～1.6 为细砂。

【例 1-1】 分析某水泥混凝土用细集料的级配组成并计算其细度模数。

【解】 取集料试样 500g 进行筛分试验，各号筛上的筛余质量见表 1-2 所列。分别计算该集料分计筛余百分率、累计筛余百分率和通过百分率，将结果列入表1-2。

表 1-2 某细集料筛分试验的计算示例

筛孔尺寸/mm	9.5	4.75	2.36	1.18	0.60	0.30	0.15	底盘
筛余质量 m_i/g	0	15	63	99	105	115	75	28
分计筛余百分率 a_i/%	0	3	12.6	19.8	21	23	15	5.6
累计筛余百分率 A_i/%	0	3	15.6	35.4	56.4	79.4	94.4	100
通过百分率 P_{ii}/%	100	97	84.4	64.6	43.6	20.6	5.6	0

将 0.15～4.75mm 累计筛余百分率代入式(1-23)得该集料的细度模数为

$$M_x=\frac{(15.6+35.4+56.4+79.4+94.4)-5\times 3}{100-3}=2.74$$

属于中砂。

细度模数虽能表示砂的粗细程度，但不能完全反映出砂的颗粒级配情况，因为相同细度模数的砂可有不同的颗粒级配。因此，要全面表征砂的颗粒性质，必须同时使用细度模数和级配两个指标。

4. 含泥量和泥块含量

存在于集料中或包裹在集料颗粒表面的泥土会降低水泥的水化反应速度，也会妨碍集料与水泥(或沥青)间的黏结能力，显著影响混合料的整体强度与耐久性，应对其含量加以限制。

(1)含泥量与石粉含量

含泥量是指集料中粒径小于 0.075mm 的颗粒含量，石粉含量是指人工砂中小于 0.075mm 的颗粒含量，两者均按照式(1-24)计算。

$$Q_n=\frac{m_0-m_1}{m_0}\times 100 \tag{1-24}$$

式中：Q_n——集料的含泥量和石粉含量(%)；

m_0——试验前烘干集料试样的质量(g)；

m_1——经筛洗后，0.075mm 筛上烘干试样的质量(g)。

严格地讲，含泥量应是集料中的泥土含量，而采用筛洗法得到的粒径小于 0.075mm 的颗粒中实际上包含了矿粉、细砂与黏土成分，而筛洗法很难将这些成分加以区别。将通过 0.075mm 颗粒部分全都当作“泥土”的做法欠妥，因此，在《公路沥青路面施工技术规范》(JTGF 40—2004)中，以“砂当量”代替含泥量指标，将筛洗法测定的结果称为小于 0.075mm 颗粒含量；在《建筑用砂》(GB/T

14684—2011)中,增加了“甲基蓝 MB 值”指标。

① 砂当量 SE

砂当量用于测定集料中所含黏性土和杂质含量,判定集料的洁净程度,对集料中小于 0.075mm 的矿粉、细砂与“泥土”加以区别,砂当量值越大表明在小于 0.075mm 部分所含的矿粉和细砂比例越高。在 JTG E42—2005 中规定了砂当量的测试方法。

② 甲基蓝 MB 值

“甲基蓝 MB 值”用于判别人工砂中小于 0.075mm 颗粒含量主要是泥土与被加工母岩化学成分相同的石粉。按照(GB/T 14684—2011)的方法,“甲基蓝 MB 值”的测定是将小于等于 2.36mm 的人工砂试样 200g 与 500mL 水持续搅拌形成悬浮液。在悬浮液中加入 5mL 甲基蓝溶液,搅拌 1min 后,用玻璃棒蘸取一滴悬浮液,滴于滤纸上,观察沉淀物周围是否出现色晕,重复这个过程,直至沉淀物周围出现约 1mm 直径的稳定浅蓝色色晕,然后继续进行搅拌和沾染试验,至色晕可以持续 5min。“甲基蓝 MB 值”按式(1-25)计算,精确至 0.1。“甲基蓝 MB 值”较小时表明粒径小于等于 0.075mm 颗粒主要是与母岩化学成分相同的石粉。

$$MB=\frac{V}{G}\times 10 \tag{1-25}$$

式中:MB——甲基蓝值(g/kg),表示 1kg 人工砂试样(0~2.36mm)所消耗的甲基蓝克数;

G——试样质量(g);

V——所加入的甲基蓝溶液的总量(mL)。

为了缩短试验时间,可以采用甲基蓝快速试验。在悬浮液中一次加入 30mL 甲基蓝溶液后持续搅拌 8min 后,用玻璃棒蘸取一滴悬浮液,滴于滤纸上,观察沉淀物周围是否出现明显色晕。若沉淀物周围出现明显色晕,则判定甲基蓝快速试验为合格;若沉淀物周围未出现明显色晕,则判定甲基蓝快速试验为不合格。

(2)泥块含量

泥块含量是指粗集料中原尺寸大于 4.75mm(细集料中 1.18mm),但经水浸洗、手捏后小于 2.36mm(细集料中 0.6mm)的颗粒含量,按照式(1-26)计算。集料中的泥块主要以三种类型存在:由纯泥组成的团块;由砂、石屑与泥组成的团块;包裹在集料颗粒表面的泥。

$$Q_b=\frac{m_1-m_2}{m_1}\times 100 \tag{1-26}$$

式中:Q_b——集料的含泥量(%);

m_1——粗集料为 4.75mm(细集料为 1.18mm)筛上试样的质量(g);

m_2——粗集料为 4.75mm(细集料为 1.18mm)筛上试样经水洗后,粗集料为 2.36mm(细集料为 0.6mm)筛上烘干试样的质量(g)。

第三节 矿质混合料的组成设计

道路与桥梁用砂石材料，大多数是以矿质混合料的形式与各种结合料（如水泥或沥青等）组成混合料使用。欲使水泥混凝土和沥青混合料具备优良的路用性能，除各种矿质集料的技术性质应符合技术要求外，矿质混合料还必须满足最小空隙率（最大密实度）和最大摩擦力（各级集料紧密排列）的基本要求。为此，必须对矿质混合料进行组成设计。

一、矿质混合料的级配理论

（一）矿质混合料的级配理论

1. 级配曲线

[想一想]
连续级配和间断级配的区别在哪里？

各种不同粒径的集料，按照一定的比例搭配起来，以达到较高的密实度和较大摩擦力，可以采用下列两种级配组成。

（1）连续级配是某种混合料在标准筛孔配成的套筛（筛孔孔径按 1/2 递减）中筛分后，所得的级配曲线平顺圆滑，具有连续性。这种由大到小，逐级粒径均有，并按比例互相搭配组成的矿质混合料，称为连续级配矿质混合料。

（2）间断级配是在矿质混合料中剔除其一个或几个分级，形成一种不连续的混合料，这种混合料称为间断级配矿质混合料。

连续级配和间断级配曲线如图 1－3 所示。

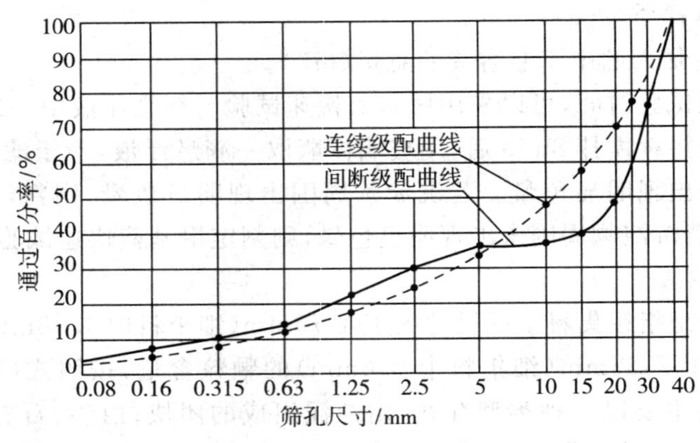

图 1－3 连续级配和间断级配曲线

2. 级配理论

（1）最大密度曲线理论　最大密度曲线是通过试验提出的一种理想曲线（见图 1－4）。该理论认为“矿质混合料的颗粒级配曲线愈接近抛物线，则其密度愈大”。因此，当级配曲线为抛物线时其密实度最大。最大密度理想曲线可用粒径（d）与通过量（p）表示如下：

$$p^2 = kd \tag{1-27}$$

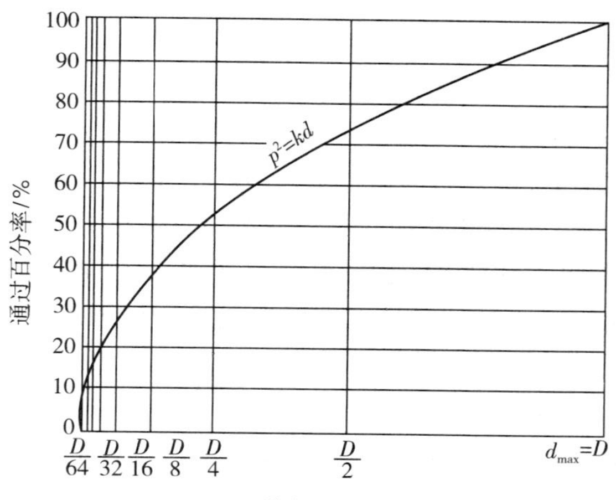

（a）半对数坐标

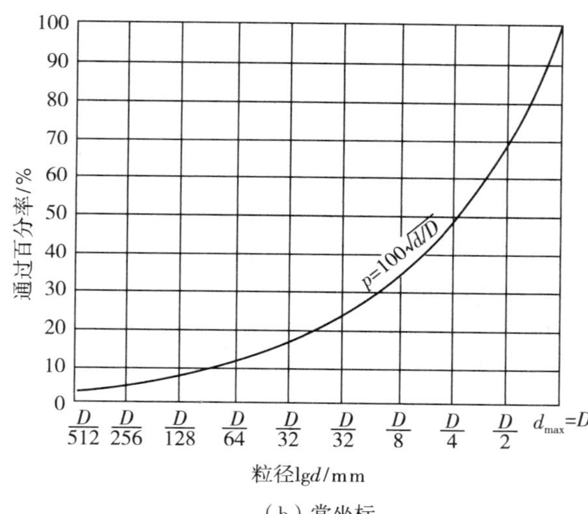

（b）常坐标

图 1－4　理想最大密度级配曲线

式中：p——各级颗粒粒径集料的通过量（%）；

d——矿质混合料各级颗粒粒径（mm）；

k——常数。

当颗粒粒径 d 等于最大粒径 D 时，则通过量等于 100%，即 $d=D$ 时，$p=100$。

$$k=100^2\times\frac{1}{D} \tag{1-28}$$

当希望求任一级颗粒粒径 d 的通过量 p 时，用式(1－28)代入 $p=100\sqrt{d/D}$得

$$p=100\times\left(\frac{d}{D}\right)^{0.5} \tag{1-29}$$

即 $$p=100\sqrt{\frac{d}{D}}$$

式中：d——希望计算的某级集料粒径(mm)；

D——矿质混合料的最大粒径(mm)；

p——希望计算的某级集料的通过量(%)。

式(1-29)就是最大密度理想曲线的级配组成计算公式。根据这个公式，可以计算出矿质混合料最大密度时各种颗粒粒径(d)的通过量(p)。

(2)最大密度曲线的 n 幂公式最大密度曲线是一种理想的级配曲线。在实际应用中，矿质混合料的级配曲线应该允许在一定范围内波动，级配范围(包括密级配和开级配)n 幂常为 0.3～0.7，目前多采用 n 次幂的通式表达如式(1-30)。不同 n 幂的级配曲线式如图 1-5 所示。

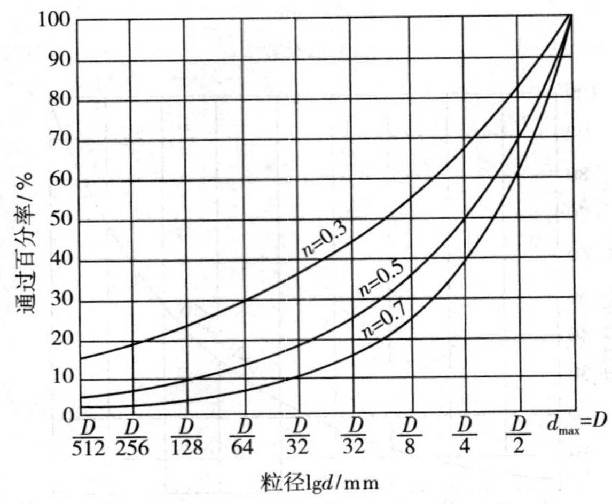

图 1-5　最大密度曲线和级配范围

$$p=100\times\left(\frac{d}{D}\right)^{n} \qquad (1-30)$$

式中：p,d,D——意义同式(1-29)；

n——实验指数。

为计算方便起见，n 幂公式亦可采用对数形式表达式(1-31)：

$$\lg p=\lg 100+n\lg d-n\lg D$$

即 $$\lg p=(2-n\lg D)+n\lg d \qquad (1-31)$$

式中：p,d,D——意义同式(1-29)。

【例 1-2】 已知矿质混合料最大粒径为 40mm，试用最大密度曲线公式计算其最大密度曲线的各级粒径的通过百分率；并按 $n=0.3\sim0.7$ 计算级配范围的各粒级的通过百分率。(提示：矿质混合料各级粒径尺寸按 1/2 递减)。

【解】 (1)按 n 幂公式

最大密度曲线：$n=0.5\quad \lg p_i=(2-0.5\lg 40)+0.5\lg d_i$

级配范围曲线：$n=0.3\quad \lg p_{i1}=(2-0.3\lg 40)+0.3\lg d_i$

$n=0.7\quad \lg p_{i1}=(2-0.7\lg 40)+0.7\lg d_i$

(2)按题意最大粒径 $D=40$mm，各级粒径 d_i 按 1/2 递减，分别用 D 和 d_i 代入 n 幂公式，计算结果列于表 1-3 中。

表 1-3　最大密度曲线和级配范围曲线各级粒径通过百分率

分级顺序 N		1	2	3	4	5	6	7	8	9	10
粒径比 $\frac{D}{2^{N-1}}$		D	$D/2$	$D/4$	$D/8$	$D/16$	$D/32$	$D/64$	$D/128$	$D/256$	$D/512$
理论粒径 d_i/mm		40	20	10	5	2.5	1.25	0.63	0.315	0.16	0.08
最大密度级配曲线通过百分率/%	$n=0.5$	100	70.71	50.00	35.36	25.00	17.68	12.55	8.87	6.32	4.47
级配范围曲线通过百分率/%	$n=0.3$	100	81.23	65.98	53.59	43.53	35.36	28.79	23.38	19.08	15.50
	$n=0.7$	100	61.56	37.89	23.33	14.36	8.34	5.47	3.37	2.10	1.29

二、矿质混合料的组成设计方法

天然或人工轧制的一种集料的级配往往很难完全符合某一级配范围的要求，因此必须采用两种或两种以上的集料配合起来才能符合级配范围的要求。这就需要对矿质混合料进行配合组成设计，即确定组成混合料各集料的比例。确定混合料配合比的方法很多，但一般主要采用试算法与图解法。

(一)试算法

1. 基本原理

试算法适用于 2～3 种矿料组成的混合料，是最简单的一种方法。试算法的基本原理是，设有几种矿质集料，欲配制某一种一定级配要求的混合料。在决定各组成集料在混合料中的比例时，先假定混合料中某种粒径的颗粒是由某一种对该粒径占优势的集料所组成，而其他各种集料不含这种粒径。如此根据各个主要粒径去试算各种集料在混合料中的大致比例。如果比例不合适，则稍加调整，这样逐步渐进，最终达到符合混合料级配要求的各集料配合比例。

例如现有 A、B、C 三种集料，欲配制成某一级配要求的混合料 M。确定这三种集料在混合料 M 中的配合比例(配合比)，按题意作下列两点假设。

(1)设 A、B、C 三种集料在混合料 M 中的用量比例为 X、Y、Z，则

$$X+Y+Z=100\% \tag{1-32}$$

(2)又设混合料 M 中某一级粒径(i)要求的含量为 $a_{M(i)}$，A、B、C 三种集料在

该粒径的含量为 $a_{A(i)}$、$a_{B(i)}$、$a_{C(i)}$。则

$$a_{A(i)}X+a_{B(i)}Y+a_{C(i)}Z=a_{M(i)} \tag{1-33}$$

2. 计算步骤

在上述两点假设的前提下，按下列步骤求 A、B、C 三种集料在混合料中的用量比例。

(1)计算 A 料在矿质混合料中的用量比例　在计算 A 料在混合料中的用量时，按 A 料在优势含量的某一粒径计算，而忽略其他集料在此粒径的含量。

设按粒径尺寸为 i(mm)的粒径来进行计算，则 B 料和 C 料在该粒径的含量 $a_{B(i)}$ 和 $a_{C(i)}$ 均等于零。由式(1－33)可得，即 A 料在混合料中的用量比例：

$$X=\frac{a_{M(i)}}{a_{A(i)}}\times 100\% \tag{1-34}$$

(2)计算 C 料在矿质混合料中的用量比例同前例，在计算 C 料在混合料中的用量，按 C 料占优势的某一粒径计算，而忽略其他集料在此粒级的含量。

设按 C 料粒径尺寸 i(mm)的粒径来进行计算，则 A 料和 B 料在该粒径的含量 $a_{A(i)}$ 和 $a_{B(i)}$ 均等于零。由式(1－33)可得，即 C 料在混合料中的用量比例：

$$Z=\frac{a_{M(i)}}{a_{C(i)}}\times 100\% \tag{1-35}$$

(3)计算 B 料在矿质混合料中的用量比例

由式(1－34)和式(1－35)求得 A 料和 C 料在混合料中的含量 X 和 Z 后，由式(1－32)即可得：

$$Y=100\%-(X+Z) \tag{1-36}$$

(4)校核调整按上述步骤即可计算 A、B、C 三种集料组成矿质混合料的配合比 X、Y、Z。经校核，如不在要求的级配范围内，应调整配合比重新计算和复核。

【例 1－3】 现有碎石、砂和矿粉三种集料，经筛析试验各集料的分计筛余百分率列于表 1－4，并列出按推荐要求设计混合料的级配范围，试求碎石、砂和矿粉三种集料在要求级配混合料中的用量比例。

表 1－4　原有集料的分计筛余和混合料要求的级配范围

筛孔尺寸 d_i/mm	碎石分计筛余 $a_{A(i)}$/%	砂分计筛余 $a_{B(i)}$/%	矿粉分计筛余 $a_{C(i)}$/%	矿质混合料要求级配范围通过百分率/%
13.2	0.8	—	—	100
4.75	60.0	—	—	63～78
2.36	23.5	10.5	—	40～63
1.18	14.4	22.1	—	30～53
0.6	1.3	19.4	4.0	22～45

（续表）

筛孔尺寸 d_i/mm	碎石分计筛余 $a_{A(i)}$/%	砂分计筛余 $a_{B(i)}$/%	矿粉分计筛余 $a_{C(i)}$/%	矿质混合料要求级配范围通过百分率/%
0.3	—	36.0	4.0	15～35
0.15	—	7.0	5.5	12～30
0.075	—	3.0	3.2	10～25
<0.075	—	2.0	83.3	—

【解】 (1)先将矿质混合料要求级配范围的通过百分率换算为分计筛余百分率，计算结果列入表1-5，并设碎石、砂、矿粉的配合比为X、Y、Z。

(2)由表1-5可知，碎石中4.75mm粒径颗粒含量占优势，假设混合料中4.75mm的粒径全部由碎石提供，$a_{B(4.75)}=a_{C(4.75)}=0$，由式(1-34)可得碎石在矿质混合料中的用量比例。

$$X=\frac{a_{M(4.75)}}{a_{A(4.75)}}\times100\%=\frac{29.5}{60.0}\times100\%=49\%$$

表1-5 原有集料和要求级配范围的分计筛余

筛孔尺寸 d_i/mm	碎石分计筛余 $a_{A(i)}$/%	砂分计筛余 $a_{B(i)}$/%	矿粉分计筛余 $a_{C(i)}$/%	要求级配范围通过率的中值 $P_{(i)}$/%	要求级配范围累计筛余中值 $A_{(i)}$/%	要求级配范围分计筛余中值 $a_{M(i)}$/%
13.2	0.8	—	—	—	—	—
4.75	60.0	—	—	70.5	29.5	29.5
2.36	23.5	10.5	—	51.5	48.5	19.0
1.18	14.4	22.1	—	41.5	58.5	10.0
0.6	1.3	19.4	4.0	33.5	66.5	8.0
0.3	—	36.0	4.0	25.0	75.0	8.5
0.15	—	7.0	5.5	21.0	79.0	4.0
0.075	—	3.0	3.2	17.5	82.5	3.5
<0.075	—	2.0	83.3	—	100.0	17.5

(3)同理，由表1-5可知，矿粉中小于0.075mm粒径颗粒含量占优势，忽略碎石和砂中此粒径颗粒的含量，即$a_{B(<0.075)}=a_{A(<0.075)}=0$，则由式(1-27)可得矿粉在矿质混合料中的用量比例。

[算一算]
改变一下碎石、砂、矿粉比例，合成矿料后能满足要求吗？

$$Z=\frac{a_{M(<0.075)}}{a_{C(<0.075)}}\times100\%=\frac{17.5}{83.3}\times100\%=21\%$$

(4)由式(1-28)可得砂在矿质混合料中的用量比例。

$$Y=100\%-(X+Z)=100\%-(49+21)\%=30\%$$

(5)校核。以试算所得配合比 $X=49\%$，$Y=30\%$，$Z=21\%$，按表 1－6 进行校核。

表 1－6　矿质混合料配合组成计算校核

筛孔尺寸 d_i/mm	碎石			砂			矿粉			矿质混合料			
	原来级配分计筛余 $a_{A(i)}$/%	用量比例 X/%	占混合料百分率 $a_{A(i)}X$/%	原来级配分计筛余 $a_{B(i)}$/%	用量比例 Y/%	占混合料百分率 $a_{B(i)}Y$/%	原来级配分计筛余 $a_{C(i)}$/%	用量比例 Z/%	占混合料百分率 $a_{C(i)}Z$/%	分计筛余 $a_{(i)}$/%	累计筛余 $A_{(i)}$/%	通过率 $P_{(i)}$/%	级配范围通过率/%
13.2	0.8		0.4	—		—	—		—	0.4	0.4	99.6	100
4.75	60.0	49	29.4	—		—	—		—	29.4	29.8	70.2	63～78
2.36	23.5		11.5	10.5		3.2	—		—	14.7	44.5	55.5	40～63
1.18	14.4		7.1	22.1	30	6.6	—	21	—	13.7	58.2	41.8	30～53
0.6	1.3		0.6	19.4		5.8	4.0		0.8	7.2	65.4	34.6	22～45
0.3	—		—	36.0		10.8	4.0		0.8	11.6	77.0	23.0	15～35
0.15	—		—	7.0		2.1	5.5		1.2	3.3	80.3	19.7	12～30
0.075	—		—	3.0		0.9	3.2		0.7	1.6	81.9	18.1	10～25
<0.075	—		—	2.0		0.6	83.3		17.5	18.1	100	—	—
校核	Σ=100		Σ=49	Σ=100		Σ=30	Σ=100		Σ=21	Σ=100			

根据校核结果符合级配范围要求。如不符合级配范围，应调整配合比再进行试算，经几次调整，逐步接近，直至达到要求。如经计算确实不能符合级配要求，应调整或增加集料品种。

(二)图解法

通常采用“修正平衡面积法”确定矿质混合料的合成级配。在“修正平衡面积法”中，将设计要求的级配中值曲线绘制成一条直线，纵坐标和横坐标分别代表通过百分率和筛孔尺寸，这样，当纵坐标仍为算术坐标时，横坐标的位置将由设计级配中值所确定。

1. 绘制级配曲线坐标图

按照一定的尺寸绘制矩形图框，通常纵坐标通过量取 10cm，横坐标筛孔尺寸(或粒径)取 15cm。连接对角线 OO' 作为设计级配中值曲线，如图 1－6 所示。按常数标尺在纵坐标上标出通过量百分率位置，然后将设计级配中值(见表 1－7 中数据)要求的各筛孔通过百分率，标于纵坐标上，并从纵坐标引水平线与对角线相交，再从交点作垂线与横坐标相交，该交点即为各相应筛孔尺寸的位置。

表 1－7　某混合料用矿料级配范围

筛孔尺寸/mm	16.0	13.2	9.5	4.75	1.36	1.18	0.6	0.3	0.15	0.075
级配范围/mm	100	95～100	70～88	48～68	36～53	24～41	18～30	12～22	8～16	4～8
级配中值/mm	100	98	79	57	45	33	24	17	12	6

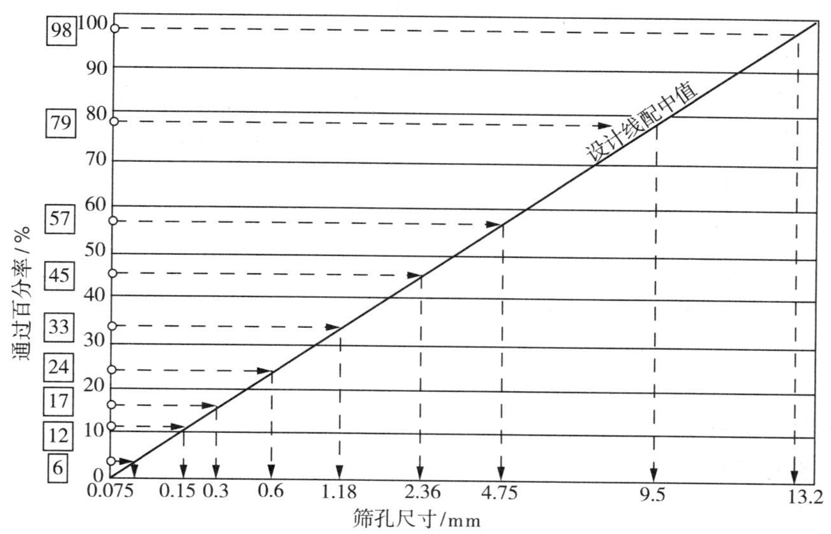

图 1-6　设计级配范围中值曲线

2. 确定各种集料用量

以图 1-6 为基础，将各种集料的级配曲线绘制于图上，结果如图 1-7 所示，然后根据两条级配曲线之间的关系确定各种集料的用量。

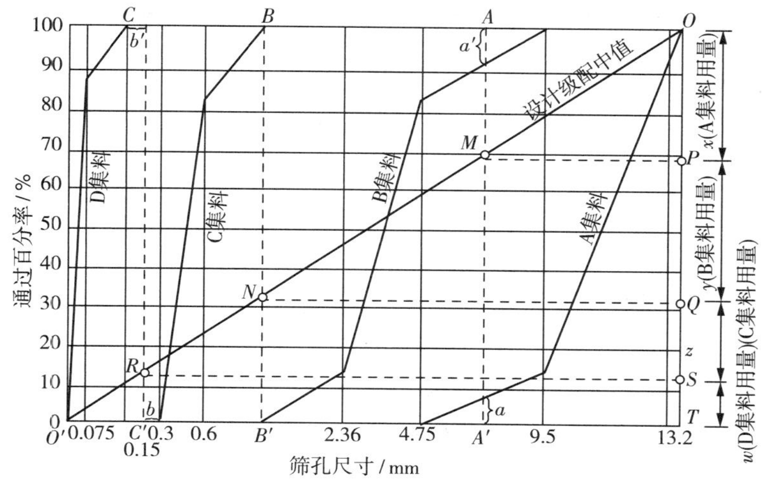

图 1-7　图解法用图

由图 1-7 可见，任意两条相邻集料级配曲线之间的关系只可能是下列三种情况之一。

[做一做]

各组成材料的比例是怎么确定的?

(1)两相邻级配曲线重叠

两条相邻级配曲线相互重叠，在图 1-7 中表现为集料 A 的级配曲线下部与集料 B 的级配曲线上部搭接。此时，在两级配曲线之间引一根垂线 AA'，使其与集料 A、B 的级配曲线截距相等，即 $a=a'$。垂线 AA' 与对角线 OO' 交于点 M，通

过 M 作一水平线与纵坐标交于 P 点，OP 即为集料 A 的用量。

(2)两相邻级配曲线相接

两条相邻级配曲线相接，在图 1-7 中表现为集料 B 的级配曲线末端与集料 C 的级配曲线首端正好在同一垂直线上。对于这种情况仅需将集料 B 的级配曲线末端与集料 C 的级配曲线首端直接相连，得垂线 BB'。BB' 与对角线 OO' 交于点 N，过点 N 作一水平线与纵坐标交于 Q 点，PQ 即为集料 B 的用量。

(3)两相邻级配曲线相离

两相邻级配曲线相离，表现为集料 C 的级配曲线末端与集料 D 的级配曲线首端在水平方向彼此分离。此时，作一条垂线 CC' 平分这段水平距离，使 $b=b'$，得垂线 CC'。CC' 与对角线 OO' 交于点 R，通过 R 作一水平线与纵坐标交于 S 点，QS 即为集料 C 的用量。剩余 ST 即为集料 D 的用量。

3. 合成级配的计算与校核

与试算法相同，在图解法求解过程中，各种集料用量比例也是根据部分筛孔确定的，所以需要对矿料的合成级配进行校核，当超出级配范围时，应调整各集料的用量。合成级配的计算与校核方法与试算法相同。

[想一想]

图解法和试算法有何不同?

【例 1-4】 试用图解法设计某公路用细沥青混凝土矿质混合料的配合比。现有碎石、石屑、砂和矿粉四种矿料，筛析试验得各粒径通过百分率列于表 1-8。

表 1-8 原有矿质集料级配表

材料名称	筛孔尺寸(方孔筛)/mm									
	16.0	13.2	9.5	4.75	2.36	1.18	0.6	0.3	0.15	0.075
	通过百分率/%									
碎 石	100	93	17	0						
石 屑	100	100	100	84	14	8	4	0		
砂	100	100	100	100	92	82	42	21	11	4
矿 粉	100	100	100	100	100	100	100	100	96	87

要求将上述四种集料组配成符合《公路沥青路面施工技术规范》(JTGF 40—2004)细粒式沥青混凝土混合料(AC—13)级配要求(见表 1-9)的矿质混合料，试确定各种集料的用量比例。

表 1-9 矿质混合料要求级配范围和中值表

级配名称		筛孔尺寸(方孔筛)/mm									
		16.0	13.2	9.5	4.75	2.36	1.18	0.6	0.3	0.15	0.075
		通过百分率/%									
细粒式(AC—13)	级配范围	100	90~100	68~85	38~68	24~50	15~38	10~28	7~20	5~15	4~8
	级配中值	100	95	77	53	37	27	19	14	10	6

【解】 (1)按前述方法绘制级配曲线图,如图1-8所示。

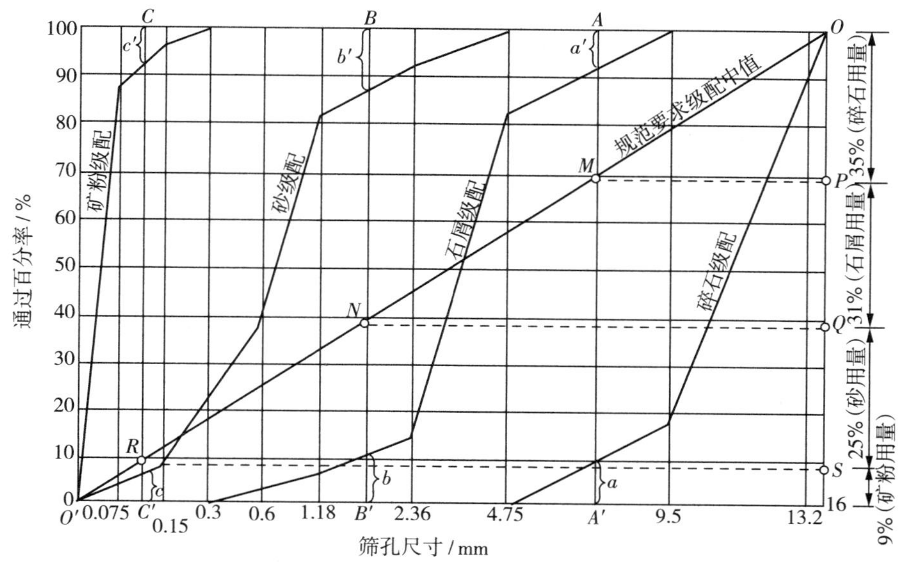

图1-8 各组成材料和要求混合料级配图

(2)在碎石和石屑级配曲线相重叠部分作一垂线AA',使垂线截取二级配曲线的纵坐标值相等($a=a'$)。自垂线AA'与对角线交点M引一水平线,与纵坐标交于P点,OP的长度$X=35\%$,即为碎石的用量。

同理,求出石屑的用量$Y=31\%$,砂的用量$Z=25\%$,则矿粉用量$W=9\%$。

(3)根据图解法求得的各集料用量百分率,列表进行校核计算见表1-10所列。

从表1-10可以看出,按碎石∶石屑∶砂∶矿粉=35%∶31%∶25%∶9%计算结果,合成级配中筛孔0.075mm的通过量偏高,为此,必须进行调整。

(4)由于图解法的各种材料用量比例是根据部分筛孔确定的,所以不能控制所有筛孔。通常需要调整修正,才能达到满意的结果。

通过试算现采用增加砂的用量和减小矿粉用量的方法来调整配合比。经调整后的配合比为:碎石用量$X=35\%$;石屑用量$Y=31\%$;砂的用量$Z=28\%$;则矿粉用量$W=6\%$。按此配比计算如表1-10中括号内数值。

(5)将表1-10计算得到合成级配通过百分率,绘于规范要求级配曲线中,如图1-9所示。从图中可以看出,合成级配曲线完全在规范要求的级配范围之内,并且接近中值,呈一光滑平顺的曲线。确定矿质混合料配合比为碎石∶石屑∶砂∶矿粉=35∶31∶28∶6。

高速公路、一级公路的沥青混凝土路面的矿料的配合比设计宜借助电子计算机的电子表格用试配法进行。具体方法见第七章沥青混合料的配合比设计部分。

表 1-10 矿质混合料组合计算表

材料名称		筛孔尺寸(方孔筛)/mm									
		16.0	13.2	9.5	4.75	2.36	1.18	0.6	0.3	0.15	0.075
		通过百分率/%									
原材料级配	碎石 100%	100	93	17	0						
	石屑 100%	100	100	100	84	14	8	4	0		
	砂 100%	100	100	100	100	92	82	42	21	11	4
	矿粉 100%	100	100	100	100	100	100	100	100	96	87
各种矿料在混合料中的级配	碎石 35% (35%)	35.0 (35.0)	32.6 (32.6)	6.0 (6.0)	0 (0)						
	石屑 31% (31%)	31.0 (31.0)	31.0 (31.0)	31.0 (31.0)	26.0 (26.0)	4.3 (4.3)	2.5 (2.5)	1.2 (1.2)	0 (0)		
	砂 25% (28%)	25.0 (28.0)	25.0 (28.0)	25.0 (28.0)	25.0 (28.0)	23.0 (25.8)	20.5 (23.0)	10.5 (11.8)	5.3 (5.9)	2.8 (3.1)	1.0 (1.1)
	矿粉 9% (6%)	9.0 (6.0)	9.0 (6.0)	9.0 (6.0)	9.0 (6.0)	9.0 (6.0)	9.0 (6.0)	9.0 (6.0)	9.0 (6.0)	8.6 (5.8)	7.8 (5.2)
合成级配		100 (100)	97.6 (97.6)	71.0 (71.0)	60.0 (60.0)	36.3 (36.1)	32.0 (31.5)	20.7 (19.0)	14.3 (11.9)	11.4 (8.9)	8.8 (6.3)
规范(JTGF 40—2004)要求 AC-13 的级配范围		100	90～100	68～85	38～68	24～50	15～38	10～28	7～20	5～15	4～8

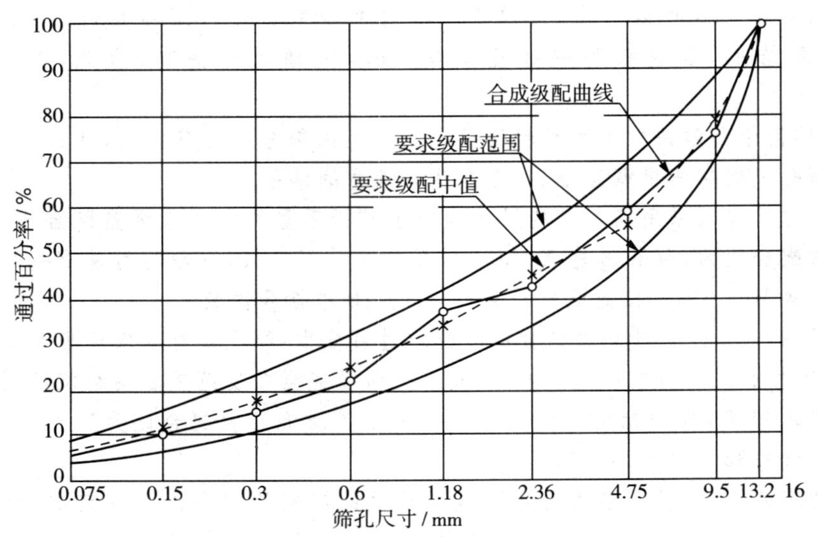

图 1-9 要求级配曲线和合成级配曲线

第四节　粉煤灰

粉煤灰是火力发电厂排放的废渣，呈灰色或浅灰色粉末，属于火山灰质活性材料。它含有较多的活性氧化硅、活性氧化铝，它们与氢氧化钙在常温下起化学反应生成稳定的水化硅酸钙和水化铝酸钙，这些成分有助于混合料的硬化，增加强度。此外，粉煤灰系球形熔粉，颗粒呈玻璃状，在光学显微镜下观察，其颗粒主要有两类矿物组成：一类是玻璃体，占 70%～80%；另一类是结晶体，占 15%～20%。这些球形颗粒是拌合物和易性得以改善的主要原因。公路工程利用粉煤灰筑路，既能“变废为宝”减少污染，又能就地取材解决路用材料缺乏，并能提高路面质量，所以得到广泛利用。

[说一说]
你知道粉煤灰用在公路上哪些地方吗？

一、粉煤灰的技术性质与技术要求

(一)粉煤灰的物理性质

(1)细度　粉煤灰的细度对强度的形成有一定影响，粉煤灰颗粒愈细、强度愈高。因经磨细的粉煤灰增大了表面积，使活性增大。通常粉煤灰的细度要求在 0.08mm 方孔筛筛余量不大于 8%。粉煤灰比表面积宜大于 $2500cm^2/g$。

(2)密度　粉煤灰的密度与它的颗粒形状、铁质含量有关，玻璃球含量多(空心球少，实心球多)，粉煤灰密度大；氧化铁成分高，其密度亦大；含碳多的密度小；密度愈大粉煤灰质量愈好。粉煤灰密度为 $1.07～2.4g/cm^3$。

(3)堆积密度　一般为 $555～700kg/m^3$。

(4)烧失量　烧失量即粉煤灰中未烧尽的碳粉含量。未烧尽的碳粉量在粉煤灰中是有害物质，如果粉煤灰中含碳量大，活性的 SiO_2、Al_2O_3、CaO 含量少，都会降低粉煤灰的活性，增加粉煤灰的需水量，降低强度。故烧失量愈小愈好，路面基层要求烧失量不应超过 20%。在 850℃温度下烧至恒重，测其损失量。

(5)含水率　湿粉煤灰的含水率不宜超过 35%(路面基层)。

粉煤灰的物理性能指标详见表 1-11 所列。

表 1-11　粉煤灰的物理性能

性　能		平均值	范　围
密度/(g/cm^3)		2.08	1.77～2.43
松装密度/(kg/m^3)		>35	516～1073
密实度/%		0.35	0.26～0.44
细　度	大于 0.088mm 颗粒含量/%	22.9	0～58.9
	0.045～0.088mm 颗粒含量/%	23.9	91～48.6
	小于 0.045mm 颗粒含量/%	49.2	10.7～90.9

(二)粉煤灰的化学成分

粉煤灰是由煤粉经高温煅烧后生成的火山灰质材料，经化学分析除含有少量的未燃尽的煤粉外，粉煤灰的主要化学成分为氧化硅(SiO_2)和氧化铝(Al_2O_3)、少量的氧化铁(Fe_2O_3)、氧化钙(CaO)、氧化镁(MgO)与三氧化硫(SO_3)等氧化物。

因粉煤灰的主要化学成分SiO_2、Al_2O_3和Fe_2O_3占总量的70%以上，其中活性SiO_2及Al_2O_3与水泥或石灰混合后，再加以水，则能与$Ca(OH)_2$等发生水化反应，反应后生成水硬性化合物，即水化硅酸钙$CaO \cdot SiO_2 \cdot nH_2O$和水化铝酸钙$CaO\ Al_2O_3 \cdot nH_2O$等。这些水化物决定了混合料的抗压强度。所以粉煤灰的活性愈强，组成混合料的抗压强度越大。

粉煤灰化学成分详见表1-12所列。

表1-12　粉煤灰的化学成分

化学成分	SiO_2	Al_2O_3	Fe_2O_3	CaO	MgO	Na_2O	K_2O	SO_3
平均值/%	50.6	21.1	7.1	2.8	1.2	0.5	1.3	0.3
范围/%	33.9～59.7	16.5～35.1	1.5～19.7	0.8～10.4	0.7～1.9	0.2～1.1	0.6～2.9	0～1.1

粉煤灰的品质分为Ⅰ、Ⅱ、Ⅲ三个等级，详见表1-13所列。

表1-13　粉煤灰的分级及品质标准

序号	指标	等级			序号	指标	等级		
		Ⅰ	Ⅱ	Ⅲ			Ⅰ	Ⅱ	Ⅲ
1	细度(0.045mm方孔筛筛余)/%，不大于	12	20	45	4	含水量%，不大于	1	1	不规定
2	需水量/%，不大于	95	105	115	5	三氧化硫%，不大于	3	3	3
3	烧失量/%，不大于	5	8	15					

二、粉煤灰在道路工程中的应用

(1)可以在硅酸盐水泥中加入适量的粉煤灰制成粉煤灰质硅酸盐水泥。

(2)用作水泥混凝土路面掺合料，节省水泥用量。

(3)用作沥青混凝土路面的掺合料。

(4)用粉煤灰加水泥或石灰稳定砂砾做路面基层、底基层以及垫层。

(5)拌制建筑砂浆，代替部分石膏效果较好。

(6)粉煤灰与黏土烧结粉煤灰砖用于建筑工程中。

(7)适用于受化学侵蚀水泥混凝土及灌浆，泵送水泥混凝土中。

试验一　岩石单轴抗压强度试验

一、目的和适用范围

单轴抗压强度试验是测定规则形状岩石试件单轴抗压强度的方法，主要用于岩石的强度分级和岩石的描述。

本法采用饱和状态下的岩石立方体（或圆柱体）试件的抗压强度来评定岩石强度（包括碎石或卵石的原始岩石强度）。

在某些情况下，试件含水状态还可根据需要选择天然状态、烘干状态或冻融循环后状态。试件的含水状态要在试验报告中注明。

二、仪器设备

1. 压力试验机或万能试验机。
2. 钻石机、切石机、磨石机等岩石试件加工设备。
3. 烘箱、干燥器、游标卡尺、角尺及水池等。

三、试件制备

1. 建筑地基的岩石试验，采用圆柱体作为标准试件，直径为 50mm±2mm、高径比为 2∶1。每组试件共 6 个。

2. 桥梁工程用的石料试验，采用立方体试件，边长为 70mm±2mm。每组试件共 6 个。

3. 路面工程用的石料试验，采用圆柱体或立方体试件，其直径或边长和高均为 50mm±2mm。每组试件共 6 个。

有显著层理的岩石，分别沿平行和垂直层理方向各取试件 6 个。试件上、下端面应平行和磨平，试件端面的平面度公差应小于 0.5mm，端面对于试件轴线垂直度偏差不应超过 0.25°。对于非标准圆柱体试件，试验后抗压强度试验值按 $R_e=\dfrac{8R}{7+2D/H}$ 进行换算。

四、试验步骤

1. 用游标卡尺量取试件尺寸（精确至 0.1mm），对立方体试件在顶面和底面上各量取其边长，以各个面上相互平行的两个边长的算术平均值计算其承压面积；对于圆柱体试件在顶面和底面分别测量两个相互正交的直径，并以其各自的算术平均值分别计算底面和顶面的面积，取其顶面和底面面积的算术平均值作为计算抗压强度所用的截面积。

2. 试件的含水状态可根据需要分为烘干状态、天然状态、饱和状态、冻融循环后状态。试件烘干和饱和状态应符合《公路工程岩石试验规程》T0205 相关条款的规定，试件冻融循环后的状态应符合《公路工程岩石试验规程》T0241 中相关条款的规定。

3. 按岩石强度性质，选定合适的压力机。将试件置于压力机的承压板中央，对正上、下承压板，不得偏心。

4. 以 0.5～1.0MPa/s 的速率进行加荷直至破坏，记录破坏荷载及加载过程中出现的现象。抗压试件试验的最大荷载记录以 N 为单位，精度 1%。

五、结果整理

1. 岩石的抗压强度和软化系数按下式计算：

$$R=\frac{P}{A} \tag{1-37}$$

式中：R——岩石的抗压强度(MPa)；

P——试件破坏时的荷载(N)；

A——试件的截面积(mm^2)。

$$K_p=\frac{R_w}{R_d} \tag{1-38}$$

式中：K_p——软化系数；

R_w——岩石饱和状态下的单轴抗压强度(MPa)；

R_d——岩石烘干状态下的单轴抗压强度(MPa)。

2. 单轴抗压强度试验结果应同时列出每个试件的试验值及同组岩石单轴抗压强度的平均值；有显著层理的岩石，分别报告垂直与平行层理方向的试件强度的平均值。计算精确至 0.01MPa。

软化系数计算值精确至 0.01，3 个试件平行测定，取算术平均值；3 个值中最大与最小之差的平均值作为试验结果，同时在报告中将 4 个值全部给出。

3. 试验记录

单轴抗压强度试验记录应包括岩石名称、试验编号、试件编号、试件描述、试件尺寸、破坏荷载、破坏形态。

记录格式见表 1－14 所列。

表 1－14　岩石抗压强度试验记录

试样编号	试件处理情况	试件尺寸/mm				试件截面面积/mm^2	极限荷载 P/N	抗压强度/MPa	平均抗压强度/MPa	备　注
		长	宽	直径	高					
1										
2										
3										
4										
5										
6										

试验者__________　计算者__________　校核者__________　试验日期__________

试验二　细集料筛分试验

一、目的与适用范围

测定细集料(天然砂、人工砂、石屑)的颗粒级配及粗细程度。对水泥混凝土用细集料可采用干筛法,如果需要也可采用水洗法筛分;对沥青混合料及基层用细料必须用水洗法筛分。

注:当细集料中含有粗集料时,可参照此方法用水洗法筛分,但需特别注意保护标准筛筛面不遭损坏。

二、仪具与材料

1. 标准筛。
2. 天平:称量1000g,感量不大于0.5g。
3. 摇筛机。
4. 烘箱:能控制温度在105℃±5℃。
5. 其他:浅盘和硬、软毛刷等。

三、试验准备

根据样品中最大粒径的大小,选用适宜的标准筛,通常为9.5mm筛(水泥混凝土用天然砂)或4.75mm(沥青路面及基层用天然砂、石屑、机制砂等)筛除其中的超粒径材料。然后将样品在潮湿状态下充分拌匀,用分料器法或四分法缩分至每份不少于550g的试样两份,在105℃±5℃的烘箱中烘干至恒重,冷却至室温后备用。

注:恒重系指相邻两次称量间隔时间大于3h(通常不小于6h)的情况下,前后两次称量之差小于该项试验所要求的称量精密度(下同)。

四、试验步骤

1. 干筛法试验步骤

(1)称取烘干试样约500g(m_1),准确至0.5g,置于套筛的最上面一只,即4.75mm筛上,将套筛装入摇筛机,摇筛约10min,然后取出套筛,再按筛孔大小顺序,从最大的筛号开始,在清洁的浅盘上逐个进行手筛,直到每分钟的筛出量不超过筛上剩余量的0.1%时为止,将筛出通过的颗粒并入下一号筛,和下一号筛中的试样一起过筛,以此顺序进行至各号筛全部筛完为止。

注:① 试样如为特细砂时,试样质量可减少到100g。

② 如试样含泥量超过5%,不宜采用干筛法。

③ 无摇筛机时,可直接用手筛。

(2)各筛筛余试样的质量，精确至0.5g。所有各筛的分计筛余量和底盘中剩余量的总量与筛分前的试样总量，相差不得超过后者的1%。

2. 水洗法试验步骤

(1)称取烘干试样约500g(m_1)，准确至0.5g。

(2)将试样置于一洁净容器中，加入足够数量的洁净水，将集料全部淹没。

(3)充分搅动集料，将集料表面洗涤干净，使细粉悬浮在水中，但不得有集料从水中溅出。

(4)0.18mm及0.075mm筛组成套筛。仔细将容器中混有细粉的悬浮液徐徐倒出，经过套筛流入另一容器，但不得将集料倒出。

注：不可直接倒至0.075mm筛上，以免集料掉出损坏筛面。

(5)重复(2)～(4)步骤，直至倒出的水洁净且小于0.075mm的颗粒全部倒出。

(6)将容器中的集料倒入搪瓷盆中，用少量水冲洗，使容器上黏附的集料颗粒全部进入搪瓷盆中。将筛子反扣过来，用少量的水将筛上的集料冲入搪瓷盆中。操作过程中不得有集料散失。

(7)将搪瓷盆连同集料一起置于105℃±5℃烘箱中烘干至恒重，称取干燥器集料试样的总质量(m_2)，准确称量至0.1%。m_1与m_2之差即为通过0.075mm筛的部分。

(8)将全部要求筛孔组成套筛(但不需0.075mm筛)，将已经洗去小于0.075mm部分的干燥集料置于套筛上(通常为4.75mm筛)，将套筛装入摇筛机，摇筛约10min，然后取出套筛，再按筛孔大小顺序，从最大的筛号开始，在清洁的浅盘上逐个进行手筛，直到每分钟的筛出量不超过筛上剩余量的0.1%时为止，将筛出通过的颗粒并入下一号筛，和下一号筛中的试样一起过筛，这样顺序进行，直至各号筛全部筛完为止。

注：如为含有粗集料的集料混合料，套筛筛孔根据需要选择。

(9)称量各筛筛余试样的质量，精确至0.5g。所有各筛的分计筛余量和底盘中剩余量的总质量与筛分前后试样总量m_2的差值不得超过后者的1%。

五、计算

1. 计算分计筛余百分率

各号筛的分计筛余百分率为各号筛上的筛余量除以试样总量(m_1)的百分率，精确至0.1%。对沥青路面细集料而言，0.15mm筛下部分即为0.075mm的分计筛余，由(7)测得的m_1与m_2之差即为小于0.075mm的筛底部分。

2. 计算累计筛余百分率为该号筛及大于该号筛的各号筛的分计筛余百分率之和，准确至0.1%。

3. 计算质量通过百分率

各号筛的质量通过百分率等于100减去该号筛的累计筛余百分率，精确至0.1%。

4. 根据各筛的累计筛余百分率或通过百分率，绘制级配曲线。

5. 天然砂的细度模数按下式计算，精确至0.01。

$$M_x=\frac{A_{0.15}+A_{0.3}+A_{0.6}+A_{1.18}+A_{2.36}-5A_{4.75}}{100-A_{4.75}} \tag{1-39}$$

式中：M_x——砂的细度模数；

$A_{0.15}, A_{0.3}, \cdots, A_{0.75}$——分别为0.15mm，0.3mm，…，4.75mm各筛上的累计筛余百分率(%)。

6. 应进行两次平行试验，以试验结果的算术平均值作为测定值。如两次试验所得的细度模数之差大于0.2，应重新进行试验。

表1-15　筛分试验记录(干筛法)

试样质量/g	筛孔尺寸/mm	分计筛余质量/g			分计筛余百分率/%	累计筛余百分率/%	通过百分率/%	备注
		Ⅰ	Ⅱ	平均				
①	②	③	④	⑤	⑥=⑤/①	⑦	⑧=100-⑦	⑨
	4.75							
	2.36							
	1.18							
	0.60							
	0.30							
	0.15							
	底盘							

试验者__________　计算者__________　校核者__________　试验日期__________

试验三　细集料表观密度试验(容量瓶法)

一、试验目的及适用范围

测定砂的表观相对密度和表观密度。

砂的表观密度是砂单位体积(含材料的实体矿物成分及闭口孔隙体积)物质颗粒的干质量，为空隙率计算和水泥混凝土配合比设计提供数据。

表观相对密度是表观密度与同温度水的密度之比。

二、仪器设备

1. 天平：称量1kg，感重不大于1g。

2. 容量瓶：500mL。

3. 烘箱：能使温度控制在105℃±5℃。

4. 烧杯：500mL。

5. 蒸馏水。

6. 其他：干燥器、浅盘、铝制料勺、温度计等。

三、试样制备

将缩分至650g左右的试样在温度为105℃±5℃的烘箱中烘干至恒量，并在干燥器内冷却至室温，分成两份备用。

四、试验步骤

1. 称取烘干的试样约300g(m_0)，装入盛有半瓶蒸馏水的容量瓶中。

2. 摇转容量瓶，使试样在已保温至23℃±17℃的水中充分搅动以排除气泡，塞紧瓶塞，静置24h左右，然后用滴管添水，使水面与瓶颈刻度线平齐，再塞紧瓶塞，擦干瓶外水分，称其总质量(m_2)。

3. 倒出瓶中的水和试样，将瓶的内外表面洗净，再向瓶内注入与上水温相差不超过2℃的蒸馏水至瓶颈刻度线，塞紧瓶塞，擦干瓶外水分，称其总质量(m_1)。

注：在砂的表观密度试验过程中应测量并控制水的温度，试验的各项称量可以在15～25℃的温度范围内进行。但从试样加水静置的最后2h起直至试验结束，其温度相差不应超过2℃。

五、试验结果计算整理

1. 细集料的表观相对密度按式(1-40)计算，准确至小数点后3位。

$$\gamma_a=\frac{m_0}{m_0+m_1-m_2} \tag{1-40}$$

式中：γ_a——细集料的表观相对密度，无量纲；

m_0——试样的烘干质量(g)；

m_1——水及容量瓶总质量(g)；

m_2——试样、水及容量瓶总质量(g)。

2. 表观密度ρ_a按式(1-41)计算，准确至小数点后3位。

$$\rho_a=\gamma_a\times\rho_T \text{ 或 } \rho_a=(\gamma_a-\alpha_T)\times\rho_W \tag{1-41}$$

式中：ρ_a——细集料的表观密度(g/cm^3)；

ρ_W——水在4℃时的密度值(1000kg/m^3)；

α_T——试验时的水温对水的密度影响的修正系数，见表1-16所列；

ρ_T——试验温度T时水的密度，按表1取用(g/cm^3)。

不同水温时水的密度ρ_T及水温度修正系数α_T以两次平行试验结果的算术平均值作为测定值，如两次结果之差值大于0.01g/cm^{3}时，应重新取样进行试验。

表 1－16　水温对水的密度影响的修正系数

水温/℃	15	16	17	18	19	20
水的密度 ρ_T/(g/cm³)	0.99913	0.99897	0.99880	0.99862	0.99843	0.99822
水温修正系数 α_T	0.002	0.003	0.003	0.004	0.004	0.005
水温/℃	21	22	23	24	25	
水的密度 ρ_T/(g/cm³)	0.99802	0.99779	0.99756	0.99733	0.99702	
水温修正系数 α_T	0.005	0.006	0.006	0.007	0.008	

记录格式见表 1－17 所列。

表 1－17　细集料表观密度(视比重)试验记录

试验次数	试样烘干质量 m_0/g	试样、水加容量瓶的质量 m_2/g	水加容量瓶的质量 m_1/g	表观密度 ρ_a/(g/cm³)		备注
				个别	平均	
1						
2						

试验者__________　计算者__________　校核者__________　试验日期__________

试验四　细集料堆积密度及紧装密度试验

一、试验目的及适用范围

测定砂自然状态下堆积密度、紧装密度并计算空隙率，为水泥混凝土配合比设计提供数据。

二、仪器设备

1. 台称：称量 5kg，感量 5g。

2. 容量筒：金属制，圆筒形，内径 108mm，净高 109mm，筒壁厚 2mm，筒底厚 5mm，容积约为 1L。

3. 标准漏斗(见图 1－10)、铝制料勺。

4. 烘箱：能使温度控制在 105℃±5℃。

5. 其他：小勺、直尺、浅盘等。

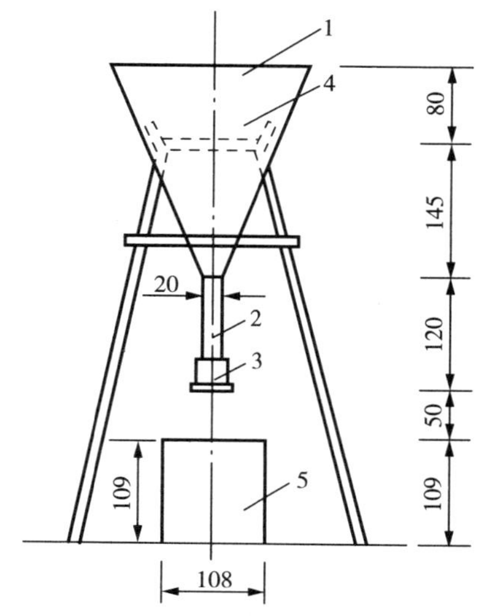

1—漏斗；2—ϕ20mm 管子；3—活动门；4—筛；5—金属量筒。

图 1－10　标准漏斗(尺寸单位：mm)

三、试样制备

用浅盘装来样约 5kg，在温度为 105℃

±5℃的烘箱中烘干至恒量，取出并冷却至室温，分成大致相等的两份备用。

注：试样烘干后如有结块，应在试验前先捏碎。

四、试验步骤

1. 堆积密度

将试样装入漏斗中，打开底部的活动门，将砂流入容量筒中，也可直接用小勺向容量筒中装试样，但漏斗出料口或料勺距容量筒筒口均应为50mm左右，直至试样装满并超出容量筒筒口，用直尺将多余的试样沿筒口中心线向两个相反方向刮平，称取质量(m_1)。

2. 紧装密度

取试样1份，分两层装入容量筒，装完一层后，在筒底垫放一根直径为10mm的钢筋，将筒按住，左右交替颠击地面各25下，然后再装入第二层。第二层装满后用同样方法颠实(但筒底所垫钢筋的方向应与第一层放置方向垂直)。二层装完并颠实后，添加试样超出容量筒筒口，然后用直尺将多余的试样沿筒口中心线向两个相反方向刮平，称其质量(m_2)。

五、试验结果计算整理

1. 堆积密度ρ及紧装密度ρ'分别按式(1－42)和式(1－43)计算，精确至0.01g/cm^3。

$$\rho=\frac{m_1-m_0}{V} \tag{1－42}$$

$$\rho'=\frac{m_2-m_0}{V} \tag{1－43}$$

式中：ρ——砂的堆积密度(g/cm^3)；

ρ'——砂的紧装密度(g/cm^3)；

m_0——容量筒的质量(g)；

m_1——容量筒和堆积密度砂总质量(g)；

m_2——容量筒和紧装密度砂总质量(g)；

V——容量筒容积(mL)。

以两次试验结果的算术平均值作为测定值。

容量筒容积的校正方法：以温度为20℃±5℃的洁净水装满容量筒，用玻璃板沿筒口滑移，使其紧贴水面，玻璃板与水面之间不得有空隙。擦干筒外壁水分；然后称量，用式(1－44)计算筒的容积V。

$$V=m'_2-m'_1 \tag{1－44}$$

式中：m'_1——容量筒和玻璃板总质量(g)；

m'_2——容量筒、玻璃板和水总质量(g)。

2. 砂的空隙率按式(1－44)计算，精确至0.1%：

$$n=\left(\frac{\rho}{\rho_a}\right)\times 100 \tag{1-45}$$

式中：n——砂的空隙率(%)；

ρ——砂的堆积或紧装密度(g/cm^3)；

ρ_a——砂的表观密度(g/cm^3)。

记录格式见表1-18、表1-19和表1-20所列。

表1-18　砂的堆积密度试验记录

<table>
<tr><th rowspan="2">试验次数</th><th rowspan="2">容量筒体积 V/mL</th><th rowspan="2">容量筒质量 m_0/g</th><th rowspan="2">容量筒和堆积密度砂总质量 m_1/g</th><th rowspan="2">砂质量 (m_1-m_0)/g</th><th colspan="2">堆积密度 $\rho/(g/cm^3)$</th><th rowspan="2">备注</th></tr>
<tr><th>个别</th><th>平均</th></tr>
<tr><td>1</td><td></td><td></td><td></td><td></td><td></td><td rowspan="2"></td><td rowspan="2"></td></tr>
<tr><td>2</td><td></td><td></td><td></td><td></td><td></td></tr>
</table>

试验者__________　计算者__________　校核者__________　试验日期__________

表1-19　砂的紧装密度试验记录

<table>
<tr><th rowspan="2">试验次数</th><th rowspan="2">容量筒体积 V/mL</th><th rowspan="2">容量筒质量 m_0/g</th><th rowspan="2">容量筒和紧装密度砂总质量 m_2/g</th><th rowspan="2">砂质量 (m_2-m_0)/g</th><th colspan="2">堆积密度 $\rho'/(g/cm^3)$</th><th rowspan="2">备注</th></tr>
<tr><th>个别</th><th>平均</th></tr>
<tr><td>1</td><td></td><td></td><td></td><td></td><td></td><td rowspan="2"></td><td rowspan="2"></td></tr>
<tr><td>2</td><td></td><td></td><td></td><td></td><td></td></tr>
</table>

试验者__________　计算者__________　校核者__________　试验日期__________

表1-20　砂的空隙率计算

试验次数	砂的堆积(紧装)密度 $\rho(\rho')/(g/cm^3)$	砂的表观密度 $\rho_a/(g/cm^3)$	砂的空隙率 n/%	备注
1				
2				

试验者__________　计算者__________　校核者__________　试验日期__________

试验五　粗集料筛分试验

一、试验目的及适用范围

测定粗集料(碎石、砾石、矿渣等)的颗粒级配。

二、仪器设备

1. 试验筛:根据需要选用规定的标准筛。

2. 天平或台秤:感量不大于试样质量的 0.1%。

3. 其他:盘子、铲子、毛刷等。

三、试样制备

将来料用分料器或四分法缩分至表 1-21 要求的试样所需量,风干后备用,每种试样准备两份,分别供水洗法和干筛法筛分使用。对水泥混凝土用集料,如果没有要求,也可不进行水洗,只进行干筛筛分。根据需要可按要求的集料最大粒径的筛孔尺寸过筛,除去超粒径部分颗粒后,再进行筛分。

表 1-21 筛分用的试样质量

公称最大粒径/mm	75	63	37.5	31.5	26.5	19	16	9.5	4.75
试样质量/kg,不少于	10	8	5	4	2.5	2	1	1	0.5

四、试验步骤

(一)用水洗法测定集料中小于 0.075mm 的细粉部分质量

1. 取一份试样,将试样置于 105℃±5℃烘箱中烘干至恒重,称取干燥集料试样的总质量(m_1),准确至 0.1%。

注:恒重系指相邻两次称量间隔时间大于 3h 的情况下,前后两次称量之差小于该项试验所要求的称量精密度(下同),通常不少于 6h。

2. 将试样置一洁净容器中,加入足够数量的洁净水,将集料全部盖没。

3. 用搅棒充分搅动集料,使集料表面洗涤干净,使细粉悬浮在水中,但不得破碎集料或有集料从水中溅出。

4. 根据集料粒径大小选择组成一组套筛,其底部为 0.075mm 标准筛,上部为 2.36mm 或 4.75mm 筛。仔细将容器中混有细粉的悬浮液倒出,经过套筛流入另一容器中,尽量不将粗集料倒出,损坏标准筛筛面。

注:不可直接倒至 0.075mm 筛上,以免集料掉出损坏筛面。

5. 重复以上 2~4 步骤,直至倒出的水洁净为止。

6. 将套筛的每个筛子上的集料及容器中的集料全部回收在一个搪瓷盘中,容器上不得有黏附的集料颗粒,将搪瓷盘连同集料一起置于 105℃±5℃烘箱中烘干至恒重,称取干燥集料试样的总质量(m_2),准确至 0.1%。

(二)用干筛法测定粗集料各个粒级质量百分率

1. 取另一份试样置于 105℃±5℃烘箱中烘干至恒重,称取干燥集料试样的总质量(m_0),准确至0.1%。

2. 用搪瓷盘作筛分容器,按筛孔大小排列顺序逐个将集料过筛,人工筛分时,需使集料在筛面上同时有水平方向及上下方向的不停顿的运动,使小于筛孔的集料通过筛孔,直至1min内通过筛孔的质量小于筛上残余量的1%为止。采用摇筛机筛分后,应该逐个由人工补筛。将筛出通过的颗粒并入下一号筛,和下一号筛中的试样一起过筛,顺序进行,直至各号筛全部筛完为止。确认1min内通过筛孔的质量确实小于筛上残余量的1%。

3. 如果某个筛上的集料过多,影响筛分作业时,可以分两次筛分。当筛余颗粒的粒径大于20mm时,筛分过程中允许用手指轻轻拨动颗粒,但不得逐颗塞过筛孔。

4. 称取每个筛上的筛余量,准确至总质量的0.1%。各筛分计筛余量及筛底存量的总和与筛分前试样的总质量m_0相比,其相差不得超过0.5%。

五、试验结果计算整理

1. 集料中通过0.075mm的含量按式(1-46)计算,准确至0.1%。

$$P_{0.075}=\frac{m_1-m_2}{m_1}\times 100 \quad (1-46)$$

式中:$P_{0.075}$——集料中小于0.075mm的含量(通过率)(%);

m_1——用于水洗的干燥集料总质量(g);

m_2——集料水洗后的干燥质量(g)。

2. 分计筛余百分率

各号筛上的分计筛余百分率按式(1-47)计算,但0.075筛不计算分计筛余,准确至0.1%。

$$a_i=\frac{m_i}{m_0}\times\frac{100-P_{0.075}}{100} \quad (1-47)$$

式中:a_i——各号筛上的分计筛余百分率(%);

m_0——用于干筛的干燥集料总质量(g);

m_i——各号筛上的分计筛余(g);

i——依次为0.15mm、0.3mm、0.6mm……至集料最大粒径。

3. 累计筛余百分率

各号筛的累计筛余百分率为该号筛及大于该号筛的各号筛的分计筛余百分率之和,但0.075mm筛不计算累计筛余,准确至0.1%。

4. 通过百分率

各号筛的质量通过百分率等于100减去该号筛累计筛余百分率,但0.075mm筛的质量通过百分率即为$P_{0.075}$,准确至0.1%。

5. 根据需要,绘制集料筛分曲线。

记录格式见表1-22所列。

表 1-22　粗集料筛分试验记录

质量/kg	筛孔尺寸/mm	分计筛余质量/g			分计筛余百分率/%	累计筛余百分率/%	通过百分率/%	备注
		Ⅰ	Ⅱ	平均				

试验者____________　计算者____________　校核者____________　试验日期____________

试验六　粗集料密度及吸水率试验(网篮法)

一、试验目的及适用范围

本方法适用于测定碎石、砾石等各种粗集料的表观相对密度、表干相对密度、毛体积相对密度、表观密度、表干密度、毛体积密度以及粗集料的吸水率。

二、仪器设备与材料

1. 天平或浸水天平:可悬挂吊篮测定集料的水中质量,称量应满足试样数量称量要求,感量不大于最大称量的 0.05%。

2. 吊篮:耐锈蚀材料制成,直径和高度均为 150mm 左右,四周及底部用 1～2mm 的筛网编制或具有密集的孔眼。

3. 溢流水槽:在称量水中质量时能保持水面高度一定。

4. 烘箱:能使温度控制在 105℃±5℃。

5. 温度计。

6. 标准筛。

7. 盛水容器(如搪瓷盘)。

8. 其他:刷子和毛巾等。

三、试样准备

1. 将取来的试样用4.75mm(方孔筛)标准筛过筛,对较粗的粗集料可用4.75mm筛过筛,对2.36～4.75mm集料,或者混在4.75mm以下石屑中的粗集料,则用2.36mm标准筛过筛。用四分法或分料器法缩分至要求的质量,分两份备用。对沥青路面用粗集料,应对不同规格的集料分别测定,不得混杂,所取的每一份集料试样应基本上保持原有的级配。

2. 经缩分后供测定密度和吸水率的粗集料质量,应符合表1-23规定。

3. 将每一份集料试样浸泡在水中,仔细洗去附在集料表面的尘土和石粉,经多次漂洗干净至水清澈为止。清洗过程中不得散失集料颗粒。

表1-23 测定密度试验所需要的试样最小质量

公称最大粒径/mm	9.5	16	19	26.5	31.5	37.5	63	75
每一份试样的最小质量/kg	1	1	1	1.5	1.5	2	3	3

四、试验步骤

1. 取试样一份装入干净的搪瓷盘中,注入洁净的水,水面至少应高出试样2cm,轻轻搅动石料,使附着在石料上的气泡逸出。在室温下保持浸水24h。

2. 将吊篮挂在天平的吊钩上,浸入溢流水槽中,向溢流水槽中注水,水面高度至水槽的溢流孔为止,将天平调零。吊篮的篮网应保证集料不会通过筛孔流失,对2.36～4.75mm粗集料应更换小孔筛网,或在网篮中放入一浅盘。

3. 调节水温为15～25℃。将试样移入吊篮中,流水槽中的水面高度由水槽的溢流孔控制不变。称取集料的水中质量(m_w)。

4. 提起吊篮,稍稍滴水后,将试样倒入浅搪瓷盘中,或直接将粗集料倒在拧干的湿毛巾上,注意不得有颗粒丢失,或有小颗粒附在吊篮上;倾斜搪瓷盘,用毛巾吸走漏出的自由水;拧干的湿毛巾轻轻擦干颗粒的表面水,至表面看不到发亮的水迹,即为饱和面干状态。当粗集料尺寸较大时,可逐颗擦干。注意拧湿毛巾时不要太用劲,防止拧得太干,颗粒有表面水时,既要将表面水擦掉,又不能将颗粒内部的水吸出,整个过程中不得有集料丢失。

5. 立即在保持表干状态下,称取集料的表干质量(m_f)。

6. 将集料置于浅盘中,放入105℃±5℃的烘箱中烘干至恒量。取出浅盘,放在带盖的容器中冷却至室温,称取集料的烘干质量(m_a)。

注:恒量是指相邻两次称量间隔时间不大于3h的情况下,其前后两次称量之差小于该项试验所要求的精密度,即0.1%。一般在烘箱中烘烤的时间不得少于4～6h。

7. 对同一规格的集料应平行试验两次,取平均值作为试验结果。

五、试验结果计算整理

1. 表观相对密度 γ_a、表干相对密度 γ_s、毛体积相对密度 γ_b 按式(1－48)、式(1－49)、式(1－50)计算至小数点后 3 位。

$$\gamma_a=\frac{m_a}{m_a-m_w} \tag{1-48}$$

$$\gamma_s=\frac{m_f}{m_f-m_w} \tag{1-49}$$

$$\gamma_b=\frac{m_a}{m_f-m_w} \tag{1-50}$$

式中：γ_a——集料的表观相对密度，无量纲；

γ_s——集料的表干相对密度，无量纲；

γ_b——集料的毛体积相对密度，无量纲；

m_a——集料的烘干质量(g)；

m_f——集料的表干质量(g)；

m_w——集料的水中的质量(g)。

2. 集料的吸水率以烘干试样为基准，按式(1－51)计算，准确至 0.01%。

$$w_x=\frac{m_f-m_a}{m_a}\times 100 \tag{1-51}$$

式中：w_x——粗集料的吸水率(%)。

3. 粗集料的表观密度(视密度)ρ_a、表干密度 ρ_s、毛体积密度 ρ_b，按式(1－52)、式(1－53)、式(1－54)计算，准确至小数点后 3 位。不同水温条件下测量的粗集料表观密度需进行水温修正，不同试验温度下水的密度 ρ_T 及水的温度修正系数 α_T 如表(1－24)所列，此表适用于在 15～25℃测定的情况。

$$\rho_a=\gamma_a\times\rho_T \quad 或 \quad \rho_a=(\gamma_a-\alpha_T)\times\rho_w \tag{1-52}$$

$$\rho_a=\gamma_s\times\rho_T \quad 或 \quad \rho_a=(\gamma_s-\alpha_T)\times\rho_w \tag{1-53}$$

$$\rho_b=\gamma_b\times\rho_T \quad 或 \quad \rho_b=(\gamma_b-\alpha_T)\times\rho_w \tag{1-54}$$

式中：ρ_a——粗集料的表观密度(g/cm^3)；

ρ_s——粗集料的表干密度(g/cm^3)；

ρ_b——粗集料的毛体积密度(g/cm^3)；

ρ_T——试验温度 T 时水的密度，按表 1－25 取用(g/cm^3)；

α_T——试验温度 T 时的水温修正系数；

ρ_w——水在 4℃时的密度(1.000g/cm^3)。

表 1-24　不同水温时水的密度 ρ_T 及水温修正系数 α_T

水温/℃	15	16	17	18	19	20
水的密度 ρ_T/(g/cm³)	0.99913	0.99897	0.99880	0.99862	0.99843	0.99822
水温修正系数 α_T	0.002	0.003	0.003	0.004	0.004	0.005
水温/℃	21	22	23	24	25	
水的密度 ρ_T/(g/cm³)	0.99802	0.99779	0.99756	0.99733	0.99702	
水温修正系数 α_T	0.005	0.006	0.006	0.007	0.007	

4. 精密度或允许差

重复试验的精密度，对表观相对密度、表干相对密度、毛体积相对密度，两次结果相差不得超过 0.02，对吸水率不得超过 0.2%。

记录格式见表 1-25 所列。

表 1-25　粗集料密度试验记录(网篮法)

试验次数	集料的烘干质量 m_a/g	集料的表干质量 m_f/g	集料的水中质量 m_w/g	集料的表观相对密度 γ_a		集料的表干相对密度 γ_s		集料的毛体积相对密度 γ_b		备注
				个别	平均	个别	平均	个别	平均	

试验者＿＿＿＿＿＿　计算者＿＿＿＿＿＿　校核者＿＿＿＿＿＿　试验日期＿＿＿＿＿＿

试验七　粗集料堆积密度及空隙率试验

一、试验目的及适用范围

测定粗集料的堆积密度，包括堆积状态、振实状态、捣实状态下的堆积密度，以及堆积状态下的间隙率。

二、仪器设备及材料

1. 天平或台秤：感量不大于称量的 0.1%。
2. 容量筒：适用于粗集料堆积密度测定的容量筒应符合表 1-26 的要求。

表 1-26　沥青混合料集料容量筒的规格要求

粗集料公称最大粒径/mm	容量筒容积/L	容量筒规格/mm			筒壁厚度/mm
		内径	净高	底厚	
≤4.75	3	155±2	160±2	5.0	2.5
9.5～26.5	10	205±2	305±2	5.0	2.5
31.5～37.5	15	255±5	295±5	5.0	3.0
≥53	20	355±5	305±5	5.0	3.0

3. 平头铁锹。

4. 烘箱：能控温 105℃±5℃。

5. 振动台：频率为 3000 次/min±200 次/min，负荷下的振幅为 0.35mm，空载时的振幅应为 0.5mm。

6. 捣棒：直径 16mm，长 600mm，一端为圆头的钢棒。

三、试样准备

按粗集料取样法取样、缩分，质量应满足试验要求，在 105℃±5℃ 的烘箱中烘干，也可以摊在清洁的地面上风干，拌匀后分成两份备用。

四、试验步骤

1. 堆积密度

取试样 1 份，置于平整干净的水泥地（或铁板）上，用平头铁锹铲起试样，使石子自由落入容量筒内，此时，从铁锹的齐口至容量筒上口的距离应保持为 50mm 左右，装满容量筒并除去凸出筒口表面的颗粒，并以合适的颗粒填入凹陷空隙，使表面稍凸起部分和凹陷部分的体积大致相等，称取试样和容量筒总量（m_2）。

2. 振实密度

按堆积密度试验步骤，将装满试样的容量筒放在振动台上，振动 3min，或者将试样分三层装入容量筒：装完一层后，在筒底垫放一根直径为 25mm 的圆钢筋，将筒按住，左右交替颠击地面各 25 下；然后装入第二层，用同样的方法颠实（但筒底所垫钢筋的方向应与第一层放置方向垂直）；然后再装入第三层，如法颠实。待三层试样装填完毕后，加料直到试样超出容量筒口，用钢筋沿筒口边缘滚转，刮下高出筒口的颗粒，用合适的颗粒填平凹处，使表面稍凸起部分和凹陷部分的体积大致相等，称取试样和容量筒总质量（m_2）。

3. 捣实密度

将试样装入符合要求规格的容器中达 1/3 的高度，由边至中用捣棒均匀捣实 25 次，再向容器中装入 1/3 高度的试样，用捣棒均匀地捣实 25 次，捣实深度约至下层的表面；然后重复上一步骤，加最后一层，捣实 25 次，使集料与容器口齐平；用合适的集料填充表面的大空隙，用直尺大体刮平；目测估计表面凸起的部分与凹陷的部分的容积大致相等，称取容量筒与试样的总质量(m_2)。

4. 容量筒容积的标定

用水装满容量筒，测量水温，擦干筒外壁的水分，称取容量筒与水的总质量(m_w)，并按水的密度对容量筒的容积作校正。

五、试验结果计算整理

1. 容量筒的容积按式(1-55)计算。

$$V=\frac{m_w-m_1}{\rho_w} \tag{1-55}$$

式中：V——容量筒的容积(L)；

m_1——容量筒的质量(kg)；

m_w——容量筒与水的总质量(kg)；

ρ_w——试验温度 T 时水的密度，按表(1-25)选用(kg/m^3)。

2. 松方密度(包括堆积状态、振实状态、捣实状态下的松方密度)按式(1-56)计算至小数点后2位。

$$\rho=\frac{m_2-m_1}{V}\times 1000 \tag{1-56}$$

式中：ρ——松方密度(kg/m^3)；

m_1——容量筒的质量(kg)；

m_2——容量筒和试样总质量(kg)；

V——容量筒容积(L)。

3. 水泥混凝土用粗集料的空隙率在振实状态下按式(1-57)计算。

$$V_c=\left(\frac{\rho}{\rho_a}\right)\times 100 \tag{1-57}$$

式中：V_c——水泥混凝土用粗集料的空隙率(%)；

ρ_a——粗集料的表观密度(kg/m^3)；

ρ——按振实法测定的粗集料的堆积密度(kg/m^3)。

4. 沥青混合料用粗集料骨架捣实状态下的间隙率按式(1-58)计算。

$$VCA_{DRC}=\frac{\rho}{\rho_b}\times 100 \tag{1-58}$$

式中：VCA_{DRC}——捣实状态下粗集料骨架间隙率(%)；

ρ_b——按《粗集料密度及吸水率试验》确定的粗集料的毛体积密度(kg/m^3)；

ρ——按捣实法测定的粗集料的松方密度(kg/m^3)。

记录格式见表1-27、表1-28、表1-29及表1-30所列。

表 1-27 粗集料堆积密度试验记录

试验次数	容量筒体积 V/L	容量筒质量 m_1/kg	试样加容量筒的质量 m_2/kg	粗集料的质量 $(m_2-m_1)/\mathrm{kg}$	堆积密度 $\rho/(\mathrm{kg/m^3})$		备注
					个别	平均	
1							
2							

试验者________ 计算者________ 校核者________ 试验日期________

表 1-28 粗集料的振实密度试验记录

试验次数	容量筒体积 V/L	容量筒质量 m_1/kg	试样加容量筒的质量 m_2/kg	粗集料的质量 $(m_2-m_1)/\mathrm{kg}$	振实密度 $\rho/(\mathrm{kg/m^3})$		备注
					个别	平均	
1							
2							

试验者________ 计算者________ 校核者________ 试验日期________

表 1-29 粗集料的捣实密度试验记录

试验次数	容量筒体积 V/L	容量筒质量 m_1/kg	试样加容量筒的质量 m_2/kg	粗集料的质量 $(m_2-m_1)/\mathrm{kg}$	捣实密度 $\rho/(\mathrm{kg/m^3})$		备注
					个别	平均	
1							
2							

试验者________ 计算者________ 校核者________ 试验日期________

表 1-30 粗集料空隙率计算

试验次数	粗集料的松方密度（振实状态）$\rho/(\mathrm{kg/m^3})$	粗集料的表观密度 $\rho_a/(\mathrm{kg/m^3})$	粗集料的空隙率 $n/\%$	备注
1				
2				

试验者________ 计算者________ 校核者________ 试验日期________

试验八　粗集料压碎值试验

一、试验目的及适用范围

集料压碎值用于衡量石料在逐渐增加的荷载下抵抗压碎的能力，它是衡量石料力学性质的指标之一，用以评定其在工程中的适用性。

二、仪器设备

石料压碎值试验仪：由内径150mm、两端开口的钢制圆形试筒，压柱和底板组成，其形状和详细尺寸见图1－11和表1－31。试筒内壁、压柱的底面及底板的上表面等与石料接触的表面都应进行热处理，使表面硬化，达到维氏硬度并保持光滑状态。

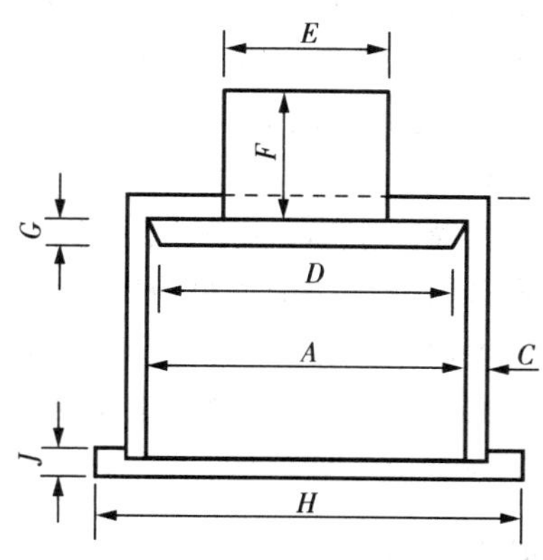

图1－11　压碎指标值测定仪

表1－31　试筒、压柱和底板尺寸表

部位	符号	名称	尺寸/mm
试筒	A	内径	150±0.3
	B	高度	125～128
	C	壁厚	≮12
压柱	D	压头直径	149±0.2
	E	压杆直径	100～149
	F	压柱总长	100～110
	G	压头厚度	≮25
底板	H	直径	200～220
	I	厚度（中间部分）	6.4±0.2
	J	边缘厚度	10±0.2

1. 金属棒：直径10mm，长45～60mm，一端加工为半球形。
2. 天平：称量2～3kg，感量不大于1g。
3. 方孔筛：筛孔尺寸13.2mm、9.5mm、2.36mm筛各一个。

4. 压力机：500kN，应能在 10min 内达到 400kN。

5. 金属筒：圆柱形，内径为 112.0mm，高 179.4mm，容积 1767cm^3。

三、试样准备

1. 用 13.2mm 和 9.5mm 标准筛过筛，取 13.2～9.5mm 的试样 3 组各 3kg，供试验用。

试样宜采用风干石料。如需加热烘干时，烘箱温度不应超过 100℃，烘干时间不超过 4h，试验前，石料应冷却至室温。

2. 每次试验的石料数量，应满足按下述方法夯击后石料在试筒内的深度为 10cm。

在金属筒中确定石料数量的方法如下：

将石料分三层倒入量筒中，每层数量大致相同；每层都用金属棒的半球面端从石料表面上约 50mm 的高度处自由下落均匀夯击 25 次；最后用金属棒作为直刮刀将表面刮平；称取量筒中试样质量（m_0）。以相同质量的试样进行压碎值的平行试验。

四、实验步骤

1. 将试筒安放在底板上。

2. 将上面所得试样分三次（每次数量大体相同）倒入试筒中，每次均将试样表面整平，并用金属棒按上述步骤夯击 25 次，最上层表面应仔细整平。

3. 压柱放入试筒内石料面上，注意使压柱摆平，切勿楔挤试筒壁。

4. 开动压力机，均匀地施加荷载，在 10min 左右的时间内达到总荷载 400kN，稳压 5s，然后卸荷。

5. 将试模从压力机上取下，取出试样。

6. 用 2.36mm 筛筛分经压碎的全部试样，可分几次筛分，均需筛到在 1min 内没有明显筛出物为止。

7. 称取通过 2.36mm 筛孔的全部细料质量（m_1）。

五、试验结果计算整理

石料的压碎值 Q'_a 按式（1－59）计算，准确至 0.1%。

$$Q'_a = \frac{m_1}{m_0} \times 100 \qquad (1-59)$$

式中：Q'_a——石料压碎值（%）；

m_0——试验前试样的质量（g）；

m_1——试验后通过 2.36mm 筛孔的细料质量（g）。

以两次平行试验结果的算术平均值作为压碎值的测定值。

记录格式见表 1－32 所列。

表 1-32 粗集料压碎值试验记录

<table>
<tr><td rowspan="2">试验次数</td><td colspan="2">试样质量/g</td><td colspan="2">压碎值 Q'_a/%</td></tr>
<tr><td>试验前试样质量 (m_0)/g</td><td>试验后通过 2.36mm 筛孔的细料质量(m_1)/g</td><td>个别</td><td>平均</td></tr>
<tr><td>1</td><td></td><td></td><td></td><td rowspan="2"></td></tr>
<tr><td>2</td><td></td><td></td><td></td></tr>
</table>

试验者________ 计算者________ 校核者________ 试验日期________

试验九 水泥混凝土用粗集料针片状颗粒含量试验(规准仪法)

一、试验目的及适用范围

1. 本方法适用于测定水泥混凝土使用的 4.75mm 以上的粗集料的针状及片状颗粒含量,以百分率计。

2. 本方法测定的针片状颗粒,是指利用专用的规准仪测定的粗集料颗粒的最小厚度(或直径)方向与最大长度(或宽度)方向的尺寸之比小于一定比例的颗粒。

3. 本方法测定的粗集料中针片状颗粒的含量,可用于评价集料的形状及其在工程中的适用性。

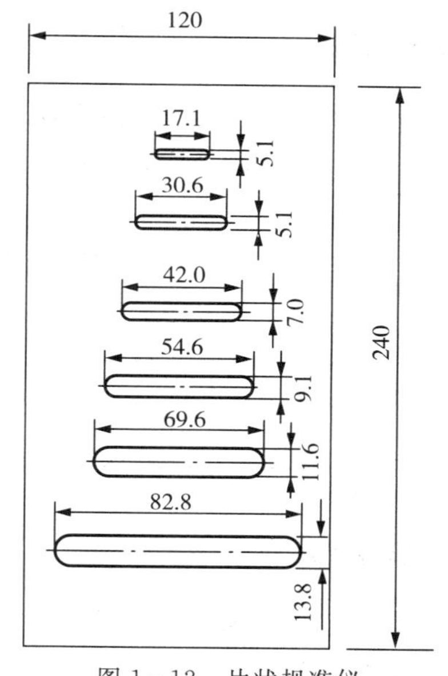

图 1-12 片状规准仪(尺寸单位:mm)

二、仪器设备

1. 水泥混凝土集料规准仪和针状规准仪见图 1-12 和图 1-13,尺寸应符合表 1-33 的要求。

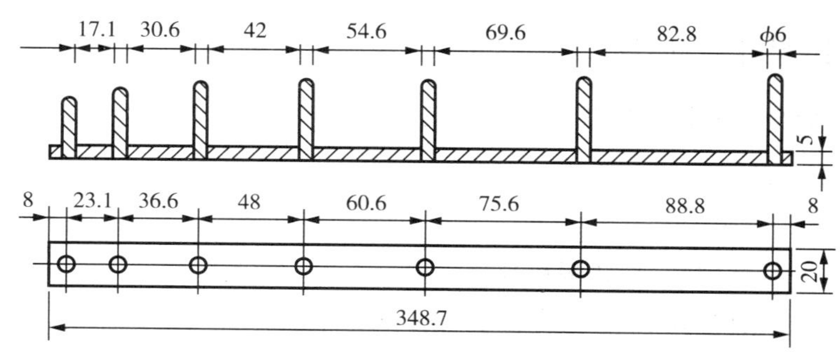

图 1-13 针状规准仪(尺寸单位:mm)

表 1-33 水泥混凝土集料针、片状颗粒试验的粒级划分及其相应的规准仪孔宽或间距

粒级(方孔筛)/mm	4.75～9.5	9.5～16	16～19	19～26.5	26.5～31.5	31.5～37.5
针状规准仪上相对应的立柱之间的间距宽/mm	17.1 (B_1)	30.6 (B_2)	42.0 (B_3)	54.6 (B_4)	69.6 (B_5)	82.8 (B_6)
片状规准仪上相对应的孔宽/mm	2.8 (A_1)	5.1 (A_2)	7.0 (A_3)	9.1 (A_4)	11.6 (A_5)	13.8 (A_6)

2. 天平或台秤:感量不大于称量值的 0.1%。

3. 标准筛:孔径分别为 4.75mm、9.5mm、16mm、19mm、26.5mm、31.5mm、37.5mm 的方孔筛,根据需要选用。

三、试样制备

将来样在室内风干至表面干燥,并用四分法缩分至满足表 1-34 规定的质量,称量(m_0),然后筛分成表 1-34 所规定的粒级备用。

表 1-34 针、片状试验所需的试样最小质量

公称最大粒径/mm	9.5	16	19	26.5	31.5	37.5
试样最小质量/kg	0.3	1	2	3	5	10

四、试验步骤

1. 按表 1-34 所规定的粒级用规准仪逐粒对试样进行鉴定,凡颗粒长度大于针状规准仪上相应间距者为针状颗粒,厚度小于片状规准仪上相应孔宽者为片状颗粒。

2. 称量由各粒级挑出的针状和片状颗粒的总量(m_1)。

五、试验结果计算整理

碎石或砾石中针、片状颗粒含量按式(1-60)计算,准确至 0.1%。

$$Q_e = \frac{m_1}{m_0} \times 100 \tag{1-60}$$

式中:Q_e——试样的针、片状颗粒含量(%);

m_1——试样中所含针、片状颗粒的总质量(g);

m_0——试样总质量(g)。

记录格式示例见表1－35。

表1－35　粗集料针、片状颗粒含量试验记录

试样总质量/g	粒级/mm	各级筛余百分率/%	各级针状		各级片状		针、片状颗粒含量/%
			质量/g	含量/%	质量/g	含量/%	

试验者＿＿＿＿＿　计算者＿＿＿＿＿　校核者＿＿＿＿＿　试验日期＿＿＿＿＿

试验十　粗集料针片状颗粒含量试验（游标卡尺法）

一、试验目的及适用范围

1. 本方法适用于测定粗集料的针状及片状颗粒含量，以百分率计。

2. 本方法测定的针片状颗粒，是指用游标卡尺测定的粗集料颗粒的最小厚度（或直径）方向与最大长度（或宽度）方向的尺寸之比小于1∶3的颗粒。有特殊要求采用其他比例时，应在试验报告中注明。

3. 本方法测定的粗集料中针片状颗粒的含量，可用于评价集料的形状和抗压碎的能力，以评定石料生产厂的生产水平及该材料在工程中的适用性。

二、仪器设备

1. 标准筛：方孔筛4.75mm。

2. 游标卡尺：精密度为0.1mm。

3. 天平：感量不大于1g。

三、试验步骤

1. 按现行集料随机取样的方法，采集集料试样。按四分法选取1kg左右的试样。对每一种规格的粗集料，应按照不同的公称粒径，分别取样检验。

2. 用4.75mm标准筛将试样过筛，取筛上部分供试验用，称取试样的总质量m_0，准确至1g，试样数量应不少于800g，并不少于100颗。

3. 将试样平摊于桌面上，首先用目测挑出接近立方体的颗粒，剩下可能属于针状和片状的颗粒。

4. 将欲测量的颗粒放在桌面上成一稳定的状态，颗粒平面方向的尺寸 $l>b$，用卡尺逐颗测量石料的长度 l，宽度 b 及厚度 t，将 $l/t\geqslant 3$ 的颗粒（长度方向与厚度方向的尺寸之比大于 3 的颗粒）分别挑出作为针片状颗粒。称取针片状颗粒的质量 m_1，准确至 1g。

四、试验结果计算整理

1. 按公式(1－61)计算针片状颗粒含量。

$$Q_e=\frac{m_1}{m_0}\times 100 \tag{1-61}$$

式中：Q_e——针片状颗粒含量(%)；

m_0——试验用的集料总质量(g)；

m_1——针片状颗粒的质量(g)。

2. 报告

(1)试验要平行测定两次，如两次结果之差小于平均值的 20%，取平均值为试验值；如大于或等于 20%，应追加测定一次，取三次结果的平均值为测定值。

(2)试验报告应报告集料的种类、产地、岩石名称、用途。

记录表见表 1－36。

表 1－36　粗集料针、片状颗粒含量试验记录

试样总质量/g	粒级/mm	各级筛余百分率/%	各级针状		各级片状		针、片状颗粒含量/%
			质量/g	含量/%	质量/g	含量/%	

试验者＿＿＿＿＿　计算者＿＿＿＿＿　校核者＿＿＿＿＿　试验日期＿＿＿＿＿

小　结

集料是不同粒径矿物颗粒的混合物，集料的物理性能是密度和级配。密度和空隙率对其力学性能和组成设计有着重要作用。集料的颗粒组成用级配表示，集料的密实度和内摩阻力与其级配组成之间有着直接的关系。用于道路路面表层的粗集料应具备足够的抗压碎性、抗磨光性和抗冲击性，分别用压碎值、磨光值和冲击值表示。

矿质混合料是由两种或两种以上集料按一定比例组成的，矿质混合料的配合比设计方法有数解法和图解法，集料级配是进行矿质混合料组成设计的依据。在进行配合比设计时必须对矿质混合料的合成级配曲线进行校核，使其满足设计级配范围的要求。

复习思考题

1. 集料的主要物理常数有哪几项？与岩石的物理常数有何区别？

2. 何谓“分计筛余百分率”“累计筛余百分率”“通过百分率”及“细度模数”？

3. 何谓“连续级配”和“间断级配”？

4. 集料的压碎值、磨光值、磨耗值和冲击值表征岩石的什么性能？

5. 何谓集料的“级配”？如何确定集料的级配？表示级配的参数有哪些？

6. n 幂最大密度公式对最大密度曲线公式理论有什么发展？

7. 对矿质混合料进行组成设计的目的是什么？

8. 试述试算法和图解法的计算步骤。

9. 冶金矿渣在应用时应注意什么？

10. 试述级配与粗度的区别与联系。

11. 现有某砂样经筛分试验，结果列于题表 1－1，求该砂样的级配参数，并用细度模数评价其粗度。

题表 1－1　某砂样筛分试验结果

筛孔尺寸/mm	9.5	4.75	2.36	1.18	0.60	0.30	0.15	<0.15
各筛筛余质量/g	0	30	50	80	130	110	80	20

12. 现有碎石、石屑和矿粉三种矿质材料，筛分结果按分计筛余列于题表 1－2，要求配制成符合《公路沥青路面施工技术规范》(JTG F40—2004)细粒式 AC－13 级配要求的混合料，试用试算法求碎石、石屑和矿粉三种材料在混合料中的用量比例。

13. 现有碎石、砂和矿粉三种集料，筛析试验结果列于题表 1－3。

要求将上述三种集料组配成符合《公路沥青路面施工技术规范》(JTG F40—2004)细粒式沥青混凝土混合料(AC－13)级配要求(见题表 1－4)的矿质混合料，试用图解法确定各种集料的用量比例。

题表 1-2　原有集料的分计筛余和混合料要求级配范围

原材料		筛孔尺寸/mm										
		16.0	13.2	9.5	4.75	2.36	1.18	0.6	0.3	0.15	0.075	<0.075
各种矿料分计筛余/%	碎石		5.2	41.7	50.5	2.6						
	石屑				1.6	24.0	22.5	16.0	12.4	11.5	10.8	1.2
	矿粉										13.2	86.8
AC-13 级配范围通过率/%		100	90～100	68～85	38～68	24～50	15～38	10～28	7～20	5～15	4～8	

题表 1-3　组成集料筛析结果

材料名称	筛孔尺寸/mm									
	16	13.2	9.5	4.75	2.36	1.18	0.6	0.3	0.15	0.075
	通过百分率/%									
碎石	100	95	63	28	8	2	1	0	0	0
砂	100	100	100	100	100	90	60	35	10	1
矿粉	100	100	100	100	100	100	100	100	97	8

题表 1-4　规范要求的混合料级配

混合料类型和级配		筛孔尺寸/mm									
		16	13.2	9.5	4.75	2.36	1.18	0.6	0.3	0.15	0.075
		通过百分率/%									
细粒式(AC-13)	级配范围	100	90～100	68～85	38～68	24～50	15～38	10～28	7～20	5～15	4～8
	级配中值	100	95	77	53	37	27	19	14	10	6

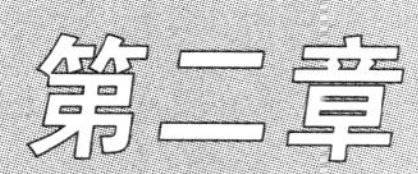

第二章 石灰和水泥

【教学要求】

1. 具有石灰消化与硬化、硅酸盐水泥熟料各矿物成分特性方面的知识；
2. 具有石灰、水泥技术性质的知识，并能进行检验；
3. 能根据工程情况合理选用石灰与水泥；
4. 能描述其他品种水泥的特性和应用。

【试验要求】

1. 掌握石灰 CaO、MgO 含量测定试验方法和步骤；
2. 掌握水泥的凝结时间、安定性、胶砂强度测定等试验方法和步骤。

【知识链接】

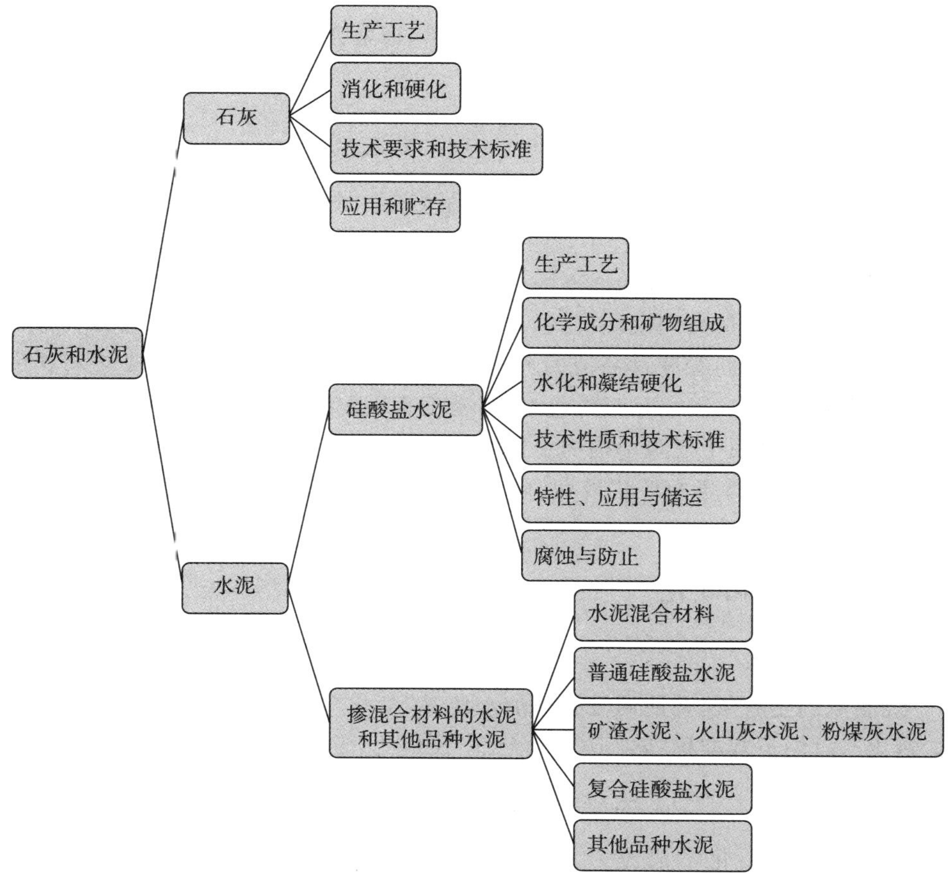

在建筑工程中，能以自身的物理化学作用将松散材料（如砂、石）胶结合成为具有一定强度的整体结构的材料，统称为胶凝材料。胶凝材料按其化学成分不同分为有机胶凝材料（如各种沥青和树脂）和无机胶凝材料两大类。无机胶凝材料根据其硬化条件不同又分为水硬性胶凝材料和气硬性胶凝材料。气硬性胶凝材料只能在空气中硬化、保持或继续提高强度（如石灰、石膏、菱苦土的水玻璃等）。水硬性胶凝材料则不仅能在空气中硬化，而且能更好地在水中硬化，且可在水中或适宜的环境中保持并继续提高强度。

[想一想]

生石灰和熟石灰在我们生活当中有什么用途？

第一节　石灰

石灰根据化学成分的不同分为生石灰和熟石灰。生石灰的主要化学成分是 CaO，熟石灰的主要成分是 $Ca(OH)_2$。根据成品加工方法的不同，可分为块状生石灰、生石灰粉、消石灰粉、石灰浆、石灰乳。

一、石灰的生产工艺概述

石灰是由富含碳酸钙的岩石（如石灰石、白云石、白垩等）为主，亦可应用含有氧化钙和部分氧化镁的岩石，经过煅烧，逸出二氧化碳气体后得到的块状材料。煅烧过程中，碳酸钙的分解需要吸收热量，通常需加热至 900℃以上，其化学反应可表示如下：

$$CaCO_3 \xrightarrow{\text{大于 }900^{\circ}C} CaO + CO_2 \uparrow$$

[问一问]

过火石灰在使用过程中有什么危害？

优质的石灰，色质洁白或带灰色，质量较轻，块状石灰堆积密度为 800～1000kg/m^3。石灰在烧制过程中，往往由于石灰石原料的尺寸过大或窑中温度不匀等原因，使得石灰中含有未烧透的内核，这种石灰即称为“欠火石灰”。欠火石灰的未消化残渣含量高，有效氧化钙和氧化镁含量低，使用时缺乏黏结力。另一种情况是由于烧制的温度过高或时间过长，使得石灰表面出现裂缝或玻璃状的外壳，体积收缩明显，颜色呈灰黑色，块体密度大，消化缓慢，这种石灰称为“过火石灰”。过火石灰用于建筑结构物中仍能继续消化，以致引起成型的结构物体体积膨胀，导致结构物表面产生鼓包、隆起、起皮、剥落或产生裂缝等破坏现象，故危害极大。

二、石灰的消化和硬化

（一）石灰的消化

[想一想]

生石灰为何要进行消化？

烧制成的生石灰，在使用时必须加水使其“消化”成为“消石灰”，这一过程亦称“熟化”，故消石灰亦称“熟石灰”．其化学反应为：

$$CaO + H_2O \longrightarrow Ca(OH)_2 + 64.9kJ/mol$$

消石灰的主要化学成分为氢氧化钙 $Ca(OH)_2$。理论需水量仅为石灰的

32%，但是由于石灰消化是一个放热反应过程，实际加水量达70%以上。根据加水量的不同，可以得到不同形态的熟石灰，加水量恰好完成上述反应，可得到细粉状的熟石灰即消石灰粉；加入超过上述反应所需的水，可得石灰浆；加入更多的水稀释石灰浆可得到石灰乳。

石灰消化时，为了消除“过火石灰”的危害，可在消化后“陈伏”半月左右再使用。石灰浆在“陈伏”期间，在其表面应有一层水分，使之与空气隔绝，以防止碳化。

（二）石灰的硬化

石灰的硬化过程包括干燥硬化和碳化两部分。

1. 石灰浆的干燥硬化（结晶作用）

石灰浆体干燥过程，由于水分蒸发形成网状孔隙，这时滞留在孔隙中的自由水由于表面张力的作用而产生毛细管压力，使石灰粒子更加密实，而获得“附加强度”。

此外，由于水分的蒸发，引起 $Ca(OH)_2$ 溶液过饱和而结晶析出，并产生“结晶强度”。但从溶液中析出 $Ca(OH)_2$ 数量极少，因此强度增长不显著。其反应为

$$Ca(OH)_2 + nH_2O \xrightarrow{\text{晶化}} Ca(OH)_2 \cdot nH_2O$$

［说一说］

生活当中有哪些碳化实例？

2. 硬化石灰浆的碳化（碳化作用）

氢氧化钙与空气中的二氧化碳作用生成碳酸钙晶体，为熟石灰的“碳化”，石灰浆体经碳化后获得的最终强度，称为“碳化强度”。其化学反应式为

$$Ca(OH)_2 + CO_2 + nH_2O \xrightarrow{\text{碳化}} CaCO_3 + 2H_2O$$

该反应主要发生在与空气接触的表面，当浆体表面生成一层 $CaCO_3$ 薄膜后，碳化进程减慢，同时内部的水分不易蒸发，所以石灰的硬化速度随时间增长逐渐减慢。

三、石灰的技术要求和技术标准

（一）技术要求

用于道路或桥梁工程的石灰，应符合下列技术要求：

1. 有效氧化钙和氧化镁含量

石灰中产生黏结性的有效成分是活性氧化钙和氧化镁。它们的含量是评价石灰质量的主要指标，其含量愈多，活性愈高，质量也愈好，有效氧化钙和氧化镁含量的测定方法，按我国现行行业标准《公路工程无机结合料稳定材料试验规程》(JTGE51—2009)规定，有效氧化钙含量用中和滴定法测定，氧化镁含量用络合滴定法测定。

2. 生石灰产浆量和未消化残渣含量

产浆量是单位质量(10kg)的生石灰经消化后，所产石灰浆体的体积(L)。石灰产浆量愈高，则表示其质量越好。未消化残渣含量是生石灰消化后，未能消化而存留在5mm圆孔筛上的残渣占试样的百分率。其含量愈多，石灰质量愈差，须加以限制。

未消化残渣含量是生石灰消化后，未能消化而存留在 2.36mm 方孔筛上的残渣质量是占试样含量的百分率。其含量愈多，石灰质量愈差，须加以限制。

3. **二氧化碳(CO_2)含量**

控制生石灰或生石灰粉中 CO_2 的含量，是为了检测石灰石在煅烧时“欠火”造成产品中未分解完成的碳酸盐的含量。CO_2 含量越高，即表示未分解完全的碳酸盐含量越高，则(CaO＋MgO)含量相对降低，导致石灰的胶结性能的下降。

4. **消石灰游离水含量**

游离水含量，指化学结合水以外的含水量。生石灰在消化过程中加入的水是理论需水量的 2～3 倍，除部分水被石灰消化过程中放出的热蒸发掉外，多加的水分残留于氢氧化钙(除结合水外)中。残余水分蒸发后，留下孔隙会加剧消石灰粉的碳化作用，以致影响石灰的质量，因此对消石灰粉的游离水含量需加以限制。

5. **细度**

细度与石灰的质量有密切联系，过量的筛余物影响石灰的黏结性。现行标准规定以 0.6mm 和 0.15mm 筛余百分率控制。

试验方法是，称取试样 50g，倒入 0.6mm、0.15mm 方孔筛套筛内进行筛分，分别称量筛余物，按原试样计算其筛余百分率。

(二)技术标准

《公路路面基层施工技术细则》(JTC/T F20—2015)将生石灰、消石灰划分为三个等级，具体要求见表 2－1、表 2－2。

表 2－1 生石灰的技术要求

指　标	钙质生石灰			镁质生石灰		
	Ⅰ	Ⅱ	Ⅲ	Ⅰ	Ⅱ	Ⅲ
有效氧化钙＋氧化镁含量/％	≥85	≥80	≥70	≥80	≥75	≥65
未消化残 渣含量/％	≤7	≤11	≤17	≤10	≤14	≤20
钙镁石灰的分类界限，氧化镁含量/％	≤5			＞5		

表 2－2 消石灰的技术要求

指　标		钙质消石灰			镁质消石灰		
		Ⅰ	Ⅱ	Ⅲ	Ⅰ	Ⅱ	Ⅲ
有效氧化钙＋氧化镁含量/％		≥65	≥60	≥55	≥60	≥55	≥50
含水率/％		≤4	≤4	≤4	≤4	≤4	≤4
细度	0.60mm 方孔筛的筛余/％	0	≤1	≤1	0	≤1	≤1
	0.15mm 方孔筛的筛余/％	≤13	≤20	—	≤13	≤20	—
钙镁石灰的分类界限，氧化镁含量/％		≤4			＞4		

四、石灰的应用和贮存

(一)石灰的应用

1. 石灰砂浆主要用于地面以上部分的砌筑工程,并可用于抹面等装饰工程。

2. 加固软土地基,在软土地基中打入生石灰桩,可利用生石灰吸水产生膨胀对桩周土壤起挤密作用,利用生石灰和黏土矿物间产生的胶凝反应使周围的土固结,从而达到提高地基承载力的目的。

3. 石灰和黏土按一定比例拌和制成石灰土或与黏土、砂石、炉渣制成三合土,用于道路工程的垫层。

4. 在道路工程中,随着半刚性基层在高等级路面中的应用,石灰稳定土、石灰粉煤灰稳定土及其稳定碎石等广泛用于路面基层。在桥梁工程中,石灰砂浆、石灰水泥砂浆、石灰粉煤灰砂浆广泛用于圬工砌体。

(二)石灰的贮存

1. 磨细的生石灰粉应贮存于干燥仓库内,采取严格防水措施。

2. 如需较长时间贮存生石灰,最好将其消解成石灰浆,并使表面隔绝空气,以防碳化。

第二节　水泥

水泥按其化学成分,可分为硅酸盐类水泥、铝酸盐类水泥、硫铝酸盐类水泥、铁铝酸盐类水泥、氟铝酸盐类水泥等;按用途和性能可分为通用水泥、专用水泥和特性水泥。通用水泥是指土木建筑工程中大量使用的具有一般用途的水泥,即硅酸盐水泥、普通硅酸盐水泥、矿渣硅酸盐水泥、火山灰质硅酸盐水泥、粉煤灰硅酸盐水泥和复合硅酸盐水泥六大品种水泥;专用水泥则指具有专门用途的水泥,如道路硅酸盐水泥、油井水泥、大坝水泥等;特性水泥是某种性能比较突出的一类水泥,如快硬硅酸盐水泥、膨胀水泥、抗硫酸盐硅酸盐水泥等。水泥品种虽然很多,但在道路桥梁工程中仍以通用硅酸盐水泥为主,现将通用硅酸盐水泥的品种、代号与组分构成汇总见表 2-3 所列。

[想一想]

水泥和石灰有何异同?

表 2-3　通用硅酸盐水泥的品种、代号与组分

品　种	代号	组分(质量分数)				
		熟料+石膏	粒化高炉矿渣	火山灰质混合材料	粉煤灰	石灰石
硅酸盐水泥	P·Ⅰ	100	—	—	—	—
	P·Ⅱ	≥95	≤5	—	—	—
		≥95	—	—	—	≤45
普通硅酸盐水泥	P·O	≥80 且<95	>5 且≤20			—

（续表）

品　种	代号	组分（质量分数）				
		熟料＋石膏	粒化高炉矿渣	火山灰质混合材料	粉煤灰	石灰石
矿渣硅酸盐水泥	P·S·A	≥50 且＜80	＞20 且≤50	—	—	—
	P·S·B	≥30 且＜50	＞50 且≤70	—	—	—
火山灰质硅酸盐水泥	P·P	≥60 且＜80	—	＞20 且≤40	—	—
粉煤灰硅酸盐水泥	P·F	≥60 且＜80	—	—	＞20 且≤40	—
复合硅酸盐水泥	P·C	≥50 且＜80	＞20 且≤50			

一、硅酸盐水泥

硅酸盐水泥在国际上统称波特兰水泥。是通用硅酸盐水泥品种之一。根据《通用硅酸盐水泥》(GB 175—2007)的规定，硅酸盐水泥分两种类型，即Ⅰ型硅酸盐水泥，代号 P·Ⅰ；Ⅱ型硅酸盐水泥，代号 P·Ⅱ。

（一）硅酸盐水泥的生产工艺简述

硅酸盐水泥的生产工艺可概括为三个阶段：

1. 生料制备

以石灰石、黏土和铁矿粉为主要原料（有时需加入校正原料），将其按一定比例配合、磨细，制得具有适当化学成分、质量均匀的生料。

2. 熟料煅烧

将生料在水泥窑内经 1450℃高温煅烧至部分熔融，得到以硅酸钙为主要成分的硅酸盐水泥熟料。

3. 水泥粉磨

将熟料加适量石膏和 0～5％的石灰石或粒化高炉矿渣共同磨细，即得到硅酸盐水泥。

综上所述，常用水泥的生产过程可概括为“两磨一烧”，如图 2－1 所示。

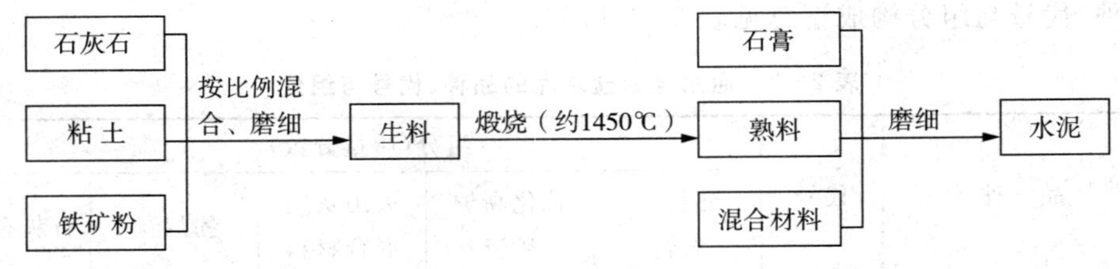

图 2－1　硅酸盐水泥生产流程示意图

[问一问]

为何在水泥的生产过程中要掺石膏?

（二）硅酸盐水泥的化学成分和矿物组成

1. 化学成分

硅酸盐水泥的化学成分主要有石灰石原料分解出的氧化钙(CaO)，黏土原料分解出的氧化硅(SiO_2)和氧化铝(Al_2O_3),以及铁矿粉提供的氧化铁(Fe_2O_3)。

2. 矿物组成

生料在煅烧过程中,原料中提供的四种氧化物 CaO、SiO_2、Al_2O_3 和 Fe_2O_3 在 800～1200℃的温度范围内相互反应,经过一系列中间过程后,生成硅酸二钙($2CaO \cdot SiO_2$)、铝酸三钙($3CaO \cdot Al_2O_3$)和铁铝酸四钙($4CaO \cdot Al_2O_3 \cdot Fe_2O_3$);在 1400～1450℃的温度范围内,硅酸二钙又与 CaO 在熔融状态下发生反应生成硅酸三钙($3CaO \cdot SiO_2$)。这四种在煅烧过程中经过化学反应形成的化合物硅酸三钙、硅酸二钙、铝酸三钙和铁铝酸四钙称为硅酸盐水泥的熟料矿物。

3. 硅酸盐水泥熟料矿物的性能

(1)水化反应速度

以铝酸三钙(C_3A)最快,硅酸三钙(C_3S)较快,铁铝酸四钙(C_4AF)也较快,硅酸二钙(C_2S)最慢。

(2)水化放热量

C_3A 最大,C_3S 较大,C_4AF 居中,C_2S 最小。

(3)强度

C_3S 最高,C_2S 早期强度低,但后期增长率较大。故 C_3S 和 C_2S 是硅酸盐水泥强度的主要来源,C_3A 强度不高,C_4AF 对抗折强度有利。

(4)耐化学侵蚀性

C_4AF 最优,其次为 C_2S、C_3S,C_3A 最差。

(5)干缩性

C_4AF 和 C_2S 最小,C_3S 居中,C_3A 最大。

硅酸盐水泥的主要矿物组成的特性可归纳见表 2-5 所列。

[说一说]

道路水泥的矿物成分有什么特点?

水泥是由多种矿物成分组成的,改变各熟料矿物组分之间的含量比例,水泥的性质就会发生相应的变化。例如,提高 C_3S 的相对含量可制得高强水泥和早强水泥;提高 C_2S 的相对含量,同时适当降低 C_3S 和 C_3A 的相对含量,即可制得低热水泥;提高 C_4AF 和 C_3S 含量,则可制得具有较高抗折强度的道路硅酸盐水泥。

上述矿物的特性归纳于表 2-4,它们的强度发展情况如图 2-2 所示。

表 2-4 硅酸盐水泥熟料矿物的基本特性

矿物	强度		水化凝结硬化速率	水化热	耐化学侵蚀性	干缩性
	早期	后期				
C_3S	良	良	较快	中	中	中
C_2S	差	优	慢	低	良	小
C_3A	良	中	快	高	差	大
C_4AF	良	中	较快	中	优	小

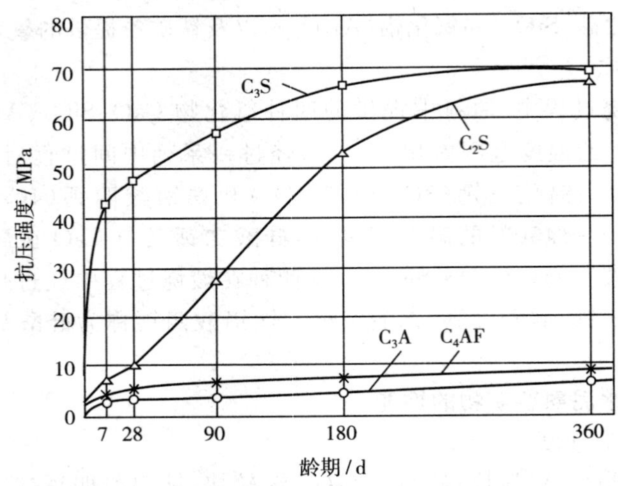

图 2-2　水泥熟料矿物在不同龄期的抗压强度

(三)硅酸盐水泥的水化和凝结硬化

水泥加水拌和后成可塑的水泥浆,由于水泥的水化作用,水泥浆逐渐变稠,失去了流动性和可塑性尚未具有强度的过程,称为水泥的"凝结";随后产生强度逐渐发展成为坚硬的人造石的过程,称为水泥的"硬化"。凝结和硬化是人为划分的两个阶段,实际上是一个连续而复杂的物理化学变化过程。

水泥的水化反应:

$$2(3CaO \cdot SiO_2)+6H_2O \longrightarrow 3CaO \cdot 2SiO_2 \cdot 3H_2O+3Ca(OH)_2$$

(水化硅酸钙凝胶)　(氢氧化钙晶体)

$$2(2CaO \cdot SiO_2)+4H_2O \longrightarrow 3CaO \cdot 2SiO_2 \cdot 3H_2O+Ca(OH)_2$$

$$3CaO \cdot Al_2O_3+6H_2O \longrightarrow 3CaO \cdot Al_2O_3 \cdot 6H_2O$$

(水化铝酸三钙晶体)

$$4CaO \cdot Al_2O_3 \cdot Fe_2O_3+7H_2O \longrightarrow 3CaO \cdot Al_2O_3 \cdot 6H_2O+CaO \cdot Fe_2O_3 \cdot H_2O$$

(水化铁酸钙凝胶体)

生产水泥时为调节凝结时间而掺入的石膏也要参与反应:

$$3(CaSO_4 \cdot 2H_2O)+3CaO \cdot Al_2O_3 \cdot 6H_2O+20H_2O \longrightarrow$$
$$3CaO \cdot Al_2O_3 \cdot 3CaSO_4 \cdot 32H_2O$$

(高硫型水化硫铝酸钙)

高硫型水化硫铝酸钙又称钙矾石(AFt),当石膏消耗完毕后,水泥中尚未水化的 C_3A 会与钙矾石作用生成低硫型水化硫铝酸钙(AFm):

$$3CaO \cdot Al_2O_3 \cdot 3CaSO_4 \cdot 32H_2O+2[3CaO \cdot Al_2O_3]+4H_2O \longrightarrow$$
$$3[3CaO \cdot Al_2O_3 \cdot CaSO_4 \cdot 12H_2O]$$

(低硫型水化硫铝酸钙)

忽略一些次要的和少量的成分，硅酸盐水泥水化后的主要水化产物见表2－5。

表2－5 硅酸盐水泥的水化产物

水化产物名称	化学组成	常用缩写
1. 水化硅酸钙	$3CaO \cdot 2SiO_2 \cdot 3H_2O$	CSH
2. 氢氧化钙	$Ca(OH)_2$	CH
3. 水化铝酸钙	$3CaO \cdot Al_2O_3 \cdot 6H_2O$	C_3AH_6
4. 水化铁酸钙	$CaO \cdot Fe_2O_3 \cdot H_2O$	CFH
5. 高硫型水化硫铝酸钙	$3CaO \cdot Al_2O_3 \cdot 3CaSO_4 \cdot 32H_2O$	$C_3A3CS \cdot H_{32}$或(AFt)
6. 单硫型水化硫铝酸钙	$3CaO \cdot Al_2O_3 \cdot CaSO_4 \cdot 12H_2O$	$C_3ACS \cdot H_{12}$或(AFm)

充分水化的水泥浆体中，主要水化产物是水化硅酸钙CSH凝胶约占70%，氢氧化钙CH结晶约占20%，高硫型水化硫铝酸钙AFt和单硫型水化硫铝酸钙AFm约占7%，其余是水化的水泥和次要成分。

（三）硅酸盐水泥的技术性质和技术标准

1. 技术性质

按照《通用硅酸盐水泥》(GB 175—2007)的规定，硅酸盐水泥的技术性质包括下列项目。

1)化学性质

水泥的化学指标主要是控制水泥中有害化学成分的含量，超过最大允许限量，即意味着对水泥性能和质量可能产生有害或潜在的影响。

(1)氧化镁含量

在水泥熟料中，常含有少量未与其他矿物结合的游离氧化镁，这种多余的氧化镁是高温时形成的方镁石，它水化为氢氧化镁的速度很慢，常在水泥硬化以后才开始水化，产生体积膨胀，可导致水泥石结构产生裂缝甚至破坏。因此，它是引起水泥安定性不良的原因之一。

《通用硅酸盐水泥》(GB 175—2007)规定，硅酸盐水泥的氧化镁含量(质量分数)不应大于5.0%。如果水泥经压蒸安定性试验合格，则水泥中氧化镁的含量(质量分数)允许放宽到6%。

(2)三氧化硫含量

水泥中的三氧化硫主要是在生产时为调节凝结时间加入石膏而产生的。石膏超过一定限量后，水泥性能会变差，甚至引起硬化后水泥石体积膨胀，导致结构物破坏。

《通用硅酸盐水泥》(GB 175—2007)规定，水泥中三氧化硫的含量(质量分数)应不大于3.5%。

(3)烧失量

水泥煅烧不佳或受潮后，均会导致烧失量增加。烧失量是以水泥试样在950～1000℃下的灼烧15～20min后冷却至室温称量测定。如此反复灼烧，直至恒重，计算灼烧前后质量损失百分率。

《通用硅酸盐水泥》(GB 175—2007)规定，Ⅰ型硅酸盐水泥中烧失量(质量分数)不得大于3.0%，Ⅱ型硅酸盐水泥中烧失量(质量分数)应不大于3.5%。普通硅酸盐水泥中烧失量(质量分数)不应大于5.0%。

(4)不溶物

水泥中不溶物是用盐酸溶解滤去不溶残渣，经碳酸钠处理再用盐酸中和，高温灼烧至恒重后称量，灼烧后不溶物质量占试样总质量的比例为不溶物。

《通用硅酸盐水泥》(GB 175—2007)规定，Ⅰ型硅酸盐水泥中不溶物(质量分数)应不大于0.75%，Ⅱ型硅酸盐水泥中不溶物(质量分数)不应大于1.50%。

(5)氯离子

水泥中的氯离子含量过高，其主要原因是掺加了混合材料和外加剂(如工业废渣、助磨剂等)。同时，氯离子又是混凝土中钢筋锈蚀的重要因素，所以《通用硅酸盐水泥》(GB 175—2007)规定，水泥生产中允许加人不大于0.5%的助磨剂，水泥中的氯离子含量须不大于0.06%。

(6)碱含量

水泥熟料中含有少量的碱性氧化物(Na_2O、K_2O)。若水泥中碱含量高，当选用含有活性的集料配制混凝土时，会产生碱集料反应，引起水泥石胀裂。《通用硅酸盐水泥》(GB 175—2007)规定，水泥中的碱含量按$Na_2O+0.658K_2O$计算值表示。若使用活性集料，当用户要求提供低碱水泥时，水泥中的碱含量应不大于0.60%，或由买卖双方协商确定。

［想一想］

水泥颗粒越细越好吗?

2)物理性质

(1)细度

细度是指水泥颗粒的粗细程度。一般情况下，水泥颗粒越细，其总表面积越大，与水反应时接触的面积也越大，水化反应速度就越快，所以相同矿物组成的水泥，细度越大，凝结硬化速度越快，早期强度越高。一般认为，水泥颗粒粒径小于40μm时才具有较大的活性。但水泥颗粒太细，在空气中的硬化收缩也较大，使混凝土发生裂缝的可能性增加，此外，水泥颗粒细度提高会导致粉磨能耗增加，生产成本提高。为充分发挥水泥熟料的活性，改善水泥性能，同时考虑能耗的节约，要合理控制水泥细度。水泥细度可用下列方法表示：

① 筛析法　以45μm方孔筛的筛余量百分率表示。《公路工程水泥及水泥混凝土试验规程》(JTG 3420—2020)规定，筛析法分负压筛法、水筛法和手工筛析法，结果有争议时，以负压筛法为准。

② 比表面积法　以每千克水泥所具有的总表面积(m^2/kg)表示。比表面积采用勃氏法测定。

(2)标准稠度用水量

在测定水泥的凝结时间和安定性时，为使其测定结果具有可比性，必须采用标准稠度的水泥净浆进行测定。水泥净浆达到标准稠度时所需的拌和水量称为标准稠度用水量。

(3)凝结时间

凝结时间是指水泥从加水时至水泥浆失去可塑性所需的时间。凝结时间分初凝时间和终凝时间。初凝时间是从水泥加水至水泥浆开始失去可塑性所经历的时间;终凝时间是从水泥加水至水泥浆完全失去可塑性所经历的时间。凝结时间以试针沉入水泥标准稠度净浆至一定深度所需的时间表示。凝结时间的测定,是以标准稠度的水泥净浆,在标准温度、湿度下用凝结时间测定仪测定。详见试验部分。

水泥的凝结时间,对水泥混凝土的施工具有十分重要的意义。水泥的初凝时间不宜过短,以便在施工过程中有足够的时间对混凝土进行搅拌、运输、浇注和振捣等操作;终凝时间不宜过长,以使混凝土能尽快硬化,产生强度,提高模具周转率,加快施工进度。我国现行国标(GB 175—2007)规定:硅酸盐水泥初凝不得小于 45min,终凝不得迟于 390min。普通硅酸盐水泥初凝不得早于 45min,终凝不得迟于 600min。

[想一想]

水泥的初凝和终凝对施工有何影响?

(4)体积安定性

水泥的体积安定性是指水泥在凝结硬化过程中体积变化的均匀程度。安定性不良水泥在凝结硬化过程中或硬化后,会产生不均匀的体积膨胀、开裂,甚至引起工程事故。

引起水泥体积安定性不良的主要原因是熟料中含有过量的游离 CaO、MgO、SO_3或掺入的石膏过多。

《公路工程水泥及水泥混凝土试验规程》(JTG 3420—2020)规定:检验水泥的体积安定性的标准法为雷氏法,以试饼法为代用法,有矛盾时以标准法为准。

(5)强度

强度是水泥技术要求中最基本的指标,它直接反映了水泥的质量水平和使用价值。水泥的强度越高,其胶结能力也越大。硅酸盐水泥的强度主要取决于熟料的矿物组成和水泥的细度,此外还与水灰比、试验方法、试验条件、养护龄期等因素有关。

[问一问]

水泥胶砂强度试验是先做抗折强度还是先做抗压强度?

我国现行标准《公路工程水泥及水泥混凝土试验规程》(JTG 3420—2020)规定:将水泥、标准砂及水按规定的比例(水泥∶标准砂∶水=1∶3∶0.5),用规定方法制成 40mm×40mm×160mm 的标准试件,在标准条件(24h 之内在温度 20℃±1℃,相对湿度不低于 90%的养护箱或雾室内,24h 后在 20℃±1℃的水中)下养护,测定其 3d 和 28d 的抗折强度和抗压强度 。根据 3d、28d 的抗折强度和抗压强度划分硅酸盐水泥的强度等级。硅酸盐水泥强度等级分为 42.5、42.5R、52.5、52.5R、62.5、62.5R。硅酸盐水泥强度等级及各龄期的强度指标列于表 2-6。

硅酸盐水泥分两种型号:普通型和早强型(也称 R 型)。早强型水泥早期强度发展较快,3d 强度可达到 28d 强度的 50%,可用于早期强度要求高的工程中。

表 2-6　硅酸盐水泥的强度指标

品种	强度等级	抗压强度/MPa		抗折强度/MPa	
		3d	28d	3d	28d
硅酸盐水泥	42.5	≥17.0	≥42.5	≥3.5	≥6.5
	42.5R	≥22.0		≥4.0	
	52.5	≥23.0	≥52.5	≥4.0	≥7.0
	52.5R	≥27.0		≥5.0	
	62.5	≥28.0	≥62.5	≥5.0	≥8.0
	62.5R	≥32.0		≥5.5	

2. 技术标准

硅酸盐水泥的技术标准，按我国《通用硅酸盐水泥》(GB175—2007)的有关规定，汇总摘列于表 2-7。

表 2-7　硅酸盐水泥、普通硅酸盐水泥的技术标准(GB175—2007)

序号	项目	品 质 指 标
1	不溶物	Ⅰ型硅酸盐水泥不超过 0.75%；Ⅱ型硅酸盐水泥不超过 1.5%
2	氧化镁	熟料中氧化镁的含量不得超过 5.0%。如水泥经压蒸安定性试验合格，则允许放宽到 6.0%
3	三氧化硫	水泥中三氧化硫的含量不得超过 3.5%。
4	烧失量	Ⅰ型硅酸盐水泥不大于 3%，Ⅱ型硅酸盐水泥不大于 3.5%，普通水泥不大于 5%。
5	细度	硅酸盐水泥比表面积大于 $300m^2/kg$。
6	凝结时间	初凝时间不得早于 45min；终凝时间硅酸盐水泥不得迟于 6.5h，普通硅酸盐水泥不得迟于 10h。
7	安定性	用沸煮法检验，必须合格。
8	强度	各龄期强度不低于表 3-2 中规定的数值。
9	氯离子	不大于 0.06%。
10	碱含量	水泥中碱含量按 $Na_2O+0.658K_2O$ 计算值表示。若使用活性骨料，要限制水泥中的碱含量时，由供需双方商定。

凡氧化镁、三氧化硫、氯离子、烧失量、不溶物、凝结时间、安定性、强度等项目全部符合标准规定时，为合格品。否则只要有其中一项不符合标准规定时，均为不合格品。

(五)硅酸盐水泥的特性、应用与储运

1. 特性与应用

(1)凝结硬化快，早期强度和后期强度均较高。

硅酸盐水泥的凝结硬化速度快，强度高，适用于有早强要求的混凝土工程、冬季施工混凝土工程、地上及地下重要结构中的高强混凝土和预应力混凝土工程中。

(2)抗冻性好

硅酸盐水泥采用合理的配合比和充分养护后，可获得低孔隙率的水泥石，并有足够的强度，因此具有优良的抗冻性，适用于严寒地区水位升降范围内遭受反复冻融的混凝土工程。

[想一想]

为何大体积混凝土工程所用的水泥不宜水化热大?

(3)水化热大

硅酸盐水泥熟料中含有较多的 C_3S 和 C_3A，水化时放热速度快且放热量大，因而不宜用于大体积混凝土工程，可用于冬季施工工程中。

(4)耐腐蚀性差

由于硅酸盐水泥的水化产物中含有较多的 $Ca(OH)_2$ 和 C_3AH_6，耐软水侵蚀和化学侵蚀性能较差，故不宜用于经常与流动淡水或硫酸盐等腐蚀性介质接触的工程。

(5)耐热性差

硅酸盐水泥的水化产物中有一些成分在高温下会脱水或分解，使水泥石的强度降低甚至破坏，因此，硅酸盐水泥不宜用于有耐热要求的混凝土工程中。

(6)抗碳化性能好

适用于 CO_2 浓度较高的环境。

(7)干缩小

硅酸盐水泥在硬化过程中，形成大量的水化硅酸钙凝胶体，使水泥石密实且游离水分少，干缩小，可用于干燥环境中的混凝土工程中。

(8)耐磨性好

硅酸盐水泥强度高，耐磨性好，可用于路面水泥混凝土工程中。

2. 储存与运输

硅酸盐水泥在储存和运输过程中，应按不同品种、不同强度等级及出厂日期分别储运，不得混杂，要注意防潮、防水。

即使是良好的储存条件，水泥也不宜久存。在空气中水蒸气及 CO_2 的作用下，水泥会发生部分水化和碳化，使水泥的强度及胶结力降低。一般水泥在储存 3 个月后，强度降低约 10%～20%，6 个月后降低 15%～30%。水泥的有效储存期是 3 个月，存放期超过 3 个月的水泥在使用时必须重新鉴定其技术性能。

(七)水泥石的腐蚀与防止

硅酸盐水泥硬化后形成的水泥石，在正常环境条件下将继续硬化，强度不断增长。但在某些腐蚀性液体或气体的长期作用下，水泥石就会受到不同程度的腐蚀，严重时会使水泥石强度明显降低，甚至完全破坏。这种现象称为水泥石的腐蚀。

1. 腐蚀类型

在道路与桥隧构筑物中，水泥石常见的腐蚀类型有如下几种。

(1)淡水侵蚀

又称溶析性侵蚀，是指硬化后混凝土中的水泥水化产物被淡水溶解而带走，从而造成混凝土孔隙率增大、强度降低的一种侵蚀现象。

水泥石中的各种水化物与水作用时，$Ca(OH)_2$溶解度最大，首先被溶出。在静水或无水压的情况下，由于周围的水会被 $Ca(OH)_2$所饱和，使溶出作用停止，因此，溶出仅限于表层，对整体水泥石影响不大。但在流水及压力水的作用下，溶出的 $Ca(OH)_2$不断被流水带走，水泥石中的 $Ca(OH)_2$就会不断被溶析，使混凝土的孔隙率增大，强度降低，而且水泥石液相中 $Ca(OH)_2$的浓度降低，还会导致水化硅酸钙和水化铝酸钙的不断分解，使水泥石内部不断受到破坏，强度不断降低，最终可能导致整个结构物的破坏。

(2)硫酸盐的侵蚀

通过海湾、沼泽或跨越污染河流的线路，沿线桥涵墩台，有时会受到海水、沼泽水、工业污水的侵蚀，这时如水中含有碱性硫酸盐，就会与水泥石中的 $Ca(OH)_2$作用形成硫酸钙，硫酸钙会结晶析出，并与水泥石中的水化铝酸钙发生反应，生成钙矾石，体积膨胀，在水泥石内产生很大的内应力，使混凝土强度降低，造成结构物的破坏。

(3)镁盐侵蚀

在海水或地下水中，常含有较多的镁盐，主要以氯化镁、硫酸镁形态存在。镁盐与水泥石中的氢氧化钙起置换作用，生成强度低无胶结能力的氢氧化镁，液相中氢氧化钙浓度降低，还会引起水泥石中氢氧化钙、水化硅酸钙、水化铝酸钙等强度组分的分解，导致水泥石的破坏。此外，氯化钙易溶于水，二水石膏能引起硫酸盐的破坏作用。

(4)碳酸侵蚀

在工业污水或地下水中常溶解有较多的 CO_2，这种水对水泥石有侵蚀作用。CO_2与水泥石中的 $Ca(OH)_2$作用，可生成碳酸钙，碳酸钙再与水中的碳酸作用，生成可溶的碳酸氢钙，从而使水泥石的强度降低。

2. 腐蚀原因

(1)水泥石内存在易受腐蚀的成分，如氢氧化钙和水化铝酸钙，它们极易与外界侵蚀性介质发生化学反应生成易溶于水的物质、无胶结力的物质或结晶膨胀物质，引起水泥石的破坏。

(2)水泥石存在孔隙，腐蚀介质容易进入水泥石内部与其成分互相作用，加剧腐蚀。

3. 防止腐蚀的措施

(1)根据环境特点，合理选择水泥品种

当水泥石遭受淡水侵蚀时，可使用水化产物中 $Ca(OH)_2$含量少的水泥；若水泥石遭受硫酸盐的腐蚀，可选择 C_3A 含量小的水泥；在水泥生产时掺入适当的混合材料，可以降低水化产物中的 $Ca(OH)_2$含量，提高水泥的抗腐蚀能力。

(2)提高水泥石的密实度，降低孔隙率

在施工过程中，合理选择水泥混凝土的配合比，降低水灰比，改善集料级配，掺加外加剂等措施均可使水泥石的密实度提高。另外，在水泥石表面进行碳化处理或采取其他的表面密实措施，也可以提高水泥石的表面密实度，从而减少腐蚀介质进入水泥石内部，起到防腐作用。

(3)在水泥石表面设置保护层

当腐蚀作用较强时，可在混凝土表面敷设一层耐腐蚀性强且不透水的保护层，如陶瓷、玻璃、塑料、沥青、耐酸石料等，可以隔断腐蚀介质与水泥石接触，保护水泥石不受腐蚀。

当水泥石处于多种介质同时侵蚀时，应分析清楚对水泥石侵蚀最严重的介质，采取相应措施，提高水泥石的耐腐蚀性。

二、掺混合材料的水泥和其他品种水泥

在水泥生产过程中加入的人工的或天然的矿物材料称为水泥混合材料。为改善硅酸盐水泥的某些性能，同时达到增加产量降低成本的目的，在硅酸盐水泥熟料中掺加适量的各种混合材料与石膏共同磨细制得的水硬性胶凝材料，称为掺混合材料硅酸盐水泥。

(一)水泥混合材料

混合材料按其在水泥中所起的作用，分为活性混合材料和非活性混合材料。

1. 活性混合材料

在常温条件下，能与 $Ca(OH)_2$ 和水发生水化反应的混合材料称为活性混合材料。活性混合材料能参与水泥的水化反应，明显改善水泥的性能。常用的活性混合材料有粒化高炉矿渣、火山灰质混合材料和粉煤灰。

2. 非活性混合材料

在常温条件下，不能与 $Ca(OH)_2$ 或水泥发生水化反应的混合材料称为非活性混合材料。非活性混合材料不参与水泥的水化反应，仅起到提高产量、降低成本、调整水泥强度等级、降低水化热和改善新拌混凝土和易性的作用，所以也称为填充性混合材料。磨细的石灰石、石英砂、黏土、慢冷矿渣及各种废渣都属于非活性混合材料。

(二)普通硅酸盐水泥

普通硅酸盐水泥(简称普通水泥)，代号 P·O。

普通硅酸盐水泥强度等级分为 42.5、42.5R、52.5、52.5R。普通硅酸盐水泥各强度等级、各龄期的强度指标参见表 2-8。

表 2-8 普通硅酸盐水泥的强度指标

品种	强度等级	抗压强度/MPa		抗折强度/MPa	
		3d	28d	3d	28d
普通硅酸盐水泥	42.5	≥17.0	≥42.5	≥3.5	≥6.5
	42.5R	≥22.0		≥4.0	
	52.5	≥23.0	≥52.5	≥4.0	≥7.0
	52.5R	≥27.0		≥5.0	

国家标准对普通硅酸盐水泥的技术要求见表2-8。

(三)矿渣硅酸盐水泥、火山灰硅酸盐水泥和粉煤灰硅酸盐水泥

矿渣硅酸盐水泥(简称矿渣水泥),代号P·S。分为两种类型,即A型和B型,代号为P.S.A与P.S.B。

火山灰质硅酸盐水泥(简称火山灰水泥),代号P·P。

粉煤灰硅酸盐水泥(简称粉煤灰水泥),代号P·F。

我国现行标准GB 175—2007,对矿渣水泥、火山灰水泥及粉煤灰水泥的技术要求列于表2-9。

矿渣水泥、火山灰水泥和粉煤灰水泥的强度等级分为32.5、32.5R、42.5、42.5R、52.5、52.5R。各强度等级水泥不同龄期的抗压强度、抗折强度指标列于表2-10。

表2-9　矿渣水泥、火山灰水泥和粉煤灰水泥的技术标准

序号	项目	品质指标
1	氧化镁	熟料中氧化镁的含量不得超过5.0%。如水泥经压蒸安定性试验合格,则允许放宽到6.0%
2	三氧化硫	矿渣水泥中三氧化硫的含量不得超过4.0%;火山灰水泥和粉煤灰水泥中三氧化硫的含量不得超过3.5%。
3	细度	80μm方孔筛筛余不得超过10.0%,或45μm方孔筛筛余不得超过30.0%。
4	凝结时间	初凝时间不得早于45min,终凝时间不得迟于600min。
5	安定性	用沸煮法检验,必须合格。
6	强度	各龄期强度不低于表2-10中规定的数值。
7	碱含量	水泥中碱含量按$Na_2O+0.658K_2O$计算值表示。若使用活性骨料,要限制水泥中的碱含量时,由供需双方商定。

表2-10　矿渣水泥、火山灰水泥、粉煤灰水泥、复合硅酸盐水泥的强度指标

强度等级	抗压强度/MPa		抗折强度/MPa	
	3d	28d	3d	28d
32.5	≥10.0	≥32.5	≥2.5	≥5.5
32.5R	≥15.0		≥3.5	
42.5	≥15.0	≥42.5	≥3.5	≥6.5
42.5R	≥19.0		≥4.0	
52.5	≥21.0	≥52.5	≥4.0	≥7.0
52.5R	≥23.0		≥4.5	

(四)复合硅酸盐水泥

复合硅酸盐水泥(简称复合水泥),代号P·C。

复合水泥的水化、凝结硬化过程基本上与掺混合材料的硅酸盐水泥相同。

按我国现行国标《通用硅酸盐水泥》(GB 175—2007)规定，对复合硅酸盐水泥的技术要求：细度、氧化镁、三氧化硫、安定性等指标与矿渣水泥、火山灰水泥和粉煤灰水泥相同。强度等级分为32.5、32.5R、42.5、42.5R、52.5、52.5R。各强度等级、各龄期的强度指标列于表2-10。

复合硅酸盐水泥中掺入了两种或两种以上的混合材料，可以互相取长补短，克服了掺单一混合材料水泥的一些弊病。复合硅酸盐水泥的早期强度接近于普通水泥，而其他性能与其掺混合料的种类、掺量及相对比例有密切关系。当掺混合材料较多(30%以上)时，其性能向掺加数量多的混合材料性质转移。如以粒化高炉矿渣为主要混合材料时，其性质与矿渣水泥接近；当以火山灰质混合材料为主要混合材料时，其性质与火山灰水泥接近。因此，使用复合硅酸盐水泥时，应当弄清楚水泥中主要混合材料的品种。为此，国家标准规定：在包装袋上应标明主要混合材料的名称。

(五)通用水泥的主要特点及适用范围

通用水泥是指硅酸盐水泥、普通硅酸盐水泥、矿渣硅酸盐水泥、火山灰硅酸盐水泥和粉煤灰硅酸盐水泥、复合硅酸盐水泥等六种水泥。复合硅酸盐水泥的使用，应根据所掺混合材料种类，参照其他掺混合材料的硅酸盐水泥的适用范围和工程实践经验选用。现将五种硅酸盐水泥的主要特点及适用范围列于表2-11。

[做一做]

归纳一下五大水泥的优缺点及应用?

表2-11 五种硅酸盐水泥的主要特点及适用范围

品种	主要特点	适用范围	不适用范围
硅酸盐水泥	1. 早强快硬 2. 水化热高 3. 耐冻性好 4. 耐热性差 5. 耐腐蚀性差 6. 对外加剂的作用比较敏感	1. 适用快硬早强工程 2. 配制强度等级较高混凝土	1. 大体积混凝土。 2. 受化学侵蚀水及压力水作用的工程
普通硅酸盐水泥	1. 早强 2. 水化热较高 3. 耐冻性较好 4. 耐热性较差 5. 耐腐蚀性较差 6. 低温时凝结时间有所延长	1. 地上、地下及水中的混凝土、钢筋混凝土和预应力混凝土结构，包括早期强度要求较高的工程。 2. 配制建筑砂浆	1. 大体积混凝土。 2. 受化学侵蚀水及压力水作用的工程
矿渣硅酸盐水泥	1. 早期强度低，后期强度增长较快。 2. 水化热较低 3. 耐热性较好 4. 抗硫酸侵蚀性好 5. 抗冻性较差 6. 干缩性较大	1. 大体积工程 2. 配制耐热混凝土 3. 蒸汽养护的构件 4. 一般地上地下的混凝土和钢筋混凝土结构 5. 配制建筑砂浆	1. 早期强度要求较高的混凝土工程 2. 严寒地区并在水位升降范围内的混凝土工程

（续表）

品种	主要特点	适用范围	不适用范围
火山灰质硅酸盐水泥	1. 早期强度低，后期强度增长较快。 2. 水化热较低 3. 耐热性较差 4. 抗硫酸侵蚀性好 5. 抗冻性较差 6. 干缩性较大 7. 抗渗性较好	1. 大体积工程 2. 有抗渗要求工程 3. 蒸汽养护的构件 4. 一般地上地下的混凝土和钢筋混凝土结构 5. 配制建筑砂浆	1. 早期强度要求较高的混凝土工程 2. 严寒地区并在水位升降范围内的混凝土工程 3. 干燥环境中的混凝土工程 4. 有耐磨要求的工程
粉煤灰硅酸盐水泥	1. 早期强度低，后期强度增长较快。 2. 水化热较低 3. 耐热性较差 4. 抗硫酸侵蚀性好 5. 抗冻性较差 6. 干缩性较小	1. 大体积工程 2. 有抗渗要求工程 3. 一般混凝土工程 5. 配制建筑砂浆	1. 早期强度要求较高的混凝土工程 2. 严寒地区并在水位升降范围内的混凝土工程 3. 有抗碳化要求的工程

（六）其他品种水泥

1. 道路硅酸盐水泥

[想一想]

道路硅酸盐水泥的矿物组成为何有这个要求？

随着我国高等级道路的迅速发展，水泥混凝土路面已成为主要路面类型之一。道路硅酸盐水泥是专供公路、城市道路和机场道面用的一种水泥。

(1)定义

以适当成分生料烧至部分熔融，得到以硅酸钙为主要成分和较多量的铁铝酸四钙的硅酸盐水泥熟料，加0～10%活性混合材料和适量石膏磨细制成的水硬性胶凝材料，称为道路硅酸盐水泥（简称道路水泥），代号P·R。

(2)矿物组成

根据《道路硅酸盐水泥》(GB/T 13693—2017)的规定：

① 铝酸三钙　道路水泥熟料中铝酸三钙含量不得大于5.0%；

② 铁铝酸四钙　道路水泥熟料中铁铝酸四钙的含量不得小于15.0%；

③ 游离氧化钙的含量不得大于1.0%。

(3)技术标准

道路硅酸盐水泥各项指标的技术要求列于表2－12，道路硅酸盐水泥按照28d抗折强度分为7.5和8.5两个等级，如P·R7.5。各强度等级在规定龄期的抗压和抗折强度不得低于表2－13所列的值。

(4)特性与应用

道路硅酸盐水泥强度高，特别是抗折强度高，耐磨性好，干缩小，抗冲击性好，抗冻性好，抗硫酸盐腐蚀性能好。适用于道路路面、机场跑道道面、城市广场等工程。

表 2-12　道路硅酸盐水泥技术指标

序号	项目	品质指标
1	熟料矿物成分	水泥熟料中铝酸三钙含量不得大于5.0%，铁铝酸四钙含量不得小于15%。
2	氧化镁	氧化镁含量不得超过5.0%
3	三氧化硫	三氧化硫含量不得超过3.5%
4	烧失量	烧失量不得大于3.0%
5	游离氧化钙	不得大于1.0%
6	碱含量	不得大于0.6%，若用户提出要求时，由供需双方商定
7	细度	300～450m^2/kg
8	凝结时间	初凝时间不得早于90min，终凝时间不得迟于12h。
9	安定性	沸煮法检验必须合格
10	干缩率	28d干缩率不得大于0.10%
11	耐磨性	28d磨耗量不得大于3.0kg/m^2
12	强度	见表2-13

表 2-13　道路硅酸盐水泥的强度指标

强度等级	抗压强度/MPa		抗折强度/MPa	
	3d	28d	3d	28d
7.5	21.0	42.5	4.0	7.5
8.5	26.0	52.5	5.0	8.5

2. 快硬硅酸盐水泥

(1)定义

由硅酸盐水泥熟料和适量石膏磨细制成，以3d抗压强度表示强度等级的水硬性胶凝材料称为快硬硅酸盐水泥(简称快硬水泥)。

(2)熟料组成

与硅酸盐水泥比较，快硬水泥在组成上适当提高了C_3S和C_3A的含量，达到了早强快硬的效果。

(3)技术标准

快硬水泥的细度要求为80μm方孔筛筛余不得超过10.0%；初凝时间不得早于45min，终凝时间不得迟于10h；安定性必须合格。快硬水泥有32.5、37.5、42.5三个强度等级，各强度等级、各龄期的强度指标见表2-14。

表 2-14　快硬硅酸盐水泥的强度指标

强度等级	抗压强度/MPa			抗折强度/MPa		
	1d	3d	28d	1d	3d	28d
32.5	15.0	32.5	52.5	3.5	5.0	7.2
37.5	17.0	37.5	57.5	4.0	6.0	7.6
42.5	19.0	42.5	62.5	4.5	6.4	8.0

(4)特性与应用

快硬硅酸盐水泥凝结硬化快，早期强度高，后期强度也高，抗冻性及抗渗性强，水化放热量大，耐腐蚀性差。适用于紧急抢修工程、冬季施工的混凝土工程。不宜应用大体积混凝土工程和耐腐蚀要求高的工程。另外，快硬水泥干缩率较大，容易吸湿降低强度，储存期超过一个月时，需重新检验其技术性质。

3. 膨胀水泥

膨胀水泥是硬化过程中不产生收缩，而具有一定膨胀性能的水泥。

一般水泥在凝结硬化过程中都会产生一定的收缩，使水泥混凝土出现裂纹，影响混凝土的强度及其他性能。而膨胀水泥则克服了这一弱点，在硬化过程中能够产生一定的膨胀，增加水泥石的密实度，消除由收缩带来的不利影响。

膨胀水泥主要是比一般水泥多了一种膨胀组分，在凝结硬化过程中，膨胀组分使水泥产生一定量的膨胀值。常用的膨胀组分是在水化后能形成膨胀性产物水化硫铝酸钙的材料。

按膨胀值的大小，膨胀水泥可分为补偿收缩水泥和自应力水泥两大类。补偿收缩水泥膨胀率较小，大致可补偿水泥在凝结硬化过程中产生的收缩，因此又叫作无收缩水泥，这种水泥可防止混凝土产生收缩裂缝；自应力水泥的膨胀值较大，在限制膨胀的条件下（如有配筋时），由于水泥石的膨胀作用，使混凝土产生压应力，从而达到预应力的目的。这种靠水泥自身水化产生膨胀来张拉钢筋达到的预应力称为自应力。混凝土中所产生的压应力数值即为自应力值。

在路桥工程中，膨胀水泥常用于水泥混凝土路面，机场道面或桥梁结构中修补混凝土。此外，在越江隧道或山区隧道用于配制防水混凝土以及接缝、堵漏等。

试验一　石灰 CaO、MgO 含量测定试验

Ⅰ　有效氧化钙的测定

一、试验目的及适用范围

石灰的质量主要取决于有效氧化钙和氧化镁的含量，它们的含量愈高，则石灰黏结力愈好。

本方法适用于测定各种石灰的有效氧化钙含量。

注：石灰中的有效氧化钙是指游离的氧化钙，它不同于总钙量，因为有效氧化钙不包括碳酸钙、硅酸钙以及其他钙盐中的钙。石灰中氧化钙的含量，以能溶解于蔗糖溶液中，并能与盐酸作用生成蔗糖钙的钙含量占石灰原试样的重量的百分率表示。

二、仪器设备

1. 方孔筛：0.15mm，1个。

2. 烘箱:50～250℃,1 台。

3. 干燥器:ϕ25cm,1 个。

4. 称量瓶:ϕ30mm×50mm,10 个。

5. 瓷研钵:ϕ12～13cm,1 个。

6. 分析天平:万分之一,1 台。

7. 架盘天平:感量 0.1g,1 台。

8. 电炉:1500W,1 个。

9. 石棉网:20cm×20cm,1 块。

10. 玻璃球:ϕ3mm,1 袋(0.25kg)。

11. 具塞三角瓶:250mL,20 个。

12. 漏斗:短颈,3 个。

13. 塑料洗瓶,1 个。

14. 塑料桶:20L,1 个。

15. 下口蒸馏水瓶:5000mL,1 个。

16. 三角瓶:300mL,10 个。

17. 容量瓶:250mL、1000mL,各 1 个。

18. 量筒:200mL、100mL、50mL、5mL,各 1 个。

19. 试剂瓶:250mL、1000mL,各 5 个。

20. 塑料试剂瓶:1L,1 个。

21. 烧杯:50mL,5 个;250mL(或 300mL),10 个。

22. 棕色广口瓶:60mL,4 个;250mL,5 个。

23. 滴瓶:60mL,3 个。

24. 酸滴定管:50mL,2 支。

25. 滴定台及滴定管夹,各一套。

26. 大肚移液管:25mL、50mL,各 1 个。

27. 表面皿:7cm,10 块。

28. 玻璃棒:8mm×250mm 及 4mm×180mm 各 10 支。

29. 试剂勺:5 个。

30. 吸水管:8mm×150mm,5 支。

31. 洗耳球:大、小各 1 个。

三、试剂

1. 蔗糖(分析纯)。

2. 酚酞指示剂:称取 0.5g 酚酞溶于 50mL 质量分数为 95%的乙醇中。

3. 质量分数为 0.1%的甲基橙水溶液:称取 0.05g 甲基橙溶于 50mL 蒸馏水(40～50℃)中。

4. 盐酸标准溶液(相当于 0.5mol/L):将 42mL 浓盐酸(相对密度 1.19)稀释至 1L,按下述方法标定其摩尔浓度后备用。

称取 0.8～1.0g(精确至 0.000 1g)已在 180C 烘干 2h 的碳酸钠(优级纯或基准级)记录为 m，置于 250mL 三角瓶中，加 100mL 水使其完全溶解；然后加入 2～3 滴质量分数为 0.1%的甲基橙指示剂，记录滴定管中待标定盐酸标准溶液的体积 V，用待标定的盐酸标准溶液滴定至碳酸钠溶液由黄色变为橙红色；将溶液加热至微沸，并保持微沸 3min，然后放在冷水中冷却至室温，如此时橙红色变为黄色，再用盐酸标准溶液滴定，至溶液出现稳定橙红色时为止，记录滴定管中盐酸标准溶液的体积 V。V_1、V_2 的差值即为盐酸标准溶液的消耗量 V。

盐酸标准溶液摩尔浓度① 按下式计算：

$$M=m/(V\times 0.053) \qquad (2-4)$$

式中：M——盐酸标准溶液的摩尔浓度(mol/L)；

m——称取碳酸钠的质量(g)；

V——滴定时盐酸标准溶液的消耗量(mL)；

0.053——与 1.00mL 盐酸标准溶液[$C(HCl)=1.000$mol/L]相当的以克表示的无水碳酸钠的质量。

注①：该处盐酸标准溶液的浓度相当于 1mol/L 标准溶液浓度的一半左右。

四、准备试样

1. 生石灰试样

将生石灰样品打碎，使颗粒不大于 1.18mm。拌和均匀后用四分法缩减至 200g 左右，放入瓷研钵中研细。再经四分法缩减至 20g 左右。研磨所得石灰样品，通过 0.15mm(方孔筛)的筛。从此细样中均匀挑取 10 余克，置于称量瓶中在 105℃烘箱内烘至恒量，储于干燥器中，供试验用。

2. 消石灰试样

将消石灰样品用四分法缩减至 10 余克。如有大颗粒存在，须在瓷研钵中磨细至无不均匀颗粒存在为止。置于称量瓶中在 105℃烘箱内烘至恒量，贮于干燥器中，供试验用。

五、试验步骤

1. 称取约 0.5g(用减量法称准至 0.0001g)试样，记录为 m，放入干燥的 250ml 具塞三角瓶中，取 5g 蔗糖覆盖在试样表面，投入干玻璃珠 15 粒。迅速加入新煮沸并已冷却的蒸馏水 50mL ，立即加塞振荡 15min(如有试样结块或粘于瓶壁现象，则应重新取样)。

2. 打开瓶塞，用水冲洗瓶塞及瓶壁，加入 2～3 滴酚酞指示剂，记录滴定管中盐酸标准溶液体积 V_3，用已标定的约 0.5mol/L 盐酸标准溶液滴定(滴定速度以 2～3 滴/s 为宜)，至溶液的粉红色显著消失并在 30s 内不再复现即为终点，记录滴定管中盐酸标准溶液的体积 V_4。V_3、V_4 的差值即为盐酸标准溶液的消耗量 V_5。

6. 试验结果计算整理

有效氧化钙的百分含量(X)按下式计算：

$$X=\frac{V_5\times M\times 0.028}{m_1}\times 100 \tag{2-5}$$

式中：V_5——滴定时消耗盐酸标准溶液的体积(mL)；

0.028——氧化钙毫克当量；

m_1——试样质量(g)；

M——盐酸标准溶液的摩尔浓度(mol/L)。

对同一石灰样品至少应做两个试样和进行两次测定，并取两次测定结果的平均值代表最终结果。石灰中氧化钙和有效钙含量在30%以下的允许重复性误差为0.40，30%～50%的为0.50，大于50%的为0.60。

记录格式示例见下表2-15。

盐酸标准溶液的摩尔浓度滴定

碳酸钠质量/g	滴定管中盐酸量/mL		盐酸标准溶液消耗量 V/mL	摩尔浓度 M/(mol/L)	平均摩尔浓度 $\overline{M}$/(mol/L)
	V_1	V_2			

石灰的有效氧化钙滴定　　　　续上表

试验编号	石灰质量/g	滴定管中盐酸量/mL		盐酸标准溶液耗量 V_5/mL	有效氧化钙含量 X/%
		V_3	V_4		

试验者________　计算者________　校核者________　试验日期________

Ⅱ　氧化镁的测定

一、试验目的及适用范围

本试验方法适用于测定各种石灰的总氧化镁含量。

石灰中有效氧化钙和氧化镁含量愈高，石灰黏结力愈好，按氧化镁含量可将石灰划分为钙质石灰或镁质石灰。

二、仪器设备

同有效氧化钙的测定。

三、试剂

1. 1∶10盐酸：将1体积盐酸(相对密度1.19)以10体积蒸馏水稀释。

2. 氢氧化铵-氯化铵缓冲溶液(pH=10):将 67.5g 氯化铵溶于 300mL 无二氧化碳蒸馏水中,加浓氢氧化铵(相对密度为 0.90)570mL 然后用水稀释至 1000mL。

3. 酸性铬兰 K-萘酚绿 B(1:2.5)混合指示剂:称取 0.3g 酸性铬兰 K 和 0.75g 萘酚绿 B 与 50g 已在 105℃烘干的硝酸钾混合研细,保存于棕色广口瓶中。

4. EDTA 二钠标准溶液:将 10g EDTA 二钠溶于温热蒸馏水中,待全部溶解并冷却至室温后,用水稀释至 1000mL。

5. 氧化钙标准溶液:精确称取 1.7848g 在 105℃烘干(2h)的碳酸钙(优级纯),置于 250mL 烧杯中,盖上表面皿,从杯嘴缓慢滴加 1:10 盐酸 100mL,加热溶解,待溶液冷却后,移入 1000mL 的容量瓶中,用新煮沸冷却后的蒸馏水稀释至刻度摇匀。此溶液每毫升相当于一毫克氧化钙。

6. 20%的氢氧化钠溶液:将 20g 氢氧化钠溶于 80mL 蒸馏水中。

7. 钙指示剂:将 0.2g 钙试剂羟酸钠和 20g 已在 105℃烘干的硫酸钾混合研细,保存于棕色广口瓶中。

8. 10%酒石酸钾钠溶液:将 10g 酒石酸钾钠溶于 90mL 蒸馏水中。

9. 三乙醇胺(1:2)溶液:将 1 体积三乙醇胺以 2 体积蒸馏水稀释摇匀。

四、EDTA 标准溶液与氧化钙和氧化镁关系的标定

精确吸取 50mL 氧化钙标准溶液放于 300mL 三角瓶中,用水稀释至 100mL 左右,然后加入钙指示剂约 0.1g,以 20%氢氧化钠溶液调整溶液碱度到出现酒红色,再过量加 3~4mL,然后以 EDTA 二钠标准溶液滴定,至溶液由酒红色变成纯蓝色时为止。

EDTA 二钠标准溶液对氧化钙滴定度按下式计算。

$$T_{CaO}=CV_1/V_2 \tag{2-6}$$

式中:T_{CaO}——EDTA 标准溶液对氧化钙的滴定度,即 1mL EDTA 标准溶液相当于氧化钙的毫克数;

C——1mL 氧化钙标准溶液含有氧化钙的毫克数,等于 1;

V_1——吸取氧化钙标准溶液体积,mL;

V_2——消耗 EDTA 标准溶液体积,mL。

EDTA 二钠标准溶液对氧化镁的滴定度(T_{MgO}),即 1mL EDTA 二钠标准溶液相当于氧化镁的毫克数按下式计算。

$$T_{MgO}=T_{CaO}\times\frac{40.31}{56.08}=0.72\ T_{CaO} \tag{2-7}$$

五、试验步骤

1. 称取约 0.5g(精确至 0.0001g)石灰试样,并记录试样质量 m,放入 250mL

烧杯中，用水湿润，加1：10盐酸30mL，用表面皿盖住烧杯，加热至微沸，并保持微沸8～10min。

2. 用水把表面皿洗净，冷却后把烧杯内的沉淀及溶液移入250mL容量瓶中，加水至刻度摇匀。

3. 待溶液沉淀后，用移液管吸取25mL溶液，放入250mL三角瓶中，加50mL水稀释后，加酒石酸钾钠溶液1mL、三乙醇胺溶液5mL，再加入氢氧化铵-氯化铵缓冲溶液10mL(此时待测溶液的pH=10)、酸性铬兰K-萘酚绿B指示剂约0.1g。记录滴定管中初始EDTA二钠标准溶液体积V_5，用EDTA二钠标准溶液滴定，至溶液由酒红色变为纯蓝色时即为终点，记录滴定管中EDTA二钠标准溶液的体积V_6。V_5、V_6的差值即为滴定钙镁含量的EDTA二钠标准溶液的消耗量V_3。

4. 再从前述同一容量瓶中，用移液管吸取25mL溶液，置于300mL三角瓶中，加水150mL稀释后，加三乙醇胺溶液5mL及20%氢氧化钠溶液5mL(此时待测溶液的pH≥12)，放入约0.2g钙指示剂。记录滴定管中初始EDTA二钠标准溶液体积V_7，用EDTA二钠标准溶液滴定，至溶液由酒红色变为蓝色即为终点，记录滴定管中EDTA二钠标准溶液的体积V_8。V_7、V_8的差值即为滴定钙离子的EDTA二钠标准溶液的消耗量V_4。

5. 试验结果计算整理

氧化镁的百分含量X按下式计算：

$$X=\frac{T_{MgO}(V_3-V_4)\times 10}{m\times 1000}\times 100 \tag{2-8}$$

式中：T_{MgO}——EDTA二钠标准溶液对氧化镁的滴定度；

V_3——滴定钙、镁含量消耗EDTA二钠标准溶液体积(mL)；

V_4——滴定钙消耗EDTA二钠标准溶液体积(mL)；

10——总溶液对分取溶液的体积倍数；

m——试样质量(g)。

对同一石灰样品至少应做两个试样和进行两次测定，读数精确至0.1mL。取两次测定结果的平均值代表最终结果。

记录格式示例见表2-16所列。

表2-16　有效氧化镁的测定试验记录表

试样编号	
试样质量/g	
氧化钙溶液的体积V_1/mL	
EDTA二钠标准溶液消耗量V_2/mL	
EDTA二钠标准溶液对CaO的滴定度T_{CaO}	
EDTA二钠标准溶液MgO的滴定度T_{MgO}	

（续表）

试样编号			
石灰试样质量 m/g			
EDTA二钠标准溶液消耗量/mL	滴定钙镁含量 V_3	V_5	V_6
	滴定钙 V_4	V_7	V_8
氧化镁含量 X/%			

试验者________ 计算者________ 校核者________ 试验日期________

Ⅲ 有效氧化钙和氧化镁含量的简易测定方法

一、试验目的及适用范围

石灰的质量主要取决于有效氧化钙和氧化镁的含量，它们的含量愈高，则石灰黏结力愈好。

本试验方法适用于测定氧化镁含量在5%以下的低镁石灰。

注：氧化镁被水分解的作用缓慢，如果氧化镁含量高，到达滴定终点的时间很长，从而增加了与空气中二氧化碳的作用时间，影响测定结果。

二、仪器设备

1. 方孔筛：0.15mm，1个。
2. 烘箱：50～250℃，1台。
3. 干燥器：ϕ25cm，1个。
4. 称量瓶：ϕ30mm×50mm，10个。
5. 瓷研钵：ϕ12～13cm，1个。
6. 分析天平：万分之一，1台。
7. 架盘天平：感量0.1g，1台。
8. 电炉：1500W，1个。
9. 石棉网：20cm×20cm，1块。
10. 玻璃球：ϕ3mm，1袋(0.25)。
11. 斗：短颈，3个。
12. 塑料洗瓶，1个。
13. 塑料桶：20L，1个。
14. 下口蒸馏水瓶：5000mL，1个。
15. 三角瓶：300mL，10个。
16. 容量瓶：1000mL，1个。
17. 量筒：200mL、5mL，各1个。

18. 试剂瓶:1000mL,5 个。

19. 滴瓶:60mL,3 个。

20. 酸滴定管:50mL,2 支。

21. 滴定台及滴定管夹,各一套。

22. 大肚移液管:25mL、50mL,各 1 个。

23. 玻璃棒:8mm×250mm 及 4mm×180mm 各 10 个。

24. 试剂勺:5 个。

25. 吸水管:8mm×150mm,5 支。

26. 洗耳球:大、小各 1 个。

三、试剂

1. 1mol/L 盐酸标准溶液:取 83mL 浓盐酸(相对密度 1.19)以蒸馏水稀释至 1000mL,溶液当量浓度的标定与“Ⅰ 有效氧化钙的测定”中所述 0.5mol/L 盐酸标准溶液的标定方法相同,但无水碳酸钠的称量应为 1.5～2g。

2. 1%酚酞指示剂。

四、试验步骤

1. 迅速称取石灰试样 0.8～1.0g(准确至 0.0001g)放入 300mL 三角瓶中,记录试验质量 m。加入 150mL 新煮沸并已冷却的蒸馏水和 10 颗玻璃珠。瓶口上插一短颈漏斗,加热 5min,但勿使沸腾,迅速冷却。

2. 向三角瓶中滴入酚酞指示剂 2 滴,记录滴定管中盐酸标准溶液体积 V_3,在不断摇动下以盐酸标准溶液滴定,控制速度为 2～3 滴/s,至粉红色完全消失,稍停,又出现红色,继续滴入盐酸,如此重复几次,直至 5min 内不出现红色为止,记录滴定管中盐酸标准溶液体积 V_4。V_3、V_4 的差值即为盐酸标准溶液的消耗量 V_5。如滴定过程持续半小时以上,则结果只能作为参考。

五、试验结果计算整理

有效氧化钙和氧化镁百分含量按下式计算:

$$X=\frac{V_5\times N\times 0.028}{m}\times 100 \tag{2-9}$$

式中:X——有效氧化钙和氧化镁的含量(%);

V_5——滴定时消耗盐酸标准溶液的体积(mL);

0.028——氧化钙的毫克当量,因氧化镁含量甚少,并且两者之毫克当量相差不大,故有效(CaO+MgO)%的毫克当量都以 CaO 的毫克当量计算;

m——样品质量(g);

N——盐酸标准溶液的物质的量浓度。

对同一石灰样品至少应做两个试样和进行两次测定,并取两次测定结果的平均值代表最终结果。

记录格式示例见表 2－17。

表 2－17　有效氧化钙和氧化镁含量试验记录表

盐酸标准溶液的摩尔浓度滴定

碳酸钠质量/g	滴定管中盐酸标准溶液体积/mL		盐酸标准溶液消耗量 V/mL	物质的量浓度 N/(mol/L)	平均物质的量浓度 $\overline{N}$(mol/L)
	V_1	V_2			

石灰的有效氧化钙滴定

试验编号	石灰质量/g	滴定管中盐酸标准溶液体积		盐酸标准溶液耗量	有效氧化钙含量
		V_3/mL	V_4/mL	V_5/mL	X/%

试验者__________　计算者__________　校核者__________　试验日期__________

试验二　水泥标准稠度用水量试验

1. 概述

检验水泥的凝结时间与体积安定性时，水泥净浆的稠度会影响试验结果，为使其测定结果具有可比性，必须采用标准稠度的水泥净浆进行试验，水泥净浆达到标准稠度时所需的拌和水量叫标准稠度用水量。

2. 原理

水泥标准稠度净浆对标准试杆（或试锥）的沉入具有一定的阻力。通过试验不同含水量的水泥净浆的穿透性以确定水泥标准稠度净浆中所需加入的水量。

3. 仪器设备

（1）标准法维卡仪：如图 2－3 所示，标准稠度测定用试杆［见图 2－3（c）］有效长度为 50mm±1mm，由直径为 10mm±0.05mm 圆柱形耐腐蚀金属制成。

盛装水泥净浆的试模［见图 2－3（a）］应由耐腐蚀的、有足够硬度的金属制成。试模为深 40mm±0.2mm、圆锥台顶内径 65mm±0.5mm、底内径为 75mm±0.5mm，每个试模应配备一个边长或直径约 100mm、厚度为 4～5mm 的平板玻璃底板或金属底板。

（2）水泥净浆搅拌机：应符合现行《水泥净浆搅拌机》（JC/T 729）的规定。

（3）水泥标准养护箱：温度控制在 20℃±1℃，相对湿度大于 90％。

（4）天平：量程不小于 1000g，感量不大于 1g。

（5）量水器：分度值为 0.5mL。

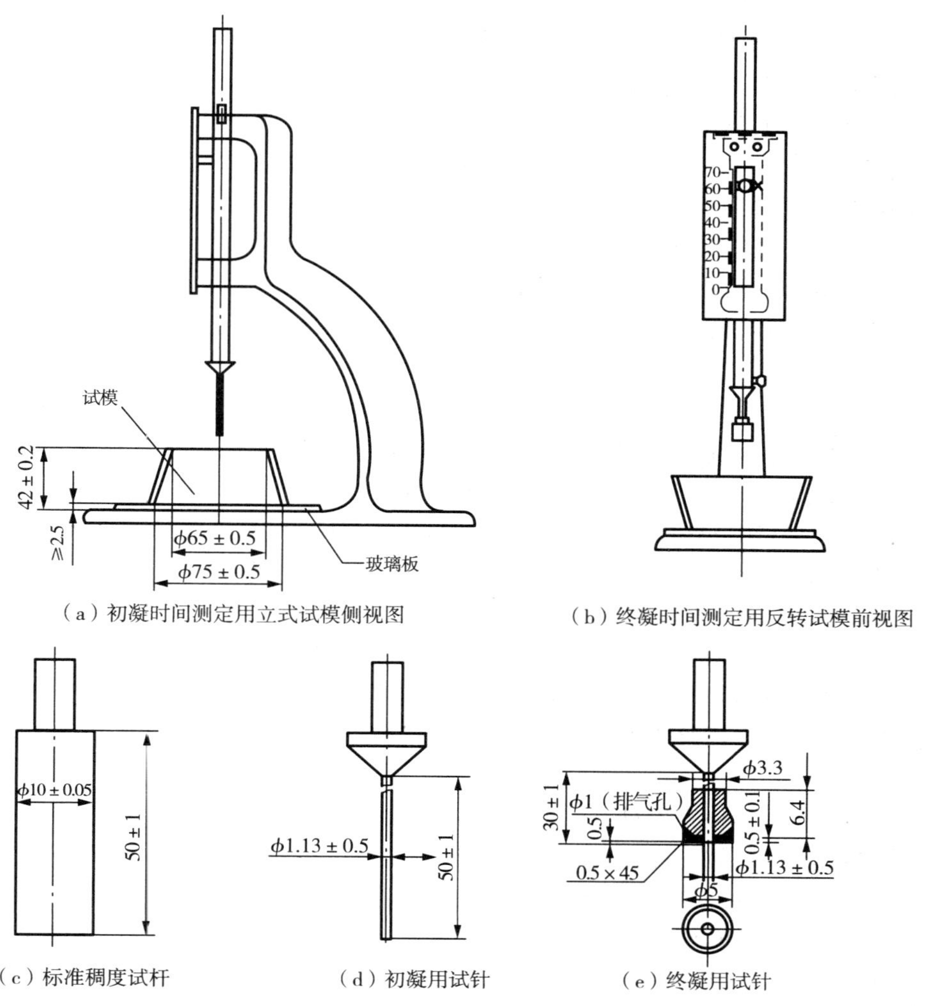

图 2-3　测不定期水泥标准稠度和凝结时间用的维卡仪(尺寸单位:mm)

4. 标准稠度用水量的测定(标准法)

(1)试验前必须做到:

① 维卡仪的金属棒能够自由滑动。试模和玻璃底板用湿布擦拭(但不允许有明水),将试模放在底板上。

② 调整至试杆接触玻璃板时指针对准零点。

③ 水泥净浆搅拌机运行正常。

(2)水泥净浆的拌制

用水泥净浆搅拌机搅拌,搅拌锅和搅拌叶片先用湿布擦过,将拌和水倒入搅拌锅中,然后 5～10s 小心将称好的 500g 水泥加入水中,防止水和水泥溅出;拌和时,先将锅放在搅拌机的锅座上,升至搅拌位置,启动搅拌机,低速搅拌 120s,停 15s,同时将叶片和锅壁上的水泥浆刮入锅中间,接着高速搅拌 120s 停机。

(3)标准稠度用水量的测定步骤

① 拌和结束后，立即取适量水泥净浆一次性将其装入已置于玻璃底板上的试模中，浆体超过试模上端，用宽约 25mm 的直边刀轻轻拍打超出试模部分的浆体 5 次以排除浆体中的孔隙，然后在试模上表面约 1/3 处，略倾斜于试模分别向外轻轻锯掉多余净浆，再从试模边沿轻抹顶部一次，使净浆表面光滑。在锯掉多余的净浆和抹平的操作过程中，注意不要压实净浆。

② 抹平后迅速将试模和底板移到维卡仪上，并将其中心定在试杆下，降低试杆直到与水泥净浆表面接触，拧紧螺丝 1～2s 后，突然放松，使试杆垂直自由地沉入水泥净浆中。在试杆停止沉入或释放试杆 30s 时记录试杆距底板之间的距离，升起试杆后，立即擦净。

③ 整个操作应在搅拌后 90s 内完成。以试杆沉入净浆并距底板 6mm±1mm 的水泥净浆为标准稠度净浆。其拌和水量为该水泥的标准稠度用水量(P)，按水泥质量的百分比计，结果精确至 1%。

④ 当试杆距玻璃板距离小于 5mm 时，应适当减水，重复水泥浆的拌制和上述过程；若距离大于 7mm，则应适当加水，并重复水泥浆的拌制和上述过程。

5. 标准稠度用水量的测定(代用法)

(1)标准稠度用水量的测定可用调整水量法和不变水量法两种方法中的任一种，发生争议时，以调整水量法为准。采用调整水量法测定标准稠度用水量时，拌和水量应按经验找水；采用不变水量法测定时，拌和水量为 142.5mL，水量精确到 0.5mL。

(2)试验前须检查项目：仪器金属棒应能自由滑动；试锥降至模项面位置时，指针应对准标尺零点；搅拌机运转应正常等。

(3)水泥净浆的拌制：用符合要求的水泥净浆搅拌机搅拌，搅拌锅和搅拌叶片先用湿棉布擦净，将称好的 500g 水泥试样倒入搅拌锅内。拌和时，先将锅放到搅拌机锅座上，升至搅拌位置，启动机器，同时徐徐加入水拌和，慢速搅拌 120s，停拌 15s，接着快速搅拌 120s 后停机。

(4)标准稠度用水量的测定

① 拌和结束后，立即将拌好的净浆装入锥模内，用宽约 25mm 的直边刀轻轻插捣 5 次，再轻轻振动 5 次，刮去多余净浆；抹平后迅速放到试锥下面固定位置上。将试锥降至净浆表面拧紧螺丝处，拧紧螺丝 1～2s 后，突然放松，让试锥自由沉入净浆中，到试锥停止下沉时记录试锥下沉深度。整个操作应在搅拌后 90s 内完成。

② 用调整水量法测定时，以试锥下沉深度 30mm±1mm 时的净浆为标准稠度净浆。其拌和水量为该水泥的标准稠度用水量(P)，按水泥质量的百分比计。如下沉深度超出范围，须另称试样，调整水量，重新试验，直至达到 30mm±1mm 时为止。

③ 用不变水量法测定时，标准稠度用水量按式(2-10)计算：

$$P=33.4-0.185S \tag{2-10}$$

式中：P——水泥标准稠度用水量(%)；

S——试锥下沉深度(mm)。

结果计算精确至1%。

当试锥下沉深度小于13mm时，应改用调整水量法测定。

试验三　水泥凝结时间测定

1. 概述

凝结时间对水泥混凝土的施工具有重要意义，初凝太快，给施工造成不便；终凝太慢，将影响施工进度。用标准稠度的水泥净浆测定凝结时间。从加水时起至试针沉入净浆距底板4mm±1mm时，为水泥达到初凝状态；从加水时起至试针沉入试体0.5mm时为水泥达到终凝状态。

2. 原理

凝结时间以试针沉入水泥标准稠度净浆至一定深度所需的时间表示。

3. 仪器设备

(1)标准法维卡仪

如图2-3所示，测定凝结时间时取下试杆，用试针[见图2-3(d)和(e)]代替试杆。试针是钢制的圆柱体，其有效长度初凝针为50mm±1mm，终凝针为30mm±1mm，直径为1.13mm±0.05mm。滑动部分的总质量为300g±1g。与试杆、试针联结的滑动杆表面应光滑，能靠重力自由下落，不得有紧涩和旷动现象。

(2)其他仪器同前

4. 凝结时间的测定

(1)测定前准备工作

调整凝结时间测定仪的试针接触玻璃板时将指针对准零点。

(2)试件的制备

以标准稠度的水泥净浆一次装满试模，振动数次刮平，立即放入养护箱中。记录水泥全部加入水中的时间作为凝结时间的起始时间。

(3)初凝时间的测定

① 试件在湿气养护箱中养护至加水后30min时进行第一次测定。测定时，从湿气养护箱中取出试模放到试针下，降低试针与水泥净浆表面接触，拧紧螺丝1～2s后，突然放松，使试针垂直自由地沉入水泥净浆中。观察试针停止沉入或释放试针30s时指针的读数。

② 临近初凝时每隔5min(或更短时间)测定一次，当试针沉至距底板4mm±1mm时，为水泥达到初凝状态。

③ 当达到初凝时应立即重复测一次，当两次结论相同时才能定为达到初凝状态。由水泥全部加入水中至初凝状态所经历的时间为水泥的初凝时间，用“min”计。

(4)终凝时间的测定

① 为了准确观测试针沉入的状况，在终凝针上安装了一个环形附件[见

图 2-1(e)]。在完成初凝时间测定后,立即将试模连同浆体以平移的方式从玻璃板取下,翻转 180°,直径大端向上,小端向下放在玻璃板上,再放入湿气养护箱中继续养护。

② 临近终凝时间每隔 15min(或更短时间)测定一次,当试针沉入试体 0.5mm 时,即环形附件开始不能在试件上留下痕迹时,为水泥达到终凝状态,由水泥全部加入水中至终凝状态所经历的时间为水泥的终凝时间,用"min"计。

(5)测定时应注意,在最初测定的操作时应用手轻轻扶持金属柱,使其徐徐下降,以防止试针撞弯,但结果要以自由下落为准;在整个测试过程中试针沉入的位置至少要距试模内壁 10mm,每次测定不能让试针落入原针孔,每次测试完毕须将试针擦净并将试模放回湿气养护箱内,整个测试过程要防止试模振动。

记录格式示例见表 2-19 所列。

表 2-19 记录格式示例

试样名称			材料产地			
试验次数	标准稠度用水量试验		凝结时间试验		安定性试验	
	试锥下沉深度 S/mm	标准稠度用水量/%	初凝时间 T_i/min	终凝时间 T_t/min	雷氏法	试饼法
备注						

试验者________ 计算者________ 校核者________ 试验日期________

试验四 水泥安定性试验

1. 概述

本试验可检定由于游离氧化钙而引起水泥体积变化,以表示水泥体积安定性是否合格。

安定性的测定有两种方法,即雷氏法和试饼法,雷氏法是标准法,试饼法为代用法,有争议时以雷氏法为准。雷氏法是测定水泥净浆在雷氏夹中沸煮后的膨胀值;试饼法是观察水泥净浆试饼沸煮后的外形变化来检验水泥的体积安定性。

2. 仪器设备

(1)雷氏夹:由铜质材料制成,其结构如图 2-4 所示。当一根指针的根部先悬挂在一根金属丝或尼龙丝上,另一根指针的根部再挂上 300g 质量的砝码时,

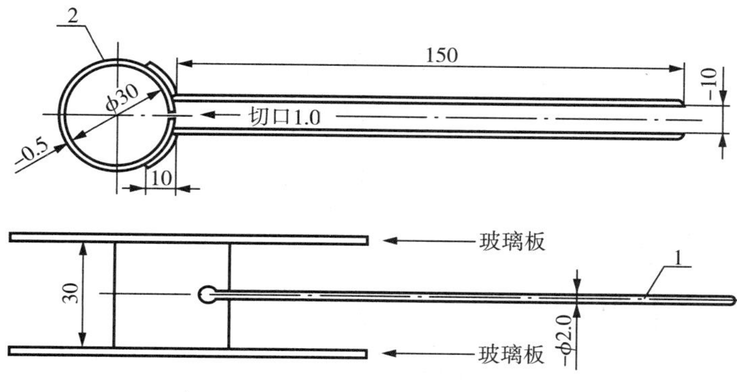

1—指针;2—环模。

图 2-4　雷氏夹示意图(尺寸单位:mm)

两根指针的针尖距离增加应在 17.5mm±2.5mm 范围之内,即 $2x$=17.5mm±2.5mm(见图 2-5)当去掉砝码后针尖的距离能恢复至挂砝码前的状态。

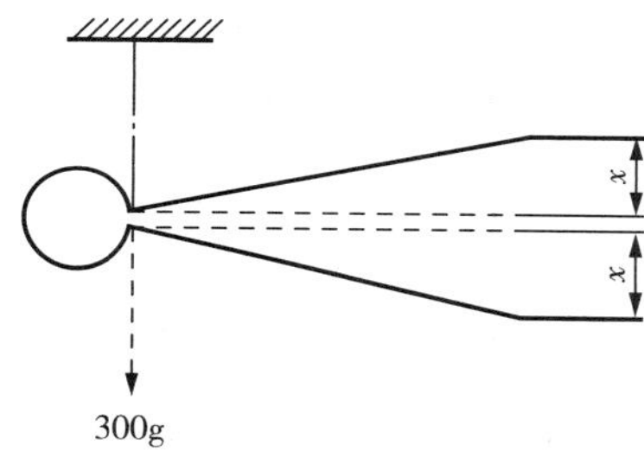

图 2-5　雷氏夹受力示意图

(2)雷氏夹膨胀值测定仪:如图 2-6 所示,标尺最小刻度为 0.5mm。

(3)沸煮箱:应符合现行《水泥安定性试验用沸煮箱》(JC/T 955)的规定。

(4)玻璃板、抹刀、直尺。

(5)其他仪器设备与标准稠度用水量相同。

3. 试验步骤

Ⅰ雷氏法(标准法)

(1)测定前的准备工作每个试样需要两个试件,每个雷氏夹需配两个边长或直径约 80mm、厚度 4～5mm 的玻璃板。凡与水泥净浆接触的玻璃板表面和雷氏夹内表面都要稍稍涂上一层油。

(2)雷氏夹试件的制备方法 将预先准备好的雷氏夹放在已稍擦油的玻璃板上,并立即将已制备好的标准稠度净浆装满试模。装模时一只手轻轻扶持试模,另一只手用宽约 25mm 的直边小刀在浆体表面轻轻插捣 3 次,然后抹平。盖上稍涂油的玻璃板,接着立即将试件移至湿气养护箱内养护 24h±2h。

(3)沸煮

① 调整好沸煮箱内的水位,使之在整个沸煮过程中都能没过试件,无须中途

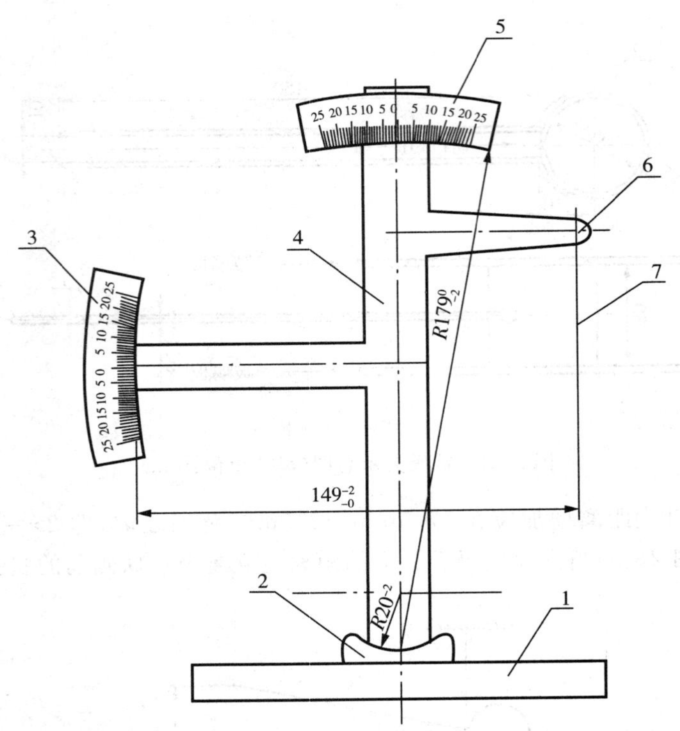

1—底座；2—模子座；3—测强性标尺；4—支柱；5—测膨胀值标尺；6—悬臂；7—悬丝。

图 2－6　雷氏夹膨胀值测定仪

添补试验用水，同时保证水温在 30min±5min 内能沸腾。

② 脱去玻璃板取下试件，先检查试饼是否完整（如已开裂、翘曲，要检查原因，确定无外因时，该试饼已属不合格品，不必沸煮），在试饼无缺陷的情况下，用雷氏法测定时，先测量雷氏夹指针间的距离（A），精确到 0.5mm，接着将试件放入沸煮箱中的试件架上，指针朝上，试件之间互不交叉，然后在 30min±5min 内加热至沸腾，并恒沸 180min±5min。

（4）结果判别　沸煮结束后，立即放掉沸煮箱中的热水，打开箱盖，待箱体冷却至室温，取出试件进行判别。测量试件指针尖端间的距离（C），精确到 0.5mm。当两个试件煮后增加距离（$C-A$）的平均值不大于 5.0mm 时，即认为该水泥安定性合格；当两个试件煮后增加距离（$C-A$）的平均值大于 5.0mm 时，应用同一样品重做一次试验，以复检结果为准。

Ⅱ试饼法（代用法）

（1）测定前的准备工作　每个样品需准备两块约 100mm×100mm 的玻璃板，凡与水泥净浆接触的玻璃板都要稍稍涂上一层油。

（2）试饼的成型方法将制好的标准稠度净浆取出一部分分成两等份，使之成球形，放在预先准备好的玻璃板上，轻轻振动玻璃板并用湿布擦净的小刀由边缘向中央抹动，做成直径 70～80mm、中心厚约 10mm、边缘渐薄、表面光滑的试饼，接着将试饼放入湿气养护箱内养护 24h±2h。

(3)沸煮调整好沸煮箱内的水位，使之在整个沸煮过程中都能没过试件，无须中途添补试验用水，同时保证水在 30min±5min 内能沸腾。

脱去玻璃板取下试件，先检查试饼是否完整(如已开裂、翘曲，要检查原因，确定无外因时，该试饼已属不合格品，不必沸煮)，在试饼无缺陷的情况下，将试饼放在沸煮箱的水中篦板上，然后在 30min±5min 内加热至水沸腾，并恒沸 180min±5min。

(4)结果判别　沸煮结束后，立即放掉沸煮箱中的热水，打开箱盖，待箱体冷却至室温，取出试件进行判别。目测试饼未发现裂缝，用直尺检查也没有弯曲(使钢直尺和试饼底部紧靠，以两者间不透光为不弯曲)的试饼为安定性合格，反之为不合格。当两个试饼判别结果有矛盾时，该水泥的安定性为不合格。

试验五　水泥胶砂强度试验(ISO 法)

1. 概述

本试验的目的是测定水泥的抗折强度和抗压强度，从而确定水泥的强度等级。以一份水泥、三份中国 ISO 标准砂，用 0.5 水灰比拌制塑性水泥胶砂，制成 40mm×40mm×160mm 的标准试件，连模一起在湿气中养护 24h，然后脱模在水中养护至规定龄期测定其抗折强度和抗压强度，根据 28 天的抗折强度和抗压强度确定水泥的强度等级。

2. 仪器设备

(1)水泥胶砂搅拌机

由胶砂搅拌锅和搅拌叶片及相应的机构组成，属行星式搅拌机。

(2)振实台

胶砂试体成型振实台(见图 2－7)由可以跳动的台盘和使其跳动的轮等组成。台盘上有固定试模用的卡具，并连有二根起稳定作用的臂，轮由电机带动，通过控制器控制按一定的要求转动并保证使台盘平衡上升至一定高度后自由下落，其中心恰好与止动器撞击。振实台应安装在高度约 400mm 的混凝土基座上。

(3)试模

试模由三个水平的模槽组成。可同时成型三条截面为 40mm×40mm×160mm 的菱形试体。成型操作时，应在试模上面加有一个壁高 20mm 的金属模套，当从上往下看时，模套壁与模型内壁应该重叠，超出内壁不应大于 1mm。

(4)抗折强度试验机

通过三根圆柱轴的三个竖向平面应该平行，并在试验时继续保持平行和等距离垂直试体的方向，其中一根支撑圆柱和加荷圆柱能轻微倾斜使圆柱与试体完全接触，以便荷载沿试体宽度方向均匀分布，同时不产生任何扭转应力。

(5)抗压强度试验机

抗压强度试验机，在较大的量程范围内使用时，记录的荷载应满足±1%的

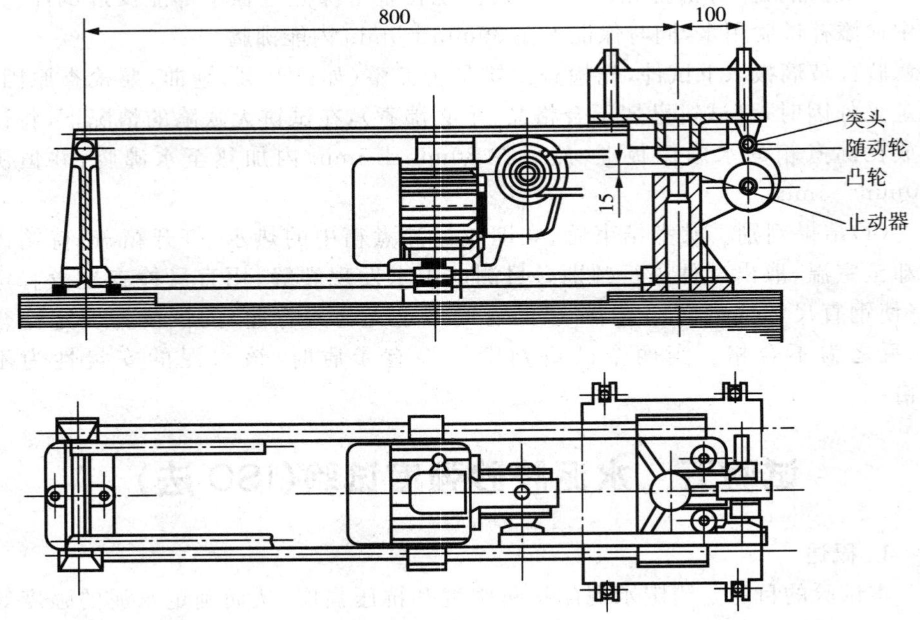

图 2-7　典型的振实台(尺寸单位:mm)

精度要求,并能按 2400N/s±200N/s 的速率加荷。人工操纵的试验机应配有一个速度动态装置以便于控制荷载增加。

压力机的活塞竖向轴应与压力机的竖向轴重合,活塞作用的合力要通过试件中心。压力机的下压板表面应与压力机的轴线垂直并在加荷过程中一直保持不变。

(6)抗压强度试验机用夹具

当需要使用夹具时,应把它放在压力机的上下压板之间并与压力机处于同一轴线,以便将压力机的荷载传递至胶砂件表面,夹具应符合 JC/T683 的要求,受压面积为 40mm×40mm。夹具要保持清洁,球座应能转动,上压板从一开始就能适应试体的形状并在试验中保持不变。

(7)刮平直尺和播料器

控制料层厚度和刮平胶砂的专用工具。

(8)试验筛、天平、量筒等。

3. 试验步骤

(1)试件成型

1)成型前将试模擦净,用黄干油等密封材料涂覆试模的外接缝,试模的内表面应涂上一薄层机油。

2)胶砂组成

① 基准砂　ISO 基准砂是由德国标准砂公司制备的 SiO_2 含量不低于 98% 的天然的圆形硅质砂组成,其颗粒分布在表 2-20 规定的范围内。

表 2-20 ISO 基准砂颗粒分布

方孔边长/mm	累计筛余/%
2.0	0
1.6	7±5
1.0	33±5
0.5	67±5
0.16	87±5
0.08	99±1

砂的筛析试验应采用代表性的样品来进行，每个筛子的筛析试验应进行至每分钟通过量小于 0.5g 为止。砂的含水量应小于 0.2%。

② 中国 ISO 标准砂　中国 ISO 标准砂完全符合 ISO 基准砂颗粒分布和含水量的规定。

③ 水泥　试验用水泥从取样到试验要保持 24h 以上时，应把它贮存在基本装满和气密的容器里，这个容器应不与水泥起反应。

④ 水　仲裁试验或其他重要试验用蒸馏水，其他试验可用饮用水。

3)胶砂制备

① 每成型三条试体各种材料用量如表 2-21 所示。

表 2-21 每锅胶砂的材料数量　　单位:g

水泥品种	材料量		
	水泥	标准砂	水
硅酸盐水泥	450±2	1350±5	225±1
普通硅酸盐水泥			
矿渣硅酸盐水泥			
粉煤灰硅酸盐水泥			
复合硅酸盐水泥			
石灰石硅酸盐水泥			

② 水泥、砂、水和试验用具的温度与试验室相同，称量用的天平精度应为±1g。当用自动滴管加 225mL 水时，滴管精度应达到±1mL。

③ 每锅胶砂用搅拌机进行机械搅拌。先使搅拌机处于待工作状态，然后按下面的程序进行操作：先把水倒入锅内，再加入水泥，把锅放在固定架上，上升至固定位置后立即开动机器，低速搅拌 30s 后，在第二个 30s 开始的同时均匀地将砂子加入，当各级砂分装时，从最粗粒级开始，依次将所需的每级砂倒入锅内，再高速拌和 30s，停拌 90s，在第 1 个 15s 内用一胶皮刮具将叶片和锅壁上的胶砂刮入锅中间，再高速继续搅拌 60s。各个搅拌阶段，时间误差应在±1s 以内。

3)试件制备

① 胶砂制备后立即成型。将空试模和模套固定在振实台上，用小勺从搅拌锅里把胶砂分两层装入试模，装第一层时，每个槽里约放 300g 胶砂，用大播料器垂直架在模套顶部沿每个模槽来回一次将料层播平，接着振实 60 次。再装入第

二层胶砂，用小播料器播平，再振实 60 次，移走模套，从振实台上取下试模，用一金属直尺以近似 90^0 的角度架在试模模顶的一端，然后沿试模长度方向以横向锯割动作慢慢向另一端移动，一次将超过试模部分的胶砂刮去，并用同一直尺以近乎水平的情况下将试体表面抹平。在试模上做标记或加字条对试件编号。

② 当使用代用振动台成型时，操作如下：在搅拌胶砂的同时将试模和下料漏斗卡紧在振动台的中心。将搅拌好的全部胶砂均匀地装入下料漏斗中，开动振动台，胶砂通过漏斗流入试模。振动 120s±5s 停止。振动完毕，取下试模，用刮平尺以规定的刮平手法刮去其高出试模的胶砂并抹平，接着在试模上做标记或用字条表明试件编号。

(2)试件的养护

1)脱模前的处理和养护去掉留在试模四周的胶砂，立即将做好标记的试模放入雾室或湿箱的水平架子上养护，湿空气应能与试模各边接触。养护时不应将试模放在其他试模上，一直养护到规定的脱模时间时取出脱模。脱模前，用防水墨汁或颜料笔对试体进行编号或做其他标记，对二个龄期以上的试体，在编号时应将同一试模中的三条试体分在二个以上龄期内。

2)脱模应非常小心。对于 24h 龄期的，应在破型试验前 20min 内脱模，对于 24h 以上龄期的，应在成型后 20～24h 之间脱模。

注：如经 24h 养护，会因脱模对强度造成损害时，可以延迟至 24h 以后脱模，但在试验报告中应予说明。

已确定作为 24h 龄期试验(或其他不下水直接做试验)的已脱模试体，应用湿布覆盖至做试验时为止。

3)水中养护　将做好标记的试件立即水平或竖直放在 20℃±1℃水中养护，水平放置时刮平面应朝上，试件放在不易腐烂的篦子上，并彼此间保持一定间距，以让水与试件的六个面接触。养护期间试件之间间隔或试体上表面的水深不得小于 5mm。

注：不宜用木篦子。

每个养护池只养护同类型的水泥试件。最初用自来水装满养护池(或容器)，随后随时加水保持适当的恒定水位。不允许在养护期间全部换水，除 24h 龄期或延迟至 48h 脱模的试体外，任何到龄期的试体应在试验(破型)前 15min 从水中取出，揩去试体表面沉积物，并用湿布覆盖到试验为止。

4)试体龄期从水泥加水搅拌开始试验时算起，不同龄期强度试验在下列时间里进行。

24h±15min　48h±30min　72h±45min　7d±2h　28d±8h

(3)强度测定

1)抗折强度测定

将试体一个侧面放在试验机支撑圆柱上，试体长轴垂直于支撑圆柱，通过加荷圆柱以 50N/s±10N/s 的速率均匀地将荷载垂直地加在棱柱体相对侧面上，直至折断。

保持两个半截棱柱体处于潮湿状态直至抗压试验。

抗折强度 $f_{ce,m}$以 MPa 表示，按下式计算：

$$f_{ce,m}=\frac{1.5FL}{b^3} \tag{2-10}$$

式中：$f_{ce,m}$——标准试件的抗折强度(MPa)；

F——试件折断时施加在棱柱体中部的荷载(N)；

L——支撑圆柱之间的距离(mm)；

b——棱柱体正方形截面的边长(mm)。

2)抗压强度测定

在半截棱柱体的侧面上进行，半截棱柱体中心与压力机压板受压中心差应在±0.5mm 内，棱柱体露在压板外的部分约 10mm，以 2400N/s±200N/s 的速率均匀地加荷直至破坏。抗压强度 $f_{ce,c}$以 MPa 表示，按下式计算：

$$f_{ce,c}=\frac{F_C}{A} \tag{2-11}$$

式中：$f_{ce,c}$——试件的抗压强度(MPa)；

F_C——试件破坏时的最大荷载(N)；

A——试件受压部分面积(mm^2，40mm×40mm=1600mm^2)。

(4)水泥的合格检验

1)以一组三个棱柱体抗折强度的平均值作为试验结果。当三个强度值中有一个超出平均值的±10%时，应将其剔除后再取平均值作为抗折强度试验结果。

2)以一组三个棱柱体上得到的六个抗压强度测定值的算术平均值为试验结果。如六个测定值中有一个超出平均值的±10%，将其剔除，以剩下五个的平均值为测定结果，如果五个测定值中再有超过它们平均值的±10%的，则此组结果作废。

3)各试体的抗折强度记录至 0.1MPa，按规定计算平均值，计算精确到 0.1MPa。各个半棱柱体得到的单个抗压强度结果计算至 0.1MPa，按规定计算平均值，计算精确至 0.1MPa。水泥胶砂强度试验记录见表 2-22。

表 2-22　水泥胶砂强度试验记录表

<table>
<tr><td colspan="2">试样名称</td><td colspan="5"></td><td colspan="3">材料产地</td><td colspan="3"></td></tr>
<tr><td rowspan="3">试件编号</td><td rowspan="3">试件龄期/d</td><td colspan="5">抗折强度</td><td rowspan="3">试件编号</td><td colspan="4">抗压强度</td><td rowspan="3">水泥强度等级/MPa</td></tr>
<tr><td rowspan="2">破坏荷载 F_C/N</td><td rowspan="2">支点间距 L/mm</td><td>试件尺寸/mm</td><td colspan="2">抗折强度 $f_{ce,m}$/MPa</td><td rowspan="2">破坏荷载 F_C(N)</td><td rowspan="2">受压面积 A/mm^2</td><td colspan="2">抗压强度 $f_{ce,c}$/MPa</td></tr>
<tr><td>正方形截面边长 b</td><td>单值</td><td>均值</td><td>单值</td><td>均值</td></tr>
<tr><td></td><td></td><td></td><td></td><td></td><td></td><td></td><td></td><td></td><td></td><td></td><td></td><td></td></tr>
<tr><td></td><td></td><td></td><td></td><td></td><td></td><td></td><td></td><td></td><td></td><td></td><td></td><td></td></tr>
<tr><td></td><td></td><td></td><td></td><td></td><td></td><td></td><td></td><td></td><td></td><td></td><td></td><td></td></tr>
<tr><td colspan="2">备注</td><td colspan="11"></td></tr>
</table>

试验者__________　计算者__________　校核者__________　试验日期__________

小　结

石灰是一种气硬性胶凝材料，其基本成分为活性氧化钙。由于石灰硬化后的强度主要依靠氢氧化钙的结晶以及氢氧化钙的碳化形成的碳酸钙作用，但氢氧化钙的溶解度较高，在潮湿的环境中，石灰遇水会溶解溃散，强度会降低，因此石灰不宜在长期潮湿的环境中或有水环境中使用。

硅酸盐水泥是一种水硬性胶凝材料，其基本成分为硅酸盐熟料。熟料的主要矿物组成是：硅酸三钙、硅酸二钙、铝酸三钙和铁铝酸四钙。其中硅酸三钙和硅酸二钙对水泥的强度起主要作用；硅酸三钙和铝酸三钙对水泥的水化热贡献较大；铁铝酸四钙有助于提高水泥的抗折强度，改变矿物组成比例将会显著影响水泥的技术性质，以满足不同的使用要求。

为了改善水泥的某些性能，增加水泥产量和降低成本的目的，在硅酸盐熟料中掺加适量石膏及规定的混合材料共同磨细制成各种掺混合材料的硅酸盐水泥。如矿渣水泥、火山灰质水泥、粉煤灰水泥和复合水泥等。

目前常用的水泥有普通水泥、矿渣水泥、火山灰水泥、粉煤灰水泥、复合水泥和硅酸盐水泥统称六大品种水泥。

专供道路路面和机场道面使用的道路水泥也是一种硅酸盐水泥，但在矿物组成比例上要求较高的硅酸三钙和铁铝酸四钙含量，较低的铝酸三钙含量。

水泥的主要技术指标是：细度、凝结时间、安定性和强度等，道路水泥还应具备一定的抗干缩性和耐磨性，并应有较高的抗折强度。

在道路和桥梁工程中经常使用的其他水泥是：高铝水泥、膨胀水泥和自应力水泥等。

复习思考题

1. 试述石灰的煅烧、消化和硬化的化学反应过程，并说明其强度形成原理。

2. 何谓有效氧化钙？简述测定石灰有效氧化钙和氧化镁的意义和方法要点。

3. 生石灰与消石灰有什么不同？生石灰、生石灰粉与消石灰粉主要技术指标是什么？

4. 硅酸盐水泥熟料矿物成分有哪些？它们相对含量的变化，对水泥性能有什么影响？

5. 硅酸盐水泥水化后的主要产物有哪些？

6. 引起水泥体积安定性不良的原因有哪些？安定性不良的水泥应如何处理？

7. 硫酸盐对水泥有腐蚀作用，为什么在水泥生产过程中还要加入石膏

($CaSO_4 \cdot 2H_2O$)?

8. 什么是水泥的凝结时间?凝结时间对水泥混凝土的施工具有什么意义?

9. 硅酸盐水泥有哪些特性,适用于哪些工程?

10. 什么叫混合材料?活性混合材料掺入水泥中会产生什么影响?

11. 道路硅酸盐水泥在矿物组成上有什么特点?在技术性质方面有什么特殊要求?

12. 如何按技术指标来判断水泥的质量?

13. 判断下列说法是否正确。

(1)储存期超过三个月的水泥,使用时应重新测定其强度。

(2)水泥熟料矿物中,水化反应速度最快的是 C_2S。

(3)水泥标准稠度用水量是国家标准规定的。

(4)水泥技术性质中,凡氧化镁、三氧化硫、终凝时间、体积安定性中的任一项不符合国家标准规定均为废品水泥。

(5)生产水泥时掺入适量的石膏的主要目的是提高强度。

(6)水泥的初凝不能过早,终凝不能过迟。

(7)水泥颗粒越细,水化速度越快,早期强度越高。

(8)国家标准规定,以标准维卡仪的试杆沉入水泥净浆距底板 6mm±1mm 时的净浆稠度为标准稠度。

(9)安定性不合格的水泥应降级使用。

(10)按现行规范,水泥胶砂强度是评定水泥强度等级的依据。

14. 下列混凝土工程中,应优先选用什么水泥?不宜使用什么水泥?

(1)干燥环境中的混凝土;

(2)采用湿热养护的混凝土;

(3)厚大体积的混凝土;

(4)位于水下的混凝土工程;

(5)配制强度等级为 C60 的混凝土;

(6)热工窑炉的基础;

(7)路面水泥混凝土;

(8)冬季施工的混凝土;

(9)严寒地区水位升降范围内的混凝土;

(10)有抗渗要求的混凝土;

(11)经常与流动淡水接触的混凝土;

(12)紧急抢修工程;

(13)修补建筑物裂缝;

(14)经常受硫酸盐腐蚀的混凝土。

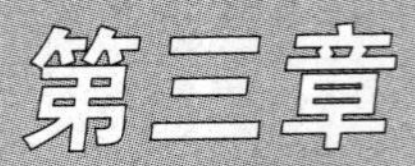

第三章 水泥混凝土和砂浆

【教学要求】

1. 具有普通水泥混凝土和砂浆主要技术性质的知识，并能分析其影响因素；

2. 具有进行常用水泥混凝土及砂浆配合比组成设计的能力并进行质量评定；

3. 能进行水泥混凝土与砂浆主要技术性质的检测。

【知识链接】

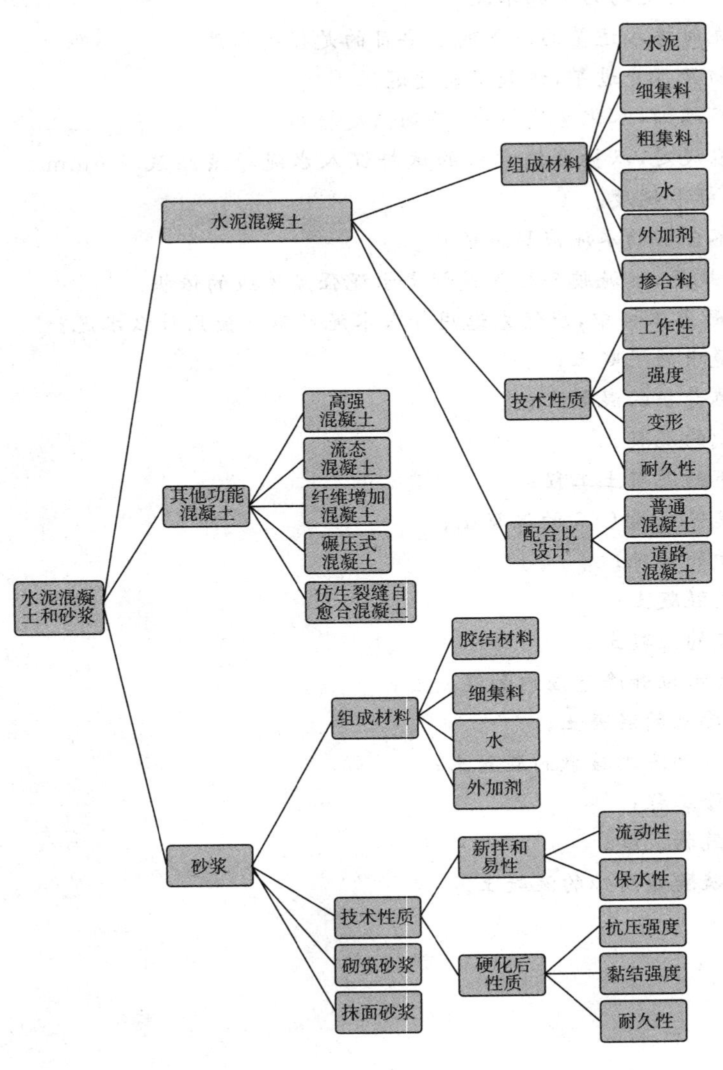

水泥混凝土是道路与桥梁工程建设中，应用最广泛、用量最大的建筑材料之一。随着现代高等级公路的发展，水泥混凝土与沥青混凝土一样，成为高等级路面的主要建筑材料。在现代公路桥梁中，钢筋混凝土桥是最主要的一种桥型，广泛应用于高等级公路工程中。作为未来的道路与桥梁工程师，必须掌握水泥混凝土的基本理论和试验技能。

水泥混凝土是以水泥和水组成的水泥浆体为黏结介质，将分散其间的不同粒径的粗、细集料胶结起来，在一定的条件下，硬化成为具有一定力学性能的一种人工石材。

水泥混凝土可按其组成、特性和功能等从不同角度进行分类。

按表观密度，水泥混凝土可分为以下几种。

(1)普通混凝土(干表观密度约为 2400～2800kg/m^3)，是道路路面和桥梁结构中最常用的混凝土；

[问一问]

你知道混凝土还有哪些分类吗?

(2)轻混凝土(干表观密度可以轻达 1900kg/m^3。)现代大跨度钢筋混凝土桥梁为减轻结构自重，往往采用各种轻集料配制成轻集料结构混凝土，达到轻质高强，以增大桥梁的跨度。

(3)重混凝土(干表密度可达 3200kg/m^3)为了屏蔽各种射线的辐射采用各种高密度集料配制的混凝土，

按强度分级，水泥混凝土按抗压强度可分为 3 大类：

(1)低强度混凝土，抗压强度小于 30MPa；

(2)中强度混凝土，抗压强度 30～60MPa；

(3)高强度混凝土，抗压强度大于 60MPa。

此外，可根据工程的特殊要求，配制各种特种混凝土，如：加气混凝土、泵送混凝土、防水混凝土、道路混凝土、水工混凝土、纤维加筋混凝土、补偿收缩混凝土等。

第一节　普通水泥混凝土

普通水泥混凝土是以水泥为胶结材料，用普通砂石为集料，并以水为原材料，按专门设计的配合比，经搅拌、成型、养护而得到的复合材料。现代水泥混凝土中，为了调节和改善其工艺性质和力学性能，还加入各种化学外加剂和磨细矿质掺合料。

普通水泥混凝土具有许多优点，在凝结前具有良好的塑性，因此可以浇制成各种形状和大小的构件或结构物；它与钢筋有牢固的黏结力，能制作钢筋混凝土结构和构件；经硬化后有抗压强度高与耐久性良好的特性；其组成材料中砂、石等地方材料占 80%以上，符合就地取材和经济的原则。但事物总是一分为二的，普通混凝土也存在着抗拉强度低，受拉时变形能力小，容易开裂，自重大等缺点。

由于普通水泥混凝土具有上述各种优点，因此广泛应用于道路与桥梁工程中。

一、普通水泥混凝土的组成材料

[想一想]

混凝土中的水泥在选择时主要是考虑什么?

水泥混凝土的技术性质很大程度上是由原材料的性质及其相对含量决定的。要得到优质的混凝土,首先要正确选用原材料。

(一)水泥

1. 水泥品种的选择

配制水泥混凝土一般可采用硅酸盐水泥、普通硅酸盐水泥、矿渣硅酸盐水泥、火山灰硅酸盐水泥和粉煤灰硅酸盐水泥。必要时也可采用快硬硅酸盐水泥或其他水泥。水泥的性能必须符合现行国家有关标准的规定。

采用何种水泥,应根据混凝土工程特点和所处的环境条件、施工气候和条件等因素,参照表 3－1 选用。

表 3－1　常用水泥品种的选用参考表

项次	混凝土结构环境条件或特殊要求	优先使用	可以使用	不得使用
1	地面以上不接触水流的普通环境中	硅酸盐水泥 普通水泥	矿渣水泥 火山灰水泥 粉煤灰水泥	
2	干燥环境中	硅酸盐水泥 普通水泥	矿渣水泥	火山灰水泥 粉煤灰水泥
3	受水流冲刷或冰冻	硅酸盐水泥 普通水泥	矿渣水泥	火山灰水泥 粉煤灰水泥
4	处于河床最低冲刷线以下	矿渣水泥 火山灰水泥 粉煤灰水泥	硅酸盐水泥 普通水泥	
5	严寒地区露天或寒冷地区水位升降范围内	硅酸盐水泥 普通水泥	矿渣水泥 (强度等级＞32.5)	火山灰水泥 粉煤灰水泥
6	严寒地区水位升降范围内	硅酸盐水泥 普通水泥 (强度等级＞42.5)		矿渣水泥 火山灰水泥 粉煤灰水泥
7	厚大体积结构施工时要求水化热低	矿渣水泥 粉煤灰水泥	普通水泥 火山灰水泥	硅酸盐水泥 快硬水泥
8	要求快速脱模	硅酸盐水泥 快硬水泥	普通水泥	
9	低温环境施工要求早强	硅酸盐水泥 快硬水泥	普通水泥	
10	蒸汽养护	矿渣水泥 火山灰水泥 粉煤灰水泥	硅酸盐水泥 普通水泥	

（续表）

项次	混凝土结构环境条件或特殊要求	优先使用	可以使用	不得使用
11	要求抗渗	普通水泥 火山灰水泥 粉煤灰水泥	硅酸盐水泥	矿渣水泥
12	要求耐磨	硅酸盐水泥 普通水泥	矿渣水泥（强度等级＞42.5） 快硬水泥	火山灰水泥 粉煤灰水泥
13	接触侵蚀性环境中	根据侵蚀介质种类、浓度等具体条件，按有关规定或通过试验选用		

2. 水泥强度等级的选择

选用水泥强度等级应与要求配制的混凝土等级相适应。如必须用高强度等级水泥配制低强度等级混凝土，会使水泥用量偏小，影响和易性和密实性，从而应加入一定数量的混合材料；如必须用低强度等级水泥配制高强度等级混凝土，则会使水泥用量过大，不经济，而且会影响混凝土其他技术性质，如造成收缩率增大等。经验表明，一般以水泥强度等级（以 MPa 为单位）为混凝土强度等级的 1.1～1.6 倍为宜，配制强度等级较高的混凝土时，以水泥强度等级（以 MPa 为单位）为混凝土强度等级的 0.7～1.2 倍。但是，随着混凝土要求的强度等级不断提高，近代高强混凝土并不受此比例的约束。

水泥混凝土路面用水泥的强度等级的选择，应根据路面的交通等级所要求的设计抗弯拉强度确定，参照表 3－2。水泥供应条件允许，应优先选用早强型水泥，以缩短养护时间。

表 3－2　各交通等级路面水泥各龄期的抗弯拉强度、抗压强度

交通等级	极重、特重		重		中、轻	
龄期(d)	3	28	3	28	3	28
抗压强度/MPa，不小于	25.5	57.5	22.0	52.5	16.0	42.5
抗弯拉强度/MPa，不小于	4.5	7.5	4.0	7.0	3.5	6.5

（二）细集料

水泥混凝土用细集料的技术要求主要有以下几种。

1. 砂的颗粒级配和细度模数

优质的混凝土用砂希望具有高的密实度和小的比表面，以达到即保证所拌制混凝土有适宜的工作性和硬化后混凝土有一定的强度、耐久性，同时又节约水泥的目的。

［问一问］
混凝土中的砂为要有高的密实度和小的比表面？

砂的级配反映大小砂粒的搭配情况，级配影响砂的空隙率的大小，为节约水泥和提高混凝土的密实度，应该使用级配良好的砂以达到最小的空隙率。

混凝土用砂的级配范围根据《建设用砂》(GB/T 14684—2011)的规定，砂按细度模数分为粗砂(3.7～3.1)、中砂(3.0～2.3)和细砂(2.2～1.6)；按技术要求分为Ⅰ、Ⅱ、Ⅲ类；建设用砂的技术要求主要包括：颗粒级配、含泥量、石粉含量和泥块含量，有害物质及坚固性等。

表 3-3 砂的颗粒级配

	天然砂			机制砂		
级配区	1 区	2 区	3 区	1 区	2 区	3 区
方孔筛	累计筛余数/%					
4.75mm	10～0	10～0	10～0	10～0	10～0	10～0
2.36mm	35～5	25～0	15～0	35～5	25～0	15～0
1.18mm	65～35	50～10	25～0	65～35	50～10	25～0
600μm	85～71	70～41	40～16	85～71	70～41	40～16
300μm	95～80	92～70	85～55	95～80	92～70	85～55
150μm	100～90	100～90	100～90	97～85	94～80	94～75

砂的实际颗粒除 4.75mm 和 600 μm 筛档外，可以略有超出外，但各级累计筛余超出值总和应大于 5%。

表 3-4 级配类别

类别	Ⅰ	Ⅱ	Ⅲ
级配区	2 区	1、2、3 区	

混凝土用砂的颗粒级配应在表 3-3 规定的级配区范围内，Ⅰ区砂属粗砂范畴，拌制混凝土时其内摩阻力较大，保水性差，适宜配制水泥用量多的富混凝土或低流动混凝土；Ⅱ区砂宜先选用以配不同等级混凝土；Ⅲ区砂细砂颗粒多，配制的混凝土黏性较大，保水性能好，易插捣成型，但因其比表面积大，使用时宜降低砂率。

细度模数只反映全部颗粒的粗细程度，而不能反映颗粒的级配情况，因为细度模数相同而级配不同的砂，可配制出性质不同的混凝土，所以考虑砂的颗粒分布情况时，只有同时应用细度模数和级配两项指标，才能真正反映其全部性质。

2. 有害杂质含量

集料中会含有妨碍水泥水化或降低集料与水泥石粘附性，以及能与水泥水化物产生不良化学反应的各种物质，称为有害杂质。我国现行标准《建设用砂》(GB/T 14684—2011)对混凝土用砂的有害杂质含量限值规定于表 3-5。

砂中常含的有害杂质，主要有泥、云母、轻质物、有机质及硫化物和硫酸盐等，其含量应符合表 3-5 的规定。

表 3-5　有害物质含量限值

类　　别	Ⅰ	Ⅱ	Ⅲ
云母(按质量计)/%	≤1.0	≤2.0	
轻物质(按质量计)/%	≤1.0		
有机物(比色法)	合格		
硫化物及硫酸盐(按 SO_3 质量计)/%	≤0.5		
氯化物(以氯离子质量计)/%	≤0.01	≤0.02	≤0.06
含泥量(按质量计)/%	≤1.0	≤3.0	≤5.0
泥块含量(按质量计)/%	0	≤1.0	≤2.0

3. 含泥量、石粉含量和泥块含量

混凝土用砂的含泥量是指粒径小于 0.075mm 的尘屑、淤泥和黏土的总含量百分数;泥块是指原粒径大于 1.18mm,经水洗、手压后可破碎成小于 0.6mm 的颗粒含量。

这些细微颗粒的材料或者在集料表面形成包裹层,妨碍集料与水泥石的黏附,或者以松散的颗粒存在,大大地增加了集料的表面积,因而增加了需水量,特别是黏土颗粒,体积不稳定,干燥时收缩,潮湿时膨胀,对混凝土有很大的破坏作用。

天然砂的含泥量和泥块含量应符合表 3-5 的规定,机制砂石粉含量和泥块含量应符合表 3-6、表 3-7 的规定。

表 3-6　石粉含量和泥块含量(*MB* 值≤1.4 或快速法试验合格)

类　　别	Ⅰ	Ⅱ	Ⅲ
MB 值	≤0.5	≤1.0	≤1.4 或合格
石粉含量(按质量计)/%*	≤10.0		
泥块含量(按质量计)/%	0	≤1.0	≤2.0

[注]　* 此指标根据使用地区和用途,经试验验证,可由供需双方协商确定。

表 3-7　石粉含量和泥块含量(MB 值>1.4 或快速法试验不合格)

类　　别	Ⅰ	Ⅱ	Ⅲ
石粉含量(按质量计)/%*	≤1.0	≤3.0	≤5.0
泥块含量(按质量计)/%	0	≤1.0	≤2.0

4. 坚固性

天然砂的坚固性采用硫酸钠溶液法进行试验检测,砂样经 5 次循环后其质量损失应符合表 3-8 中的规定;人工砂采用压碎指标法进行试验检测,压碎指标值应小于表 3-8 中的规定。

表 3-8　坚固性与压碎性指标

类　　别	Ⅰ	Ⅱ	Ⅲ
质量损失/%	≤8		≤10
单级最大压碎指标/%	≤20	≤25	≤30

[想一想]

何为碱集料反应?

5. **表观密度、堆积密度、空隙率**

砂的表观密度、堆积密度、空隙率是砂的三项重要指标，应符合如下规定：表观密度不小于 2500kg/m³、松散堆积密度不小于 1400kg/m³、空隙率小于 44%。

6. **碱集料反应**

经碱集料反应试验后，由砂制备的试件无裂缝、酥裂、胶体外溢等现象，在规定的试验龄期膨胀率应小于 0.10%。

(三)粗集料

按粗集料的技术要求，可将碎石、卵石分为Ⅰ、Ⅱ、Ⅲ类。

根据国家标准《建设用卵石、碎石》(GB/T 14685—2011)的规定，粗集料的主要技术要求包括：颗粒级配、含泥量和泥块含量、针片状颗粒含量、有害物质含量、坚固性、强度、密度、空隙率和碱集料反应等。

1. **强度**

为保证混凝土的强度，要求粗集料必须具备足够的强度。碎石或卵石的强度，可用岩石立方体强度和压碎值指标两种方法检验。根据《建设用卵石、碎石》(GB/T 14685—2011)的规定，将粗集料分为Ⅰ类、Ⅱ类、Ⅲ类，具体见表 3-9 所列。

表 3-9 粗集料技术要求

项目		技术要求		
		Ⅰ类	Ⅱ类	Ⅲ类
碎石压碎指标/%		≤10	≤20	≤30
卵石压碎指标/%		≤12	≤14	≤16
坚固性(质量损失,%)		≤5	≤8	≤12
针、片状颗粒总含量(按质量计,%)		≤5	≤10	≤15
有害杂质含量	含泥量(按质量计,%)	≤0.5	≤1.0	≤1.5
	泥块含量(按质量计,%)	0	≤0.2	≤0.5
	有机物(比色法)	合格	合格	合格
	硫化物及硫酸盐(按 SO_3 质量计,%)	≤0.5	≤1.0	≤1.0
吸水率/%		≤1.0	≤2.0	≤2.0
空隙率/%		≤43	≤45	≤47
表观密度/(kg/m³)		≥2600		
松散霍积密度/(kg/m³)		报告其实测值		
岩石抗压强度(水饱和状态,MPa)		火成岩应不小于 80; 变质岩应不小于 60; 水成岩应不小于 30		
碱-集料反应		经碱-集料反应试验后，试件无裂缝、酥裂、胶体外溢等现象，在规定试验龄期的膨胀率应小于 0.10%		

[注] 1. Ⅰ类宜用于强度等级大于 C60 的水泥混凝土。
2. Ⅱ类宜用于强度等级为 C30～C60 及有抗冻，抗渗或有其他要求的水泥混凝土。
3. Ⅲ类宜用于强度等级小于 C30 的水泥混凝土。

2. 坚固性

碎石或卵石的坚固性是指集料在气候、环境变化或其他物理因素作用下抵抗碎裂的能力。为保证混凝土的耐久性,用作混凝土的粗集料应具有足够的坚固性,以抵抗冻融和自然因素的风化作用。混凝土用粗集料坚固性用硫酸钠溶液法检验,试样经5次循环后,其质量损失应符合表3-7规定。

[说一说]

混凝土对粗集料最大粒径有哪些要求?

3. 最大粒径及颗粒级配

1)最大粒径的选择　在结构截面允许的条件下,尽量增大最大粒径可节约水泥(但需要注意,增大粒径虽可提高抗压强度,但会降低抗拉强度)。根据《混凝土结构工程施工质量验收规范》(GB 0204—2015)规定:混凝土用粗集料最大粒径不得超过结构截面最小尺寸的1/4,且不得超过钢筋间最小净距的3/4,对混凝土实心板,骨料的最大粒径不宜超过板厚的1/3,且不得超过50mm。

2)颗粒级配　粗集料颗粒级配的好坏,直接影响混凝土的技术性质经济效果,因而粗集料级配的选定,是保证混凝土质量的重要一环。混凝土作粗集料的级配应符合《建设用卵石、碎石》(GB/T 14685—2011)的规定,具体要求见表3-10所列。当连续级配不能配合成满意的混合料时,可掺加单粒级集料配合。连续级配矿质混合料的优点是所配制的新拌混凝土可能性较为密实,特别是具有优良的工作性,不易产生离析等现象,故为经常采用的级配。

表3-10　碎石或卵石的颗粒级配与范围

公称粒级/mm		累计筛余/%											
		方孔筛/mm											
		2.36	4.75	9.5	16.0	19.0	26.5	31.5	37.5	53.0	63.0	75.0	90
连续粒级	5~16	95~100	85~100	30~60	0~10	0	—	—	—	—	—	—	—
	5~20	95~100	90~100	40~80	—	0~10	0	—	—	—	—	—	—
	5~25	95~100	90~100	—	30~70	—	0~5	0	—	—	—	—	—
	5~31.5	95~100	90~100	70~90	—	15~45	—	0~5	0	—	—	—	—
	5~40	—	95~100	70~90	—	30~65	—	—	0~5	0	—	—	—
单粒粒级	5~10	95~100	80~100	0~15	0	—	—	—	—	—	—	—	—
	10~16		95~100	80~100	0~15	—	—	—	—	—	—	—	—
	10~20	—	95~100	85~100	—	0~15	0	—	—	—	—	—	—
	16~25	—	—	95~100	55~70	25~40	0~10		—	—	—	—	—
	16~31.5	—	95~100	—	85~100		—	0~10	0	—	—	—	—
	20~40	—	—	95~100	—	80~100	—	—	0~10	0	—	—	—
	40~80	—	—	—	—	95~100	—	—	70~100	—	30~60	0~10	0

4. 表面特征及形状

表面粗糙且棱角多的碎石与表面光滑和圆形的卵石相比较,碎石配制的混凝土,由于它对水泥石的粘附性好,故具有较高的强度,但是在相同单位用水量(相同水泥浆用量)条件上,卵石配制的新拌混凝土具有较好的工作性。

粗集料的颗粒形状以正立方体为佳,不宜含有过多的针、片状颗粒,否则将显著影响混凝土的抗折强度,同时影响新拌混凝土的工作性。针状颗粒是指颗粒长度大于该所属相应粒级的平均粒径的2.4倍的颗粒，片状颗粒是指颗粒厚度小于平均粒径的40%的颗粒。(平均粒径指该粒级上、下粒径的平均值)。混凝土用粗集料的针、片状颗粒含量应符合表3－11中的规定。

5. 有害物质含量

粗集料中常含有一些有害物质。如黏土、淤泥、云母、硫酸盐、硫化物和有机质。它们的危害与在细集料中相同。它们的含量不能超过表3－11要求。

表3－11　粗集料的有害杂质含量限值

类　别	Ⅰ	Ⅱ	Ⅲ
针、片状颗粒(按质量计)/%	≤5	≤10	≤15
含泥量(按质量计)/%	≤0.5	≤1.0	≤1.5
泥块含量(按质量计)/%	0	≤0.2	≤05
有机物	合格	合格	合格
硫化物及硫酸盐(按 SO_3 质量计)/%	≤0.5	≤1.0	≤1.0

6. 碱集料反应

当集料中含有活性氧化硅时，如果混凝土中的水泥又含有较多的碱，就可能发生碱集料反应。碱集料反应是水泥中碱性氧化物(Na_2O 和 K_2O)水解后的氢氧化钠和氢氧化钾与集料中活性二氧化硅发生化学反应，在集料表面生成复杂的碱-硅酸凝胶，这种凝胶吸水体积膨胀，使集料与水泥石界面胀裂，黏结强度下降，引起混凝土结构破坏，另外，也可能发生其他类型的碱-集料反应，如含有黏土的白云石或石灰石会与水泥中碱发生碳酸盐反应，因此，应采用含碱量小于是0.6%的水泥，不宜采用含有活性二氧化硅和碳酸盐的石料，同时，在粗集料中严禁混入煅烧过的白云石或石灰石块。经碱集料反应试验后，由碎石、卵石制备的试件无裂缝、酥裂、胶体外溢等现象，在规定的试验龄期膨胀率应小于0.10%。

7. 表观密度、连续级配松散堆积空隙率、吸水率

表观密度不小于2600kg/m^3，连续级配松散堆积空隙率、吸水率应符合表3－12规定。

表3－12　连续级配松散堆积空隙率、吸水率

类　别	Ⅰ	Ⅱ	Ⅲ
空隙率/%	≤43	≤45	≤47
吸水率/%	≤1.0	≤2.0	≤2.0

(四)混凝土拌和用水

用于拌制和养护混凝土的水，应不含有影响混凝土正常凝结和硬化的有害杂质、油质和糖类等。

按我国现行标准《混凝土拌和用水标准》(JGJ63—2006)规定，混凝土拌和用水根据其对混凝土(或砂浆)物理力学性能的影响和有害物质含量，控制质量。具体要求如下：

1. 有害物质含量控制

混凝土拌和用水中的有害物质含量应符合表3-13的规定。

2. 对混凝土凝结时间的影响

用待检验水与蒸馏水(或符合国家标准生活用水)进行水泥凝结时间试验，两者的初凝时间差及终凝时间差，均不得大于30min。待检验水拌制的水泥浆的凝结时间尚应符合水泥国家标准的规定。

表3-13 混凝土拌和用水质量要求(JGJ63—2006)

项　　目	素混凝土	钢筋混凝土	预应力混凝土
1. pH值	≥4.5	≥4.5	≥5.0
2. 不溶物/(mg/L)	≤5000	≤2000	≤2000
3. 可溶物/(mg/L)	≤10000	≤5000	≤2000
4. 氧化物(以 CL^- 计)/(mg/L)	≤3500	≤1000	≤500
5. 硫酸盐(以 SO_4^{2-} 计)/(mg/L)	≤2700	≤2000	≤500
6. 碱含量/(mg/L)	≤1500	≤1500	≤1500

[注] 碱含量按 $Na_2O+0.658K_2O$ 计算值表示。采用非碱活性骨料时，可不检验碱含量。

3. 对混凝土强度的影响

用待检验水配制水泥混凝土或砂浆，并测定其28天抗压强度(若有早期强度要求时，需增做7天抗压强度)，其强度值不应低于蒸馏水(或符合国家标准生活用水)拌制的相应混凝土或砂浆抗压强度的90%。

(五)外加剂

混凝土外加剂是在拌制混凝土过程中掺入，用以改善混凝土性质的物质。掺量不大于水泥质量的5%(特殊情况除外)。

1. 外加剂类型

混凝土外加剂品种繁多，通常每种外加剂具有一种或多种功能，按照主要功能分类见下表。

表3-14 外加剂分类

外加剂功能	外加剂类型
改善混凝土拌和物流变性能	减水剂、引气剂、泵送剂、保水剂等
调节混凝土凝结时间、硬化速度	缓凝剂、早强剂、速凝剂等
调节混凝土中含气量	引气剂、加气剂、泡沫剂、消泡剂等
改善混凝土耐久性	引气剂、阻锈剂、防水剂、抗渗剂等
为混凝土提供特殊性能	膨胀剂、防冻剂、着色剂、碱-集料反应抑制剂等

按照化学成分阶段，外加剂分为无机化合物类和有机化合物类。无机化合物类主要是无机电解质盐类，如早强剂 $CaCl_2$ 和 Na_2SO_4 等。有机化合物外加剂包括某些有机化合物及其复盐、表面活性剂类。目前混凝土中所用的减水剂和引气剂多属于表面活性剂。

2. 各种外加剂名称、主要功能及组成材料(见表 3－15)

表 3－15　外加剂名称、功能组成材料

外加剂类型	主　要　功　能	材　　料
普通减水剂	(1)在混凝土和易性及强度不变的条件下，可节省水泥 5%～10% (2)在保证混凝土工作性及水泥用量不变的条件下，可减少用水量 10%左右，混凝土强度提高 10%左右 (3)在保持混凝土用水量及水泥用量不变条件下，可增大混凝土流动性	(1)木质磺酸盐类(木钙、木镁、木钠) (2)腐殖质类 (3)烤胶类
高效减水剂	(1)在保证混凝土工作性及水泥用量不变的条件下，减少用水量 15%左右，混凝土强度提高 20%左右 (2)在保持混凝土用水量及水泥用量不变的条件下，可大幅度提高混凝土拌合物流动性 (3)可节省水泥 10%～20%	(1)多环芳香族磺酸盐类(萘系磺化物与甲醛缩合的盐类) (2)水溶性树脂磺酸盐类(磺化三聚氰胺树脂、磺化古玛隆树脂)
引气剂及引气减水剂	(1)提高混凝土耐久性和抗渗性 (2)提高混凝土拌合物和易性，减少混凝土泌水离析 (3)引气减水剂还有减水剂的功能	(1)松香树脂类(松香热聚物、松香皂) (2)烷基苯磺酸盐类(烷基苯磺酸盐、烷基苯酚聚氧乙烯醚) (3)脂肪醇磺酸盐类(脂肪醇聚氧乙烯醚、脂肪醇聚氧乙烯磺酸钠)
早强剂及早强减水剂	(1)提高混凝土的早期强度 (2)缩短混凝土的蒸养时间 (3)早强减水剂还有减水剂功能	(1)氯盐类(氯化钙、氯化钠) (2)硫酸盐类(硫酸钠、硫代硫酸钠) (3)有机胺类(三乙醇胺、三异丙醇胺)
缓凝剂及缓凝减水剂	(1)延缓混凝土的凝结时间 (2)降低水泥初期水化热 (3)缓凝减水剂还有减水剂的功能	(1)糖类(糖钙) (2)木质素磺酸盐类(木钙、木钠木镁) (3)羟基羧酸及其盐类(柠檬酸、酒石酸钾钠) (4)无机盐类(锌盐、硼酸盐、磷酸盐)
膨胀剂	使混凝土体积，在水化、硬化过程中产生一定膨胀， 减少混凝土干缩裂缝，提高抗裂性和抗渗性能	(1)硫铝酸钙类(明矾石、CSA 膨胀剂) (2)氧化钙类(石灰膨胀剂) (3)氧化镁类(氧化镁) (4)金属类(铁屑) (5)复合类(氧化钙、硫铝酸剂)

3. 各种混凝土工程对外加剂的选择(见表 3－16)

表 3－16　各种混凝土工程对外加剂的选择

序号	工程项目	选用目的	选用剂型
1	自然条件下的混凝土工程和构件	改善工作性、提高早期强度,节约水泥	各种减水剂,常用木质素类
2	太阳直射下施工	缓凝	缓凝减水剂,常用糖蜜类
3	大体积混凝土	减少水化热	缓凝剂、缓凝减水剂
4	冬季施工	早强、防寒、抗冻	早强减水剂、早强剂、抗冻剂
5	流态混凝土	提高流动度	非引气型减水剂,常用 FDN、UNF
6	泵送混凝土	减少坍落损失	泵送剂、引气剂、缓凝减水剂,常用 FDNP、UNF－5
7	高强混凝土	C50 以上混凝土	高效减水剂、非引气减水剂、密实剂
8	灌浆、补强、填缝	防止混凝土收缩	膨胀剂
9	蒸养混凝土	缩短蒸养时间	非引气高效减水剂、早强减水剂
10	预制构件	缩短生产周期,提高模具周转率	高效减水剂、早强减水剂
11	滑模工程	夏季宜缓凝	普通减水剂木质素类或糖蜜类
		冬季宜早强	高效减水剂或早强减水剂
12	大模板工程	提高和易性,一天强度能拆模	高效减水剂或早强减水剂
13	钢筋密集的构造物	提高和易性,利于浇注	普通减水剂、高效减水剂
14	耐冻融混凝土	提高耐久性	引气高效减水剂
15	灌注桩基础	改善和易性	普通减水剂、高效减水剂
16	商品混凝土	节约水泥,保证运输后的和易性	普通减水剂、缓凝型减水剂

有些外加剂含氯、硫和其他杂质,对混凝土的耐久性有影响,应限制使用,其限制规定见表 3－17 所列。

表 3－17　外加剂限制使用规定

外加剂名称	不得使用的混凝土工程
氯盐、含氯盐的早强剂、含氯盐的早强减水剂	(1)在高湿度空气环境中使用的结构(排出大量蒸汽的) (2)处于水位升降部位的结构 (3)露天结构或经常受水淋的结构 (4)有镀锌钢材或铝铁相接触部位的结构,以及有外露钢筋预埋件而无防护措施的结构

(续表)

外加剂名称	不得使用的混凝土工程
氯盐、含氯盐的早强剂、含氯盐的早强减水剂	(5)与含有酸、碱或硫酸盐等侵蚀性介质相接触的结构 (6)使用过程中经常处于环境温度为60℃以上的结构 (7)使用冷拉钢筋、冷轧或冷拔钢丝的结构 (8)薄壁结构 (9)预应力混凝土结构 (10)蒸养混凝土构件
硫酸盐及其复合剂	(1)有活性集料的混凝土 (2)有镀锌钢材或铝铁相接触部位的结构 (3)有外露钢筋预埋件而无防护措施的结构

(五)掺合料

掺合料包括粉煤灰、火山灰质、粒化高炉矿渣等,应由生产单位专门加工、进行产品检验并出具产品合格证书。使用单位对产品的质量有怀疑时,应对其质量进行复查,掺合料技术条件如下所述。

1. 掺用于混凝土的粉煤灰技术条件

1)烧失量不得超过8%;

2)含水量不得超过1%;

3)三氧化硫的含量不得超过3%;

4)0.08mm方孔筛筛余量不得超过8%;

5)水泥胶砂需水量不得超过105%;

2. 火山灰质材料作掺合材料的技术条件

1)人工的火山灰质混合材料烧失量不得超过10%;

2)三氧化硫的含量不得超过3%;

3)火山灰性试验必须合格;

4)水泥胶砂28天抗压强度不得低于62%。

3. 粒化高炉矿渣作掺合材料的技术条件

1)粒化高炉矿渣质量系数($CaO+MgO+Al_3O_3$)/($SiO_2+MnO+TiO_2$)不得小于1.2(式中化学成分均为质量百分数)。

2)钛化合物含量(以TiO_2),不得超过10%,氟化物含量(以F计)不得超过2%,锰化合物含量(以MnO计)不得超过4%。

冶炼锰铁所得粒化高炉渣,其锰化物的含量(以MnO计)不得超过15%;硫化物的含量(以S计)不得超过2%。

3)高炉矿渣的淬冷的块状矿渣,经直观挑选,不得大于5%,其最大尺寸不得大于100mm。

4)不得混有任何外来杂物。金属铁的含量应严格控制。

二、普通水泥混凝土的主要技术性质

普通水泥混凝土的主要技术性质包括:新拌混凝土的工作性;硬化后混凝土的力学性质和耐久性。

(一)新拌混凝土的工作性(和易性)

水泥混凝土在尚未凝结硬化以前,称为新拌混凝土或称混凝土拌和物。新拌混凝土具有良好的工艺性质,称之为工作性(或称和易性)。

1. 工作性的含义

工作性(和易性)这一术语的含义,至今尚无公认的定义。通常认为它包含:"流动性""可塑性""稳定性"和"易密性"这四个方面的含义。优质的新拌混凝土应具有:满足输送和浇捣要求的流动性;不为外力作用产生脆断的可塑性;不产生分层、泌水的稳定性和易于浇捣密致的密实性。

2. 工作性的测定方法

目前国际上还没有一种能够全面表征新拌混凝土工作性的测定方法,通常是测定混凝土拌合物的流动性,辅以其他方法或凭经验综合评定混凝土拌合物的工作性。按《公路工程水泥及水泥混凝土试验规程》(JTG3420—2020)的规定,混凝土拌和物的稠度试验方法有坍落度试验和维勃稠度试验两种方法。

[想一想]

混凝土流动性越大时,坍落度值是越大还是越小?维勃稠度值是越大还是越小?

(1)坍落度试验

适用于集料公称最大粒径不大于 31.5mm、坍落度值大于 10mm 的新拌混凝土。方法是将新拌混凝土按规定方法分三层装人标准坍落度筒内,每层装料高度为筒高的 1/3,每层用弹头棒均匀地插捣 25 次,装满刮平后,立即将筒垂直提起。新拌混凝土拌合物在自重作用下的下沉量(mm)即为坍落度。以此作为流动性指标,如图 3 - 2 所示。坍落度越大,表示混凝土拌合物的流动性越大。做坍落度试验时,还需测定棍度、含砂情况,粘聚性、保水性以评定新拌混凝土的工作性。

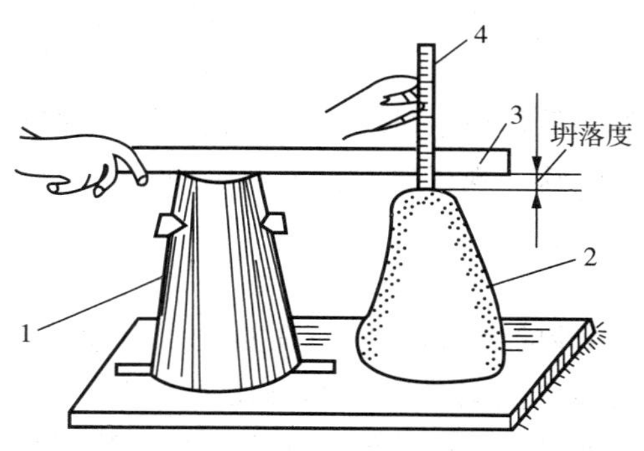

1—坍落度筒;2—拌合物试体;3—木尺;4—钢尺。

图 3 - 2　混凝土坍落度测定

(2)维勃稠度试验

对于集料公称最大粒径不大于 31.5mm 的混凝土及维勃时间为 5～30s 的

干稠性水泥混凝土，可采用维勃稠度仪测定稠度。测定方法是将坍落度筒放在直径240m、高200mm的圆筒中，圆筒安装在专用的振动台上，按坍落度试验的方法将新拌混凝土装于坍落度筒中，小心垂直提起坍落度筒，在新拌能凝土顶上置一透明圆盘，开动振动台并记录时间，从开始振动至透明圆盘底面被水泥浆布满的瞬间为止，所经历的时间(s)即为新拌混凝土的维勃稠度值，维勃稠度仪如图3-3所示。

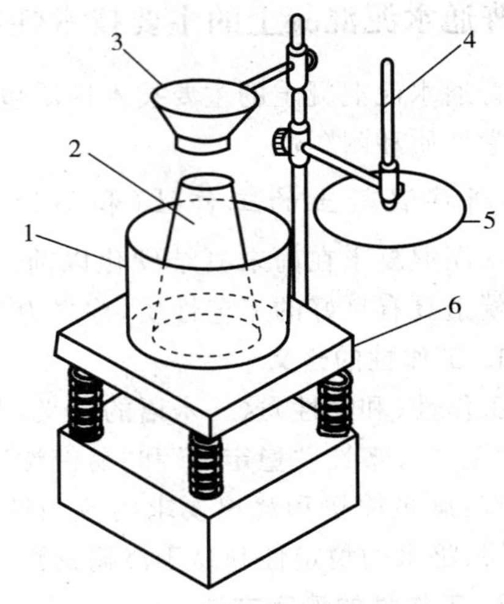

1—圆柱形容器；2—坍落度筒；3—漏斗；4—测杆；5—透明圆盘；6—振动台。

图3-3 维勃稠度仪

3. 影响新拌混凝土工作性的主要因素

1)组成材料质量及其用量(内因)

(1)水泥浆的数量和集浆比

混凝土拌和物中的水泥浆，除了填充集料间的空隙外，包裹在集料表面并略有富裕，使拌和物有一定的流动性。在水胶比一定的条件下，水泥浆愈多，流动性愈大，但如水泥浆过多，集料则相对减少，即集浆比小，将出现流浆现象，拌和物的稳定性变差，不仅浪费水泥，而且会使拌和物的强度和耐久性降低；若水泥浆用量过少，则无法很好包裹集料表面及填充其空隙，拌和物中水泥浆的数量应以满足流动性为宜。

(2)水泥浆的稠度

[想一想]

要想使混凝土流动性增大，如何调整水灰比？

水泥浆的稠度取决于水胶比。在固定用水量的条件下，水胶比小时，会使水泥浆变稠，拌和物流动性小；若加大水胶比，可使水泥浆变稀，流动性增大，但会使拌和物流浆、离析，严重影响混凝土强度，因此，应合理地选用水胶比。

科学试验证明，无论是水泥浆的影响还是水胶比的影响，实际上都是用水量的影响。因此，影响混凝土拌和物和易性的决定性因素是单位用水量。在采用一定集料的情况下，如果单位用水量一定，单位水泥用量增减不超过50～100kg，坍落度大体上保持不变，这一规律通常称为固定用水量定则，用于混凝土配合比设计非常方便。

(3)砂率

砂率是指混凝土中砂的质量占砂、石质量的百分率。砂率反映了粗细集料的相对比例，它影响混凝土集料的空隙和总比表面积。砂率对混凝土拌和物的和易性影响很大，一方面是砂形成的砂浆在粗集料间起润滑作用，在一定砂率范围内随砂率的增大，润滑作用愈明显，流动性将提高；另一方面，在砂率增大的同时，集料的总表面积随之增大，需要润滑的水分增多，在用水量一定的条件下，拌和物流动性降低，所以当砂率超过一定范围后，流动性反而随砂率的增大而降低，如图3-4所示。另如果砂率过小，砂浆数量不足会使混凝土拌和物的黏聚性和保水性降低，产生离析和流浆现象。所以，应在用水量和水泥用量不变的情况下，选取保证流动性、粘聚性和保水性的合理砂率。

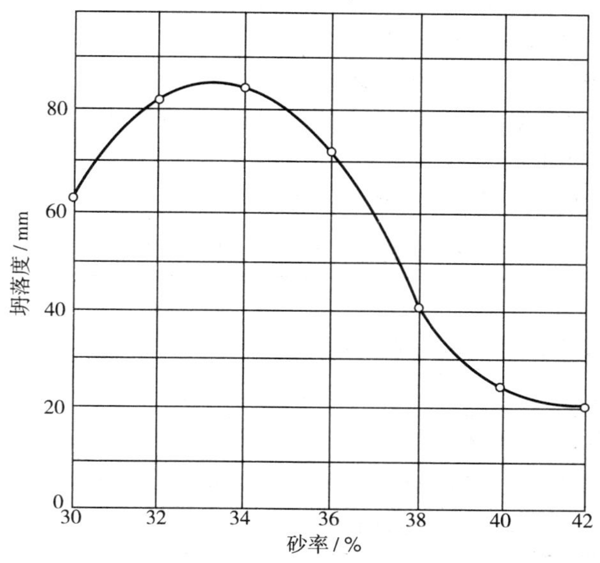

图 3－4　砂率与混凝土拌合物流动性的关系

(4)组成材料性质

水泥的品种、细度、矿物组成以及混合材料的掺量等，都会影响混凝土拌和物的和易性，由不同品种的水泥达到标准稠度的需水量不同，所以不同品种水泥配制成的混凝土拌和物的流动性也不同。通常普通水泥的混凝土拌和物比矿渣水泥、火山灰水泥的工作性好，矿渣水泥拌和物的流动性虽大，但粘聚性差，易产生泌水离析；火山灰水泥则流动性小，但粘聚性最好。此外，水泥的细度对拌和物的和易性也有很大的影响，提高水泥的细度可改善混凝土拌和物的粘聚性和保水性，减少拌和物泌水、离析现象。但其流动性变差。

集料对混凝土拌和物和易性影响的主要因素有集料级配、颗粒形状、表面特性及粒径大小等。一般情况下，级配好的集料，其流动性较大，粘聚性与保水性较好；表面光滑的集料，其流动性较大，总表面积减小，流动性增大；集料棱角较少者，其流动性较大。

外加剂对混凝土拌和物的影响较大，在混凝土拌和物中加入少量的外加剂，可在不增加用水量和水泥用量的情况下，有效地改善混凝土拌和物的工作性。

2)环境条件与搅拌时间(外因)

对混凝土拌和物和易性有影响的环境因素主要有湿度、温度、风速。在组成材料性质和配合比例一定的条件下，混凝土拌和物和易性主要受水泥的水化率和水分的蒸发率所支配。

若搅拌时间不足，拌和物的工作性就差，质量也不均匀。

4. 混凝土拌和物和易性的选择

[问一问]

混凝土和易性如何选择？要考虑哪些方面因素？

混凝土拌和物和易性依据结构物的断面尺寸、钢筋配置的疏密以及捣实的机械类型和施工方法等来选择。一般对无筋厚大结构、钢筋配置稀疏易于施工的结构，尽可能选用较小的坍落度，以节约水泥。反之，对断面尺寸较小、形状复杂或者说配筋特密的结构，尽可能选用较大的坍落度，易于浇捣密实，以保证施工质量。对于公路桥梁与道路路面所用的混凝土，可按下述进行选用。

1)公路桥涵用混凝土拌和物的和易性，应根据公路桥涵技术规范有关规定选择。表 3－18 可供工程施工中选用参考。

表 3－18　公路桥涵用混凝土拌和物的坍落度

项次	结　构　种　类	坍落度/mm
1	桥涵基础、墩台、挡土墙及大型制块等便于灌筑捣实的结构	0～20
2	上列桥涵墩台等工程中较不便施工处	10～30
3	普通配筋的钢筋混凝土结构，如钢筋混凝土板、梁、柱等	30～50
4	钢筋较密、断面较小的钢筋混凝土结构(梁、柱、墙等)	50～70
5	钢筋配置特密、断面高而狭小，极不便灌筑捣实的特殊结构部位	70～90

[注]　1. 使用高频振捣器时，其混凝土坍落度可适当减
2. 本表系指采用不着机械捣器的坍落度，采用人工捣器时可适当放大；
3. 曲面或斜面结构的混凝土，其坍落度应根据实际需要另行选定；
4. 需要配置大坍落度混凝土时，应掺加外剂；
5. 轻集料混凝土的坍落度，家比表中数值减少 10～20mm。

2)道路混凝土拌和物的工作性选择

水泥混凝土路面所用道路混凝土拌和物的和易性，按照《公路水泥混凝土路面施工技术细则》(JTG F30—2014)中的规定，对于滑模摊铺机施工的碎石混凝土最佳工作坍落度为 25～50mm；卵石混凝土为 20～40mm。

(二)硬化混凝土的强度

强度是混凝土硬化后的主要力学性质，混凝土的强度有：立方体抗压强度、轴心抗压强度、劈裂抗拉强度、弯拉强度等。

1. 混凝土的抗压强度标准值和强度等级

钢筋混凝土和预应力钢筋混凝土桥梁结构设计时，混凝土材料的强度是用强度等级作为设计依据的。在结构设计时，混凝土各种力学强度的标准值，均可由强度等级换算出，所以强度等级是混凝土各种力学强度值的基础。

1)立方体抗压强度(f_{cu})

按照标准的制作方法制成边长为 150mm 的正立方体试件，在标准养护室中(温度 20℃±2℃，相对湿度为 95%以上)，或在温度为 20℃±2℃ 的不流动的 $Ca(OH)_2$ 饱和溶液中养护；(标准养护室内的试件应放在支架中；彼此间隔 10～20mm，试件表面应保持潮湿，并不得被水直接冲淋的条件下)养护 28 天龄期，按标准方法测定其抗压强度值，称为“混凝土立方体抗压强度 f_{cu}”，可按下式(3－1)

计算：

$$f_{cu}=\frac{F}{A} \tag{3-1}$$

式中：f_{cu}——立方体抗压强度(MPa)；

F——试件破坏荷载(N)；

A——试件承压面积(mm^2)。

以三个试件测值的算术平均值作为该组试件的强度值(精确至0.1MPa)。

[想一想]

以三个试件测值的算术平均值作为该组试件的强度值？有条件吗？

当用非标准尺寸试件测得的立方体强度，应乘以换算系数，折算为标准试件的立方体抗压强度。混凝土强度等级小于C60时，边长为200mm试件换算系数为1.05；对于边长为100mm试件换算系数为0.95。当混凝土强度等级大于等于C60时，宜采用标准试件；使用非标准试件时，换算系数应由试验确定。

2)立方体抗压强度标准值($f_{cu,k}$)

立方体抗压强度标准值($f_{cu,k}$)，按我国现行国家标准《混凝土强度检验评定标准》(GB/T 50107—2010)的定义：按照标准方法制作和养护的边长为150mm的立方体试件，用标准试验方法在28天龄期测得的抗压强度总体分布中的一个值，强度低于该值的概率应为5%(具有95%保证率的抗压强度)以N/mm^2(MPa)计，以$f_{cu,k}$表示。

从以上定义可知，立方体抗压强度只是一组混凝土试件抗压强度的算术平均值，并未涉及数理统计、保证率的概念。而立方体抗压强度标准值是按数理统计方法确定，具有不低于95%保证率的立方体抗压强度。

3)强度等级(C)

混凝土强度等级是根据立方体抗压强度标准值来确定的。强度等级的表示方法，用符号“C”和“立方体抗压强度标准值”两项内容来表示，如C20即表示混凝土立方体抗压强度标准值为20MPa。

按照《混凝土质量控制标准》(GB 50164—2011)规定，混凝土按立方体抗压强度标准值划分C10、C15、C20、C25、C30、C35、C40、C45、C50、C55、C60、C65、C70、C75、C80、C85、C90、C95、C100等19个等级。

2. 混凝土的轴心抗压强度(f_{cp})

混凝土立方体试件在进行抗压强度试验时，由于材料试验机的承压板对试件端部的摩阻效应，使其强度有较大的提高。为使混凝土试件抗压强度试验时的受力状态更接近其在结构中承压状态，通常采用棱柱体(高宽比$h/b=2$或圆柱体高径比$h/d=2$)试件，测定其轴心抗压强度。我国现行国家标准《公路工程水泥及水泥混凝土试验规程》(JTG3420—2020)规定，采用150mm×150mm×300mm的棱柱体作为标准试件，测定其轴心抗压强度f_{cp}。混凝土的轴心抗压强度f_{cp}可按下式(3-2)计算：

$$f_{cp}=\frac{F}{A}$$ 式(3-2)

式中：f_{cp}——混凝土的轴心抗压强度（MPa）；

F——试件破坏荷载（N）；

A——试件承压面积（mm^2）。

关于轴心抗压强度与立方体抗压强度间关系，通过许多棱柱体和立方体试件的强度试验表明：在立方体抗压强度为 10～50MPa 的范围内，轴心抗压强度与立方体抗压强度之比约为 0.7～0.8。

3. 混凝土的劈裂抗拉强度（f_{ts}）

由于混凝土轴心抗拉强度试验的装置设备困难，以及握固设备易引入二次应力等原因，《公路工程水泥及水泥混凝土试验规程》（JTG3420—2020）规定，采用 150mm×150mm×150mm 的立方体作为标准试件，在立方体试件中心平面内用圆弧为垫条施加两个方向相反、均匀分布的压应力，当压力增大至一定程度时试件就沿此平面劈裂破坏，这样测得的强度称为劈裂抗拉强度。

混凝土的劈裂抗拉强度（f_{ts}）可按下式（3－3）计算：

$$f_{ts}=\frac{0.637F}{A} \tag{3-3}$$

式中：f_{ts}——混凝土的劈裂抗拉强度（MPa）

F——试件破坏荷载（N）

A——试件承压面积（mm^2）

关于劈裂抗拉强度与标准立方体抗压强度之间的关系，可用经验公式（3－4）表达：

$$f_{ts}=0.35f_{cu}^{\frac{3}{4}} \tag{3-4}$$

4. 混凝土的弯拉强度（f_{tf}）

道路路面或机场跑道用水泥混凝土，以弯拉强度为主要强度指标，抗压强度作为参考指标。根据我国《公路水泥混凝土路面设计规范》（JTG D40—2011）规定道路路面用水泥混凝土的弯拉强度是以标准方法制备成 150mm×150mm×550mm 的梁形试件，在标准条件下，经养护 28 天后，按三分点加荷方式测定其抗折强度（f_f），可按下式（3－5）计算：

$$f_f=\frac{FL}{bh^2} \tag{3-5}$$

式中：f_f——混凝土的抗弯拉（抗折）强度（MPa）；

F——试件破坏荷载（N）；

L——支座间距（mm）；

b——试件宽度（mm）；

h——试件高度（mm）。

如跨中单点加荷得到的抗折强度，按断裂力学推导应乘以系数 0.85。

根据《公路水泥混凝土路面设计规范》（JTG D40—2011）不同交通分级的水泥混凝土弯拉强度标准值见表 3－19 所列。

表 3－19　混凝土弯拉强度标准值如表

交通等级	极重、特重	重	中等	轻
水泥混凝土弯拉强度标准值	5.0	5.0	4.5	4.0

5. 影响水泥混凝土强度的因素

1)材料组成

混凝土的材料组成，即水泥、水、砂、石及外掺材料是决定混凝土强度形成的内因，其质量及配合比对强度起关键主要作用。

(1)水泥强度与水胶比

水泥混凝土的强度主要取决于其内部起胶结作用的水泥石的质量，水泥石的质量则取决于水泥的特性和水胶比。

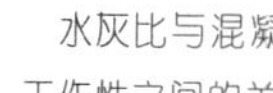

[说一说]

水灰比与混凝土强度和工作性之间的关系?

水泥是混凝土中的活性组分，在混凝土配合比相同的条件下，水泥强度等级越高，则配制的混凝土强度越高。当用同一种(品种及强度等级相同)时，混凝土强度主要取决于水胶比。因为水泥水化时所需的结合水，一般只占水泥质量的 23%左右，但混凝土拌合物，为了获得必要的流动性，常需用较多的水(占水泥质量的 40%～70%)，即采用较大的水胶比，当混凝土硬化后，多余的水分就残留在混凝土中形成水泡或蒸发后形成气孔，大大减少了混凝土抵抗荷载的有效断面，而且可能在孔隙周围产生应力集中。因此，在水泥强度等级相同的情况下，水胶比愈小，水泥石的强度愈高，与集料黏结力愈大，混凝土的强度愈高。但是，如果水胶比太小，拌和物过于干稠，在一定的捣实成型条件下，混凝土拌和物将出现较多的孔洞，导致混凝土的强度下降。混凝土抗压强度与水胶比之间的关系，1919 年，美国 D. 阿布拉姆斯(Abrams)就提出“水胶比定则”，如图 3－5 所示。

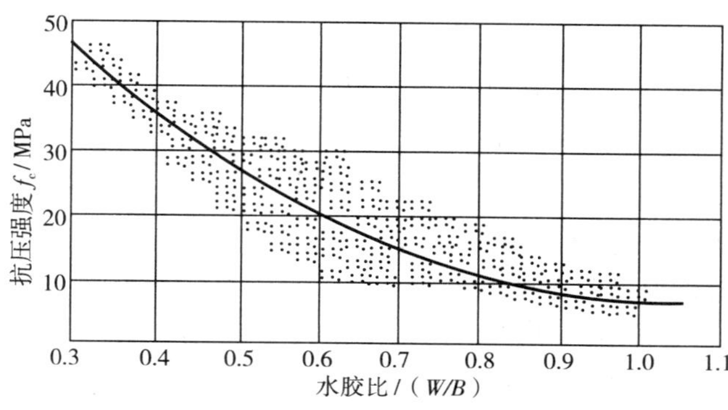

图 3－5　混凝土抗压强度与水胶比之间的关系

根据各国大量工程实践及我国大量的实践资料统计结果，提出水胶比、水泥实际强度与混凝土 28 天立方体抗压强度的关系公式为

$$f_{cu,28}=\alpha_a \cdot f_{ce}\left(\frac{B}{W}-\alpha_b\right) \tag{3-6}$$

式中：$f_{cu,28}$——混凝土的抗压强度(MPa)；

f_{ce}——水泥的实际强度(MPa)；

$\frac{B}{W}$——胶水比；

α_a,α_b——粗集料回归系数，按《普通混凝土配合比设计规程》(JGJ55—2011)规定，α_a,α_b 可按下表选用。

表 3-20 回归系数 α_a,α_b 选用

石子品种 \ 系数	碎石	卵石
α_a	0.53	0.49
α_b	0.20	0.13

该经验公式一般只适用于是流动性混凝土及低流动性混凝土，对于干硬性混凝土则不适用。

(2)集料特性与水泥浆用量

集料的强度不同，使混凝土的破坏机理有所差别，如集料强度大于水泥石强度，则混凝土强度由界面强度及水泥石强度所支配，在此情况下，集料强度对混凝土强度几乎没有影响；如集料强度小于水泥石强度，则集料强度与混凝土强度有关，会使混凝土强度下降。集料形状以接近球形或立方形为好，若使用扁平或细长颗粒，就会对施工带来不利影响，增加了混凝土的孔隙率。扩大了混凝土的表面积，增加了混凝土的薄弱环节，导致混凝土强度的降低。

水泥浆用量由强度、耐久性、和易性、成本几个方面因素确定，选择时需兼顾。

2)养护温度与湿度

为了获得质量良好的混凝土，成型后必须在适宜的环境中进行养护。养护的目的是保证水泥水化过程能正常进行，它包括控制养护环境的温度与湿度。

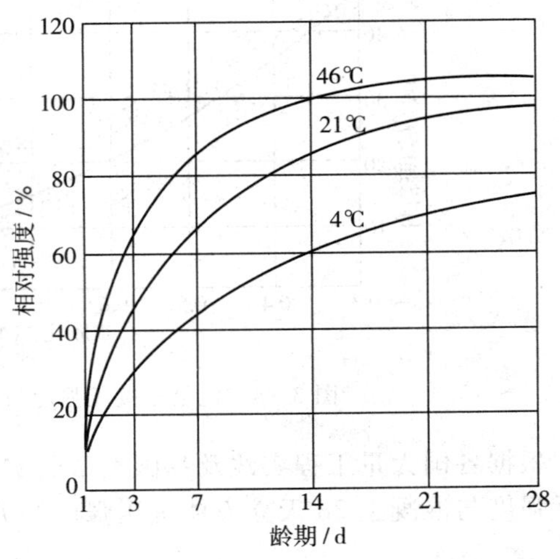

图 3-6　养护温度条件对混凝土强度的影响

一般情况下，水泥的水化和混凝土强度发展的速度是随环境温度的高低而增减。如图 3-6 所示。当温度降至零度时，混凝土中的水分大部分结冰，水泥几乎不再发生水化反应，混凝土强度不仅停止增长，严重时由于孔隙内水分结冰而引起膨胀，产生相当大的膨胀压力，特别当水化初期，混凝土强度较低时遭遇严寒会引起混凝土的崩溃。

混凝土浇筑后，必须有较长时间在潮湿环境中养护，如图 3－7 所示，当湿度适当，水泥水化得以顺利进行，使混凝土强度得到充分发展；如果湿度不够，混凝土会失水干燥。影响水泥水化的正常进行。甚至停止水化。这不仅严重降低混凝土强度，而且因水泥水化作用未能完成，使混凝土结构疏松，渗水性增大，或形成干缩裂缝，从而影响混凝土的耐久性。

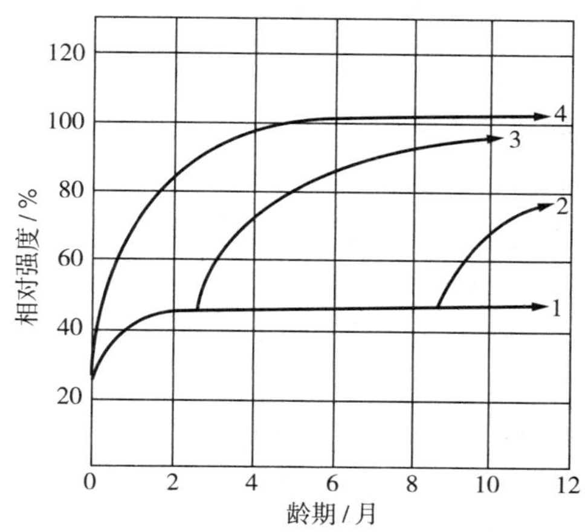

图 3－7　养护湿度条件对混凝土强度的影响

3)龄期

混凝土在正常条件下，混凝土的强度随着龄期的增长而提高，在最初 3～7 天发展较快，28 天达到设计强度规定的数值，以后强度发展逐渐缓慢，甚至可持续百年左右。在相同养护条件下，其增长规律如图 3－8 所示。

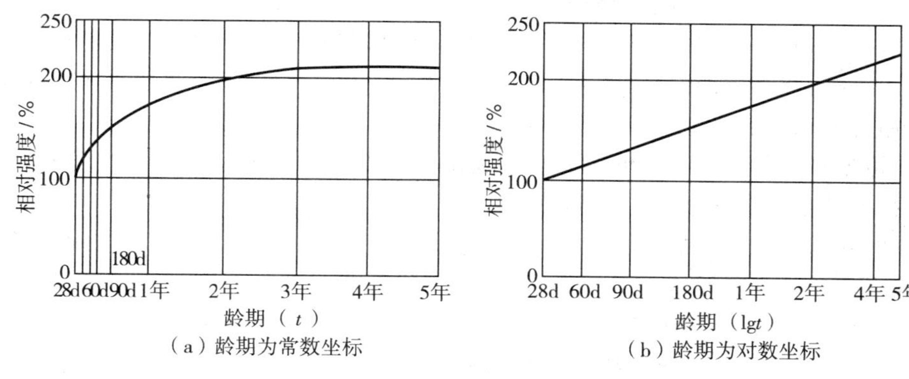

图 3－8　水泥混凝土强度增长规律

在标准养护条件下，混凝土强度与其龄期的对数大致成正比（见图 3－8），工程中常常利用这一关系，根据混凝土早期强度，估算其后期强度，其表达式为：

$$f_{cu,n}=f_{cn,a}\frac{\lg n}{\lg a} \quad (3-7)$$

式中：$f_{cu,n}$——n 天龄期的混凝土抗压强度(MPa)；

$f_{cu,a}$——a 天龄期的混凝土抗压强度(MPa)。

此公式仅适用于普通硅酸盐水泥拌制的混凝土，且龄期 $a \geqslant 3$ 天时才适用。由于对混凝土强度的影响因素很多，强度发展不可能完全一样，故此公式只作为一般参考。

此外，试件尺寸、加荷速度和试件表面平整度对混凝土试件强度也有一定影响。

6. 提高混凝土强度的技术措施

1)采用高强度水泥和特种水泥

为了提高混凝土强度可采用高强度等级水泥，对于抢修工程、桥梁拼装接头、严寒的冬季施工以及其他要求早强的结构物，则可采用特种水泥配制的混凝土。

2)采用低水胶比和浆集比

采用低的水胶比，可以减少混凝土中的游离水，从而减少混凝土中的空隙，提高混凝土的密实度和强度。另一方面降低浆集比，减薄水泥浆层的厚度，充分发挥集料的骨架作用，对混凝土的强度也有一定帮助。

3)掺加外加剂

在混凝土中掺加外加剂，可改善混凝土的技术性质。掺早强剂，可提高混凝土的早期强度；掺加减水剂，在不改变流动性的条件下，可减小水胶比，从而提高混凝土的强度。

4)采用湿热处理方法

(1)蒸汽养护　蒸汽养护是使浇筑好的混凝土构件经 1～3h 预养后，在 90%以上的相对湿度、60℃以上的温度的饱和水蒸气中进行养护，以加速混凝土强度的发展。普通水泥混凝土经过蒸汽养护后，其早期强度提高很快，一般经过 24h 的蒸汽养护，混凝土的强度能达到设计强度的 70%，但对后期强度增长有影响，所以用普通水泥混凝土养护温度不宜太高，时间不宜太长，一般养护温度为 60～80℃，恒温养护时间以 5～8h 为宜。用火山灰水泥和矿渣水泥配制的混凝土，蒸汽养护的效果比普通水泥混凝土好。

(2)蒸压养护　蒸压养护是将浇筑成型混凝土构件静置 8～10h，放入蒸釜内，通入高压(≥8 个大气压)、高温(≥175℃)饱和蒸汽进行养护。

在高温、高压的蒸汽养护下，水泥水化时析出的氢氧化钙不仅能充分与活性氧化硅结合，而且也能与结晶状态的氧化硅结合而生成含水硅酸盐结晶，从而加速水泥的水化和硬化，提高了混凝土的强度。此法比蒸汽养护的混凝土质量好，特别是对掺活性混合材料水泥有掺入磨细石英砂的混合硅酸盐水泥更为有效。

5)采用机械搅拌和振捣

混凝土拌和物在强力搅拌和振捣作用下，水泥浆的凝聚结构暂时受到破坏，因而降低了水泥浆的黏度与集料间的摩阻力，拌和物能更好地充满模型并均匀密实，混凝土强度得到提高。

(三)混凝土的变形

混凝土的变形，主要有弹性变形、收缩变形、徐变变形和温度变形等四类。

[想一想]

混凝土的四大类变形中，哪些是荷载作用下产生的？哪些是非荷载作用下产生的？

1. **弹性变形和弹性模量**

混凝土是一种弹一塑性体，在持续荷载作用下会产生可以恢复弹性变形和不可恢复的塑性变形。

在桥梁工程中以应力为棱柱体极限抗压强度40%($\sigma=0.4f_{cp}$)时的割线弹性模量，作为混凝土的弹性模量；在道路路面及机场跑道工程中水泥混凝土应测定其抗折时的平均弹性模量作为设计参数，取抗折强度50%割线弹性模量，在路面工程中混凝土要求有较高的抗折强度，而且要有较低的抗折弹性模量以适应混凝土路面受荷载后有较大的变形能力。

2. **徐变**

混凝土在持续荷载的作用下。随时间增长的变形称为徐变，也称为蠕变。混凝土的徐变变形在早期增长很快，然后逐渐减慢，一般要2～3年才可能基本趋于稳定。当混凝土卸载后，一部分变形瞬间恢复，还有一部分要若干天内才能逐渐稳定，称为徐变恢复，剩下不可恢复部分称为残余变形。

3. **温度变形**

混凝土具有热胀冷缩的性质，它的温度膨胀系数约为1.0×10^{-10}，即温度升高1℃每米膨胀0.01mm。温度变化引起的热胀冷缩对大体积及大面积混凝土极为不利，因为混凝土是不良导体，水泥水化初期放出大量热量难于散发，浇筑后大体积混凝土内部温度远远高于外部，有时高出50～70℃，这将使内部混凝土产生显著的体积膨胀，而外部混凝土却随气温降低而冷却收缩。内部膨胀和外部收缩相互制约，将产生很多应力，当混凝土所受拉应力一旦超过混凝土当时的极限抗拉强度，就将产生裂缝。因此对大体积混凝土工程，应设法降低混凝土的发热量，应每隔一段长度设置伸缩缝，在结构物内配置温度钢筋。

4. **化学收缩**

混凝土拌和物由于水化产物的体积比反应前物质的总体积要小，因而产生收缩，称为化学收缩。这种收缩随龄期增长而增加，40天以后渐趋稳定，化学收缩是不能恢复的，一般对结构没有什么影响。

5. **干湿变形**

这种变形主要表现为湿胀干缩，混凝土在干燥空气中硬化时，随着水分的逐渐蒸发，体积也将逐渐发生收缩；如在水中或潮湿条件下养护时，则混凝土的干缩将随之减少或略产生膨胀。混凝土收缩值较膨胀值为大，当混凝土产生干缩后，即使长期再放在水中，仍有残余变形，残余收缩约为收缩量的30%～60%。

试验表明，混凝土的干缩率可达$(3\sim5)\times10^{-4}$，由于实际构件尺寸较大，其实干缩率远远小于试验干缩率。设计上常采用的混凝土干缩率一般为$(1.5\sim2.0)\times10^{-4}$，即1m长度的混凝土收缩0.15～0.20mm。

混凝土干缩主要是水泥石所产生，因此尽量降低水泥用量，减小水胶比是减少混凝土干缩的关键。另用水量、水泥品种及细度、集料种类和养护条件都对混凝土的干缩有一定的影响。

（四）混凝土的耐久性

道路与桥梁用混凝土除了要满足工作性和强度外，还要求具有优良的耐久性。耐久性的首要要求是抗冻性；其次对道路混凝土，因受车辆轮胎作用，还要求其有耐磨性；桥梁墩台混凝土受海水或污水的侵蚀，还要求具有抗化学侵蚀的耐蚀性；此外，碱-集料反应必须引起关注。

1. 抗冻性

混凝土的抗冻性是指混凝土在饱和水状态下遭受冰冻时，抵抗冻融循环作用而不破坏的能力。冻融破坏的原因是混凝土中的水结冰后发生体积膨胀，当冰胀应力超过混凝土的抗拉强度时，便使混凝土产生微细裂缝，反复冻融使裂缝不断扩大，导致混凝土强度降低直至破坏。

为评价混凝土的抗冻性，按我国国标《普通混凝土长期性能和耐久性能试验方法》(GB/T 50082—2009)规定，抗冻性能试验方法，可分为慢冻法和快冻法两种。对于道路与桥梁工程混凝土的抗冻性要求，我国现行交通行业标准《公路工程水泥及水泥混凝土试验规程》(JTG3420—2020)规定，采用"快冻法"试验。"快冻法"试验方法是以100mm×100mm×400mm棱柱体混凝土试件，经过28天龄期的养护，于−18℃和5℃条件下快速冻结和融化循环，每25次冻融循环，对试件进行一次横向基频的测试并称重。当冻融至300次或相对动弹性模量下降至60%以下，或质量损失达到5%，即可停止试验。

当混凝土相对动弹性模量降至小于或等于60%；或质量损失达5%时的循环次数，即为混凝土的抗冻标号。抗冻标号分为F50、F100、F150、F200、F250、F300、F350、F400、大于F400，表示混凝土抗冻性能试验能承受50次、100次、150次、200次、250次、300次、350次、400次、400次以上的冻融循环。

2. 混凝土的耐磨性

耐磨性是道路路面和桥梁工程用混凝土的最重要的性能之一。作为高级路面的水泥混凝土，必须具有抵抗车辆轮胎磨耗和磨光的性能。作为大型桥梁的墩台用混凝土，也需要具有抵抗湍流空蚀的能力。

混凝土的耐磨性的评价，以试件磨损面上单位的磨损作为评定混凝土耐磨性的相对指标。按现行标准《公路工程水泥及水泥混凝土试验规程》(JTG3420—2020)，是以150mm×150mm×150mm立方体试件，养护至28天时，在60℃温度下烘干恒重，然后在带有花轮磨头的混凝土磨耗试验机上，在200N负荷下磨削60转，记录剩余质量，计算单位面积磨损量。磨损量越大，混凝土耐磨性越差。按下式计算试件的磨损量：

$$G=\frac{m_0-m_1}{0.0125}\times 100 \tag{3-10}$$

式中：G——单位面积磨损量(kg/m^3)；

m_0——试件的原始质量(kg)；

m_1——试件磨损后的质量(kg)；

0.0125——试件的磨损面积(m^2)。

提高混凝土抗磨损能力的措施，应是提高混凝土的断裂韧性，降低脆性，减少原生缺陷，提高硬度及降低弹性模量。

3. 碱-集料反应

水泥混凝土中水泥与某些碱活性集料发生化学反应，可引起混凝土产生膨胀、开裂，甚至破坏，这种化学反应称为碱-集料反应(简称 ARR)。含有这种碱活性矿物的集料，称为碱活性集料(简称碱集料)。碱-集料反应会使混凝土发生不均匀膨胀，导致水泥混凝土出现裂缝，强度和弹性模量下降等威胁到工程的安全使用。

碱-集料反应一般可分为碱-硅酸(集料)反应、碱-硅酸盐反应、碱-碳酸盐反应。碱-集料反应机理不仅非常复杂，而且影响因素很多，但是发生碱-集料反应必须具有三个条件：(1)水泥中含有较高的碱量；(2)混凝土中存在活性集料并超过一定数量；(3)环境潮湿，存在水分。

为防止碱-集料反应所产生的危害，按我国现行规范规定：使用的水泥含碱量小于0.6%或采用抑制碱-集料反应的掺合料；当使用含钾离子、钠离子的混凝土外加剂，必须进行专门试验，符合要求才能使用。

4. 混凝土的碳化

混凝土的碳化作用是指大气中的二氧化碳在存在水的条件与水泥水化产物氢氧化钙发生反应，生成碳酸钙和水。因氢氧化钙是碱性，而碳酸钙是中性，所以碳化又叫中性化。

碳化主要是对混凝土的碱度、强度和收缩产生影响。混凝土的碳化深度随着龄期的延长而增加，碳化的速度受许多因素影响，主要有水泥品种和掺量、水胶比、环境条件、外加剂、集料种类等。提高混凝土抗碳化的主要措施有降低水胶比、使用减水剂、在混凝土表面刷涂料或水泥砂浆抹面等。

5. 混凝土的抗侵蚀性

当混凝土所处的环境水有侵蚀性时，必须对侵蚀问题予以重视。环境侵蚀主要指对水泥石的侵蚀，如淡水侵蚀、硫酸盐侵蚀、酸碱侵蚀等。混凝土的抗侵蚀性主要在于选用合适的水泥品种和提高混凝土密实度。密实性好及具有封闭孔隙的混凝土，环境水不易侵入混凝土内部，故其抗侵蚀性好。

三、普通水泥混凝土配合比设计(以抗压强度为指标的计算方法)

混凝土配合比设计就是根据原材料的性能和对混凝土的技术要求，通过计算和试配调整，确定出满足工程技术经济指标的混凝土各种组成材料的用量。

(一)混凝土配合比设计的基本资料

1. 混凝土设计强度等级；
2. 工程特征(工程所处环境、结构断面、钢筋最小净距等)；
3. 耐久性要求(如抗冻性、抗侵蚀、耐磨、碱-集料等)；
4. 水泥强度等级和品种；
5. 砂、石的种类，石子最大粒径、密度等；
6. 施工方法等。

(二)表示方法

[想一想]
这两种配合比表示方法之间有何关系?

混凝土配合比表示方法，有下列两种：

1. 单位用量表示法　以每 $1m^3$ 混凝土中各种材料的用量表示(如水泥：水：细集料：粗集料＝330kg：150kg：726kg：1364kg)。

2. 相对用量表示法　以水泥的质量为1，并按“水泥:细集料:粗集料;水胶比”的顺序排列表示(如1：2.14：3.81;W/C＝0.45)。

(三)基本要求

对于道路与桥梁工程用水泥混凝土的配合比设计，应满足下列四项基本要求：

1. 施工工作性的要求

按照结构物断面尺寸和形状、钢筋的配置情况、施工方法及设备等，合理确定混凝土拌合的工作性(坍落度或维勃稠度)。

2. 结构物强度要求

不论是混凝土路面或桥梁，在设计时都会对不同的结构部位提出不同的“设计强度”要求。为了保证结构物可靠性，在配制混凝土配合比时，必须考虑到结构物的重要性、施工单位施工水平、施工环境因素等，采用一个“设计强度”的“配制强度”，才能满足“设计强度”的要求。但是“配制强度”的高低一定要适宜，定得太低结构物不安全，定得太高会造成浪费。

3. 环境耐久性要求

根据结构物所处的环境条件，如严寒地区的路面、桥梁墩台处于水位升降范围，处于有侵蚀介质的等，为保证结构的耐久性，在设计混凝土配合比时，应考虑允许的“最大水胶比”和“最小水泥用量”。

4. 经济性的要求

在满足混凝土设计强度、工作性和耐久性的前提下，在配合比设计中要尽量降低高价材料(如水泥)的用量，并考虑应用当地材料和工业废料(如粉煤灰)，以配制成性能优良、价格便宜的混凝土。

(四)混凝土配合比设计三参数

由水泥、水、粗集料、细集料组成的普通水泥混凝土配合比设计，实际上就是确定水泥、水、砂和石这四种基本组成材料的用量。其中有三个重要参数:水胶比、砂率和单位用水量。

1. 水胶比

水与水泥组成水泥浆体，在混凝土配合比设计中起着决定性作用。水泥浆体的性能，在水与水泥性质一定的条件下，决定于水与水泥的比例，这一比例就称为“水胶比”。

2. 砂率

砂率为砂的用量占砂、石总质量的百分率值，在砂石性质固定的条件下，就取决于砂与石之间的用量比例，它影响着混凝土的粘聚性和保水性。

3. 单位用水量

单位用水量是指 $1m^3$ 混凝土拌和物中水的用量（kg/m^3）。当水胶比固定的条件下，用水量如果确定，则水泥用量亦随之确定，当然集料的总用量也能确定。因此，单位用水量反映了水泥浆与集料之间的比例关系。

（五）混凝土配合比的基本原理

1. 绝对体积法

该法是假定混凝土拌和物的体积等于各组成材料绝对体积与混凝土拌和物所含空气体积之和。

2. 假定表观密度法

如果原材料比较稳定，可先假设混凝土的表观密度为一定值，混凝土拌和物各组成材料的单位用量之和，即为其表观密度。通常普通混凝土的表观密度为 $2350 \sim 2450kg/m^3$。

3. 查表法

根据大量试验结果进行整理，将各种配比列成表，使用时根据相应条件查表，选取适当的配比。因此它是直接从工程实际中总结的结果，在工程应用较广泛。

（六）混凝土配合比设计的步骤

1. 初步配合比的计算

1）确定混凝土配制强度 $f_{cu,o}$

确定混凝土配制强度 $f_{cu,o}$，首先应根据设计要求的混凝土强度等级和施工单位质量管理水平，再按《普通水泥混凝土配合比设计规程》（JGJ55—2011）的规定，可按下式（3－11）和式（3－12）计算。

（1）当混凝土的设计强度等级小于 C60 时，配制强度应按下式计算：

$$f_{cu,o} \geqslant f_{cu,k} + 1.645\sigma \tag{3-11}$$

式中：$f_{cu,o}$——混凝土配制强度（MPa）；

$f_{cu,k}$——混凝土立方体抗压强度标准值（MPa）；

σ——混凝土强度标准差（MPa）。

（2）当设计强度等级不小于 C60 时，配制强度应按下式计算：

$$f_{cu,o} \geqslant 1.15 f_{cu,k} \tag{3-12}$$

(3)混凝土强度标准差应按照下列规定确定：

① 当具有近1～3个月的同一品种、同一强度等级混凝土的强度资料时，其混凝土强度标准差σ应按下式计算：

$$\sigma=\sqrt{\frac{\sum_{i=1}^{n} f_{cu,i}^{2}-nm_{fc,u}^{2}}{n-1}}$$

式中：n——试件组数，n值应大于或者等于30。

对于强度等级不大于C30的混凝土：当σ计算值不小于3.0MPa，应按照计算结果取值；当σ计算值小于3.0MPa时，σ应取3.0MPa。

对于强度等级大于C30且不大于C60的混凝土：当σ计算值不小于4.0MPa时，应按照计算结果取值；当σ计算值小于4.0MPa时，σ应取4.0MPa。

② 当没有近期的同一品种、同一强度等级混凝土强度资料时，其强度标准差σ可按表3-21取值。

表3-21 强度标准差σ值表

强度等级	≤C20	C25～C45	C50～C55
标准差σ/MPa	4.0	5.0	6.0

2)初步确定水胶比

当混凝土强度等级小于C60级时，混凝土水胶比按下式(3-13)计算：

$$\frac{W}{B}=\frac{\alpha_a \cdot f_b}{f_{cu,o}+\alpha_a \cdot \alpha_b \cdot f_b} \tag{3-13}$$

式中：α_a，α_b——回归系数，取值见表3-17；

f_b——胶凝材料28天胶砂抗压强度实测值(MPa)，可实测，无实测值时，可按下式(3-14)确定f_b：

$$f_b=\gamma_f\gamma_s\times f_{ce} \tag{3-14}$$

式中：γ_f、γ_s——粉煤灰影响系数和粒化高炉矿渣粉影响系数，可按表3-22选用；

f_{ce}——水泥28天胶砂强度(MPa)，可实测，无实测值时，也可按式(3-15)计算；

$$f_{ce}=\gamma_c\times f_{ce,g} \tag{3-15}$$

式中：γ_c——水泥强度等级值富余系数，按实际统计资料确定，当缺乏实际统计资料时，可按表3-23确定。

$f_{ce,g}$——水泥强度等级值(MPa)。

按公式(3-13)计算所得的水胶比，还应根据混凝土所处环境条件(见表3-24)，耐久性要求的允许最大水胶比(见表3-25)进行校核。如计算的水胶比大于耐久性允许的最大水胶比，应采用允许的最大水胶比。

表 3－22　粉煤灰影响系数和粒化高炉矿渣粉影响系数

掺量/%	粉煤灰影响系数	粒化高炉矿渣粉影响系数
0	1.00	1.00
10	0.85～0.95	1.00
20	0.75～0.85	0.95～1.00
30	0.65～0.75	0.90～1.00
40	0.55～0.65	0.80～0.90
50	—	0.70～0.85

［注］（1）采用Ⅰ级、Ⅱ级粉煤灰时宜取上限值；

（2）采用 S75 级粒化高炉矿渣粉时宜取下限值，采用 S95 级粒化高炉矿渣粉时宜取上限值，采用 S105 级粒化高炉矿渣粉时可取上限值加 0.05；

（3）当超出表中的掺量时，粉煤灰和粒化高炉矿渣粉影响系数应经试验确定。

表 3－23　水泥强度等级值富余系数

水泥强度等级	32.5	42.5	52.5
富余系数	1.12	1.16	1.10

表 3－24　混凝土结构的环境类别

环境类别	条　　件
一	室内干燥环境； 无侵蚀性静水浸没环境
二 a	室内潮湿环境； 非严寒和非寒冷地区的露天环境； 非严寒和非寒冷地区与无侵蚀性的水或土直接接触的环境； 严寒和寒冷地区的冰冻线以下与无侵蚀性的水或土直接接触的环境
二 b	干湿交替环境； 频繁变动环境； 严寒和寒冷场区的露天环境； 严寒和寒冷地区的冰冻线以上与无侵蚀性的水或土直接接触的环境
三 a	严寒和寒冷地区冬季水位变动区环境； 受除冰盐影响环境； 海风环境
三 b	盐渍土环境； 受除冰盐影响环境； 海岸环境
四	海水环境
五	受人为或自然的侵蚀性物质影响的环境

表 3-25 结构混凝土材料的耐久性基本要求

环境等级	最大水胶比	最低强度等级	最大离子含量/%	最大碱含量/(kg/m^3)
一	0.60	C20	0.30	不限制
二 a	0.55	C25	0.20	3.0
二 b	0.50(0.55)	C30(C25)	0.15	
三 a	0.45(0.50)	C35(C30)	0.15	
三 b	0.40	C40	0.10	

[注] 1. 氯离子含量是指其占胶凝材料总量的百分比。

2. 预应力构件混凝土中的最大离子含量为0.05%,最低混凝土强度等级按表中的规定提高两个等级。

3. 混凝土构件的水胶比及最低强度等级的要求可适当放松。

4. 有工程经验时,二类环境中的最低混凝土强度等级可降低一个等级。

5. 处于严寒和寒冷地区二 b、三 a 类环境中的混凝土应使用引气剂,并可采用括号中的有关参数。

6. 当使用非碱性集料时,对混凝土中的碱含量可不作限制。

3)确定单位用水量和外加剂用量

(1)干硬性、塑性混凝土用水量的确定

根据粗集料的品种、粒径及施工要求的混凝土拌合物稠度,每立方米干硬性或塑性混凝土的用水量应符合下列规定:

① 当水胶比在 0.40~0.80 范围时,用水量可按表 3-26、表 3-27 选取。

表 3-26 干硬性混凝土的用水量 单位:kg/m^3

拌和物稠度		卵石最大粒径/mm			碎石最大粒径/mm		
项目	指标	10	20	40	16	20	40
维勃稠度/S	16~20	175	160	145	180	170	155
	11~15	180	165	150	185	175	160
	5~10	185	170	155	190	180	165

表 3-27 塑性混凝土的用水量 单位:kg/m^3

拌和物稠度		卵石最大粒径/mm				碎石最大粒径/mm			
项目	指标	10	20	31.5	40	16	20	31.5	40
坍落度/mm	10~30	190	170	160	150	200	185	175	165
	35~50	200	180	170	160	210	195	185	175
	55~70	210	190	180	170	220	205	195	185
	75~90	215	195	185	175	230	215	205	195

[注] 1. 用水量系采用中砂时的平均值。采秀细砂时,每立方米混凝土用水量可增加5~10kg;采用粗砂时,则可减少 5~10kg。

2. 掺用各种外加剂或掺合料时,有不量应相应调整。

② 水胶比小于0.40的混凝土以及用特殊成型工艺的混凝土用水量通过试验确定。

(2)掺外加剂时，流动性和大流动性混凝土的用水量

每立方米流动性和大流动性混凝土的用水量可按式3-16计算

$$m_{wo}=m'_{wo}(1-\beta) \quad (3-16)$$

式中：m_{wo}——计算配合比每立方米混凝土的用水量(kg/m^3)；

m'_{wo}——未掺外加剂时推定的满足实际坍落度要求的每立方米混凝土用水量(kg/m^3)，以表3-27中90mm坍落度的用水量为基础，按每增大20mm坍落度相应增加5kg/m^3用水量来计算，当坍落度增大到180mm以上时，随坍落度相应增加的用水量可减少；

β——外加剂的减水率(%)，应经混凝土试验确定。

(3)确定混凝土中外加剂用量

每立方米混凝土中外加剂用量应按下式(3-17)计算：

$$m_{ao}=m_{bo}\beta_a \quad (3-17)$$

式中：m_{ao}——计算配合比每立方米混凝土中外加剂用量(kg/m^3)；

m_{bo}——计算配合比每立方米混凝土中胶凝材料用量(kg/m^3)；

β_a——外加剂的减水率(%)。

4)计算单位胶凝材料用量、矿物掺合料用量和水泥用量

(1)每立方米混凝土的胶凝材料用量按式(3-18)计算。

$$m_{bo}=m_{wo}\times\frac{B}{W} \quad (3-18)$$

式中：m_{bo}——计算配合比每立方米混凝土中胶凝材料用量(kg/m^3)；

M_{wo}———计算配合比每立方米混凝土中的用水量(kg/m^3)；

B/W——混凝土胶水比。

按耐久性要求校核单位胶凝材料用量。根据耐久性要求，混凝土的最小胶凝材料用量，依混凝土结构的环境类别、结构混凝土材料的耐久性基本要求确定。按强度要求由式(3-18)计算所得的单位胶凝材料用量，应不低于表3-28规定的最小胶凝材料用量。

表3-28 混凝土的最小胶凝材料用量

最大水胶比	最小胶凝材料用量/(kg/m^3)		
	混凝土	钢筋混凝土	预应力混凝土
0.60	250	280	300
0.55	280	300	300
0.50	320		
≤0.45	330		

(2)每立方米混凝土的矿物掺合料用量按式(3－19)计算。

$$m_{fo}=m_{bo}\beta_f \tag{3-19}$$

式中：m_{fo}——计算配合比每立方米混凝土中矿物掺合料用量(kg/m^3)；

B_f——矿物掺合料掺量(%)，可结合矿物掺合料和水胶比的规定确定。

(3)每立方米混凝土的水泥用量按式(3－20)计算。

$$m_{co}=m_{bo}-m_{fo} \tag{3-20}$$

式中：m_{co}——计算配合比每立方米混凝土中水泥用量。

5)选定砂率

当无历史资料可参考时，混凝土砂率的确定应符合下列规定：

(1)坍落度小于10mm的混凝土，其砂率应经试验确定。

(2)坍落度为10～60mm的混凝土，其砂率可根据粗集料品种、最大公称粒径及水胶比按表3－29选取。

表3－29　混凝土的砂率　　单位：%

水胶比(W/C)	卵石最大粒径/mm			碎石最大粒径/mm		
	10	20	40	16	20	40
0.40	26～32	25～31	24～30	30～35	29～34	27～32
0.50	30～35	29～34	28～33	33～38	32～37	30～35
0.60	33～38	32～37	31～36	36～41	35～40	33～38
0.70	36～41	35～40	34～39	39～44	38～43	36～41

[注]　1. 本表数值系中砂的选用砂率，其细砂或粗砂，可相应地减少可增大砂率；

2. 只用一个单粒级粗集料配制混凝土时，砂率应适当增大；

3. 对薄壁构件，砂率取偏大值；

4. 本表中砂率系指砂与集料总量和重量比。

(3)坍落度大于60mm的混凝土砂率，可经试验确定，也可在表3－29的基础上，按坍落度每增大20mm，砂率增大1%的幅度予以调整。

6)计算粗、细集料单位用量

(1)质量法　又称假定密度法。此法是假定混凝土拌和物的表观密度为一固定值，混凝土拌和物各组成材料的单位用量之和即为其表观密度。在砂率值为已知的条件下，粗、细集料的单位用可用下式计算得：

$$m_{co}+m_{go}+m_{so}+m_{wo}=\rho_{cp} \tag{3-21}$$

$$\beta_s=\frac{m_{so}}{m_{go}+m_{so}}\times 100\% \tag{3-22}$$

式中：m_{co}，m_{go}，m_{so}，m_{wo}——每立方米混凝土中的水泥、粗集料、细集料和水的用量(kg)；

β_s——混凝土的砂率(%)；

ρ_{cp}——每立方米混凝土拌和物的湿表观密度(kg),其值可根据施工单位积累的试验资料确定。当缺乏资料时,可根据集料粒径以及混凝土强度等级,在2350～2450kg范围内选定,可参考表3-30。

表3-30 混凝土拌和物的湿表观密度参考表

混凝土强度等级/MPa	C7.5～C15	C20～C30	>C40
假定湿表观密度/(kg/m³)	2300～2350	2350～2400	2450

2)体积法 又称绝对体积法。该法是假定混凝土拌和物的体积等于各组成材料绝对体积法和混凝土拌和物中所含空气之和。在砂率为已知的条件下。粗、细集料的单位用量可由下式求得:

$$\frac{m_{co}}{\rho_c}+\frac{m_{go}}{\rho_g}+\frac{m_{so}}{\rho_s}+\frac{m_{wo}}{\rho_w}+0.01\alpha=1 \qquad (3-23)$$

$$\beta_s=\frac{m_{so}}{m_{go}+m_{so}}\times 100\% \qquad (3-24)$$

式中:m_{co},m_{go},m_{cs},m_{wo},β_s——每立方米混凝土中的水泥、粗集料、细集料和水的用量(kg);混凝土的砂率(%);

ρ_c——水泥密度(kg/m³),可取2900～3100(kg/m³);

ρ_w——水的密度(kg/m³),可取1000(kg/m³);

ρ_s,ρ_g——粗、细集料的表观密度(kg/m³);

α——混凝土的含气量百分数,在不使用引气型外加剂时,取值为1。

通过以上六个步骤计算,可将水泥、水、粗集料、细集料的用量全部求出,得到初步配合比,而以上各项计算多数利用经验公式或经验资料获得,因此配合比所制得的混凝土不一定符合实际要求,所以应对配合比进行试配、调整和确定。

2. 试拌调整提出基准配合比

1)试配

(1)材料的要求:试配混凝土所用各种原材料,要与实际工程使用的材料相同,粗、细集料的称量均以干燥状态为基准。如不是干燥的集料配制,称料时应在用水量中扣除集料中的水,集料也应增加。

(2)搅拌方法和拌和物数量:混凝土的搅拌方法,应尽量与生产时使用方法相同。试拌时,每盘混凝土数量一般应不少于表3-31中的建议值。如需要进行抗折强度试验,则应根据实际需要计算拌和用量。采用机械搅拌时,拌和量不应小于搅拌机额定搅拌量的1/4。

表3-31 混凝土试配的最小搅拌量

集料最大粒径/mm	拌和物数量/L
31.5及以下	15
40	25

[想一想]

当实测混凝土流动性过大时，可否保证水灰比不变的情况下，调整水和水泥？如可行，怎么调整？

2）校核工作性，调整配合比　按初步配合比计算出试配所需的材料用量，配制混凝土拌和物。首先通过试验测定混凝土的坍落度，同时观察拌和物黏聚性和保水性。当不符合要求时，应进行调整。调整的基本原则如下：若流动性太大，可在砂率不变的条件下，适当增加砂、石的用量；若流动性太小，应在保持水胶比不变的情况下，适当增加水和水泥；若黏聚性和保水性不良时，实质上是混凝土拌和物中砂浆不足或砂浆过多，可适当增大砂率或适当降低砂率，调整和易性满足要求时配合比，即是可供混凝土强度试验用的基准配合比。当试拌调整工作完成后，应测出混凝土拌和物的实际表观密度。

3. 检验强度，确定试验室配合比

1）制作试件、检验强度

经过和易性调整试验得出的混凝土基准配合比，其水胶比不一定选用恰当，混凝土的强度不一定符合要求，所以应对混凝土强度进行复核。混凝土强度试验时至少采用三个不同的配合比。其中一个是基准配合比，另两组的水胶比则分别增加及减少 0.05，用水量应与基准配合比相同，砂率可分别增加 1% 和减少 1%。

每种配合比制作一组（三块）试件，在制作混凝土强度试件时，应检验混凝土拌和物的坍落度（或维勃稠度）、黏聚性、保水性及拌和物的表观密度，并以此结果作为代表相应配合比的混凝土拌和物的性能。按标准条件养护 28 天，根据试验得出的混凝土强度与其相对应的灰水比关系，用作图法或计算法求出混凝土强度与其相应的灰水比。

2）确定试验室配合比

（1）根据强度检验结果修正配合比

① 用水量　应在基准配合比用水量的基础上，根据制作强度试件时测得的坍落度或维勃稠度值加以适当调整。

② 水泥用量　取用水量乘以由“强度与灰水比”关系定出的灰水比得出。

③ 粗集料和细集料用量　应在基准配合比的粗集料和细集料用量的基础上，按选定的灰水比进行调整后确定。

3）根据实测拌和物湿表观密度修正配合比

由强度复核之后的配合比，还应根据实测的混凝土拌和物的表观密度作校正，以确定 $1m^3$ 混凝土中各种材料的用量。其步骤如下：

（1）计算出混凝土拌和物的计算表观密度，可按下式计算：

$$\rho_{c,c}=m_c+m_w+m_g+m_s \tag{3-25}$$

（2）计算出混凝土密度校正系数，可按下式计算：

$$\delta=\rho_{c,t}/\rho_{c,c} \tag{3-26}$$

式中：$\rho_{c,c}$——混凝土表观密度计算值（kg）；

$\rho_{c,t}$——混凝土表观密度实测值（kg）。

当即混凝混凝土表观密度计算值与实测值之差的绝对值不超过计算值的

2%时，按以上原则确定的配合比即为确定的设计配合比；当两者之差超过 2%时，应将配合比中每项材料用量乘以校正系数 δ，即为确定的设计配合比。

4. 施工配合比

试验室最后确定的配合比，是按绝干状态集料计算的，而施工现场的砂、石材料为露天堆放，都含有一定的水分。因此，施工现场应根据现场砂、石实际含水率变化，将试验定配合比换算为施工配合比。

设施工现场实测砂、石含水率分别为 $a\%$、$b\%$施工配合比 $1m^3$ 混凝土各种材料用量为：

$$
\begin{aligned}
m_c &= m'_{cb}(\text{kg}) \\
m_s &= m'_{sb}(1+a\%)(\text{kg}) \\
m_g &= m'_{gb}(1+b\%)(\text{kg}) \\
m_w &= m'_{wb}-(m'_{sb}\cdot a\%+m'_{gb}\cdot b\%)
\end{aligned}
\tag{3-27}
$$

[设计实例一](以抗压强度为指标的设计方法)

[题目]试设计钢筋混凝土桥 T 型梁混凝土配合比

[原始资料]

1. 已知混凝土设计强度等级为 C30，无强度历史统计资料，要求混凝土拌和物坍落度为 30～50mm。桥梁所在地区无冻害影响。

2. 组成材料：可供应强度等级 42.5 级普通硅酸盐水泥；密度为 $3.1\times10^3\text{kg/m}^3$；富余系数为 1.13；砂为中砂，表观密度为 $2.65\times10^3\text{kg/m}^3$；碎石最大粒径为 31.5mm，表观密度为 $2.70\times10^3\text{kg/m}^3$。

[设计要求]

1. 按题给资料计算出初步配合比。

2. 按初步配合比在试验室进行试拌调整得出试验室配合比。

[设计步骤]

(一)计算初步配合比

1. 确定混凝土配制强度 $f_{cu,o}$

按题意已知：设计要求混凝土强度为 30MPa，无历史资料，查表 3-21 标准差为 5.0MPa。

混凝土配制强度

$$f_{cu,o}=f_{cu,k}+1.645\sigma=30+1.645\times5=38.2(\text{MPa})$$

2. 计算水胶比

1)按强度要求计算水胶比

① 计算胶凝材料强度。由题意已知采用Ⅱ级粉煤灰，掺量为 20% ，查表 3-22 取粉煤灰影响系数 $\gamma_f=0.85$、粒化高炉矿渣粉影响系数 $\gamma_s=1.00$。已知水泥 28 天胶砂抗压强度实测值为 44.5MPa，将 $f_{ce}=44.5\text{MPa}$ 代入式(3-14)计算胶

凝材料的强度，则 f_b 为

$$f_b=\gamma_f\gamma_s\times f_{ce}=0.85\times1.00\times44.5=37.8(\text{MPa})$$

② 计算混凝土水胶比。已知混凝土配制强度 $f_{cu,o}=38.2\text{MPa}$，胶凝材料的强度 $f_b=37.8\text{MPa}$。本单位无混凝土强度回归系数统计资料，故采用表 3－20 中数值，碎石 $a_a=0.53$，$a_b=0.20$。按式(3－13)计算水胶比：

$$\frac{W}{B}=\frac{\alpha_a\cdot f_b}{f_{cu,o}+\alpha_a\cdot\alpha_b\cdot f_b}=0.47$$

(1)计算水泥实际强度　由题意已知采用强度等级 42.5MPa 普通硅酸盐水泥，富余系数为 1.13。则水泥实际强度：

$$f_{ce}=\gamma_c\cdot f_{ce,k}=1.13\times42.5=48(\text{MPa})$$

(2)计算水胶比　已知混凝土配制强度为 38.2MPa，水泥实际强度为 48MPa。本单位无混凝土强度回归系数统一资料，查表 3－20 中回归系数 $\alpha_a=0.46$，$\alpha_b=0.07$。计算水胶比：

$$\frac{W}{C}=\frac{\alpha_a\cdot f_{ce}}{f_{cu,o}+\alpha_a\cdot\alpha_b\cdot f_{ce}}=\frac{0.46\times48}{38.2+0.46\times0.07\times48}=0.56$$

2)按耐久性校核水胶比

根据混凝土所处环境为无冻害影响地区，查表 3－24、表 3－25，允许最大水胶比为 0.60，按强度计算的水胶比满足耐久性要求，采用 0.56。

3. 选用单位用水量 m_{wo}

由题意已知，要求混凝土拌和物坍落度为 30～50mm，碎石最大粒径为 31.5mm。查表 3－27 选用混凝土用水量为 185kg/m^3。

4. 计算单位水泥用量 m_{co}

1)按强度计算单位水泥用量

已知混凝土单位水用量为 185kg/m^3，水胶比为 0.56，混凝土单位水泥用量为

$$m_{co}=\frac{m_{wo}}{\frac{W}{C}}=\frac{185}{0.56}=330(\text{kg/m}^2)$$

2)按耐久性校核单位水泥用量

根据混凝土所处环境为无冻害影响，查表 3－28，最小水泥用量不得小于 280kg/m^3。按强度计算单位水泥用量符合耐久性要求。采用单位水泥用量 330kg/m^3。

5. 选定砂率 β_s

按已知集料采用碎石，最大粒径 31.5mm，水胶比为 0.56，查表 3－29，选取砂率为 0.33。

6. **计算砂石用量**

1)采用质量法

已知:单位水泥用量为 330kg/m³,单位用水量为 185kg/m³,混凝土拌和物湿表观密度为 2400kg/m³,砂率为 0.33,得

$$\begin{cases} m_{so}+m_{go}=\rho_{cp}-m_{co}-m_{wo}=2400-330-185 \\ \dfrac{m_{so}}{m_{so}+m_{go}}=\beta_s=0.33 \end{cases}$$

解得:$m_{so}=620\text{kg/m}^3$,$m_{go}=1265\text{kg/m}^3$

按质量法计算得初步配合比:$m_{co}:m_{wo}:m_{so}:m_{go}=330:185:623:1265$

即 1:1.89:3.85,$W/C=0.56$。

2)采用体积法

已知:水泥密度为 $3.1\times10^3\text{kg/m}^3$;砂的表观密度为 $2.65\times10^3\text{kg/m}^3$;碎石表观密度为 $2.70\times10^3\text{kg/m}^3$。

$$\begin{cases} \dfrac{m_{so}}{\rho_s}+\dfrac{m_{go}}{\rho_g}=1000-\dfrac{m_{co}}{\rho_c}-\dfrac{m_{wo}}{\rho_w}-10\alpha \\ \dfrac{m_{so}}{m_{so}+m_{go}}=\beta_s \end{cases}$$

非引气混凝土 $\alpha=1$,则有

$$\begin{cases} \dfrac{m_{so}}{2.65}+\dfrac{m_{go}}{2.70}=1000-\dfrac{330}{3.10}-\dfrac{185}{1}-10 \\ \dfrac{m_{so}}{m_{so}+m_{go}}=0.33 \end{cases}$$

解得:砂用量为 623kg/m³;碎石用量为 1271kg/m³。

按体积法计算得初步配合比:$m_{co}:m_{wo}:m_{so}:m_{go}=330:185:623:1271$

即 1:1.89:3.85,$W/C=0.56$。

(二)调整工作性、提出基准配合比

1. **计算试样材料用量**

按计算初步配合比取样 15L,则各种材料的用量为

水泥:330×0.015=4.95(kg)　　砂:619×0.015=9.29(kg)

石子:1257×0.015=18.86(kg)　水:185×0.015=2.78(kg)

2. **调整工作性**

按计算材料用量拌制混凝土拌和物,测定其坍落度为 20mm,不满足题给的施工和易性要求。为此,保持水胶比不变,增加 5%水泥浆。再经拌和坍落度为 40mm,粘聚性和保水性亦良好,满足施工和易性要求。此时混凝土拌和物各组成材料实际用量为

水泥:4.95(1+5%)=5.20(kg)　砂:9.29kg

石子：18.86kg　　水：2.78(1＋5％)＝2.92(kg)

3. 提出基准配合比

可得出基准配合比：5.20∶9.29∶18.86＝1∶1.78∶3.63　$W/C=0.56$。

(三)检验确定、测定试验室配合比

1. 检验强度

以计算水胶比0.56为基础，选用水胶比分别为0.51、0.56和0.61，基准用水量185kg/m^{3}不变，相应调整砂、碎石用量。拌制三组混凝土拌合物并成型试件，水胶比为0.51和0.61的两个配合比也经过坍落度试验调整，均满足要求。与三个水胶比相应的28d抗压强度实测结果分别为43.7MPa、37.5MPa、33.8MPa。根据试验结果，绘制混凝土28d抗压强度与灰水比关系曲线如图3－9。由图3－9中确定与混凝土配制强度38.2MPa对应的灰水比$C/W=1.75$，即水胶比为0.57。

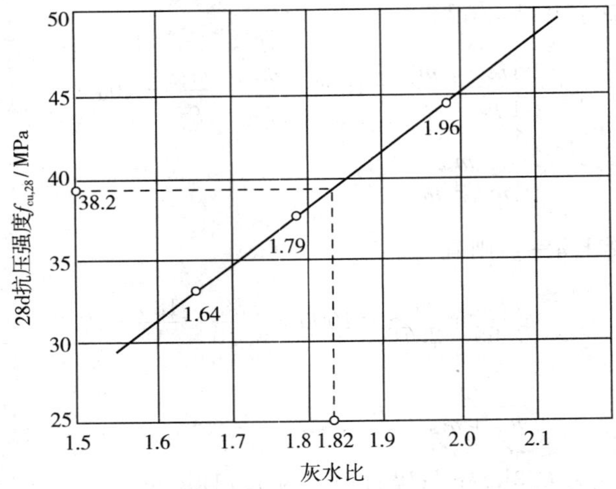

图3－9　混凝土28d抗压强度与胶水比关系

2. 混凝土实验室配合比

按强度试验结果修正配合比，各材料用量为

水：185(1＋5％)＝194(kg)

水泥：194÷0.57＝340(kg)

砂、石用量按体积法计算：

$$\begin{cases}\dfrac{m_{so}}{2.65}+\dfrac{m_{go}}{2.70}=1000-\dfrac{340}{3.10}-\dfrac{194}{1}-10\\[2ex]\dfrac{m_{so}}{m_{so}+m_{go}}=0.33\end{cases}$$

解得：砂用量607kg，碎石用量1232kg。

修正配合比：m_{co} ∶ m_{wo} ∶ m_{so} ∶ m_{go} = 340 ∶ 194 ∶ 607 ∶ 1232 = 1 ∶ 0.57 ∶ 1.79 ∶ 3.62

计算湿表观密度：340 + 194 + 607 + 1232 = 2373(kg/m^3)

实测湿表观密度：2400kg/m^3

修正系数：2400/2373 = 1.01

混凝混凝土表观密度计算值与实测值之差的绝对值不超过计算值的 2%。

因此，试验室配合比为：m_{co} ∶ m_{wo} ∶ m_{so} ∶ m_{go} = 340 ∶ 194 ∶ 607 ∶ 1232 = 1 ∶ 0.57 ∶ 1.79 ∶ 3.62。

(四)换算工地配合比

根据工地实测，砂的含水量为 5%，碎石的含水量为 1%，各种材料的用量为：

水泥：340kg/m^3

砂：607(1 + 5%) = 637(kg/m^3)

碎石：1232(1 + 1%) = 1244(kg/m^3)

水：196—(607×5% + 1232×1%) = 154(kg/m^3)

因此，工地配合比为 m_{co} ∶ m_{wo} ∶ m_{so} ∶ m_{go} = 340 ∶ 154 ∶ 637 ∶ 1244 = 1 ∶ 0.45 ∶ 1.87 ∶ 3.66。

四、道路混凝土的配合比设计

水泥混凝土路面用混凝土配合比设计方法，按我国现行《公路水泥混凝土路面设计规范》(JTG D40—2011)的规定，采用弯拉强度为指标的方法。

[想一想]

道路混凝土配合比设计与普通混凝土有哪些不同?

路面用水泥混凝土配合比设计，应满足：(1)弯拉强度；(2)工作性；(3)耐久性；(4)经济合理的要求。混凝土配合比设计包括目标配合比设计和施工配合比设计两个阶段，此处主要介绍目标配合比设计。

路面用水泥混凝土配合比设计按下列步骤进行：

(一)计算初步配合比

1. 确定配制强度

$$f_c = \frac{f_r}{1 - 1.04C_v} + t \cdot S \tag{3-23}$$

式中：f_c——混凝土配制 28d 抗弯拉强度的均值(MPa)。

f_r——混凝土设计抗弯拉强度(MPa)。

S——抗弯拉强度试验样本的标准差(MPa)。

t——保证率系数，按表 3-32 确定。

C_v——抗弯拉强度变异系数，应按统计数据在表 3-33 的规定范围内取值。(在无统计数据时，抗弯拉强度变异系数应按设计取值；如施工配置抗弯拉强度超出设计给定的抗弯拉强度变异系数上限，则必须改进机械装备和提高施工控制水平)

表 3－32　保证率系数

公路等级	判别概率 P	样本数 n/组				
		3	6	9	15	20
高速公路	0.05	1.36	0.79	0.61	0.45	0.39
一级公路	0.10	0.95	0.59	0.46	0.35	0.30
二级公路	0.15	0.72	0.46	0.37	0.28	0.24
三、四级公路	0.20	0.56	0.37	0.29	0.22	0.19

表 3－33　各级公路混凝土路面抗弯拉强度变异系数

公路等级	高速公路	一级公路		二级公路	三、四公路	
混凝土抗弯拉强度变异系数水平等级	低	低	中	中	中	高
抗弯拉强度变异系数 C_v 允许变化范围	0.05～0.10	0.05～0.10	0.10～0.15	0.10～0.15	0.10～0.15	0.15～0.20

2. 计算水胶比

混凝土拌和物的水胶比根据已知的混凝土配制抗弯拉强度和水泥的实际弯拉强度，代入下式得水胶比。

对碎石或碎卵石混凝土

$$\frac{W}{C}=\frac{1.5684}{f_c+1.0097-0.3595f_s} \tag{3-24}$$

对卵石混凝土

$$\frac{W}{C}=\frac{1.2618}{f_c+1.5492-0.4709f_s} \tag{3-25}$$

式中：f_c——意义同前；

f_s——水泥实际抗压强度，MPa；

W/C——水胶比。

掺用粉煤灰时，应计入超量取代中代替水泥的那一部分粉煤灰用量(代替砂的超量部分不计入)，用水胶比 $W/(C+F)$ 代替水胶比 W/C。水胶比不得超过表 3－34 规定的最大水胶比。

表 3－34　混凝土满足耐久性要求的最大水胶比和最小单位水泥用量

公路等级	高速公路、一级公路	二级公路	三、四级公路
最大水灰(胶)比	0.44	0.46	0.48
抗冰冻要求最大水灰(胶)比	0.42	0.44	0.46

（续表）

公路等级		高速公路、一级公路	二级公路	三、四级公路
抗盐冻要求最大水灰(胶)比		0.40	0.42	0.44
最小单位水泥用量/(kg/m³)	42.5 级	300	300	290
	32.5 级	310	310	305
抗冰(盐)冻时最小单位水泥用量/(kg/m³)	42.5 级	320	320	315
	32.5 级	330	330	325
掺粉煤灰时最小单位水泥用量/(kg/m³)	42.5 级	260	260	255
	2.5 级	280	270	265
抗冰(盐)冻掺粉煤灰最小单位水泥用量(42.5 级水泥)/(kg/m³)		280	270	265

3. 计算单位用水量

混凝土拌和物每 1m³ 的用水量，按下式计算：

对碎石混凝土：

$$W_0 = 104.97 + 0.309 S_L + 11.27 \frac{C}{W} + 0.61 S_P \qquad (3-26)$$

对卵石混凝土

$$W_0 = 86.89 + 0.370 S_L + 11.24 \frac{C}{W} + 1.00 S_P \qquad (3-27)$$

式中：S_L——混凝土拌和物坍落度(mm)；

S_P——砂率(%)，参考表 2-34 选定。

按式(3-26)或式(3-27)计算出的用水量是按集料为自然风干状态计。

表 3-35　砂的细度模数与最优砂率关系

砂细度模数		2.2～2.5	2.5～2.8	2.8～3.1	3.1～3.4	3.4～3.7
砂率 S_P/%	碎石	30～34	32～36	34～38	36～40	38～42
	卵石	28～32	30～34	32～36	34～38	36～40

［注］ 碎卵石可在碎石和卵石混凝土之间内插取值

掺外加剂的混凝土单位用水量按下式计算：

$$W_{0w} = W_0 \left(1 - \frac{C}{100}\right) \qquad (3-28)$$

式中：W_{0w}——掺外加剂混凝土的单位用水量(kg/m³)；

β——所用外加剂剂量的实测减水率(%)。

4. **计算单位水泥用量(m_{co})**

混凝土拌和物每 1m³的水泥用量按下式计算：

$$m_{co}=\frac{m_{co}}{\frac{W}{C}} \tag{3-29}$$

单位水泥用量不得小于表 3－26 中按耐久性要求的最小水泥用量。

5. **计算砂石材料单位用量(S_0,G_0)**

砂石单位用量可按前述绝对体积法或质量法确定。

按质量法计算时，混凝土单位质量可取 2400～2450kg/m³；按体积法计算时，应计入设计含气量。采用超量取代法掺用粉煤灰时，超量部分应代替砂，并折减用砂量。经计算得到的配合比应验算单位粗集料填充体积率，且不宜小于 70%。

(二)配合比调整

1. **试拌调整**

按初步计算配合比进行调整：流动性不满足要求，应在水胶比不变的情况下，增减水泥浆用量；如果粘聚性或保水性不符合要求，则调整砂率的大小。

2. **实测拌和物相对密度**

由于在计算砂、石用量时未考虑含气量，故应实测混凝土拌和物捣实后的相对密度，并对各组成材料的用量进行最后调整，以确定基准配合比。

3. **强度复核**

按试拌调整后的道路混凝土配合比，同时配制和易性满足设计要求的、较计算配合比水胶比增大 0.03 或减少 0.03 共三组混凝土试件，经标准养护 28 天，测其抗折强度，选定既满足设计要求，又节约水泥的配合比为试验室配合比。

4. **施工配合比的换算**

根据施工现场材料性质、砂石材料颗粒表面含水量，对理论配合比进行换算，最后得出施工配合比。

[设计实例二]某一级公路拟采用水泥混凝土路面，试设计路面用混凝土配合比

1. **原材料各项指标如下：**

水泥：52.5 级普通硅酸盐水泥，密度为 3.1g/cm³，实测 28 天胶砂抗折强度为 8.7MPa；

碎石：石灰石，最大粒径 40mm，级配合格，表观密度为 2.70g/cm³；

砂：中砂，表观密度为 2.63g/cm³，细度模数为 2.64，其他各项指标均符合技术要求；

水：饮用水。

2. **设计要求**

混凝土抗折强度等级为 5.0MPa，施工要求混凝土弯拉强度样本的标准差为

0.4MPa(n=9)。混凝土拌和物的坍落度为30～50mm。

3. **配合比设计**

(1)确定试配强度

$$f_c=\frac{f_r}{1-1.04C_v}+t\cdot S=\frac{5}{1-1.04\times0.075}+0.61\times0.4=5.67(\text{MPa})$$

(2)计算水胶比

由公式(3-25)可得：$\frac{W}{C}=\frac{1.5684}{f_c+1.0097-0.3595f_s}$得：$W/C=0.42$

查表得3-33耐久性允许最大水胶比为0.44。故取计算水胶比为0.42。

(3)计算用水量

由表3-33得：$W/C=0.42$时，$S_P=34\%$；代入公式(3-26)中：

$$W_0=104.97+0.309S_L+11.27\frac{C}{W}+0.61S_P=143\text{kg/m}^3$$

4)计算水泥用量

由公式(3-28)可得：$m_{wo}=143\times\frac{1}{0.42}=340(\text{kg/m}^3)$

由表3-34得：耐久性允许最小水泥用量为300kg/m³，故取340kg/m³。

(5)计算砂、石用量：

由公式(3-29)可得

$$\begin{cases}\frac{340}{3.1}+\frac{m_{so}}{2.63}+\frac{m_{go}}{2.70}+\frac{143}{1}+0.01\times1=1000\\[2ex]\frac{m_{so}}{m_{so}+m_{go}}=34\%\end{cases}$$

解得：$m_{so}=671\text{kg/m}^3$，$m_{go}=1302\text{kg/m}^3$。

验算：碎石的填充体积$=\frac{m_{go}}{\rho_{gh}}=\frac{1302}{1701}\times100\%=74.2\%$，符合要求。

由此确定路面混凝土的“初步配合比”为，$m_{wo}=143\text{kg/m}^3$，$m_{co}=340\text{kg/m}^3$，$m_{so}=671\text{kg/m}^3$，$m_{co}=1302\text{kg/m}^3$。

路面混凝土的基准配合比、设计配合比与施工配合比设计内容与普通混凝土相同。

第二节　其他功能混凝土*

在道路与桥梁工程中，除了普通水泥混凝土材料外，对于高强混凝土、流态混凝土、纤维加强混凝土、聚合物混凝土等都有了很大的发展，现将这几种混凝土简述如下。

一、高强混凝土

强度等级不低于 C60 的混凝土称为高强混凝土。为了减轻自重、增大跨径，现代高架公路、立体交叉和大型桥梁等混凝土结构均采用高强混凝土。为了保证混凝土质量，达到应有的强度，通常采用下列几方面的综合措施。

1. 精选优质原材料

(1)优质高强水泥

并非所有高强度等级水泥都能配制出高强混凝土。高强混凝土用水泥，应从矿物组成和细度两方面考虑。矿物成分中 C_3S 和 C_3A 含量应较高，特别是 C_3S 含量要高。水泥经两次振动磨细后，可大大提高强度，细度按比表面积计，应达到 $4000 \sim 6000cm^2/g$ 以上。

(2)采用磁化水拌和

磁化水是普通的水以一定速度流经磁场，由于磁化作用提高了水的活性。用磁化水拌制混凝土，容易进入水泥颗粒内部，使水泥水化更安全、充分，因而可提高混凝土强度 30%～50%。

(3)硬质高强的集料

粗集料应选择坚质岩石轧制的碎石，岩石强度应为混凝土强度等级的两倍以上。碎石宜呈近似正立方体，有棱角以及形成具有高内摩擦力的骨架。碎石表面组织应粗糙，使其与水泥石具有优良的黏结力。通常碎石最大粒径不大于 15mm，混凝土可得到较高的抗压强度。细集料与粗集料应能组成密实的矿质混合料。

(4)高效外加剂

高强混凝土均需采用减水剂及其他外加剂。应选用优质高效的 NN0、MF 等减水剂。

二、流态混凝土

流态混凝土是在预拌的坍落度为 8～12cm 的基体混凝土拌和物中，加入外加剂——流化剂，经过二次搅拌，使基体混凝土拌和物的坍落度顿时增加至 18～22cm。能自流填满模型或钢筋间隙的混凝土又称超塑性混凝土。流态混凝土是由基本混凝土和流化剂组成的新型混凝土。

流态混凝土具有下列特点：

(1)流动性大、浇注性好

流态混凝土流动性好，坍落度在 20cm 以上，泵送浇注后，可以不振捣，因为它具有自密性。

(2)减少用水量、提高混凝土性能

由于流化剂可大幅度减少用水量，如用灰量不变，则可在保证流动性的前提下减小水胶比，因而可提高混凝土的强度和耐久性。

(3)降低浆集比、减少收缩

流态混凝土是依赖流化剂的流化效应来提高其流动性，如保持原来水胶比不变，则不仅可减少用水量，同时还可节约水泥用量。这样拌和物中水泥浆的体积减小后，则可减小混凝土硬化后的收缩率，避免收缩裂缝。

(4)不产生离析和泌水

由于流化剂的作用，在用水量较小的情况下，而具有大的流动性，所以它不会像普通混凝土那样产生离析和泌水。

流态混凝土在道路与桥梁工程中应用日益广泛，例如越江隧道的水泥混凝土路面，斜拉桥的混凝土主塔以及地铁的衬砌封顶等均须采用流态混凝土。

三、纤维增强混凝土

纤维增强混凝土(Fiber reinforced concrete)简称纤维混凝土，是由水泥混凝土为基材与不连续而分散的纤维为增强材料所组成的一种复合材料。常作为增强材料的纤维有钢纤维、玻璃纤维、合成纤维和天然纤维等。因为其他几类纤维模量较低、增强效果较差，目前用于道路路面或桥梁桥面混凝土的增强纤维，主要为钢纤维。

钢纤维混凝土用钢纤维主要是采用碳钢加工制成的纤维，对长期处于受潮条件的混凝土，亦有采用不锈钢加工制成的纤维。

钢纤维混凝土的力学性能，除了与基体混凝土组成有关外，还与钢纤维的形状尺寸，掺量、配置方向和分散程度等有关。此外，钢纤维在混凝土中的配置方向和分散度对混凝土力学强度也有影响。配置方向和分散度与混凝土的组成和施工工艺等因素有关。

钢纤维与混凝土组成复合材料后，可使混凝土的抗弯拉强度、抗裂强度、韧性和冲击强度等性能得到改善，所以钢纤维混凝土广泛应用于道路与桥隧工程中，如机场道面、高等级路面、桥梁桥面铺装和隧道衬砌等工程。

四、碾压式水泥混凝土

碾压式水泥混凝土(Roller Compacted Concrete，RCC)是以级配集料和较低的水泥用量与用水量以及掺合料和外加剂等组成的超干硬性混凝土拌和物，经振动压路机等机械碾压密实而形成的一种混凝土。这种混凝土铺筑成的路面具有强度高、密度大、耐久性好的和节约水泥等优点。

1)材料组成

① 水泥 路面碾压混凝土用水泥与普通水泥混凝土相同，应符合《公路水泥混凝土路面施工技术细则》(JTGT F30—2014)的有关技术要求。

② 矿质混合料　路面碾压混凝土用粗细集料应能组成密实的混合料，符合密级配的要求。

粗集料最大粒径，用于路面面层的应不大于 20mm，用于路面底层的应不大于 30(或 40)mm。碎石中往往缺乏 2.5～5mm 部分，因而应补充部分石屑。为达到密实结构，砂率宜采用较高值。

③ 掺合料　为节约水泥、改善和易性和提高耐久性，通常均应掺加粉煤灰。

2. **技术性能**

① 强度高 碾压混凝土路面由于矿质混合料组成为连续密级配，经过振动压路机和轮胎压路机等的碾压，使各种集料排列为骨架密实结构，这样不仅节约水泥用量，而且使水泥胶结物能发挥最大作用，因而具有高的强度，特别是早期强度的提高。通过现场钻孔取样及无损测试表明，不论抗压或抗弯拉强度均较普通混凝土有所提高，例如用灰量为 200kg/m^3 的碾压式混凝土，其 28d 抗压强度 $f_{eu,28}>30$MPa，抗弯拉强度 $f_{eu,28}>5$MPa。

② 干缩率小 碾压混凝土由于其组成材料配合比的改进，使拌和物具有优良的级配和很低的含水率。这种拌和物在碾压机械的作用下，才有可能使矿质集形成包裹一层很薄水泥浆而又互相靠拢的骨架。这样，在碾压混凝土中，水泥浆与集料的体积比率大大降低。因为水泥浆的干缩率比集产大得多，所以碾压混凝土的干缩率也大大减小。根据试验，在 20℃ 时，普通混凝土的干缩率为 18.7×10^{-4}，而碾压混凝土仅有 6.9×10^{-4}。

③ 耐久性好 如前所述，碾压式混凝土可形成密实骨架结构的高强、干缩率低的混凝土。则于在形成这种密实度结构的过程中，拌和物中的空气被碾压机械所排出，所以在碾压式混凝土中的孔隙率大为降低，这样抗水性、抗渗性和抗冻性等耐久性指标都有了提高。

④ 外加剂 为改善和易性及有足够的碾压时间，可以掺加缓凝型减水剂。

3. **经济效益**

① 节约水泥，由于碾压式混凝土用水量少，在保持同样的水胶比的条件下，其用灰量亦较少。在达到相同强度前提下，可较普通水泥混凝土节约水泥 30%。

② 提高工效，碾压式混凝土采用强制式拌和机拌和，自卸车运料，到改装后的摊铺机摊铺、振动压路机和胶轮压路机碾压，按此施工组织的工效可较普通水泥混凝土提高两倍左右。

③ 提早通车，碾压式混凝土早期强度高，养生时间短，可提早开放交通，带来明显的社会、经济效益。

④ 降低投资，碾压式混凝土路面的造价与沥青混凝土路面接近，养护费用较沥青混凝土路面低，而且使用年限较长。

4. **工程应用**

碾压式混凝土应用于水泥混凝土路面，可以做成一层式或两层式；亦可作为底层，面层采用沥青混凝土作为抗滑、磨耗层。特别应该指出，碾压式混凝土路面的质量，不仅取决于材料的组成配合，更主要的取决于路面施工工艺。

五、仿生裂缝自愈合混凝土

水泥混凝土结构在受力或其他因素作用下，会出现损伤，造成微裂纹。虽然这些损伤是隐形的，但是如果不能及时修复，这些微裂纹会进一步发展，出现大的裂纹，随着水的渗入会出现钢筋锈蚀，从而降低混凝土结构的抗震能力和使用寿命。研究和开发新型自愈合仿生混凝土，使其能够主动、自动地对损伤部位进行修复、恢复并提高混凝土材料的性能，已成为结构功能(智能)一体化混凝土的发展趋势。例如桥梁或一些关键结构的灾难性故障，都要求找到出事之前能警示或能预知失事而自动加固，自动修补裂纹的材料。智能材料的发展就是应人类这方面的需要而产生的。在人类的现实生活中可以见到，人的皮肤划破后，经一段时间皮肤会自然长好，而且修补得天衣无缝；骨头折断后，只要对接好骨缝，断骨就会自动愈合。自然界的生物体经过了亿万年自然选择和进化，形成了天然合理的结构和功能，具有高度的结构功能一体化和敏感的自反馈、自适应机制。对自然界生物的仿生研究可以设计和发展智能材料提供一些有益的借鉴，这些事实都启迪了科学家们对智能材料的构思。自愈合仿生混凝土是模仿生物组织对受创伤部位自动分泌某种物质，而使创伤部位得到愈合的机能。在混凝土组分中复合特殊组分(如含黏结剂的液芯纤维或胶囊)，在混凝土内部形成智能型仿生自愈合神经网络系统，当混凝土材料出现裂纹时，部分液芯纤维或胶囊破裂，黏结液流出渗入裂缝，黏结液可使混凝土裂缝重新愈合。

仿生自愈合混凝土的发展，无论从理论上还是实际应用上都还需进一步完善。技术上应当控导不同的方法。如在实际应用中可对混凝土局部易开裂处采用自愈合处理，而无须整体实施自愈合方案，在理论上也可以考虑研究梯度型的自愈合混凝土。此外，自愈合混凝土作为一种智能混凝土材料，其未来发展应既是高性能的建筑结构材料，同时又具有优异的智能性能，真正达到混凝土材料结构与智能的一体化。这就需要在自愈合混凝土的基础上，进一步融入信息科学的内容，如感知、识别和控制驱动等，从而达到适应环境、调节环境、材料和结构健康状况的自诊断和自修复等目的，使其具有多种完善的仿生功能，包括骨骼系统(基材)提供的承载能力、神经系统(传感网络)提供的监测和感知能力、肌肉系统(驱动元件)提供的调整响应能力和免疫系统(修复元件)提供的康复能力。发展智能混凝土是智能化时代的产物，智能混凝土材料作为建筑材料领域的高新技术，为传统建材的未来发展注入了新的内容和活力，也提供了全新的机遇。通过对基础理论及其应用技术深入研究，将使传统的混凝土材料发展步入科技创新轨道，使传统混凝土工业获得新的、突破性的飞跃。

第三节　建筑砂浆

[想一想]

砂浆和混凝土在组成上有何不同?

砂浆是由胶结料、细集料、掺加料和水配制而成的建筑材料，在工程中起黏结、衬垫和传递应力的作用。道路和桥隧工程中，砂浆主要用来砌筑圬工桥涵、沿线挡土墙和隧道衬砌等砌体，以及修饰这些构筑物的表面。砂浆的种类很多，根据所用胶结料的种类不同，可分为水泥砂浆、石灰砂浆和混合砂浆等；根据其用途的不同，可分为砌筑砂浆和抹面砂浆。

一、组成材料

建筑砂浆的组成材料主要是胶结材料、细集料和水。

(一)胶结材料

胶结材料应根据砂浆的使用环境及用途合理选用,在干燥环境中使用的砂浆既可选用气硬性胶结材料,也可选用水硬性胶结材料;处于潮湿环境或水中的砂浆则必须选用水硬性胶结材料。所用的各类胶结材料均应满足相应的技术要求。

[问一问]
砂浆中的水泥强度如何选用?

1. 水泥

常用的各种品种水泥均可作为砂浆的结合料,由于砂浆的强度相对较低,所以水泥的强度不宜过高,否则水泥的用量太低,会导致砂浆的保水性不良。通常水泥的强度宜为砂浆强度等级的4~5倍,M15及以下强度等级的砌筑砂浆宜选用32.5级的通用硅酸盐水泥,M15以上强度等级的砌筑砂浆宜选用42.5级的通用硅酸盐水泥。

2. 其他胶结料及掺合料

为改善砂浆的和易性,节约水泥,还可以掺加其他胶结料或掺合料(如石灰膏、黏土膏和粉煤灰等)制成混合砂浆。所用的石灰膏应该"陈伏",使其充分熟化,并要防止石灰膏干燥、冻结和污染,严禁使用脱水硬化的石灰膏。消石灰粉是未充分熟化的石灰,颗粒太粗,起不到改善和易性的作用,所以不得将消石灰粉直接用于砌筑砂浆中。砂浆中的掺合料均应用孔径不大于3mm×3mm的网过滤。

(二)细集料

细集料为砂浆的骨料,由于砂浆多铺成薄层,因此对砂的最大粒径应予以限制。砌筑砂浆用砂的最大粒径应小于灰缝的1/4~1/5,砖砌体用砂浆,砂的最大粒径为2.5mm;石砌体用砂浆,砂的最大粒径为5mm。砌筑砂浆用砂宜选用中砂,其中毛石砌体宜选用粗砂,面层的抹面砂浆或勾缝砂浆应采用细砂,且最大粒径小于1.2mm。砌筑砂浆用砂的含泥量不应超过5%;强度等级为M2.5以下的水泥混合砂浆,砂的含泥量不应超过10%。

(三)外加剂

为改善砂浆的性能,节约结合料的用量,可在砂浆中掺加减水剂、膨胀剂、微沫剂等外加剂。微沫剂是一种松香热聚物,其主要作用是改善砂浆的和易性和替代部分石灰,掺量为水泥质量的0.005~0.010%,微沫剂用于水泥混合砂浆时,石灰膏的减少量不应超过50%,水泥黏土砂浆中不宜掺入微沫剂。

(四)水

砂浆对水的技术要求与混凝土拌和用水相同,其水质应符合现行行业标准《混凝土拌和用水标准》(JGJ63—2006)的要求。

二、主要技术性质

砂浆与混凝土在组成上的差别仅在于砂浆中不含粗集料,故砂浆也称为无粗集料混凝土。有关混凝土和易性、强度的基本规律，原则上也适用于砂浆，但由于砂浆的组成及用途与混凝土有所不同，所以它还具有其自身的特点。

(一)新拌砂浆的和易性

砂浆在硬化前应具有良好的和易性，以方便施工操作，能在砖石表面铺展成均匀的薄层，并使砌体之间紧密黏结。砂浆的组成中没有粗集料，因此和易性包括流动性和保水性两个方面。

[说一说]
砂浆的和易性与混凝土有何不同?

1. 流动性

砂浆的流动性，是指新拌砂浆在其自重或外力作用下产生流动的性能，砂浆的流动性是用稠度表示的。

砂浆的流动性与用水量、胶结材的品种和用量、细集料的级配和表面特征、掺合料及外加剂的特性和用量、拌和时间等因素有关。《公路工程水泥及水泥混凝土试验规程》(JTG3420—2020)规定，水泥砂浆的稠度采用砂浆稠度仪测定。测定方法是将砂浆拌和物一次装入稠度仪的容器中，使砂浆表面低于容器口 1mm 左右，用捣棒插捣 25 次，然后轻轻将容器摇动或敲击 5～6 下，使砂浆表面平整，将容器置于稠度仪上，使试锥与砂浆表面接触，旋紧制动螺丝，使指针对准零点。拧开制动螺丝，同时计时，待 10s 立即固定螺丝，从刻度盘读出试锥下沉深度(精确至 1mm)即为砂浆的稠度值。稠度值愈大，砂浆的流动性愈大。

砂浆流动性的选择应根据砌体种类、用途、气候条件、施工方法等因素决定，参见表 3－36 所列。

表 3－36　砌筑砂浆和施工稠度

砌体种类	施工稠度/mm
烧结普通砖砌体、粉煤灰砌体	70～90
混凝土砖砌体、普通混凝土小型空心砖砌体砌块、灰砂砖砌体	50～70
烧结多孔砖砌体、烧结空心砖砌体、轻集料混凝土小型空心砌砖砌体、蒸压加气混凝土砌体砌块	60～80
石砌块	30～50

2. 保水性

砂浆的保水性是指新拌砂浆在运输和施工过程中保持水分及整体均匀一致的性能。砂浆在运输、静置或砌筑过程中，水分不应从砂浆中离析，使砂浆保持必要的稠度，以便于施工操作，同时使水泥正常水化，以保证砌体的强度。保水性不好的砂浆，会因失水过多而影响砂浆的铺设及砂浆与材料间的结合，并影响砂浆的正常硬化，从而使砂浆的强度，特别是砂浆与多孔材料的黏结力大大降低。衡量水泥砂浆保水性能的指标是保水率，它是吸水处理后砂浆中保留水的质量，用原始水量的百分数表示。砌筑砂浆的保水率要求具体见表3－37 所列。

表 3－37　砌筑砂浆的保水率　　单位：%

砂浆种类	保水率
水泥砂浆	≥80
水泥混合砂浆	≥84
预拌砌筑砂浆	≥88

(二)硬化后砂浆的性质

建筑砂浆在砌体中要传递荷载，并要经受周围环境介质的作用，因此砂浆应具有一定的黏结强度、抗压强度和耐久性。试验证明，砂浆的黏结强度、耐久性均随抗压强度的增大而提高，即它们之间有一定的相关性。而且抗压强度的试验方法较成熟，测试简单准确，所以工程中常以抗压强度作为砂浆的主要技术指标。

1. 抗压强度

《公路工程水泥及水泥混凝土试验规程》(JTG3420—2020)规定，水泥砂浆的抗压强度等级以 70.7mm×70.7mm×70.7mm 的立方体试件，在标准温度(20℃±3℃)和规定湿度(水泥混合砂浆相对湿度为 60%～80%，水泥砂浆和微沫砂浆相对湿度为 90%以上)的条件下，用标准试验方法测得的 28d 龄期的抗压强度来确定。水泥砂浆及预拌砌筑砂浆的强度等级可分为 M30、M25、M20、M15、M10、M7.5、M5.0 共 7 个强度等级，水泥混合砂浆的强度等级可分为 M5、M7.5、M10、M15 共 4 个等级。桥涵工程中砂浆的强度根据结构物的类型和用途而决定，参见表 3－38 所列。

表 3－38　桥涵圬工砌体用砂浆强度等级

结构物类型		砂浆强度等级	
		砌筑用	勾缝用
拱圈	大中跨径及轻台拱桥	M7.5	≥M7.5
	小跨径桥涵	M5.0	
大中跨径桥墩台及基础	圬工面层	M5.0	≥M7.5
	圬工里层	M2.5	
小桥墩台及基础挡土墙	轻型桥台及轻台拱桥	M5.0	≥M5.0

影响砂浆强度的因素较多。大量实验证明，当原材料质量一定时，砂浆的强度主要取决于水泥的强度及水泥用量。用水量对砂浆强度及其他性能影响不大。砂浆的强度可用式(3－30)表示：

$$f_{m,o}=\frac{\alpha \cdot f_{ce} \cdot Q_c}{1000}+\beta \tag{3-30}$$

式中：$f_{m,o}$——砂浆的抗压强度(MPa)；

Q_C——每立方米砂浆的水泥用量(kg)；

f_{ce}——水泥的实测强度(MPa)；

α、β——砂浆的特征系数，可按表 3－39 选取。

表 3－39　砂浆的特征系数

参数	α	β
数值	3.03	－15.09

［注］各地区也可用本地区试验资料确定 α、β 值，统计用的试验组数不得少于 30 组。

2. 黏结强度

为保证砌体的整体性，砂浆要有一定的黏结力。黏结强度主要和砂浆的抗压强度以及砌体材料的表面粗糙程度、清洁程度、湿润程度以及施工养护等因素有关。一般砂浆的抗压强度愈高，其黏结性愈好。

3. 耐久性

圬工砂浆经常遭受环境水的作用，故除强度外，还应考虑抗渗性、抗冻性和抗蚀性等性能。提高砂浆的耐久性，主要途径是提高其密实性。

三、砌筑砂浆配合比设计

(一)配合比设计的基本要求

砌筑砂浆配合比设计应满足以下基本要求：

(1)砂浆拌和物的和易性应满足施工要求。

(2)砌筑砂浆的强度、耐久性应满足设计的要求。

(3)经济上应合理，水泥、掺合料的用量应较少。

(二)配合比设计的方法与步骤

(1)配合比计算

① 确定砂浆的试配强度

砂浆的试配强度应按式(3－32)计算：

$$f_{m,o}=kf_2 \tag{3-32}$$

式中：$f_{m,o}$——砂浆的试配强度，精确至 0.1MPa；

f_2——砂浆抗压强度平均值，精确至 0.1MPa；

k——系数，按下表取值。

σ——砂浆现场强度标准差，精确至 0.01MPa；

当有统计资料时，标准差应按式(3－33)计算：

$$\sigma=\sqrt{\frac{\sum_{i=1}^{n}f_{m,i}^2-n\mu_{f_m}^2}{n-1}} \tag{3-33}$$

式中：$f_{m,i}$——统计周期内同一品种砂浆第 i 组试件的强度(MPa)；

μ_{f_m}——统计周期内同一品种砂浆 n 组试件强度的平均值(MPa)；

n——统计周期内同一品种砂浆试件的总组数，$n \geqslant 25$。

当不具有近期统计资料时，砂浆现场强度标准差可按表 3－40 取用。

表 3－40　砂浆强度标准差 σ 选用表

砂浆强度等级 / 施工水平	强度标准							K
	M5.0	M7.5	M10	M15	M20	M25	M30	
优良	1.00	1.50	2.00	3.00	4.00	5.00	6.00	1.15
一般	1.25	1.88	2.50	3.75	5.00	6.25	7.50	1.20
较差	1.50	2.25	3.00	4.50	6.00	7.25	9.00	1.25

② 计算水泥用量

每立方米砂浆中的水泥用量，应按式(3－34)计算：

$$Q_c = \frac{1000(f_{m,o} - \beta)}{\alpha \cdot f_{ce}} \tag{3-34}$$

式中：Q_c——每立方米砂浆的水泥用量，精确至 1kg；

$f_{m,o}$——砂浆的试配强度，精确至 0.1MPa；

f_{ce}——水泥的实测强度，精确至 0.1MPa；

α，β+砂浆的特征系当数，见表(3－41)

注：在无法取得水泥的实测强度值时，可按式(3－35)计算 f_{ce}：

$$f_{ce} = \gamma_c \cdot f_{ce,k} \tag{3-35}$$

式中：$f_{ce,k}$——水泥强度等级对应的强度值；

γ_c——水泥强度等级值富余系数，该值应按实际统计资料确定。无统计资料时取 1.0。

每立方米砂浆的水泥用量 Q_c 也可根据已知水泥强度 f_{ce} 和所需配制的砂浆强度 $f_{m,o}$ 由表 3－39 查得。

③ 计算掺合料用量 Q_d

为了改善砂浆的稠度，提高保水性，可掺入石灰膏或黏土膏。每立方米砂浆中掺合料(石灰膏或黏土膏)用量按式(3－36)计算：

$$Q_d = Q_a - Q_c \tag{3-36}$$

式中：Q_d——每立方米砂浆的石灰膏用量，精确至 1kg；石灰膏使用时的稠度为 120mm±5mm；

Q_c——每立方米砂浆的水泥用量，精确至 1kg；

Q_a——每立方米砂浆中水泥和石灰膏的总量，精确至 1kg；可为 350。

④ 每立方米砂浆中的砂用量，应按干燥状态(含水率小于 0.5%)的堆积密度作为计算值(kg)。

⑤ 第立方料砂浆的用水量，可根据砂浆稠度等要求选用 210～310kg。

(2)配合比的试配、调整与确定

① 试配检验、调整和易性，确定基准配合比

按计算配合比进行试拌，测定拌和物的稠度和分层度，若不满足要求，则调整用水量或掺合料，直到符合要求为止，由此得到基准配合比。

② 砂浆强度调整与确定

检验强度时至少应采用三个不同的配合比，其中一个为基准配合比，另外两个配合比的水泥用量按基准配合比分别增加和减少 10%，在保证稠度、保水率合格的条件下，可将用水量、石灰膏、保水增稠材料或粉煤灰等活性掺合料用量作相应调整。三组配合比分别成型、养护、测定 28 天强度，选定符合试配强度要求的且水泥用量最低的配合比作为砂浆配合比。

(三)水泥砂浆配合比选用

水泥砂浆材料用量可按表 3－41 选用

表 3－41　每 m^3 水泥砂浆材料用量

强度等级	每立方米砂浆水泥用量/kg	每立方米砂子用量/kg	每立方米砂浆用水量/kg
M5	200～230	$1m^3$ 砂子的堆积密度值	270～330
M7.5	230～260		
M10	260～290		
M15	290～330		
M20	340～400		
M25	360～410		
M30	430～480		

［注］ 1. M15 及以下强度等级的水泥砂浆，水泥强度等级为 32.5 级，M15 以上强度等级的水泥砂浆，水泥强度等级为 42.5 级；

2. 当采用细砂或粗砂时，用水量分别取上限或下限；

3. 稠度小于 70mm 时，用水量可小于下限；

4. 施工现场气候炎热或干燥季节，可酌量增加用水量；

5. 试配强度按式(3－32)计算。

(四)砌筑砂浆配合比设计例题

［题目］试设计某砌筑工程用水泥石灰混合砂浆的配合比。

［原始资料］

1. 已知砂浆强度等级为 M5，稠度要求为 7～10cm 施工水平一般。

2. 原材料：强度等级 32.5 的矿渣硅酸盐水泥，强度等级富余系数为 1.03；石灰膏：稠度 10cm；中砂：堆积密度为 1450kg/cm^3，含水率 2%。

［设计步骤］

1. 确定试配强度

查表(3－32)得：σ＝1.25MPa

按式(3－32),砂浆的试配强度

$$f_{m,o}=f_2+0.645\sigma=5.0+0.645\times1.25=5.8(\text{MPa})$$

2. 计算水泥用量 Q_C

水泥实际强度 $f_{ce}=\gamma_c\cdot f_{ce,k}=1.03\times32.5=33.5(\text{MPa})$

按式(3－34)计算水泥用量

$$Q_c=\frac{1000(f_{m,o}-\beta)}{\alpha\cdot f_{ce}}=\frac{1000(5.8+15.09)}{3.03\times33.5}=206(\text{kg})$$

3. 计算石灰膏用量 Q_d

取 $Q_a=350\text{kg}$

则 $Q'_d=Q_a-Q_c=350-206=144(\text{kg})$

4. 确定砂用量 Q_s

$$Q_s=1450+1450\times2\%=1479(\text{kg})$$

5. 确定用水量 Q_w

取用水量 300kg,扣除砂中所含的水,则 $Q_w=300-1450\times2\%=271(\text{kg})$。

砂浆的配合比为 $Q_c:Q_d:Q_s:Q_w=206:140:1479:271=1:0.68:7.18:1.32$。

(五)常用砌筑砂浆参考配合比

路桥工程砌体用砂浆,也可根据构筑物的部位,确定设计强度等级,查阅有关图表选定配合比,下面给出几种常用砌筑砂浆的参考配合比。

1. 混合砂浆参考配合比,见表 3－42。

表 3－42 混合砂浆参考配合比

水泥强度等级/MPa	砂浆强度等级/MPa	配合比(水泥:石灰膏:砂)	每立方米砂浆材料用量/kg		
			水泥	石灰膏	砂
32.5 级矿渣水泥	M1.0	1∶3.70∶20.90	70	260	1450
	M2.5	1∶1.73∶13.18	110	190	1450
	M5.0	1∶0.94∶8.53	170	160	1450
	M7.5	1∶0.50∶6.59	220	110	1450
	M10	1∶0.27∶5.58	260	70	1450
42.5 级普通水泥	M2.5	1∶1.95∶14.5	100	195	1450
	M5.0	1∶1.35∶11.15	130	176	1450
	M7.5	1∶0.73∶8.79	165	120	1450
	M10	1∶0.56∶7.25	200	112	1450

[注] 以上配合比中所用砂均为中砂。

2. 微沫砂浆参考配合比，见表 3－43。

表 3－43 微沫砂浆参考配合比

砂浆强度等级/MPa	配合比（水泥：石灰膏：砂）	微沫剂掺量/‰	每立方米砂浆材料用量/kg		
			水泥	石灰膏	砂
M2.5	1：0.87：13.0	3	110	96	1430
M5.0	1：0.42：7.95	2	180	76	1430
M7.5	1：0.28：6.65	1	215	60	1430
M10	1：0.17：5.28	1	270	46	1430

［注］ 以上配合比中水泥为 32.5 级矿渣水泥；砂为中砂。

3. 水泥粉煤灰混合砂浆参考配合比，见表 3－44。

表 3－44 水泥粉煤灰混合砂浆参考配合比

水泥品种	砂浆强度等级/MPa	配合比（水泥：石灰膏：粉煤灰：砂）	每立方米砂浆材料用量/kg			
			水泥	石灰膏	磨细粉煤灰	砂
矿渣水泥	M2.5	1：1.54：1.54：16.20	90	135	135	1460
	M5.0	1：0.66：0.66：9.12	160	105	105	1460
	M7.5	1：0.49：0.49：7.48	195	95	95	1460
	M10	1：0.23：0.23：6.10	240	95	95	1460

［注］ 以上配合比中水泥强度等级为 32.5 级。

四、抹面砂浆

以薄层涂抹在建筑物表面的砂浆称为抹面砂浆。抹面砂浆常用于桥涵圬工砌体和地下物的表面，一般对抹面砂浆的强度要求不高，但要求保水性好、与基底的粘附性好。

［问一问］

抹面砂浆与砌筑砂浆作用有何不同?

抹面砂浆按用途不同可分为普通抹面砂浆、装饰砂浆和防水砂浆；按胶结料不同可分为水泥砂浆、石灰砂浆和混合砂浆。

抹面砂浆常分层施工，第一层称为底层，第二层称为垫层，第三层称为面层。各层砂浆的稠度不同，底层较稀，垫层和面层较稠。由于施工要求不同，砂浆的材料及流动性要求亦不同。

抹面砂浆可保护结构物不受风雨、潮气等侵蚀，提高结构物防潮、防风化、防腐蚀能力，提高耐久性，同时使结构物表面、地面等建筑部位平整、光滑、清洁美观。

（一）原材料的质量要求

1. 水泥

常用的五大品种水泥均可使用，不同品种的水泥不得混合使用，其强度应符合设计要求。

2. **石灰膏**

用生石灰熟化成石灰膏时，熟化时间以一个月以上为宜，其他要求同砌筑砂浆。

3. **砂子**

抹面砂浆用砂最好是中砂，或中砂与粗砂掺合使用。要求颗粒坚硬洁净，黏土、泥灰、粉末等杂质含量不得超过有关规定，由于地区的局限性，细砂也允许使用，但粉砂不宜使用。砂在使用前应过筛，对砂子的其他技术要求和砌筑砂浆相同。对砂子最大粒径的要求见表3-44所列。

4. **水**

同砌筑砂浆。

5. **石膏**

石膏应磨成细粉，无杂质，其凝结时间要符合要求。

6. **电石膏**

一般可用于砖基层的底层抹灰，并需根据工程要求适当掺加水泥，以提高砂浆的强度。

7. **黏土**

应选用砂质黏土，使用前要过筛。

8. **炉渣**

炉渣使用前应过筛，并浇水润透，一般15天左右。粒径不宜超过1.2～2mm。

(二)抹面砂浆的性质

1. **流动性**

抹面砂浆的流动性用稠度表示，稠度的大小用沉入度试验来确定，见表3-45。

表3-45 抹面砂浆流动性及集料最大粒径

抹面层名称	沉入度/mm		砂子最大粒径/mm
	人工操作	机械施工	
底层	10～12	8～9	2.6
中层	7～9	7～8	2.6
面层	9～10	7～8	1.2

2. **保水性**

抹面砂浆保水性仍用保水率表示。保水率太低，易产生干缩裂缝，不宜作抹灰用。保水率太高的砂浆，容易离析，施工不便。

3. **黏结力**

为了保证砂浆与基层黏结牢固，抹面砂浆应具有一定的黏结强度。影响砂浆黏结强度的因素很多，有砂浆的组成材料、水胶比、基层的湿度、基层表面的清洁及粗糙程度、操作技术和养护条件等。一般情况下，砂浆的黏结力随砂浆的抗压强度增大而提高。有一些高级抹灰为了增大黏结力在砂浆中掺入乳胶或107胶等。

(三)抹面砂浆的配合比

普通抹面砂浆的配合比,可参考表3-46选用。

表3-46 普通抹面砂浆的配合比

材料	体积配合比	材料	体积配合比
水泥∶砂	1∶2～1∶3	石灰∶石膏∶砂	1∶0.4∶2～1∶2∶4
石灰∶砂	1∶2～1∶4	石灰∶黏土∶砂	1∶1∶4～1∶1∶8
水泥∶石灰∶砂	1∶1∶6～1∶2∶9	石灰膏∶麻刀	100∶1.3～100∶2.5 (重量比)

五、防水砂浆

制作防水层的砂浆叫防水砂浆。砂浆防水层又称刚性防水层,适用于具有一定刚度的混凝土或砖石砌体的表面,路桥工程中,防水砂浆主要用于隧道工程。

防水砂浆通常采用1∶2～1∶3的富水泥砂浆,水胶比为0.40～0.50,配制防水砂浆的水泥应采用强度不低于32.5级的普通水泥,砂子宜用中砂或粗砂,要求级配良好,也可以掺加防水剂,常用的防水剂有氯化物金属盐类防水剂、水玻璃防水剂和金属皂类防水剂等。近年来,主要采用掺加各种高聚物涂料提高砂浆的防水性能。

防水砂浆的防渗效果在很大程度上取决于施工质量,因此施工时要严格控制原材料质量和配合比。防水砂浆层一般分四层或五层施工,每层约5mm厚。砂浆防水层做完后,要加强养护,以防止出现干缩裂缝,降低防水效果。

试验一　水泥混凝土拌和物的拌制和工作性试验

[参照标准《公路工程水泥及水泥混凝土试验规程》(JTG3420—2020)]

一、水泥混凝土拌和物的拌制

(一)人工拌制

1. 试验仪具

(1)拌板:1m×2m的金属板一块。

(2)铁铲:手工拌和用,一把。

(3)量斗(或其他容器):装水泥及各种集料用,一个。

(4)量水容器:一个

(5)抹布:一块。

(6)台秤：称量 50kg，分度值 0.5kg，一台。

2. 拌制步骤

(1)清除拌板上黏着的混凝土，并用湿布试润；然后按计算结果称取种材料，分别装在各容器中。

(2)将称好的砂置于拌板上，然后倒上所需数量的水泥，用铁铲拌和至呈均一颜色为止。

(3)加入所需数量的粗集料，并将全部拌和物加以拌和，使粗集料在整个干拌和物中均匀为止。

(4)将该拌和物收集成椭圆形的堆，在堆的中心扒一凹穴，将所需水的一半注入凹穴中，仔细拌和材料与水，不使水流散，重新将材料堆集成堆，并将剩下的水渐渐加入，继续用铲将混凝土混合料进行拌和(至少来回翻拌 6 遍)，直至彻底拌匀为止。拌和持续时间(由注水时起)如表 3-47 规定。

(5)在试验室制务混凝土拌和物时，拌和时试验室的温度应保持在 20℃±5℃，所用材料的温度应与试验室温度一致。

表 3-47　拌和时间

拌和物体积/L	＜30	31～50	51～70
拌和时间/min	＜4～5	5～9	9～12

(二)机械拌制

1. 试验仪具

(1)试验室用混凝土拌和机：容积为 75～100L，转速为 18～22r/min。

(2)铁铲。

(3)量斗及其他容器：装水泥和各种集料用。

(4)台秤：称量 50kg，分度值 0.5kg。

(5)拌板：1m×2m 的金属板。

(6)天平：称量 500g，分度值 1g。

(7)量筒：1000mL。

2. 拌制步骤

(1)按计算结果将所需材料分别称好，装在各容器中。

(2)使用拌和机前，应先用少量砂浆进行涮膛，再刮出涮膛砂浆，以避免正式拌和混凝土时，水泥浆(黏附筒壁)损失。涮膛砂浆的水胶比及砂灰比，与正式混凝土相同。

(3)浆称好的各种原材料，往拌和机内按顺序加入石子、砂和水泥，开动拌和机马达，将材料拌和均匀。在拌和过程中，将水徐徐加入，全部加料时间不宜超过 2min。水全部加入后，继续拌和 2min，然后将拌和物倾倒在拌和板上，再经人工翻拌 1～2min，务使拌和物均匀一致。

所得之混凝土拌和物，可供作工作性试验或水泥混凝土强度试验用。

混凝土拌和机及拌板在使用后必须立即仔细清洗。

二、水泥混凝土拌和物工作性试验

(一)概述

新拌混凝土拌和物,必须具备一定流动性,均匀不离析、不泌水、容易抹平等性质,以适合运送、灌筑、捣实等施工要求。这些性质总称之为工作性,通常用稠度表示。测定稠度的方式有坍落度和维勃稠度。

坍落度试验方法适用于骨料最大粒径不大于 40mm、坍落度值不小于 10mm 的混凝土拌和物稠度测定;维勃稠度试验方法适用于最大粒径不大于 40mm、维勃稠度在 5～30s 的混凝土拌和物稠度测定。

(二)坍落度筒

构造和尺寸如图 3－10 所示。坍落度筒为铁板制成的截头圆锥筒,厚度应不小于 1.5mm,内侧平滑,没有铆钉头之类的突出物,在筒上方约 2/3 高度处安装两个把手,近下端两侧焊两个踏脚板,以保证坍落度筒可以稳定操作。

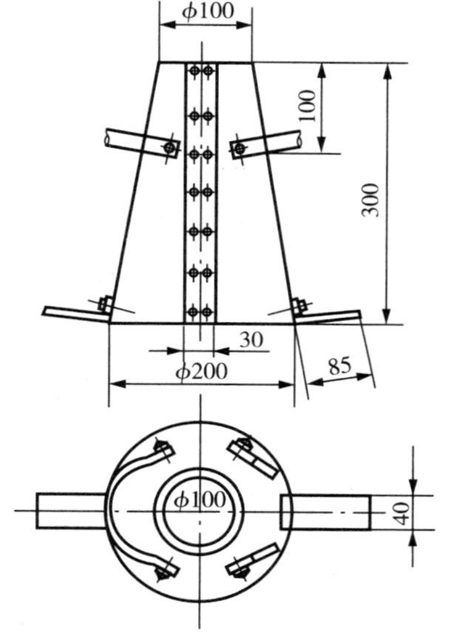

图 3－10　坍落度试验用坍落度筒

(尺寸单位:mm)

(2)捣棒:为直径 16mm、长约 650mm,并具有半球形端头的钢质圆棒。

(3)其他:小铲、钢尺、喂料斗、镘刀和钢平板等。

2. 试验方法

(1)试验前将坍落度筒内外洗净,放在水润湿过的平板上(平板吸水时应垫以塑料布),踏紧踏踏脚板。

(2)将代表样分三层装入筒内,每层装入高度稍大于筒高的 1/3,用捣棒在每一层的横截面上均匀插捣 25 次,插捣的全部面积上进行,沿螺旋线由边缘至中心。插捣底层时插至底部,插捣上面两层时,应插透本层并插入下层约 20～30mm。插捣需垂直向下(边缘部分除外),不得冲击。

在插捣顶层时,装入的拌和物应高出坍落筒,插捣过程中随时添加拌和物,当顶层插捣完毕后,将捣棒用锯和滚的动作,以清除掉多余的拌和物,用镘刀抹平筒口,刮净底周围的混合料;而后立即垂直地提取坍落筒,提筒在 5～10s 内完成,并使拌和物不受横向和扭力作用。

从开始提筒到提取坍落筒的全过程,不应超过 2.5min。

(3)将坍落筒放在锥体混凝土试样一旁,筒顶平放木尺,用小钢尺量出目标尺底面至试样坍落后的最高点之间的垂直距离,以 mm 计,精确至 5mm,即为该混凝土混合料的坍落度。

提起坍落度筒后,测量筒高与坍落后混凝土试体最高点之间的高度差,即为该混凝土拌和物的坍落度值。坍落度筒提离后，如混凝土发生崩坍或一边剪坏现象，则应重新取样另行测定。如第二次试验仍出现上述现象，则表示该混凝土拌和物工作性不好，应予记录备查。

(4)当混凝土拌和物的坍落度大于 220mm 时，用钢尺测量混凝土扩展后最终的最大直径与最小直径，在这两个直径之差小于 50mm 的条件下，用其算术平均值作为坍落扩展度值；否则，此次试验无验。

(三)维勃稠度试验

1. 试验仪具

(1)维勃稠度计：构造如图 3－11。

(2)其他：秒表、捣棒、镘刀等。

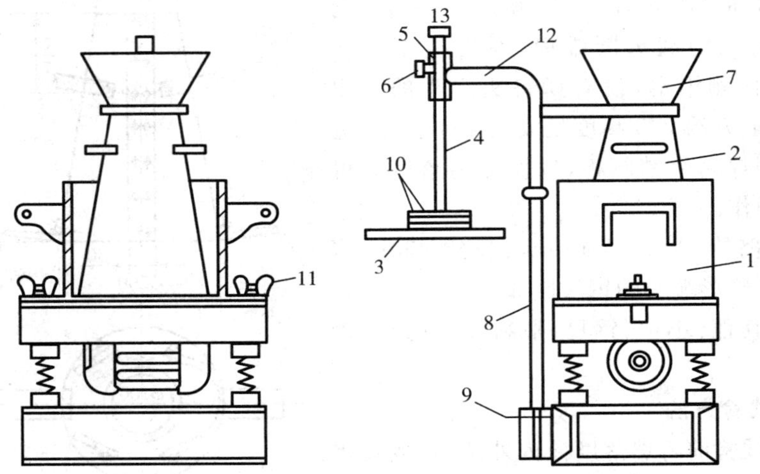

1—容器；2—坍落度筒；3—圆盘；4—滑棒；5—套筒；6—螺栓；7—漏斗；8—支柱；9—定位螺丝；10—荷重；11—元宝螺丝；12—旋转转架；13—螺栓。

图 3－11 维勃稠度计

2. 试验方法

(1)将容器 1 牢固地用螺母固定在振动台上，放入坍落度筒 2，把漏斗 7 转到坍落度筒 2 上口，拧紧定位螺丝 9，使坍落度筒 2 不能漂离容器底面。

(2)按坍落度试验方法，分三层装拌和物，每层捣 25 次，抹平筒口，提取筒模，仔细地放下圆盘，读出滑棒上刻度，即坍落度。

(3)拧紧定位螺丝 9，使圆盘顺利滑向容器，开动振动台和秒表，通过透明圆盘观察混凝土的振实情况，一到圆盘底面为水泥浆所布满时，即刻停表和关闭振动台，秒表所记时间，即表示混凝土混合料的维勃时间。时间精确至 1s。

(4)仪器每测试一次，必须将容器、筒模及透明盘洗净擦干，并在滑棒等处涂薄层黄油，以便下次使用。

三、试件成型与养护方法

经稠度试验合格的混合料为测定技术性质，必须制备成各种不同尺寸的试件。试件成型按下列方法。

(1)将试模内部准敷一层矿物油脂或其他脱模剂,然后将拌好的混合料装入试模中,并使其稍高出模顶,然后捣实工作。

(2)混合料捣实工作可采用下列方式。

① 震动法:将试模放在震动台上夹紧,震动至表面呈现水泥浆为止,一般不超过 1.5min。

② 插捣法:将混合料分两层装入,用直径 15mm 的圆铁棍以螺旋形从边缘向中心均匀地捣插。捣插次数规定见表 3-48。

表 3-48　人工成型插捣次数表

试件尺寸/mm	每层插捣次数	试件尺寸/mm	每层插捣次数
100×100×100	12	150×150×300 轴心抗压强度试件	75
150×150×150	25	150×150×550 抗折强度试件	100
200×200×200	50		

③ 用前述方法捣实之后,用镘刀将多余的混合料刮除,使与模口齐平,2~4h 后抹平表面。用作标准养护的试件成型后应立即用不透水的薄膜覆盖表面,以防止水分蒸发,并在室温(20℃±5℃)的环境中静放 1~2 昼夜(不超过 2 昼夜),然后拆模,作外观检查和编号。当一组(3 个试件)中有一个存在蜂窝时,本组试件作废,除特殊情况外重新制作。

④ 将试件在标准养护室内养护至试验为止。标准养护条件为温度 20℃±2℃、相对湿度大于 95%。试件宜放在铁架或木架上,彼此间距至少 10mm,试件避免直接用水冲淋;亦可在温度为 20℃±2℃的不流动的 $Ca(OH)_2$ 饱和溶液中养护。

⑤ 同条件养护试件的拆模时间可与实际构件的拆模时间相同,时间仍需保护同条件养护。

⑥ 标准养护龄期为 28d(从搅拌加水开始计时)。

试验二　水泥混凝土的力学强度试验

[参照标准《公路工程水泥及水泥混凝土试验规程》(JTG3420—2020)]

一、水泥混凝土抗压强度试验

(一)概述

水泥混凝土抗压强度,是按标准方法制作的 150mm×150mm×150mm 立方体试件,在温度为 20℃±2℃及相对湿度 95%以上的标准养护室中养护,或在温度为 20℃±2℃的不流动的 $Ca(OH)_2$ 饱和溶液中养护至 28d 后,用标准试验方法测试,并按规定计算方法得到的强度值。

(二)试验仪具

(1)压力试验机:压力试验机的上、下承压板应有足够的刚度,其中一个承压板上应具有球形支座，为了便利试件对中，球形支座最好位于上承压板上。压力机的精确度（示值的相对误差）应在±1%以内，压力机应进行定期检查，以确保压力机读数的准确性。根据预期的混凝土试件破坏荷载，选择压力机的量程，要求试件破坏时的读数不小于全量程的20%，也不大于全量程的80%。

混凝土强度等级大于等于C60时，试件周围应设防崩裂网罩。压力试验机上、下压板承压面的平面度公差为0.04mm；否则试验机上、下压板与试件之间应各垫以符合要求的钢垫板。

(2)钢尺：精度1mm。

(3)台秤：称量100kg，分度值为1kg。

(三)试验方法

(1)按试验五成型试件，经标准养护条件下养护到规定龄期。

(2)试件取出，先检查其尺寸及形状，相对两面应平行，试件的承压面的平面度公差不得超过0.0005d(d为边长)；试件的相邻面间的夹角应为90°，其公差不得超过0.5°；试件各边长、直径和高的尺寸公差不得超过1mm。

(3)将试件安放在试验机的下压板或垫板上，试件的承压面应与成型时的顶面垂直。试件的中心应与试验机下压板中心对准，开动试验机，当上压板与试件或钢垫板接近时，调整球座，使接触均衡。

(4)在试验过程中连续均匀地加荷。混凝土强度等级小于C30时，加荷速率取0.3～0.5MPa/s；混凝土强度等级大于等于C30且小于C60时，加荷速率取0.5～0.8MPa/s；混凝土强度等级大于等于C60时，加荷速率取0.8～1.0MPa/s。

(5)当试件接破坏而开始变形时，应停止调整试验机油门，直至试件破坏，记不破坏极限荷载。

(四)试验结果计算

(1)混凝土立方体试件抗压强度f_{cu}(以MPa计)按下式计算：

$$f_{cu}=F/A \tag{3-37}$$

式中：F——极限荷载(N)；

A——受压面积(mm^2)

混凝土立方体抗压强度计算应精确至0.1MPa。

(2)以三个试件测值的算术平均为测定值。如三个测值中的最大值和最小值如有一个与中间值的差超过中间值的15%时，则把最大值及最小值一并舍，取中间值作为该组试件的抗压强度值；如有两个测值与中间值的差值均超过上述规定，则该组试验结果无效。

(3)抗压强度以150mm×150mm×150mm的立方块为标准试件。混凝土强度等级小于C60时，其他尺寸试件测得的抗压强度值应乘以换算系数。200mm×2000mm×200mm试件换算系数为1.05，对于100mm×100mm×100mm试件换算系数为0.95。当混凝土强度等级大于等于C60时，宜采用标准试件；使用非标准试件时，尺寸换算系数应由试验确定。

(五)试验记录

表 3－49　水泥混凝土立方体抗压强度试验记录表

试件编号	制备日期	试验日期	龄期/d	最大荷载 F/N	试件尺寸/mm	试件截面 A/mm²	抗压强度		换算系数	换算后 f_{cui}/MPa
							个别值 f_{cui}/MPa	平均/MPa		

试验者__________　计算者__________　校核者__________　试验日期__________

二、水泥混凝土抗折强度试验

(一)概述

水泥混凝土抗折可是度是水泥混凝土路面设计的重要参数。在水泥混凝土路面施工时，为了保证施工质量，也必须按规定测定抗折强度。

水泥混凝土抗折强度是以 150mm×150mm×600mm(或 550mm)的梁形试件，在标准养护条件下达到规定龄期后，在净跨 450mm、双支点荷载作用下的弯拉破坏，并按规定的计算方法得到强度值。

(二)试验仪具

(1)试验机:50～300kN 抗折试验机或万能试验机。

(2)抗折试验装置:能使两个相等荷载同时作用在试件跨度 3 分点处的抗折试验装置，如图 3－12 所示。

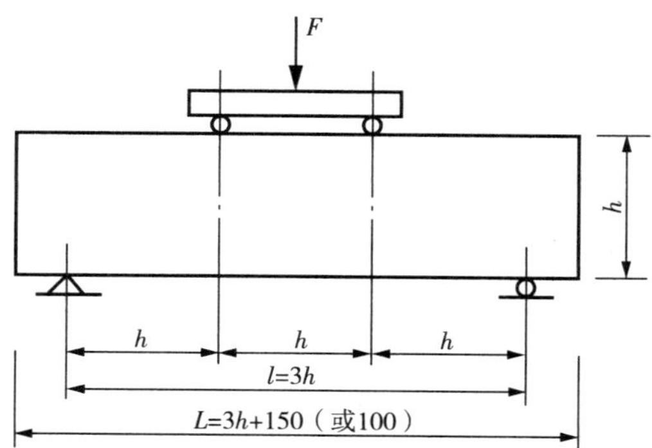

图 3－12　抗折试验装置(尺寸单位:mm)

(3)试件的支座和加荷头应采用直径为 20～40mm、长度不小于 b＋10mm 的硬钢圆柱(b 为试件截面宽度)，支座立脚点为固定铰支，其他应为滚动支点。

(三)试验方法

(1)试验前先检查试件，试件中部 1/3 长度内不得有表面直径超过 5mm、深度超过 2mm 的孔洞，否则该试件应作废。

(2)在试件中部量出其宽度和高度，精确至1mm。试件的承压面应为试件成型时的侧面。支座及承压面与圆柱的接触面应平衡、均匀、否则应垫平。

(3)施加荷载应均匀、连续。当混凝土强度等级小于30时，加荷速度取0.02～0.05MPa/s；当混凝土强度等级大于等于C30且小于C60时，加荷速度取0.05～0.08MPa/s；当混凝土强度等级大于等于C60时，取0.08～0.10MPa/s。当试件接近破坏时，应停止调整试验机油门，试件破坏，要记下最大荷载及试件下边缘断裂位置。

(四)试验结果计算

(1)当断面发生在两个加荷点之间时，抗折强度

$$f_{cf}=FL/bh^2 \tag{3-38}$$

式中：F——试件破坏荷载(N)；

L——支座间跨度(mm)；

b——试件截面宽度(mm)；

h——试件截面高度(mm)。

混凝土抗折强度计算应精确至0.1MPa。

(2)以三个试件测值的算术平均值作为该组试件的抗强度值。三个测值中的最大值和最小值中如有一个与中间值的差值超过中间值的15%，则把最大值和最小值一并舍弃，取中间值为该组试件的抗折强度。如有两个测值与中间值的差匀超过中间值的15%，则该组试件的试验结果无效。

(3)三个试件中若有一个折断面位于两个集中荷载之外，则混凝土抗折强度值按另两个试件的试验结果计算。若这两个测值的差值不大于这两个测值的较小值的15%时，则该组试件的抗折强度值按这两个侧值的平均值计算，否则该组试件试验无效。若有两个试件的下边缘断裂位置位于两个集中荷载作用线之外，则该组件试验无效。

(4)采用100mm×100mm×400mm非标准试件时，在三分点加荷的试验方法同前，但所取得的抗折强度值应乘以尺寸换算系数0.85；当混凝土强度等级大于等于C60时，宜采用标准试件；使用非标准试件时，尺寸换算系数应由试验确定。

(五)试验记录

混凝土抗折试验记录如表3-50所示。

表3-50 水泥混凝土抗折强度试验记录表

试件编号	制备日期	试验日期	龄期/d	最大荷载 F/N	试件尺寸		断面与邻近支点距离 x/mm	抗折强度		换算系数	换算后 f_{cf}/MPa
					宽高	长度		个别值 f_{cfi}/MPa	平均 f_{cf}/MPa		
其他说明(养护条件，试件破坏情况等描述)											

试验者__________ 计算者__________ 校核者__________ 试验日期__________

试验四　砂浆拌和物的拌制

1. 一般规定

试验用材料要求提前运入室内，试验室的温度应保持在20℃±5℃。试验用水泥和其他材料应与现场使用材料一致。水泥应通过0.9mm方孔筛，细集料应采用干砂或饱和面干砂，通过5mm筛，砌筑砖砌体用砂浆，所用细集料须筛去大于2.5mm的颗粒。

2. 拌和方法

(1)机械搅拌

将称好的水泥、砂及其他材料装入砂浆搅拌机，开动搅拌机干拌均匀后，再逐渐加入水，观察砂浆的和易性符合要求时，停止加水。搅拌时间不宜少于2min。搅拌量不宜少于搅拌机容量的20%。

(2)人工拌和

按选定的砂浆配合比，称取各种材料，先在拌锅或拌盘上干拌均匀，在中间做一凹口，将水逐渐加入，观察砂浆的和易性符合要求时，停止加水；若拌制混合砂浆。则先将称好的石灰膏或黏土膏倒入凹口中，再倒入一部分水，将石灰膏或黏土膏稀释，然后充分拌和，并逐步加水，直至混合料色泽一致，和易性凭观察符合要求为止，拌和时间不小于5min。

试验五　砂浆稠度试验

1. 试验目的

测定砂浆在自重或外力作用下的流动性能。

2. 仪器设备

(1)砂浆稠度仪

由试锥、锥形容器和支座三部分组成。试锥由钢材或铜材制成，试锥高度为145mm，锥底直径为75mm，试锥连同滑杆的质量应为300g；盛砂浆的容器由钢板制成，筒高180mm，锥底内径150mm；支座分底座、支架及稠度显示三个部分，由铸铁、钢及其他金属制成。

(2)钢制捣棒

直径10mm，长350mm，端部磨圆。

(3)秒表

3. 试验步骤

(1)用湿布将锥形容器内壁和试锥表面擦干净，并用少量润滑油轻擦滑杆，将滑杆上多余的油用吸油纸擦净，使滑杆能自由滑动。

(2)将拌好的砂浆一次装入容器，使砂浆表面低于锥形容器口约10mm，用捣棒自容器中心向边缘插捣25次，然后轻轻地将容器摇动或敲击5～6下，使砂浆表面平整，随后将容器置于砂浆稠度测定仪的底座上。

(3)拧开试锥滑动杆的制动螺丝，向下移动滑杆，当试锥尖端与砂浆表面刚接触时，拧紧制动螺丝，使齿条测杆下端与滑杆的上端接触，并将指针调至刻度盘零点。

(4)放松制动螺丝(同时记时间)，使试锥自由沉入砂浆中，待10s时立即固定螺丝，将齿条测杆下端接触滑杆上端，从刻度盘上读出试锥下沉的深度即为砂浆的稠度值(精确至1mm)。

(5)锥形容器内的砂浆，只允许测定一次稠度，重复测定时应重新取样。

4. 结果评定

取两次试验结果的算术平均值作为砂浆的稠度值，精确至1mm。

如两次试验结果之差大于20mm，则应另取砂浆拌和后重新测定。

试验记录表见表3-51。

表3-51 砂浆稠度试验记录表

试验次数	砂浆稠度仪初读数 h_1/mm	砂浆稠度仪终读数 h_2/mm	圆锥下沉时间/s	砂浆稠度/mm	
				单 值	平均值
备　注					

试验者________ 计算者________ 校核者________ 试验日期________

试验六 砂浆抗压强度试验

1. 试验目的

测定砂浆的抗压强度，作为评定砂浆质量的一项依据。

2. 仪器设备

(1)压力试验机

(2)试模　为70.7mm×70.7mm×70.7mm的立方体试模，分有底和无底两种。由铸铁或钢制成，应具有足够的刚度并拆装方便。

(3)捣棒　直径10mm、长350mm的钢棒，端部磨圆；

3. 试验步骤

(1)用于多孔基底的砂浆，应采用无底试模制作试件。将无底试模放在铺有湿纸的普通黏土砖上(砖的吸水率不小于10%,含水率不大于20%),将试模内壁涂刷薄层机油或脱模剂。

(2)放于砖上的湿纸,应为湿的新闻纸(或其他未粘过胶凝材料的纸),纸的大小要以能盖过砖的四边为准,砖的使用面要求平整,砖的四个垂直面粘过水泥或其他胶凝材料后,不允许再使用。用于密实基底的砂浆,应使用有底试模。

(3)将砂浆一次装入无底试模,用捣棒由外向里沿螺旋线方向均匀插捣25次,为了防止低稠度砂浆插捣后可能留下孔洞,可用油灰刀沿模壁插捣数次,使砂浆高出试模顶面6~8mm。

(4)当砂浆表面开始出现麻斑状态时(15~30min)将高出部分的砂浆沿试模顶面削去抹平。若使用有底试模则应将砂浆分两层装入,每层插捣12次,并用油灰刀沿试模壁插捣数次,然后抹平。

(5)试件成型后应在25℃±5℃温度条件下养护24±2h,然后对试件进行编号并拆模。拆模后在标准养护条件下继续养护至28d,然后进行试压。

(6)准养护的条件是:水泥混合砂浆为温度20℃±3℃,相对湿度60%~80%;水泥砂浆和微沫砂浆为温度20℃±3℃,相对湿度90%以上;养护期间,试件彼此间隔不少于10mm。

(7)试件从养护地点取出后应尽快进行试验。试验前先将试件表面擦拭干净,检查外观并测量其尺寸(精确至1mm),以此计算试件的承压面积。如实测尺寸与公称尺寸之差不超过1mm,可按公称尺寸进行计算。

(8)以试件的侧面作为承压面,将试件安放在试验机压板的正中,试件中心与试验机的压板中心对准。开动试验机,当上压板与试件接近时,调整球座,使接触面均衡受压。以0.5~1.5kN/s的加荷速度连续而均匀地加荷(砂浆强度小于或等于5MPa时,取下限为宜,砂浆强度大于5MPa时,取上限为宜),当试件接近破坏而开始迅速变形时,停止调整试验机油门,直至试件破坏,记录破坏荷载。

(9)砂浆抗压强度按下式计算(精确至0.1MPa)

$$f_{m,cu}=\frac{N_u}{A} \tag{3-39}$$

式中:$f_{m,cu}$——砂浆立方体抗压强度(MPa);

N_u——破坏荷载(N);

A——试件承压面积(mm^2)。

4. 结果评定

以六个试件测值的算术平均值作为该组试件的抗压强度值(精确至0.1MPa)。

当六个试件的最大值或最小值与平均值的差超过20%时,以中间四个试件的算术平均值作为该组试件的抗压强度值。

试验记录表见表3-52所列。

表 3-52　砂浆抗压强度试验记录表

试样编号				试样来源				
试样名称				试验用途				
试验编号	拌制日期	试验日期	龄期 d	最大荷载/kN	试件尺寸/mm	受压面积/mm^2	抗压强度/MPa	
							单值	平均值
①	②	③	④	⑤	⑥	⑦	⑧	⑨

试验者________　计算者________　校核者________　试验日期________

小　结

水泥混凝土是道路路面、机场道面、桥梁工程结构及其附属构造物的最重要建筑材料之一。

普通水泥混凝土的有关理论是混凝土学的基础，各种功能的新型混凝土是由普通水泥混凝土发展起来的。

普通水泥混凝土由水泥、水、粗集料和细集料组成，必要时掺加一定质量的外加剂。对水泥混凝土的主要技术要求是：符合施工要求的和易性、符合设计要求的强度、与工程使用条件相适应的耐久性等。

水泥混凝土的施工和易性是指新拌混凝土易于施工操作，达到质量均匀密实成型的性质，包括流动性、捣实性、粘聚性和保水性等方面的含义，常采用坍落度和 VB 稠度试验进行判别。

水泥混凝土的强度有抗压强度、抗拉强度及抗折强度等。混凝土的强度等级采用"立方体抗压强度标准值"确定；抗拉强度用于判断混凝土的抗裂性；抗折强度用于道路路面及机场道面结构设计，各种强度指标也用于水泥混凝土结构的质量评定。

水泥凝土的耐久性包括抗冻性、抗磨性、抗腐蚀性等，与混凝土的密实度关系显著，也与水泥用量和水胶比密切相关，因此在水泥凝土配合比设计时，应按照水泥混凝土的使用条件对最大水胶比和最小水泥用量进行校核。

水泥混凝土的组成设计内容包括：原材料的选择、配合比的计算和强度评定三项内容。水泥混凝土组成材料的性能，直接影响混凝土的性能。在配合比设计前，首先应选用适合的原材料；混凝土配合比设计时，应满足四项基本要求，正确处理三个参数;强度评定是检验配合比设计的最终成果。

外加剂的应用是现代普通混凝土的新技术,科学地应用才能达到提高工程质量和降低成本等技术经济效益。

砂浆是一种细集料混凝土,在建筑中起黏结、传递应力、衬垫、防护和装饰作用。对砂浆的技术性质要求主要是施工和易性、黏结性和抗压强度。

复习思考题

1. 什么是水泥混凝土? 为什么能够在高级路面和桥梁工程中得到广泛应用?

2. 试述新拌混凝土工作性含义? 施工中是如何选择稠度大小? 如达不到施工要求时有哪些改善措施?

3. 试述影响新拌混凝土工作性的主要因素。

4. 水泥混凝土用粗集料、细集料在技术性质上有哪些主要要求?

5. 何谓水泥混凝土“立方体强度标准值”,它与“强度等级”有什么关系?

6. 试述影响水泥混凝土强度的主要因素及提高强度的主要措施。

7. 试述我国现行的混凝土配合比设计方法及其内容和步骤。

8. 道路和桥梁用水泥混凝土的耐久性包括哪些含义? 提高混凝土的耐久性的措施有哪些?

9. 水泥混凝土用的材料在技术性质上有哪些主要要求? 这些技术性质不符合要求,对混凝土质量有何影响?

10. 简述路用普通水泥混凝土配合比设计步骤。

11. 新拌砂浆和易性的含意是什么?

12. 砂浆的保水性不良对工程质量有何影响?

13. 配制砂浆时,为什么除水泥外还常常要加入一定量的其他胶结材料?

习　题

[习题 3-1]

[题目]试设计某桥预应力混凝土 T 梁用混凝土的配合组成

[设计资料]

1. 按设计图纸,水泥混凝土强度等级 C40;施工要求坍落度 30~50mm。

2. 可供选择的组成材料及性质:

1)水泥:硅酸盐水泥 Ⅰ 型 42.5 级,实测 28d 抗压强度 48.5MPa,密度(ρ_c = 3.1g/cm^3)

2)碎石:一级石灰岩轧制的碎石;最大粒径 d_{max} = 19mm,表观密度 ρ_c' = 2.78g/cm^3,现场含水量为 1.0%。

3)砂：清洁河砂，属于中砂，表观密度 $\rho_c'=2.68g/cm^3$，现场含水量为 5.0%。

4)水：饮用水，符合水泥混凝土拌和水要求；

5)减水剂：采用 UNF－5，用量 0.8%，减水率 12%。

[设计要求]

1. 确定水泥混凝土配制强度，并选择适宜的组成材料；

2. 按我国国标现行方法计算初步配合比；

3. 通过试验室试样调整和强度试验，确定试验室配合比；

4. 按提供的现场材料含水量折算为工地配合比。

[习题 3－2]

[题目]试用抗弯拉强度为指标的方法，设计某重交通二级公路面层用水泥混凝土（无抗冻性要求）的配合比组成。

[设计资料]

1. 混凝土设计抗弯拉强度标准值 f_{cm} 为 5.5MPa；施工单位混凝土弯拉强度标准差 s 为 0.5（样本 $n=6$），现场采用小型机具摊铺；

2. 要求施工坍落度 10～30mm。

3. 组成材料：

1)水泥：52.5 级普通硅酸盐水泥，实测 28d 抗弯拉强度 7.45MPa，密度（$\rho_c=3150kg/m^3$）。

2)碎石：一级石灰岩轧制的碎石；最大粒径 $d_{max}=37.5mm$，表观密度 $\rho_c'=2750kg/m^3$，振实密度 $\rho_c'=1736kg/m^3$；

3)砂：清洁河砂，属于中砂，表观密度 $\rho_c'=2700kg/m^3$；

4)水：饮用水，符合水泥混凝土拌和水要求。

[设计要求]

计算该路面混凝土的初步配合比。

[习题 3－3]

[题目]配制强度等级为 M2.5 的混合砂浆，水泥采用 32.5 级普通水泥，砂含水率小于 0.5%，堆积密度为 $1500kg/m^3$，施工水平一般，求每立方米砂浆中水泥、砂子和石灰膏的用量。

第四章 无机结合料稳定材料

【教学要求】

1. 具有无机结合稳定材料的基本概念与组成、强度形成的基本原理的基本知识；

2. 具有进行无机结合料稳定材料组成设计的能力；

3. 能正确选择无机结合料稳定材料的原材料。

【试验要求】

掌握无机结合料稳定材料的无侧限抗压强度测定试验方法及步骤。

【知识链接】

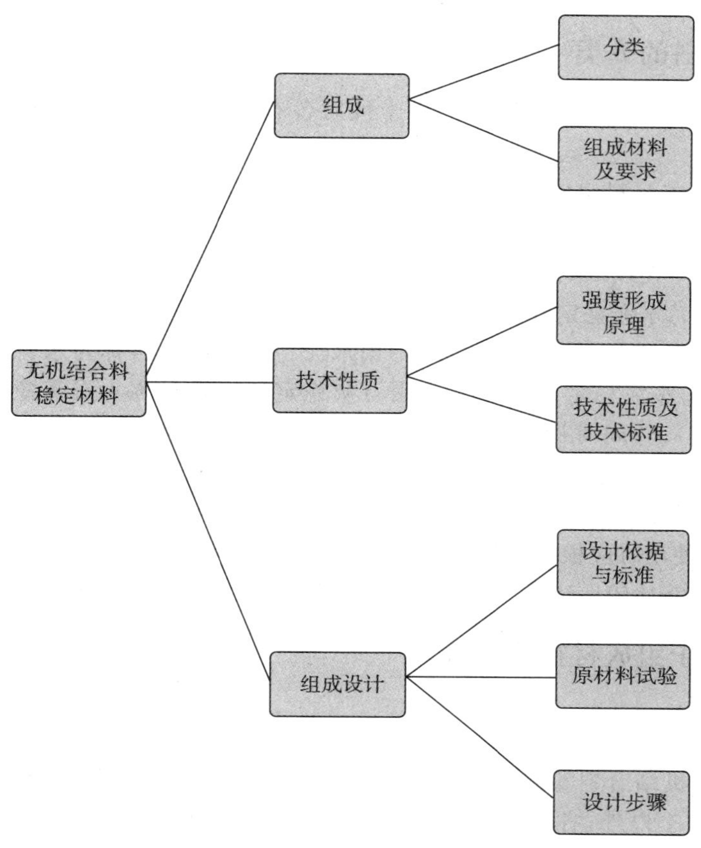

[问一问]

你知道哪些材料属于无机胶结材料吗?

无机结合料稳定材料常用作路面基层材料,是在粉碎或原状的土(或砂砾)中掺入一定量的无机胶结材料和适量的水,经拌和、压实与养生后,得到的具有较高后期强度,整体性和水稳定性均较好的材料。

根据基层材料的不同无机结合料稳定材料分为稳定土和稳定砂砾,由于采用不同的无机胶结材料,其又可分为水泥稳定类、石灰稳定类、综合稳定类、工业废渣稳定类(主要是石灰粉煤灰稳定类)。

由于无机结合料稳定材料耐磨性差,具有较大的变形能力,刚度介于柔性路面材料和刚性路面材料之间,故常将这类材料称为半刚性材料,以此修筑的基层或底基层亦称半刚性基层(或底基层)。

第一节　无机结合稳定材料的组成

无机结合稳定材料是指通过无机胶结材料将松散的集料黏结成为具有一定强度的整体材料。即在粉碎或原状松散的集料(土、碎石或砂砾)中,掺入一定量的无机结合材料(水泥、石灰、粉煤灰或其他工业废渣等)和水,经拌和得到的混合料在压实与养生后,其抗压强度符合规定要求的材料。

无机结合稳定材料具有稳定性好、抗冻性能强、结构本身自成板体,但耐磨性差,因此被广泛用于路面结构的基层或底基层。

一、无机结合稳定材料的分类

无机结合稳定材料的种类很多,其物理、力学性质各有特点,其分类方法也不尽相同。

1. 根据无机结合稳定材料组成的集料将其分为两大类:①稳定土类;②稳定粒料类。在粉碎或原状松散的土中掺入一定量的无机结合材料形成的称为稳定土类(如:水泥稳定土等),在松散的碎石或砂砾中掺入一定量的无机结合材料形成的称为稳定粒料类(如:水泥稳定碎石、水泥稳定砂砾等)。

2. 按无机胶结材料的种类可分为四大类:①用水泥稳定的混合料称为水泥稳定类(如:水泥稳定土、水泥稳定砂砾等);②用石灰稳定的混合料称为石灰稳定类(如:石灰稳定土等);③同时用水泥和石灰稳定的混合料称为综合稳定类(如:综合稳定土、综合稳定砂砾等);④用一定量的石灰和工业废渣稳定的混合料称为石灰工业废渣稳定类。

无机结合稳定材料使用时应根据结构要求、掺加剂和原材料的供应情况及施工条件进行综合技术、经济比较后选用。本章着重介绍无机结合稳定土类材料。

二、无机结合料稳定土组成材料及要求

[想一想]

何为液限?何为塑性指数?各反映土的什么性能?

(一)土

土的矿物成分对无机结合料稳定土性质有着重要的影响。试验表明,除有机质或硫酸盐含量高的土以外,各类砂砾土、砂土、粉土和黏土都可以用作无机

结合稳定材料。一般规定用于稳定土的液限不大于40,塑性指数不大于20。级配良好的土用作无机结合稳定料时,既可以节约无机结合料的用量,又可以取得满意的效果。重黏土中黏土颗粒含量多,不易粉碎、拌和,用石灰稳定时,容易使路面造成缩裂。粉质黏土的稳定效果最佳。用水泥稳定重黏土时,同样因不易粉碎、拌和,会造成水泥用量过高,经济性差。

1. 水泥稳定土

凡能被经济粉碎的土都可用水泥稳定,但稳定效果不同。试验和生产证明,用水泥稳定砂性土效果最好,不但强度高而且水泥用量较少,其次是粉性土和黏性土,重黏土不宜单独用水泥来稳定。

(1)二级或二级以下公路

① 底基层

单个颗粒的最大粒径不应超过53mm,颗粒组成应满足表4-1要求。土的均匀系数应大于5,细粒土的液限不应超过40%,塑性指数不应超过17;对于中粒土和粗粒土,如土中小于0.6mm的颗粒含量在30%以下,塑性指数可稍大。实际工作中,宜采用均匀系数大于10,塑性指数小于12的土,对于塑性指数大于17的土,宜采用石灰稳定,或用水泥和石灰综合稳定。

表4-1 用作底基层时水泥稳定土的颗粒组成范围

筛孔尺寸/mm	50	5	0.6	0.075	0.002
通过质量百分率/%	100	50～100	17～100	0～50	0～30

[注] 表中筛孔为方孔。

② 基层

单个颗粒的最大粒径不应超过37.5mm,颗粒组成应满足表4-2要求。集料中不宜含有塑性指数的土。对于二级公路宜按接近级配范围的下限组配混合料或采用表4-3中的2号级配。

表4-2 用作基层时水泥稳定土的颗粒组成范围

筛孔尺寸/mm	通过质量百分率/%	筛孔尺寸/mm	通过质量百分率/%
37.5	90～100	2.36	20～70
26.5	66～100	1.18	14～57
19	54～100	0.6	8～47
9.5	39～100	0.075	0～30
4.75	28～84		

(2)高速公路和一级公路

① 底基层

单个颗粒的最大粒径不应超过37.5mm,颗粒组成应在表4-3所列1号级配范围内。土的均匀系数应大于5,细粒土的液限不应超过40%,塑性指数不应超过17;对中粒土和粗粒土,如小于0.6mm的颗粒含量在30%以下,塑性指数可稍大。实际工作中,宜选用均匀系数大于10、塑性指数小于12的土。塑性指数大于17的土,宜采用石灰稳定,或用水泥和石灰综合稳定。对于中粒土和粗粒土,宜采用表4-3中2号级配,但小于0.075mm的颗粒含量和塑性指数可不受限制。

表4-3 水泥稳定土的颗粒组成范围

项目 \ 通过质量百分率/% \ 编号		1	2	3
筛孔尺寸/mm	37.5	100	100	
	31.5		90~100	100
	26.5			90~100
	19		67~90	72~89
	9.5		45~68	47~67
	4.75	50~100	29~50	29~49
	2.36		18~38	17~35
	0.6	17~100	8~22	8~22
	0.075	0~30	0~7①	0~7①
液限/%				<28
塑性指数				<9

［注］ ① 集料中0.5mm以下细粒土有塑性指数时,小于0.075mm的颗粒含量不应超过5%;细粒土无塑性指数时,小于0.075mm的颗粒含量不应超过7%。

② 基层

单个颗粒的最大粒径不应超过31.5mm,水泥稳定土的颗粒组成应在表4-3所列3号级配范围内。对所用的碎石或砾石,应预先筛分成3~4个不同粒级,然后配合,使颗粒组成符合表4-3所列级配范围。水泥稳定粒径较均匀的砂时,宜在砂中添加少部分塑性指数小于10的黏性土或石灰土,也可添加部分粉煤灰,加入比例可按使混合料的标准干密度接近最大值确定,一般约为20%~40%。

2. 石灰稳定土

砂性土、粉性土、黏性土都可以用石灰来稳定,一般说来:黏土颗粒的活性强,表面积大,表面能量也较大,故掺入石灰等活性材料后,所形成胡离子交换作用、碳酸化作用、结晶作用和火山灰作用都比较活跃,故适当的增大土的塑性指数对强度有利。重黏土虽然黏土颗粒含量多,由于不易粉碎和拌和,稳定效果反而会差些,而且容易产生缩裂。如土的塑性指数偏小,则施工时难于碾压成型。因此,宜采用塑性指数为15~20的黏土以及含有一定数量黏性土的中粒土或粗粒土用作石灰稳定土。对于硫酸盐含量超过 0.8%或腐殖质含量超过 10%的土，对强度有明显影响的，不宜直接采用。

(1)石灰稳定土用作高速公路和一级公路的底基层时，颗粒的最大粒径不应超过 40mm；用作其他等级公路时，颗粒的最大粒径不应超过 53mm。

(2)石灰稳定土用作基层时，颗粒的最大粒径不应超过 37.5mm 。石灰稳定土不宜作为高等级公路的基层。

3. 石灰工业废渣稳定土

宜采用塑性指数为 12～20 的黏土(亚黏土)，有机质含量不超过 10%，最大粒径不应大于 15mm。

(二)无机结合料

1. 水泥

各类水泥都可以用于稳定土，水泥的矿物成分和分散度对其稳定效果有明显影响。对同一种土，硅酸盐水泥比铝酸盐水泥稳定效果好。在水泥矿物成分相同、硬化条件相似的情况下，其强度随水泥比表面积和活性的增大而提高。稳定土的强度还与水泥用量有关，一般说来：水泥剂量愈大，稳定土的强度愈高，但过多的水泥用量，虽获得了较高的强度，但在经济上不一定合理，在效果上也不明显，而且容易开裂。所以水泥用量不存在最佳水泥用量，而存在一个经济用量。通常在保证土的性质能起根本变化，且能保证稳定土达到所规定的强度和稳定性的前提下，取尽可能低的水泥用量。

2. 石灰

各种化学组成的石灰均可用于稳定土。但石灰质量应符合要求。石灰的质量标准见第二章。

石灰中产生黏结性的有效成分是活性氧化钙和氧化镁。它们的含量是评价石灰质量的主要指标，其含量愈多，活性愈高，质量也愈好。有效氧化钙和氧化镁含量的测定方法，按我国现行行业标准《公路工程无机结合料稳定材料试验规程》(JTG E51—2009)规定，有效氧化钙含量采用中和滴定法测定，氧化镁含量采用络合滴定法测定。具体内容见第二章。

石灰剂量对石灰土强度影响显著，石灰剂量较低(小于 3%～4%)时，石灰主要起稳定作用，土的塑性、膨胀性、吸水量减小，使土的密实度、强度得到改善。随着剂量的增加，强度和稳定性均提高，但剂量超过一定范围时，强度反而降低。石灰的最佳剂量，对黏性土和粉性土为干土重的 8%～16%，对砂性土为干土重的 10%～18%。剂量的确定应根据结构层技术要求进行混合料组成设计。

由于石灰剂量对石灰土强度影响显著，所以稳定土中石灰的剂量是我们的一个重要控制指标。常见的水泥或石灰剂量测定方法有 EDTA 滴定法和钙电极快速测定法。

在剂量不大的情况下，钙质石灰比镁质石灰稳定土的初期强度高，镁质石灰稳定土在剂量大时后期强度优于钙质石灰稳定土。

3. 工业废渣

(1)粉煤灰

粉煤灰是火力发电厂排出的废渣,属硅质或硅铝质材料,其本身不具有或有很小的黏结性,但它以细分散状态与水和消石灰或水泥混合,可以发生反应形成具有黏结性的化合物。所以石灰粉煤灰可用来稳定各种粒料和土,又称二灰土。

粉煤灰中 SiO_2、Al_2O_3 和 Fe_2O_3 的总含量应大于 70%,烧失量不应超过 20%;其比面积宜大于 2500cm²/g。干和湿粉煤灰都可以应用,湿粉煤灰的含水率不宜超过 35%,干粉煤灰如堆积在空地上应加水,防止飞扬造成污染。使用时,应将凝固的粉煤灰块打碎或过筛,同时清除有害杂质。

(2)煤渣

煤渣是煤经锅炉燃烧后的残渣,它的主要成分是 SiO_2 和 Al_2O_3,它的松干密度为 700~1100kg/m³。煤渣的最大粒径不应大于 30mm,颗粒组成宜有一定级配,且不宜含杂质。

(三)水

水分是稳定土的一个重要组成部分,一般饮用水均满足要求,其技术指标符合水泥混凝土用水标准。水分以满足稳定土形成强度的需要,同时使稳定土在压实时具有一定的塑性,以达到所需要的压实度。水分还可以使稳定土在养生时具有一定的湿度。最佳含水率用标准击实试验确定。

第二节　无机结合稳定材料的技术性质

一、无机结合稳定材料的强度形成原理

在土中掺入适量的石灰或水泥,并在最佳含水率下拌和均匀并压实,使无机结合料与土发生一系列的物理、化学作用而逐渐形成强度。石灰与土之间的物理与化学作用大致可分为四个方面:离子交换作用、结晶作用、碳酸化作用和火山灰作用。水泥与土之间产生的物理与化学作用也可分为四个方面:硬凝反应、离子交换作用、化学激发作用、碳酸化作用。

(一)石灰稳定土强度形成原理

1. 离子交换作用

土的微小颗粒具有一定的胶体性质,一般都带有负电荷,表面吸附着一定数量的钠、氢、钾等低价阳离子(Na^+、H^+、K^+)。石灰是一种强电解质,在土加入石灰和水后,石灰在溶液中电离出来的钙离子(Ca^{2+})就与土中的钠、氢、钾离子产生离子交换作用,原来的钠(钾)土变成钙土,土颗粒表面所吸附的离子由一价变成二价,减少了土颗粒表面吸附水膜的厚度,使土粒相互之间更为接近,分子引力随着增加,单个土粒聚成小团粒,组成一个稳定结构。通过离子交换作用,使土粒凝聚而增强了黏聚力,提高了土的水稳性。它在初期发展迅速,使土的塑性降低,最佳含水率增加和最大密度减小。

$$\boxed{\pm} \left\langle \begin{matrix} Na^{+} \\ K^{+} \end{matrix} \right. + Ca^{2+} \longrightarrow \boxed{\pm}\ Ca^{2+} + Na^{+}\ (或K^{+}) \tag{4-1}$$

2. **结晶作用**

熟石灰掺入土中，由于水分较少，只有少部分离解与土进行离子交换作用，绝大部分饱和的$Ca(OH)_2$在灰土中自行结晶。熟石灰与水作用生成熟石灰结晶网格，其化学反应式为：

$$Ca(OH)_2 + nH_2O \longrightarrow Ca(OH)_2 \cdot nH_2O \tag{4-2}$$

由于结晶作用，把土粒胶结成整体，使石灰土的整体强度得到提高。

3. **火山灰作用**

熟石灰的游离Ca^{2+}与土中的活性氧化硅SiO_2和氧化铝Al_2O_3作用生成含水的硅酸钙和含水的铝酸钙，它们在水分作用下能够逐渐硬结，其反应式为

$$xCa(OH)_2 + SiO_2 + nH_2O \longrightarrow xCaO \cdot SiO_2(n+1)H_2O \tag{4-3}$$

$$xCa(OH)_2 + Al_2O_3 + nH_2O \longrightarrow xCaO \cdot Al_2O_3(n+1)H_2O \tag{4-4}$$

上述所形成的熟石灰结晶网格和硅酸钙、含水的铝酸结晶都是胶凝物质，它具有水硬性并能在固体和水两种环境下发生硬化反应。这些胶凝物质在土微粒团外围形成一层稳定保护膜，填充颗粒空隙，使颗粒间产生结合料，减少了颗粒间的空隙与透水性，同时提高密实度，这是石灰土获得强度和水稳定性的基本原因，但这种作用比较缓慢。

4. **碳酸化作用**

灰土中的$Ca(OH)_2$与空气中的CO_2作用，生成$CaCO_3$结晶，其化学反应式为

$$Ca(OH)_2 + CO_2 + nH_2O = CaCO_3 + (n-1)H_2O \tag{4-5}$$

$CaCO_3$是坚硬的结晶体，它和其生成的复杂盐类把土粒胶结起来，从而大大提高了土的强度和整体性。

结晶作用和碳酸化作用使石灰土的后期整体性、强度和稳定性得到提高。

由于石灰与土发生了一系列的相互作用，从而使土的性质发生根本的改变。在初期，主要表现为土的结团、塑性降低、最佳含水率增大和最大密实度减少等，后要表现为结晶结构的形成，从而提高其整体性、强度和稳定性。

（二）水泥稳定土强度形成原理

在利用水泥来稳定土的过程中，水泥、土和水之间发生了多种非常复杂的作用，从而使土的性能发生了明显的变化。这些作用可以分为

① 化学作用：如水泥颗粒的水化、硬化作用，有机物的聚合作用，以及水泥水化产物与黏土矿物之间的化学作用等。

② 物理-化学作用：如黏土颗粒与水泥及水泥水化产生物之间的吸附作用，微粒的凝聚作用，水及水化产物的扩散、渗透作用，水化产物的溶解、结晶作

用等。

③ 物理作用：如土块的机械粉碎作用，混合料的拌和、压实作用等

现就其中的一些主要作用过程介绍如下：

1. 硬凝反应

硬凝反应也是水泥的水化反应。在水泥稳定土中，首先发生的是水泥自身的水化反应，从而产生具有胶结能力的水化产物，这是水泥稳定土强度的主要来源。水泥的水化过程前面章节已详细讲述过了。

水泥水化生成的水化产物，在土的孔隙中相互交织搭接，将土颗粒包覆连接起来，使土逐渐丧失了原有的塑性等性质，并且随着水化产物的增加，混合料也逐渐坚固起来。但水泥稳定土中水泥的水化与水泥混凝土中水泥的水化之间还有所不同。这是因为：① 土具有非常高的比表面积和亲水性；② 水泥稳定土中的水泥含量少；③ 土对水泥的水化产物具有强烈的吸附性；④ 在一些土中常存在酸性介质环境。由于这些特点，在水泥稳定土中，水泥的水化硬化条件较混凝土中差得多；特别是由于黏土矿物对水化产物中的 $Ca(OH)_2$ 具有极强的吸附和吸收作用。使溶液中的碱度降低，从而影响了水泥水化产物的稳定性；水化硅酸钙中的 C/S 会逐渐降低析出 $Ca(OH)_2$，从而使水化产物的结构和性能发生变化，进而影响到混合料的性能。因此在选用水泥时，在其他条件相同情况下，应优先选用硅酸盐水泥，必要时还应对水泥稳定土进行“补钙”，以提高混合料中的碱度。

2. 离子交换作用

土中的黏土颗粒由于颗粒细小、比表面积大，因而具有较高的活性，当黏土颗粒与水接触时，黏土颗粒表面通常带有一定量的负电荷，在黏土颗粒周围形成一个电场，这层带负电荷的离子就称为电位离子。带负电的黏土颗粒表面，吸引周围溶液中的正离子，如 K^+、Na^+ 等，而在颗粒表面形成了一个双电层结构，这些与电位离子电荷相反的离子就称为反离子。在双电层中电位离子形成了内层，反离子形成外层。靠近颗粒的反离子与颗粒表面结合较紧密，当黏土颗粒运动时，结合较紧密的反离子将随颗粒一起运动，而其他反离子将不产生运动；由此在运动与不运动的反离子之间便出现了一个滑移面。

由于在黏土颗粒表面存在着电场，因此也存在着电位，颗粒表面电位离子形成的电位称为热力学电位(φ)，滑动面上的电位称为电动电位 ξ；由于反离子的存在，离开颗粒表面越远电位越低，经过一定的距离电位将降低为零，此距离称为双电层厚度。由于各个黏土颗粒表面都具有相同的双电层结构，因此黏土颗粒之间往往间隔着一定的距离。

在硅酸盐水泥中，硅酸三钙和硅酸二钙占主要部分，其水化后所生成的氢氧化钙所占的比例也较高，可达水化产物的 25%。大量的氢氧化钙溶于水以后，在土中形成了一个富含 Ca^{2+} 的碱性环境。当溶液中富含 Ca^{2+} 时，因为 Ca^{2+} 的电价高于 Na^+、K^+ 等离子，因此与电位离子的吸引力较强，从而取代了 Na^+、K^+，成为反离子，同时 Ca^{2+} 的双电层电位的降低速度加快。因而使电动电位减小、双电

层的厚度降低，使黏土颗粒之间的距离减小，相互靠拢，导致土的凝聚，从而改变土的塑性，使土具有一定的强度和稳定度。这种作用就称为离子交换作用。

3. 化学激发作用

钙离子的存在不仅影响到了黏土颗粒表面双电层的结构，而且在这种碱性溶液环境下，土本身的化学性质也将发生变化。

土的矿物组成基本上都属于硅铝酸盐，其中含有大量的硅氧四面体和铝氧八面体。在通常情况下，这些矿物具有比较高的稳定性，但当黏土颗粒周围介质的 pH 值增加到一定程度时，黏土矿物中的部分 SiO_2 和 Al_2O_3 的活性将被激发出来，与溶液中的 Ca^{2+} 进行反应，生成新的矿物，这些矿物主要是硅酸钙和铝酸钙系列。这些矿物的组成和结构与水泥的水化产物都有很多类似之处，并且同样具有胶凝能力。生成的这些胶结物质包裹着黏土颗粒表面，与水泥的水化产物一起，将黏土颗粒凝结成一个整体。因此，氢氧化钙对黏土矿物的激发作用，将进一步提高水泥稳定土的强度和水稳定性。

4. 碳酸化作用

水泥水化生成的 $Ca(OH)_2$，除了可与黏土矿物发生化学反应外，还可进一步与空气中的 CO_2 发生碳化反应并生成碳酸钙晶体。其反应见式(4－5)。

碳酸钙生成过程中产生体积膨胀，也可以对土的基体起到填充和加固作用；只是这种作用相对来讲比较弱，并且反应过程缓慢。

三、影响无机结合料稳定材料强度的因素

1. 土质

对于石灰稳定土和石灰粉煤灰稳定土，可用亚砂土、亚黏土、粉土类和黏土类土，石灰土或二灰土的强度是随土的塑性指数增大而增大的趋势，但塑性指数过大的重黏土不易粉碎，且易产生收缩裂缝。故规范规定：用与石灰稳定土的土，其塑性指数为10％～20％的黏性土较适宜，而不适宜使用塑性指数 10 以下的低塑性土。

2. 稳定剂品种及用量

当采用石灰做稳定剂时，必须测定石灰中有效氧化钙和氧化镁的含量，宜用技术等级Ⅲ级以上的石灰，以提高石灰稳定土的强度。

用水泥稳定土时，硅酸盐水泥要比铝酸盐水泥效果好一些，且不宜采用快硬或早强水泥。

水泥稳定土的强度随水泥剂量增加而增加，石灰稳定土的强度则不是这种规律，一般存在一最佳石灰剂量值，超过或低与此值，石灰稳定土强度则降低。

在二灰土中，粉灰土的品质、用量将决定其强度。当粉煤灰中小于0.045mm颗粒含量、SiO_2 及 SiO_2+RO(R 指 Ca^{2+} 或 Mg^{2+})$SiO_2+Al_2O_3$ 含量、碱含量较多时，烧失量又较低时，火山灰作用较强。另外若二灰土中石灰与粉煤灰比例大致为1∶2～1∶4时，二灰土的强度较高。对于同样含量的粉煤灰，被稳定材料中细料含量增加和塑性指数增大，石灰用量也随之增加。

3. 含水率

在一般情况下，用最含水率下压实的干密度较大的试件的强度也高，因此实际施工中尽可能达到最佳含水率，并注意控制养护中水分的蒸发，以保证某些稳定剂的水化。

4. 密实度

密实度越大，材料有效受荷面积越大，强度越高，受水影响的可能性减少。密实度应通过选材和合适的施工工艺综合控制。

5. 施工时间长短的影响

施工时间长短的影响主要针对水泥稳定土而言，水泥稳定土从开始加水拌和到完全压实的时间要尽可能短，一般不超过 6h，若碾压或湿拌的时间拖长，水泥就会产生部分结硬，影响水泥稳定土的压实度，导致水泥稳定强度损失。

6. 养生条件

稳定土的强度发展需要适当的温度，湿度。必须在潮湿的条件下养护。否则其强度将显著下降。同时，养生温度越高，强度增长越快。

二、无机结合稳定材料的技术性质和技术标准

无机结合稳定材料应用广泛，由于其耐磨性差，在路面工程中一般不用于路面面层，主要作为路面基层材料。为满足行车、气候和水文地质的要求，稳定材料必须具备一定的强度，抗变形能力和水稳定性。

（一）强度

在柔性路面结构中，由于路面层厚度较薄，传给基层的荷载应力大，基层是承受车辆荷载作用的主要结构，一般称为承重层。它要求无机结合稳定材料具有足够的强度。

若面层系水泥混凝土路面，由于刚性板块传递给基层的应力已经很小，基层并非主要承重作用；但却是保证其整体强度、防止水泥混凝土板产生开裂、唧泥和错台的重要支承层次，同时对延长路面使用寿命也有明显作用。因此要求基层材料具有适当的强度，而最重要的是要求材料强度均匀、整体性好，表面密实平整，透水性小。

无机结合稳定材料的抗压强度采用的是饱水状态下的无侧抗压强度。

1. 试件尺寸

无机结合稳定材料的抗压强度试件采用的都是高：直径＝1：1 的圆柱体，不同颗粒大小的土应采用不同的试件尺寸（见表 4－4）

表 4－4　无机结合稳定材料无侧限抗压强度试件尺寸

土的颗粒大小	颗粒最大粒径/mm	试件尺寸（直径×高）
细粒土	≤5	50mm×50mm
中粒土	≤25	100mm×100mm
粗粒土	≤40	150mm×150mm

试件制备时，尽可能用静力压实法制备等干密度的试件。

2. 强度标准

不同的公路等级、稳定剂类型和路面结构层次无机结合稳土的抗压强度标准也不一样（见表 4－5）。

表 4－5　无机结合稳定土抗压强度标准

稳定剂类型	结构层位	公路等级	
		二级和二级以下公路/MPa	高速公路和一级公路/MPa
水泥稳定类	基层	2.5～3	3～5
	底基层	1.5～2	1.5～2.5
石灰稳定类	基层	≥0.8	—
	底基层	0.5～0.7	≥0.8
二灰混合料	基层	0.6～0.8	0.8～1.1
	底基层	≥0.5	≥0.6

（二）密度

密度是材料单位体积的质量，是衡量材料内部紧密程度的指标。密度愈大材料愈致密，其空隙愈小、耐久性和强度就愈高。无机结合稳定材料的密度往往用压实度来表示。

1. 压实度

压实度是指土或其他筑路材料在施加外力作用下，能获得的密实程度。它等于材料干密度与最大干密度的比值。

压实的实质是通过外力做功，克服材料之间的内摩擦力和黏结力，使材料颗粒产生位移并互相靠近，从而提高其密度。水的含量变化较大程度上影响结合料的性质，对所能达到的密实度起着非常重要的作用。

2. 含水率

含水率是材料中所含水分的质量与干燥材料质量的比值。

适量的水在颗粒之间起着润滑作用，使材料的内摩擦阻力减小，有利于材料的压实；过多的水分，虽然能继续减小材料的内摩擦阻力，但单位材料中空气的体积逐渐减少到最小程度，而水的体积却不断在增加。由于水是不可压缩的，因此在相同的压实功作用下，难于改变材料颗粒的相对位置，故压实效果较差。另外，当使用过程中，由于自由水的蒸发，在材料中留下大量的孔隙，从而降低了材料的密度和耐久性。当水分含量过少时，由于材料颗粒间缺乏必要的水分润滑，使材料的内摩擦阻力加大，增加了压实的难度，同时因为材料含水率过低，材料的可塑性变差，其塑性变形的能力降低。

用等量的机械功去压实无机结合稳定材料，可以得到的最大密度，此时的含水率值称为最佳含水率。

无机结合稳定材料的最佳含水率和最大干密度都是通过标准击实试验得到的。

(三)力学特性

无机结合稳定材料的力学特性包括应力-应变关系、疲劳特性、收缩(温度和干缩)特性。

1. 无机结合稳定材料的应力-应变特性

无机结合稳定材料的重要特点之一是强度和模量随龄期而不断增长,逐渐具有一定的刚性。一般规定水泥稳定类材料设计龄期为 3 个月,石灰或石灰粉煤灰(简称二灰)稳定类材料设计龄期为 6 个月。

半刚性材料应力-应变特性试验方法有顶面法、粘贴法、夹具法和承载板法等。试件有圆柱体试件和梁式(分大、中、小梁)试件。试验内容有抗压强度、抗压回弹模量、劈裂强度和劈裂模量、抗弯拉强度和抗弯拉模量等。

由于材料的变异性和试验过程的不稳定性,同一种材料不同的试验方法、同一种试验方法不同的材料及同一种试验的方法不同龄期试验结果存在差异性。通过各种试验方法的综合比教,认为抗压试验和劈裂试验较符合实际。表 4-6 给出了水泥稳定碎石抗压强度(R)、抗压回弹模量(E_p)、劈裂强度(σ_{sp})和劈裂模量(E_{sp})与龄期之间的关系。表 4-7 则为石灰粉煤灰稳定碎石的测试结果。

表 4-6　水泥稳定碎石的力学特性指标与龄期的关系

力学参数/MPa	28d	90d	180d	28d/180d	90d/180d
R	4.49	5.57	6.33	0.71	0.88
E_p	2093	3097	3872	0.54	0.80
σ_{sp}	0.413	0.634	0.813	0.51	0.78
E_{sp}	533	926	1287	0.41	0.72

表 4-7　石灰粉煤灰稳定碎石的力学特性指标与龄期的关系

力学参数/MPa	28d	90d	180d	28d/180d	90d/180d
R	3.10	5.75	8.36	0.37	0.69
E_p	1086	1993	2859	0.38	0.70
σ_{sp}	0.219	0.536	0.913	0.41	0.59
E_{sp}	359	960	1720	0.37	0.56

无机结合料稳定材料的应力-应变特性与原材料的性质、结合料的性质和剂量及密实度、含水率、龄期、温度等有关。

2. 无机结合料稳定材料疲劳特性

在重复荷载作用下,材料的强度与其静力极限强度相比则有所下降。荷载重复作用的次数越多,这种强度下降亦大,即疲劳强度越小。材料从开始至出现疲劳破坏的荷载作用次数称之为材料的疲劳寿命。

材料的抗压强度是材料组成设计的主要依据，由于无机结合料稳定材料的抗拉强度远小于其抗压强度，材料的抗拉强度是路面结构设计的控制指标。

抗拉强度试验方法有直接抗拉试验、间接抗拉试验和弯拉试验。常用的疲劳试验有弯拉疲劳试验和劈裂疲劳试验。

无机结合料稳定材料的疲劳寿命主要取决于受拉应力与极限弯拉应力之比σ_f/σ_s，即通常所说的应力水平。原则上，当σ_f/σ_s小于50%，无机结合料稳定材料可经受无限次重复加荷而无疲劳破裂，但是，由于材料的变异性，实际试验时其疲劳寿命要小得多。在一定应力条件下，材料的疲劳寿命取决于材料的强度和刚度。强度愈大刚度愈小，其疲劳寿命就愈长。

由于材料的不均匀性，无机结合料稳定材料的疲劳特性还与材料试验的变异性有关。

3. 无机结合料稳定材料的干缩特性

无机结合料稳定材料经拌和压实后，由于水分挥发和混合料内部的水化作用，混合料的水分会不断减少。由此发生的毛细管作用、吸附作用、分子间引力的作用、材料矿物晶体或凝胶体间层间水的作用和碳化收缩作用等，都会引起无机结合料稳定材料体积的收缩。

描述材料干缩特性的指标主要有干缩应变、干缩系数、干缩量、失水量、失水率和平均干缩系数。

干缩应变(ε_d)：是水分损失引起的试件单位长度的收缩量($\times10^{-6}$)；

干缩系数：是失水时，试件单位失水率的干缩应变($\times10^{-6}$)；

平均干缩系数(α_d)：是某失水量时，试件的干缩应变与试件的失水率之比($\times10^{-6}$)；

失水量：是试件失去水分的质量(g)；

失水率：是试件单位质量的失水量(%)；

干缩量：是水分损失时试件的收缩量(10^{-3}mm)：

$$\varepsilon_d = \Delta l / l \tag{4-6}$$

$$\alpha_d = \varepsilon_d / \Delta W \tag{4-7}$$

式中：Δl——含水率损失ΔW时，试件的整体收缩量；

l——试件的长度。

无机结合料稳定材料的干缩特性(最大干缩应变和平均干缩系数)的大小与结合料的类型、剂量、被稳定材料的类别、粒料含量、小于0.5mm的细颗粒的含量、试件含水率和龄期等有关。

对稳定粒料类，三类半刚性材料的干缩特性的大小次序为：石灰稳定类＞水泥稳定类＞石灰粉煤灰稳定类。

对于稳定细粒土，三类半刚性材料的收缩性材料的收缩性的大小排列为石灰土＞水泥土和水泥石灰土＞石灰粉煤灰土。

［说一说］

哪些是半刚性材料？

石灰稳定土比水泥稳定土容易产生干缩裂缝。对于含细粒土较多的无机结合料稳定土，常以干缩为主，故应加强初期养护，保证稳定土表面潮湿，减轻其干缩裂缝。

4. 半刚性材料的温度收缩特性

半刚性材料是由固相（组成其空间骨架原材料的颗粒和其间的胶结物）、液相（存在于固相表面与空隙中的水和水溶液）和气相（存在于空隙中的气体）组成，所以，半刚性材料的外观胀缩性是三相在不同温度下收缩性的综合效应的结果。一般气相大部分与大气贯通，在综合效应中影响较小，可以忽略。原材料中砂粒以上颗粒的温度收缩系数较小，粉粒以下的颗粒温度收缩性较大。

半刚性材料温度收缩的大小与结合料类型和剂量、被稳定材料的类别、粒料含量、龄期等有关。试验结果表明：

石灰土砂砾（16.7×10^{-6}）＞悬浮式石灰粉煤灰粒料（15.3×10^{-6}）＞密实式石灰粉煤灰粒料（11.4×10^{-6}）和水泥砂砾（5%～7%水泥剂量为 10×10^{-6}～15×10^{-6}）。

半刚性基层一般在高温季节修建，成型初期基层内部含水率较大，且尚未被沥青面层封闭，基层内部的水分必然要蒸发，从而发生由表及里的干燥收缩。同时，环境温度也存在昼夜温度差，因此，修建初期的半刚性基层同时受到干燥收缩和温度收缩的综合作用，必须注意养生保护。早期养生良好的无机结合料稳定土易于成形，早期强度高，可以减少裂缝的产生。

经过一定龄期的养生，半刚性基层上铺筑沥青面层后，基层内相对湿度略有增大，使材料的含水率趋于平衡，这时半刚性基层的变形以温度收缩为主。

5. 裂缝防治措施

(1)改善土质。稳定土用土愈粘，则缩裂愈严重。所以采用黏性较小的土，或在黏性土中掺入砂土、粉煤灰等，以降低土的塑性指数。

(2)控制含水率及压实度。稳定土因含水率过多产生的干缩裂缝显著，压实度小时产生的干缩比压实度大时严重。因此，稳定土压实时含水率比最佳含水率略小为好，并尽可能达到最佳压实效果。

(3)掺加粗粒料。掺入一定数量（掺入量60%～70%）的粗粒料，如砂、碎石、砾石等，使混合料满足最佳组成要求，可以提高其强度和稳定性，减少裂缝产生，同时可以节约结合料和改善碾压时的拥挤现象。

（四）水稳定性和抗冻稳定性

稳定类基层材料除具有适当的强度，能承受设计荷载以外，还应具备一定的水稳定性和冰冻稳定性，否则，稳定类基层由于面层开裂、渗水或者两侧路肩渗水将使稳定土含水率增加，强度降低，从而是路面过早破坏。在冰冻地区，冰冻将加剧这种破坏。评价材料的水稳定性和抗冻性可用浸水强度和冻融循环试验。影响水稳定性和冰冻稳定性的主要因素如下：

① 土类　细土含量多，塑性指数大的土，水稳定性抗冻性能差。

② 稳定剂种类和剂量　石灰粉煤灰粒料和水泥粒料的水稳定性最好。当稳

定剂剂量不足时，胶结作强用弱，透水性大，强度达不到要求，其稳定性也差

③ 密实度　密实度大时，透水能力降低，水稳定性增强。

④ 龄期　由于某些稳定剂如水泥、石灰或二灰的强度形成需要一定的时间，因此这类稳定土其水稳定性随龄期的增长而增长。

第三节　无机结合稳定材料的组成设计

稳定类材料组成设计，也称混合料设计，即根据对某种稳定材料规定的技术要求，选择合适的原材料、掺配用料(需要时)，确定结合料的种类和剂量及混合料的最佳含水率。稳定类材料组成设计是路面结构设计的重要组成部分。

混合料组成设计所要求达到的目标是：满足设计强度要求，抗裂性达到最优且便于施工。混合料组成设计的基本原则是：结合料剂量合理、尽可能采用综合稳定以及集料应有一定级配。结合料剂量太低不能形成半刚性材料，剂量太高则刚度太大，容易脆裂。采用综合稳定时，水泥可提高早期强度，石灰可使刚度不太大，掺入一定的粉煤灰可以降低收缩系数。集料的级配以集料靠拢而不紧密为原则，其空隙让无机结合料填充，形成各自发挥优势的稳定结构。

由于无机稳定类材料种类很多，不可能作全面介绍，这里主要介绍常用的石灰、水泥稳定土的组成设计。其他类型的混合料设计可参照此方法。

(一)设计依据与标准

稳定土设计目前的依据有强度、耐久性。

各种混合料的强度标准(7天)建议值见表4-5所列。关于耐久性标准，鉴于现行冻融试验方法所建立的试验条件与稳定层在路面结构中所能遇到的环境条件相比，更为恶劣，因此我国《公路路面基层施工技术规范》规定：混合料进行设计时，仅采用一个设计标准，即无侧限抗压强度。

(二)原材料试验

原材料试验主要包括基础材料和稳定剂性质试验。主要进行下列试验：

(1)颗粒分析；

(2)液限和塑性指数；

(3)相对密度；

(4)击实试验；

(5)压碎值；

(6)有机质含量(必要时做)；

(7)硫酸盐含量(必要时做)。

(8)稳定剂性质试验。

(三)混合料配合比设计步骤

1. 选定不同的石灰或水泥剂量，制备同一种土样的混合料试件若干，规范建

议剂量见表4－8、表4－9所列。

表4－8　初拟配合比时规范建议的水泥剂量

层　位	土　类	水泥剂量
基　层	中、粗粒土	3　4　5　6　7
	塑性指数小于12的细粒土	5　7　8　9　11
	其他细粒土	8　10　12　14　16
底基层	中、粗粒土	3　4　5　6　7
	塑性指数小于12的细粒土	4　5　6　7　9
	其他细粒土	6　8　9　10　12

表4－9　初拟配合比时规范建议的石灰剂量

层　位	土　类	石灰剂量
基　层	砂砾土和碎石土	3　4　5　6　7
	塑性指数小于12的黏性土	10　12　13　14　16
	塑性指数大于12的黏性土	5　7　9　11　13
底基层	塑性指数小于12的黏性土	8　10　11　12　14
	塑性指数大于12的黏性土	5　7　8　9　11

2. 确定各种混合料的最佳含水率和最大干(压实)密度，至少应做三个不同剂量混合料的击实试验，即最小剂量、中间剂量和最大剂量。

3. 按规定压实度分别计算不同石灰或水泥剂量的试件应有的干密度。

4. 按最佳含水率和计算得的干密度制备试件。进行强度试验时，作为平行试验的最少试件数量应不小于表4－10的规定。如试验结果的偏差系数大于表中规定的值，则应重做试验，并找出原因，加以解决，如不能降低偏差系数，则应增加试件数量。

表4－10　最少试件数量

土类＼试件数量＼偏差系数	＜10％	10％～15％	15％～20％
细粒土	6	9	
中粒土	6	9	13
粗粒土		9	13

5. 试件在规定温度下保温养生6d，浸水24h后，按《公路工程无机结合料稳定材料试验规程》进行无侧限抗压强度试验。并计算试验结果的平均值和偏差系数。

6. 选定石灰或水泥的剂量

根据试验结果和表 4－5 的强度标准，选定合适的石灰或水泥剂量此剂量试件室内试验结果的平均抗压强度 $\bar{R}$ 应符合公式 4－8 的要求：

$$\bar{R} \geqslant \frac{R_d}{1 - Z_a C_V} \tag{4-8}$$

式中：R_d——设计抗压强度(MPa)；

C_V——试验结果的偏差系数(以小数计)；

Z_a——保证率系数，高速公路和一级公路应取保证率 95%，此时即 $Z_a = 1.645$；一般公路应取保证率 90%，即 $Z_a = 1.282$。

7. 工地实际采用水泥剂量应比室内试验确定的剂量多 0.5%～1.0%。采用集中厂拌法施工时，可只增加 0.5%；采用路拌法施工时，宜增加 1%。

8. 水泥的最小剂量应符合表 4－11 的规定。

表 4－11　水泥的最小剂量

土　类	拌和方法	
	路　拌　法	集中厂拌法
中粒土和粗粒土	4%	3%
细粒土	5%	4%

9. 综合稳定土和其他无机稳定类材料的组成设计与上述步骤相同。

[例 4－1]某新建二级公路，因地处潮湿地带类型，选用石灰土作为底基层。设计强度要求 7 天龄期的饱水强度为 0.7MPa，试设计石灰剂量。

解：根据现场采集的土样筛分和试验得 $W_L = 33.34\%$ 、$I_P = 12.31$，确定为中液限土。

通过击实试验求得石灰剂量分别为 8%、10%、11%、12%、14%的最佳含水率及对应的最大干密度见表 4－12 所列。

表 4－12　不同石灰剂量的最佳含水率和最大干密度

石灰剂量/%	最佳含水率/%	最大干密度/(g/cm³)
8	10.91	1.839
10	11.38	1.85
11	11.84	1.854
12	12.56	1.848
14	13.35	1.818

在按所求得的最佳含水率 W_0、最大干密度 ρd 制备满足施工压实度的石灰剂量分别为 8%、10%、11%、12%、14%的试件，每组 6 个，并按规范要求进行保

湿养生 6 天，浸水 1 天，然后进行抗压试验，并将计算结果列于下表 4－13。

表 4－13　不同石灰剂量的抗压强度

试件编号	石灰剂量/%				
	8	10	11	12	14
1	0.616	0.642	0.758	0.698	0.590
2	0.588	0.652	0.728	0.708	0.572
3	0.632	0.690	0.753	0.669	0.566
4	0.626	0.672	0.782	0.656	0.618
5	0.590	0.664	0.747	0.693	0.607
6	0.568	0.624	0.769	0.632	0.584
平均值	0.603	0.657	0.756	0.676	0.589

由表列计算结果知：当石灰剂量为 11%时的平均抗压强度最高。故验算该组六个试件的相关情况，然后判断是否还要补做试件。

$$\bar{R}=0.756\text{MPa};\sigma_{n-1}=0.0186\text{MPa};C_{\text{V}}=0.0246$$

因为系二级公路，应取保证率为 95%，$Z_a=1.645$；依据设计强度要求 $R_d=0.7$MPa，代入式 4－8 得

$$\frac{R_d}{1-Z_aC_V}=\frac{0.7}{1-1.645\times0.0246}=0.73<\bar{R}=0.756$$

结果表明，满足表 6－7、6－12 及式 6－8 要求。故从强度选择，灰土的石灰剂量为 11%。但剂量的选用，不能单纯追求高强度，还应全面考虑材料费用、施工成本和拌和机具等条件来最后确定。

试验一　试件成型制作方法（圆柱形）

一、适用范围

本方法适用于无机结合料稳定材料的无侧限抗压强度、间接抗拉强度、室内抗压回弹模量、劈裂模量等试验的圆柱形试件。

二、仪器设备

1. 方孔筛：孔径 53mm、37.5mm、31.5mm、26.5mm、4.75mm 和 2.36mm 的筛各 1 个。

2. 试模：细粒土，试模的直径×高＝50mm×50mm；中粒土，试模的直径×高＝100mm×100mm；粗粒土，试模的直径×高＝150mm×150mm。

3. 电动脱模器。

4. 反力框架：反和为400kN以上。

5. 液压千斤顶：200～1000kN。

6. 钢板尺：量程200mm或300mm，最小刻度1mm。

7. 游标卡尺：量程200mm或300mm。

8. 电子天平：量程15kg，感量0.1g；量程4000g，感量0.01g。

9. 压力试验机：可替代千斤顶和反力架，量程不小于2000kN，行程、速度可调。

三、试验准备

1. 试件的径高比一般为1∶1，根据需要也可成型1∶1.5或者1∶2的试件。试件的成型根据需要的压实度水平，按体积标准，采用静力压实法制备。

2. 将具有代表性的风干土试料（必要时，也可在50℃烘箱内烘干），用木槌和木碾捣碎，但应避免破坏粒料的原粒径。按照公称最大粒径的大一级筛，将土过筛并进行分类。

3. 在预定做试验的前一天，取有代表性的试料测定其风干含水率。对于细粒土，试样应不小于100g；对于中粒土，试样应不小于1000g；对于粗粒土，试样应不小于2000g。

4. 按照《公路工程无机结合料稳定材料试验规程》JTG E51—2009确定无机结合料稳定材料的最佳含水率和最大干密度。

5. 根据击实结果，称取一定质量的风干土，其数量随试件大小而变。对于ϕ50mm×50mm试件，1个试件约需要干土180～210g；对于ϕ100mm×100mm试件，1个试件约需要干土1700～1900g；对于ϕ150mm×150mm试件，1个试件约需要干土5700～6000g。

对于细粒土，可以一次称取6个试件的土；对于中粒土，一次宜称取1个试件的土；对于粗粒土，一次只称取1个试件的土。

6. 将准备好的试料分别装入塑料袋中备用。

四、试验步骤

1. 调试成型所需的各种设备，检查是否运行正常；将成型用的模具擦拭干净，并涂抹机油。成型中、粗粒土时，试模筒的数量应与每组试件的个数相配套。上下垫块应与试模筒相配套，上下垫块能够刚好放入试筒内上下自由移动（一般来说，上下垫块直径比筒内径小约0.2mm）且上下垫块完全放入试筒后，试筒内未被上下垫块占用的空间体积能满足径高比1∶1的设计要求。

2. 对于无机结合料稳定细粒土，至少应该制备6个试件；对于无机结合料稳定中粒土和粗粒土，至少应该制备9个和13个。

3. 根据击实结果和无机结合料的配合比计算每份料的加水量、无机结合料的质量。

4. 将称量的土放在长方盘(400mm×600mm×70mm)内。向土中加水,拌料、闷料。石灰稳定材料、水泥和石灰综合稳定材料、石灰粉煤灰综合稳定材料、水泥粉煤灰综合稳定材料,可将石灰或粉煤灰和土一起拌和,将拌和均匀后的试料放在密闭容器或塑料袋(封口)内浸润备用。

对于细粒土(特别是黏性土)浸润的含水率应比最佳含水率小 3% ,对于中粒土或粗粒土可按最佳含水率加水。对于水泥稳定类材料,加水量应比最佳含水率小 1%~2%。

应加的水量可按下式计算:

$$m_w=\left(\frac{m_n}{1+0.01w_n}+\frac{m_c}{1+0.01w_c}\right)\times 0.01w-\frac{m_n}{1+0.01w_n}\times 0.01w_n-\frac{m_c}{1+0.01w_c}\times 0.01w_c \tag{4-9}$$

式中:m_w——混合料中应加水的质量(g);

m_n——混合料中素土(或集料)的质量(g);

m_c——混合料中水泥(或石灰)的质量(g);

w——要求达到的混合料的含水率(%);

w_n——混合料中土(或集料)的含水率(风干含水率)(%);

w_c——混合料中水泥(或石灰)的原始含水率(%),通常很小,可以忽略不计。

浸润时间:黏质土 12~24 小时;粉质土 6~8 小时;砂类土、砂砾土、红土砂砾、级配砂砾等可缩短到 4 小时左右;含土很少的未筛分碎石、砂砾及砂可以缩短到 2 小时。浸润时间一般不超过 24 小时。

5. 在试件成型前 1 小时之内,加入预定数量的水泥并拌匀。在拌和过程中,应将预留的水(对于细粒土为 3%,对水泥稳定类为 1%~2%)加入土中,使混合料达到最佳含水率。拌和均匀的加有水泥的混合料应在 1 小时内按下述方法制成试件。超过 1 小时的混合料应该作废。其他结合料稳定材料,虽不受此限制,但也应尽快制成试件。

6. 用反力框架和液压千斤顶或采用压力试验机制件。

将试模的下垫块放入试模的下部,但外露 2cm 左右。将称量的规定数量 m_1(g)的稳定材料混合料分 2~3 次灌入试模中,每次灌入后用夯棒轻轻均匀插实。如制的是 50mm×50mm 的小试件,则可以将混合料一次倒入试模中。然后将上垫块放入试模内。应使其也外露 2cm 左右(上下压柱露出试模外的部分应该相等)。

7. 将整个试模(连同上下垫块),放到反力框架内的千斤顶上(千斤顶下应放一扁球座)或压力机上,以 1mm/min 的加载速率加压,直到上下垫块都压入试模为止。维持压力 2min。

8. 解除压力后,取下试模,并放到脱模器上将试件顶出。用水泥稳定有黏结性材的材料(如黏质土)时,制件后可以立即脱模;用水泥稳定无黏结性细粒土时，最好过2～4h脱模；对于中、粗粒土的无机结合料稳定材料，也最好过2～6h。

9. 在脱模器上取试件时，应用双手抱住试件侧面的中下部，然后沿水平方向轻轻旋转，待感觉到试件移动后，再将试件轻轻捧起，放置到试验台上。切勿直接将试件向上捧起。

10. 称试件的重量 m_2，小试件准确至0.01g，中试件准确至0.01g，大试件准确至0.1g。然后用游标卡尺量试件的高度h，准确至0.1mm。检查试件的高度和质量，不满足成型标准的试件作为废件。

11. 试件称量后应立即放在塑料袋中封闭，并用潮湿的毛巾覆盖，移放至养护定。

五、计算

单个试件的标准质量：$m_0 = V \times \rho_{max} \times (1 + w_{opt}) \times \gamma$

考虑到试件成型过程中的质量损耗，实际操作过程中每个试件的质量可增加0%～2%，即

$$m'_0 = m_0 \times (1 + \delta)$$

每个试件的干料（包括干土和无机结合料）总质量：$m_1 = \dfrac{m'_0}{1 + w_{opt}}$

每个试件中的无机结合料质量：外掺法 $m_2 = \dfrac{\alpha}{1 + \alpha}$

内掺法 $m_2 = m_1 \times \alpha$

每个试件中的干土质量：$m_3 = m_1 - m_2$

每个试件中的加水量：$m_w = (m_2 + m_3) \times w_{opt}$

验算：$m'_0 = m_2 + m_3 + m_w$

式中：V——试件体积（cm^3）；

w_{opt}——混合料最佳含水率（%）；

ρ_{max}——混合料最大干密度（g/cm^3）

γ——混合料压实度（%）；

m'_0，m_0——混合料质量（g）；

m_1——干混料质量（g）；

m_2——无机结合料质量（g）；

m_3——干土质量（g）；

m_w——加水质量（g）；

α——计算混合料质量的冗余量（%）；

δ——无机结合料的掺量（%）。

六、结果整理

1. 小试件的高度误差范围应为－0.1～0.1cm，中试件的高度误差范围应为－0.1～0.15cm，大试件的高度误差范围应为－0.1～0.2cm。

2. 质量损失：小试件应不超过标准质量5g，中试件应不超过标准质量25g，

大试件应不超过标准质量 50g。

七、记录

稳定材料圆柱形试件成型记录表

工程名称________ 混合料名称________
土质类型________ 结合料类型及剂量(%)________
最佳含水率(%)________ 最大干密度(g/cm³)________
试件压实度(%)________ 试件标准质量(g)________

编号	直径/mm				高度/mm				质量(g)	误差(g)
	1	2	3	平均	1	2	3	平均		
1										
2										
3										
4										
5										
6										

试验者________ 计算者________ 校核者________ 试验日期________

试验二 无侧限抗压强度试验

一、目的和适用范围

1. 无侧限抗压强度是试件在无侧向压力的条件下,抵抗轴向压力的极限强度。

2. 本试验法适用于测定无机结合料稳定材料(包括稳定细粒土、中粒土和粗粒土)试件的无侧限抗压强度。

二、仪器设备

1. 标准养护室。
2. 水槽:深度应大于试件高度 50cm。
3. 压力机或万能试验机(也或用路面强度试验仪和测力计)。
4. 电子天平:量程 15kg,感量 0.1g;量程 4000g,感量 0.01g。
5. 量筒、拌和工具、漏斗、大小铝盒、烘箱等。
6. 球形支座。
7. 机油:若干。

三、试件制备和养护

1. 细粒土,试模的直径×高=50mm×50mm;中粒土,试模的直径×高=100mm×100mm;粗粒土,试模的直径×高=150mm×150mm。

2. 按《公路工程无机结合料稳定材料试验规程》JTG E51—2009 方法成型高

径比为 1∶1 的圆柱形试件。

3. 按《公路工程无机结合料稳定材料试验规程》JTG E51—2009 的标准养生方法进行 7d 的标准养生。

4. 将试件两顶面用刮刀刮平，必要时可用快凝水泥砂浆抹平试件顶面。

5. 为保证试验结果的可靠性和准确性，每组试件的数目要求为小试件不少于 6 个；中试件不少于 9 个；大试件不少于 13 个。

四、试验步骤

1. 根据试验材料的类型和一般的工程经验，选择合适量程的测力计的压力机，试件破坏荷载应大于测力量程 20% 且小于测力量程 80%。球形支座和上下顶板涂上机油，使球形支座能够灵活转动。

2. 将已浸水一昼夜的试件从水中取出，用软的旧布吸去试件表面的可见自由水，并称试件的重量 m_4。

3. 用游标卡尺量试件的高度 h_1，准确到 0.1mm。

4. 将试件放到路面材料强度试验仪或压力机上，并在升降台上先放一扁球座，进行抗压试验。试验过程中，应保持加载速率为 1mm/min。记录试件破坏时的最大压力 P(N)。

5. 从试件内部取有代表性的样品(经过打破)测定其含水率 w_0。

五、计算

试件的无侧限抗压强度按下式计算。

$$R_c = \frac{P}{A} \tag{4-10}$$

式中：R_c——试件的无侧限抗压强度(MPa)；

P——试件破坏时的最大压力(N)；

A——试件的截面积(mm^2)$A=\frac{1}{4}\pi D^2$；

D——试件的直径(mm)。

六、结果整理

1. 抗压强度保留 1 位小数。

2. 同一组试件试验中，采用 3 方差方法剔除异常值，小试件可以允许有 1 个异常值，中试件 1～2 个异常值，大试件 2～3 个异常值。异常值数量超过上述规定的试验重做。

3. 同一组试验的变异系数 C_V(%)符合下列规定，方为有效试验：小试件 $C_V \leqslant 6\%$；中试件 $C_V \leqslant 10\%$；大试件 $C_V \leqslant 15\%$。如不能保证实验结果的变异系数小于规定的值，则应按允许误差 10% 和 90 新计划所需的试件数量，增加试件数量并另做新试验。新试验结果与老试验结果一并重新进行统计评定，直到变异系数满足上述规定。

七、报告

试验报告应包括以下内容：

(1)材料的颗粒组成；

(2)水泥的种类和强度等级，或石灰的等级；

(3)重型击实的最佳含水率(%)和最大干密度(g/cm^3)；

(4)无机结合料类型及剂量；

(5)试件干密度(保留 3 位小数，g/cm^3)，或压实度；

(6)吸水量以及测抗压强度时的含水率(%)；

(7)抗压强度，保留 1 位小数；

(8)若干个试验结果的最小值和最大值、平均值 $\bar{R}_c$、标准差 S、变异系数 C_V 和 95%保证率的值 $R_{c0.95}=(\bar{R}_c-1.645S)$。

八、记录

无侧限抗压强度试验记录表

工程名称＿＿＿＿＿＿＿＿　　试件尺寸(cm)＿＿＿＿＿＿＿＿

路段范围＿＿＿＿＿＿＿＿　　养生龄期(d)＿＿＿＿＿＿＿＿

混合料名称＿＿＿＿＿＿＿＿　　加载速率(mm/min)＿＿＿＿＿＿＿＿

结合料剂量(%)＿＿＿＿＿＿＿＿　　最大干密度(g/cm^3)＿＿＿＿＿＿＿＿

证件压实度＿＿＿＿＿＿＿＿

试件号					
试件制备方法					
制件日期					
养生前试件质量 m_2/g					
浸水前试件质量 m_3/g					
浸水后试件质量 m_4/g					
养生期间的质量损失(m_2-m_3)/g					
吸水量(m_4-m_3)/g					
养生前试件的高度 h/cm					
浸水后试件的高度 h/cm					
试验的最大压力 P/N					
无侧限抗压强度 R_c/MPa					
平均值/MPa		变异系数/%		代表值/MPa	

试验者＿＿＿＿＿＿　计算者＿＿＿＿＿＿　校核者＿＿＿＿＿＿　试验日期＿＿＿＿＿＿

[注]　* 指水分损失。如养生后试件掉粒或掉块，不作为水分损失。

小 结

无机结合稳定材料是指通过无机胶结材料将松散的集料黏结成为具有一定强度的整体材料。常用的有水泥稳定类和石灰稳定类，无机结合稳定材料是通过复杂的物理和化学作用形成强度的，被广泛用于公路路面结构中。

稳定类混合料的主要技术要求为：强度、抗裂性及水稳定性，这些性质取决于结合料质量与掺量、稳定土种类、含水率、养生温度与龄期等。

稳定类材料组成设计，也称混合料设计，是根据对某种稳定材料规定的技术要求，选择合适的原材料、掺配用料（需要时），确定结合料的种类和剂量及混合料的最佳含水率。目前尚采用半理论半试验的方法进行。

复习思考题

1. 何谓无机结合料稳定类材料？它是如何分类的？
2. 稳定土材料具有什么特点？
3. 无机结合料有哪些类型？
4. 简述石灰稳定土和水泥稳定土的强度形成原理。
5. 对组成稳定土的材料有什么要求？
6. 试述无机结合料稳定类材料的收缩性。
7. 如何防治无机结合料稳定材料的开裂？
8. 如何提高无机结合料稳定材料的水稳性和抗冻性？
9. 简述石灰稳定土组成设计的步骤。

第五章 工程聚合物材料

【基本要求】

1. 具有高分子聚合物材料的基本概念、一般结构和性能及高分子聚合物在道路与桥梁中的应用的知识。

2. 了解高分子聚合物材料的特性及其应用。

【知识链接】

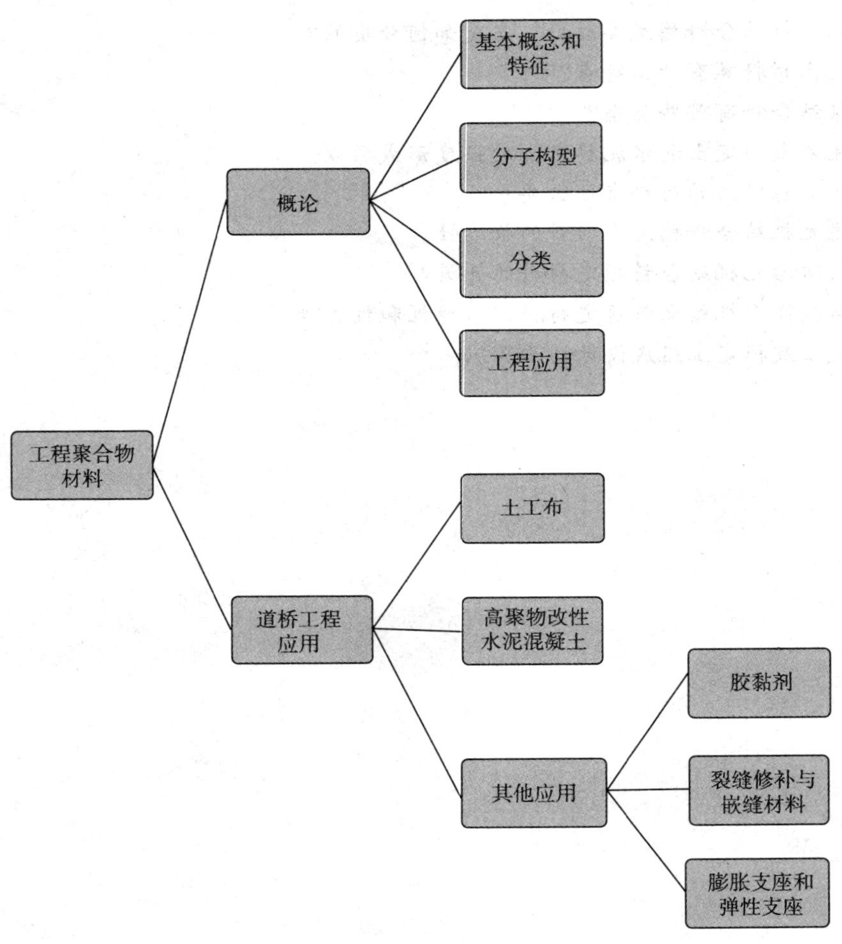

随着高等级道路的发展，对路面和桥梁建筑用的材料提出了更高的要求。工程高聚物材料在道路工程中，不仅提供了代替传统材料的新材料，而且可以作为改性剂来改善和提高现有材料，故其应用也日益广泛。

[说一说]

生活中有哪些是高聚物材料？

第一节　高聚物材料概论

一、高聚物的基本概念和特征

高聚物是指由一种或几种低分子化合物（单体）聚合而成的高分子有机物质。通常包括塑料、橡胶和纤维三类。

1. 基本概念

高聚物虽然分子量较大，原子数较多，但其化学组成并不复杂，一般是由一种或几种简单的低分子化合物通过合成反应，以重复的方式相连而得。例如，聚乙烯（$\cdots-CH_2-CH_2-CH_2-CH_2-CH_2-CH_2-\cdots$）是通过乙烯分子（$CH_2=CH_2$）的重复连接得到的。

（1）单体　凡是可以形成聚合物大分子链的低分子化合物称为聚合物的单体，如上例中的乙烯。

（2）链节　聚合物大分子链中的重复结构单元称为链节，如上例中的$-CH_2-CH_2-$。相应组成的大分子称为聚合物。

（3）聚合度　聚合物大分子链中链节的重复次数称为聚合度。聚合度越大，链节数越多，分子链越长，聚合度在10^3以上的聚合物可称为高聚物。

2. 高聚物的特性

大多数高聚物具有的特性为：质轻，其相对密度一般为0.8～2.2；品质系数（高聚物的强度与表观密度之比）高，接近甚至超过钢材；弹性好；高聚物的吸水性和透水蒸气性都很低；高聚物耐酸、耐碱等抗腐蚀性能优于金属和无机材料；高聚物一般都能消音、吸震、绝缘、透明，同时原料丰富，加工成型容易。

高聚物的缺点是易老化，耐热性低，在加工、储存和使用的过程中，使用性能逐渐变坏。高聚物受热时，易分解成分子量较低的聚合物或单体，称为热降解，这种热降解在空气或氧存在时尤为剧烈。高聚物在光氧化作用下也会裂解成低分子和氧化产物，大多数高聚物在光氧化反应后变成脆硬性物质，力学性能降低，有的表面和内部产生裂纹。

二、高分子化合物的分子构型

根据高聚物中分子链的排列形状不同，可分为线型、支链型和体型结构。

线型高聚物分子的主链原子常排列成长链状，其特点是具有柔顺性，它很像卷曲、缠绕在一起的线团，在外力的作用下，可以拉得长些，因而分子的能量会有所提高，外力去掉后，线型大分子又会恢复原来的卷曲形状，使得线型高聚物具有良好的弹韧性。聚乙烯、聚氯乙烯等属于这类结构。

体型高聚物的分子长链被许多横跨支链交联成网状,或在单体聚合过程中,在二维或三维空间交联形成空间网络结构,分子彼此固定,因而失去变形能力。这类聚合物热稳定性较高,加热不能使分子间形成相对滑移,但温度过高,将使分子间的联结断裂而破坏。酚醛、环氧及聚酯等树脂的最终产物属此类结构。

支链型高聚物的分子在主链上带有比主链短的支链,当支链的支化程度和支链的长短不同时,会影响高聚物的性能。

三、高分子化合物的分类

高聚物的分类方法很多,常采用的方法有以下几种:

(1)按聚合物的性能和用途可分为塑料、合成橡胶和合成纤维,此外还有胶黏剂、涂料等。

(2)按高分子化合物的分子结构可分为线型、支链型和体型高聚物三种。

(3)按高聚物主链的元素分为碳链高聚物(主链完全由碳原子组成)、杂链高聚物(主链除碳原子外,还有氧、氮、硫、磷等杂原子)、元素高聚物(主链上无碳原子,由氧、钛、铝、氮等元素组成)。

(4)按高分子化合物反应类别分加聚反应和缩聚反应,其反应产物为加聚物和缩聚物。

四、工程应用

高聚物在道路与桥梁工程结构中,不仅用于防水、隔热等非结构部位,而且可直接作为道路与桥梁结构物构件或配件的材料。高聚物也常用于传统材料性能的改善。

第二节　高聚物材料在道路与桥梁工程中的应用

一、土工布

土工布,又称土工织物,是指一类以高分子聚合物为原料的透水性平面土工合成材料。按制造方法可分为无纺(非织造)土工织物和有纺(织造)土工织物。无纺土工织物是由细丝或纤维按定向排列或非定向排列并结合在一起的织物,根据其对纤网的固结方法不同又分针刺黏结、热黏结和化学黏结三种;有纺土工织物是两组平行细丝或纱按一定方式交织而成的织物,分经纬编织和针织两种。

土工布在公路工程中的应用比较广泛。其具体的作用有:

1. 排水作用

土工布是多孔隙透水材料,埋在土中可以汇集水分,使地下水或其他水源可沿其平面进行传输,达到排水目的。因此,在公路工程中,可利用土工布修建公路路面的排水设施、挡土墙及隧洞衬砌后排水系统。

2. 反滤作用

在边坡或堤岸上铺设土工布后，水可以沿着土工布平面的方向渗透通过，但土工布下的土粒不发生移动，其作用与一般的砂砾反滤层相同。

3. 分隔作用

设置在两种不同材料之间的土工布，可起分隔、防混杂、防污染的作用，从而避免不同性质材料的相互渗透和相互作用，保持材料各自原有性质，保证每种材料在工程结构中的力学性质不受影响。利用其隔离功能，在公路工程中，可将其铺设在路面基层与土基之间，以中断土壤间的毛细作用，防止路面翻浆。

4. 加强作用

土工布的加强功能，主要表现在利用其抗拉性能改善路面结构层的力学性能。由于土工布具有较高的抗拉强度和抗变形能力，将其用在路面结构层中后，可将荷载或应力均匀地扩散在较大的面积范围内。利用土工布这种加强功能，在公路工程与养护作业中，常用于软基处理、修筑加筋挡土墙及桥台、加固高填方土基或坡度很陡的边坡、滑坡处理、加固柔性路面、修补沥青路面、防止反射裂缝和车辙等。

5. 防护作用

防护作用主要是指使用土工布限制或防止土体受外界环境作用而破坏。利用土工布的防护功能，可将其用于道路边坡、泥石流和悬崖侧建筑物障墙防冲、涵洞工程护底、沙漠地区滞砂和固砂、防止土基冻害、防止道路盐渍化措施、边坡加固、防止沥青路面开裂。

二、高聚物改性水泥混凝土

[问一问]

高聚物混凝土与普通混凝土的区别是什么?

普通水泥混凝土硬化后内部存在着微孔隙，与自身的抗压强度相比，抗拉强度、抗折强度较小、脆性大，是一种典型的强而脆的材料。聚合物的介入，有助于减少混凝土中的微孔隙，降低混凝土的渗透性，从而改善混凝土的耐久性，并使混凝土成为一种强而韧的材料。

1. 聚合物浸渍混凝土

聚合物浸渍混凝土是用将已硬化的混凝土作为基材浸泡于某种单体浸渍液中，然后用加热或辐射的方法使浸入混凝土内的单体进行聚合反应，并与混凝土形成整体。

浸渍混凝土的常用单体材料有：甲基丙烯酸甲酯、苯乙烯等。目前使用得较为成功的单体是甲基丙烯酸甲酯，它的黏度低，易于吸附，可用化学引发剂或γ-射线使其产生聚合反应，所形成的固体聚甲基丙烯酸甲酯遍及混凝土的各个孔隙内，可大大减少混凝土的渗透性，并提高其强度。

在聚合物浸渍混凝土中，由于聚合物充满了混凝土的毛细孔和微孔隙，使混凝土物理力学性能得到显著地改善。主要特点是：强度提高，如抗压强度提高2～3倍、抗拉强度提高3倍、抗折强度提高2～3倍。此外混凝土的抗冻性、耐腐蚀性等也有很大改善。主要缺点是耐热性较差，高温时聚合物易分解。

聚合物浸渍混凝土的制备工艺包括干燥、浸渍和聚合等，需要较复杂的设备，成本较高，主要应用于耐高压容器、原子反应堆，也可用于海洋深处的构筑物。

2. **聚合物水泥混凝土**

聚合物水泥混凝土是以聚合物乳液拌和水泥，再掺入骨料和砂配制而成的混凝土。聚合物的硬化与水泥的水化同时进行，将矿质集料结合在一起。其生产工艺与普通混凝土相似，便于现场操作。

聚合物水泥混凝土中的聚合物多呈水分散体形式，如丁苯橡胶乳液、氯丁橡胶乳液、聚醋酸乙烯酯、聚丙烯酸酯及环氧树脂等。

聚合物在混凝土中形成膜状物，填充水泥水化物及骨料间的空隙，增强同骨料的黏结作用。聚合物水泥混凝土的特点是：强度发展迅速，抗拉强度高、抗折强度高、冲击韧性好，耐磨性好、耐久性好、干缩性小。

聚合物水泥混凝土主要用于防水或防蚀的混凝土结构物、工业厂房地面、混凝土结构的修补（包括海上和水下工程）及灌浆工程，也可用于快速修复混凝土路面、机场道面及桥面铺装层。

3. **聚合物胶结混凝土**

聚合物胶结混凝土是完全以聚合物为胶结材的混凝土，常用的聚合物为各种树脂或单体，故又称“树脂混凝土”。

由于聚合物的密度小、强度高、弹性好，因此聚合物胶结混凝土表现为轻质高强，特别是抗拉、抗折强度比普通水泥混凝土要高。

聚合物与集料之间的黏附性强，可采用硬质石料作为混凝土路面抗滑层，提高路面抗滑性。

聚合物在混凝土中不仅可填密集料间的空隙，而且可浸填集料的孔隙，使混凝土的结构密度增大，提高了混凝土的抗渗性、抗冻性和耐久性。

聚合物混凝土大部分情况下用于抢修等特殊用途，也可用于喷射混凝土。

三、其他应用

1. **胶黏剂**

胶黏剂又称为黏合剂，是一类具有优良黏合性能的材料。使用胶黏剂可以将同质或不同质的材料黏结在一起，因此在土木工程中得到广泛应用。

胶黏剂具有足够的流动性，使用范围广泛，可不受材料种类、形状的限制，而且能保证黏结基面充分浸润，易于调节胶黏剂的稠度和硬化速度，具有很好的密封作用，黏结牢固。

胶黏剂的品种很多，按其基料可分为无机胶和有机胶。有机胶中，一部分为天然的动植物胶，已逐渐淘汰；另一部分为合成胶，包括树脂型、橡胶型和混合型三类。由于有机高分子材料的迅速发展，合成胶的发展很快，品种多、性能优良。其中以树脂型胶黏剂的胶黏强度高，硬度、耐温、耐介质的性能都比较好，但较脆，起黏性、韧性较差；橡胶型柔韧性和起黏性好，抗振和抗弯性能好，但强度和耐热性较差;混合型是树脂与橡胶,或多种树脂、橡胶混合使用,可取长补短,发挥各自的优越性。

在土建工程中应用最多的是环氧树脂胶黏剂,它是由环氧树脂、固化剂、增韧剂、填料等组成,有时还包括稀释剂、促进剂、偶联剂等。环氧树脂的特点是黏结力强、收缩率小、稳定性高,而且与其他高分子化合物的混溶性好,可制成不同用途的改性品种,如环氧丁腈胶、环氧尼龙胶、环氧聚砜胶等。环氧树脂的缺点是耐热性不高,耐候性尤其是耐紫外线性能较差,部分添加剂有毒,而且在配制后应尽快使用,以免固化。它可用于金属与金属之间、金属与非金属材料的黏接,也可用作防水、防腐涂料。

聚醋酸乙烯酯胶黏剂也是常用的热塑性树脂胶黏剂,是以聚醋酸为基料的胶黏剂。可以制备成乳液胶黏剂、溶液胶黏剂或热熔胶等,乳液胶黏剂使用最多。聚醋酸乙苯烯乳液胶的成膜是通过水分的蒸发或吸收和乳液互相融结这两个过程实现的,具有树脂分子量高、胶接强度好、黏度低、使用方便、无毒、不燃等优点,适用于胶结多孔性易吸水的材料,如木材、纤维制品等,也可用来黏结混凝土制品、水泥制品等,用途十分广泛。

一般的酚醛树脂固化后脆性大、抗冲击性差,很少应用。若加入橡胶或热塑性树脂,则可提高韧性,可成为韧性好、耐热温度高、强度大、性能优良的结构黏结剂,广泛用于金属、非金属以及热固性塑料的黏接,其中以酚醛—缩醛胶和酚醛—丁腈胶用得较多,这两类胶固化时需加热加压固化,而且胶的配方中含有溶剂,应注意通风防火。

橡胶胶黏剂是以氯丁、丁腈、丁苯、丁基等合成或天然橡胶为基料配成的一类胶黏剂,这类胶黏剂具有较强的黏附性、良好的弹性,但其拉抻强度和剪切强度较低,主要适用于柔软的或膨胀系数相差很大的材料的黏接,主要品种有氯丁橡胶胶黏剂、丁腈橡胶胶黏剂等。

2. 裂缝修补与嵌缝材料

裂缝修补与嵌缝材料实际是一种胶黏剂,用于修补水泥混凝土路面的裂缝和嵌缝结构或构件的接缝。此类材料必须具备较好的黏接力、较高的拉伸率,并具有较好的低温塑性及耐久性。目前常用的有环氧树脂及改性环氧树脂类、聚氨酯及改性聚氨酯类、烯类修补材料,以及聚氯乙烯胶泥、橡胶沥青等嵌缝材料。

(1)环氧树脂类

环氧树脂类修补材料的主要组分是环氧树脂。它是含有两个以上环氧化基因高分子化合物,常见的环氧树脂可分为两类:一类是缩水甘油基型环氧树脂;一类是环氧化烯烃。水泥混凝土路面修补中使用的大多属于缩水甘油基型,常用的有由多元酚和多元醇制备的双酚 A 环氧树脂。双酚 A 环氧树脂本身很稳定,且活性较大,所以要在改性或碱性固化剂作用下固化。在双酚 A 环氧树脂分子结构中有羟基和醚键,固化过程中在固化剂的作用下还能进一步生成羟基和醚键,因而有较高的内聚力和较强的黏附力,同时其收缩率较低,因此可作为水泥混凝土路面的裂缝灌浆材料。但由于环氧树脂的延伸率低、脆性大、不耐疲劳，在使用中会造成一定缺陷。因此，必须对环氧树脂进行改性，以提高延伸率，降低其脆性。改性的方法是加一组改性剂，可采用低分子液体改性剂、增柔剂、增韧剂等，如聚硫改性环氧灌浆材料及914双组分快速固化裂缝修补材料等。

(2)聚氨酯类

聚氨酯胶液的主体材料是多异腈酸酯和聚氨基甲酸酯，制备成A、B两组分，固化所得弹性体具有极高的黏附性，抗气候老化的性能好。它与混凝土的黏固很牢，且不需要打底，可用作房屋、桥梁的嵌缝密封材料。

(3)烯烃类

烯烃类裂缝修补材料主要采用烯类聚合物配制而成，通常有两大类，一类是以烯类单体或预聚体作胶黏剂，另一类是以高分子聚合物本身作胶黏剂，如氰基丙烯酸胶黏剂，其最大的优点是室外固化时间快，几分钟之内就可以黏住，24～48h可达到最高抗拉强度，且气密性能好，但价格较高，不宜大面积使用。

(4)聚氨乙烯类

聚氨乙烯胶泥是以煤焦油为基料，加入聚氨乙烯树脂、增塑剂、填充料和稳定剂等配制而成的单组分材料，呈黑色固体状，施工时需要加热至130～140℃。采用填缝机进行灌注，冷却后成型，它具有良好的防水性、黏结性、柔韧性和抗渗性，且耐寒、耐热、抗老化，能很好地与混凝土黏结，适用于混凝土路面板的接缝及各种管道的接缝。

(5)橡胶类

氯丁橡胶嵌缝材料是以氯丁橡胶和丙烯系塑料为主体材料，配以适量的增塑剂、硫化剂、增韧剂、防老剂及填充剂等配制而成的一种黏稠物。其特征为：与砂浆、混凝土及金属等有良好的黏接性能，且易于施工。常用作混凝土路面的嵌缝材料。

硅橡胶是一种优质的嵌缝材料，具有低温(－60℃)柔韧性好，可耐150℃的高温，耐腐蚀等优点，但价格较高。聚硫橡胶嵌缝材料兼具塑料和橡胶的性能，常温下不发生氧化、变形小、抗老化，适用于细小、多孔或暴露表面的接缝，但价格较高。

3. 膨胀支座和弹性支座

桥梁和管线工程中的膨胀支座一般用聚四氟乙烯(PTFE)树脂，可以保证梁的水平移动的要求。弹性支座可采用氯丁橡胶(CR)和聚异戊二烯橡胶(IR)等制作，以减少噪声和振动。

小　结

聚合物又称为高分子化合物或高聚物，是由不饱和有机低分子化合物(单体)经聚合反应所得。聚合物是塑料、合成橡胶和合成纤维的基本原料，由于其原料来源广泛，而且随着有机化工工业的迅速发展，聚合物的品种不断增多，性能愈来愈优异。因此高分子材料是有很大潜力的材料。

高分子材料具有质轻、比强度高、耐腐蚀、耐磨、绝缘性好等优点，而且随着化工工业的发展，高分子材料的种类和性能会得到不断的发展和提高，应用范围会得到进一步推广。

聚合物材料在道路工程中得到越来越多的应用。聚合物混凝土和聚合物改性沥青以及聚合物土工材料的应用，使道路工程的质量得到明显的提高。聚合物材料在土建工程中还会得到更为广泛的应用。

复习思考题

1. 什么是土工布？简述土工布在道路工程中的作用。

2. 什么是高分子聚合物材料，并简述其特征。

3. 聚合物浸渍混凝土、聚合物水泥混凝土和聚合物胶结混凝土在组成、工艺上有什么不同？性能比普通水泥混凝土有何改善？

第六章 沥青材料

【基本要求】

1. 具有石油沥青的化学组分、胶体结构、技术性质和试验检测方法的知识；
2. 具有其他各类沥青材料的组成结构和技术性质的知识；
3. 能进行沥青三大指标的测定。

【知识链接】

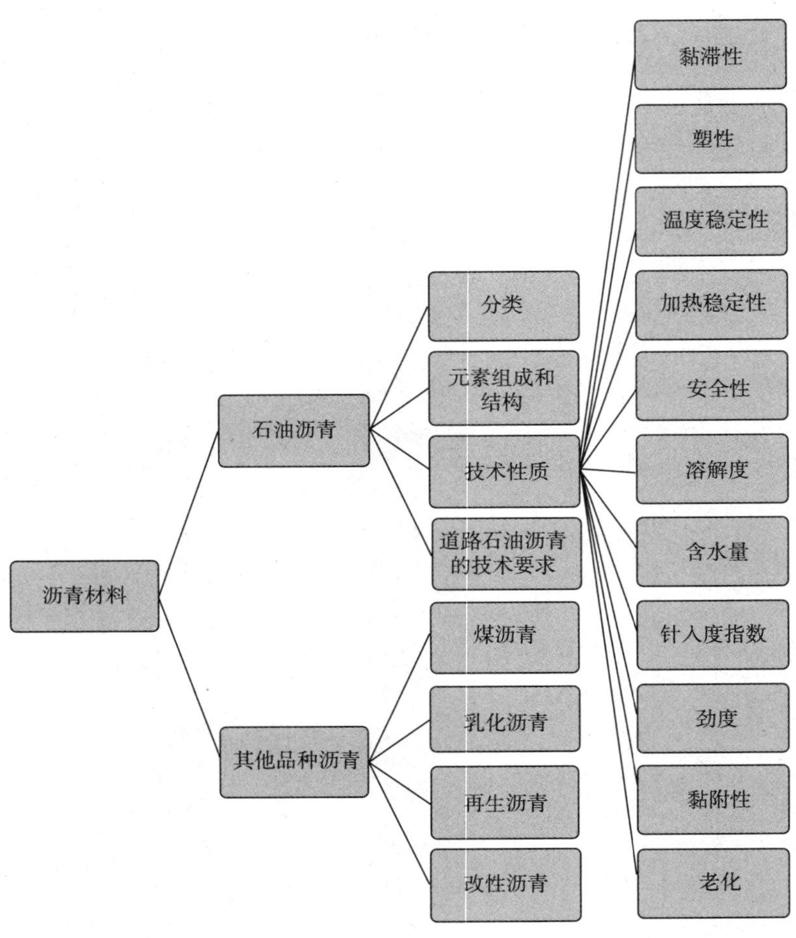

第一节　概　述

沥青材料是由极其复杂的高分子碳氢化合物和这些碳氢化合物的非金属(氧、硫、氮)衍生物所组成的混合物,其中碳占80%～87%,氢占10%～15%,氧、硫、氮小于0.3%,此外还有少量的金属元素。沥青在常温下一般固体或半固体,也有少数品种的沥青呈黏性液体状态,可溶于二硫化碳,四氯化碳,三氯甲烷和苯等有机溶剂,颜色为黑褐色或褐色。

沥青材料的品种很多,按其在自然界获得的方式不同,可分为地沥青和焦油沥青两大类。

1. 地沥青

是指地下原油演变或加工而得到的沥青。又分为天然沥青和石油沥青。

(1)天然沥青是指由于地壳运动使地下石油上升到地壳表层聚集或渗入岩石空隙,再经过一定的地质年代,轻质成分挥发后的残留物。

(2)石油沥青则是将石油原油分馏出各种产品后的残渣加工而的。我国天然沥青很少,但石油资源丰富,故石油沥青是使用量最大的一种沥青材料

2. 焦油沥青

是干馏有机燃料(煤、页岩、木材料等)所收集的石油再经加工而得到的一种沥青材料,按干馏原料的不同,焦油沥青可分为煤沥青、页岩沥青、木沥青和泥岩沥青。工程上常用的焦油沥青是煤沥青。

沥青材料是这类材料的总称,它具有良好的憎水性,黏结性和塑性,可以防水,防潮,因而广泛应用于道路和水利工程。通常所讲的沥青是石油沥青,其他沥青都要在沥青俩字前加上名称以示区别,如煤沥青、页岩沥青等。在道路建筑中最常用的主要是石油沥青和煤沥青两类,其次是天然沥青。

[问一问]
你知道哪些属于亲水性材料?哪些是憎水性材料?

第二节　石油沥青

一、石油沥青的分类

石油沥青可根据不同的情况进行分类,各种分类方法都有各自的特点和使用价值。

1. 按原油的成分分类

原油是生产石油沥青的原材料。在炼油时所采用的原油成分不同,炼油后所得到的沥青成分也不相同。原油按其所含烃类成分或硫酸含量的不同可划分为几种基本类型。

原油的分类一般是根据“关键馏分特性”和“含硫量”。可分为石蜡基原油、环烷基原油和中间基原油。

(1)石蜡基沥青

石蜡基沥青也称多蜡沥青,它是由含大量的烷属烃成分的石蜡基原油提炼

而得，这种沥青因原油中含有大量烷烃，沥青中含量，一般大于5%，有的高达10%以上。蜡在常温下往往以结晶体存在，降低了沥青的黏结性和温度稳定性；表现为软化点高、针入度小、延度低，但抗老化性能较好。如果用丙烷脱蜡，仍然可得到延度较好的沥青。

(2)环烷基沥青

环烷基沥青也称沥青基沥青，由沥青基石油提炼而得的沥青。它含有较多的，环烷烃芳香烃，所以此种沥青的芳香性高，含蜡量一般小于2%，沥青的黏结性和塑性均较高。目前我国所产的环烷基沥青较少。

(3)中间基沥青

中间基沥青也称混合基沥青，中间基沥青是有蜡质介于石蜡基石油和环烷基石油之间的原油提炼而得。所含烃类成分和沥青的性质一般均介于石蜡基沥青和环烷基沥青之间。

我国石油油田分布广，但国产石油多属石蜡基和中间基原油。

2. 按加工方法分类

(1)直馏沥青

直馏沥青也称残留沥青，用直馏的方法将石油在不同沸点温度的馏分（汽油、煤油、柴油）取出之后，最后残留的黑色液体状产品。符合沥青标准的，称为直馏沥青；不符合沥青标准，针入度大于300，含蜡量大的称为渣油。在一般情况下，低稠度原油生产的直馏沥青，其温度稳定性不足，还需要进行氧化处理才能达到黏稠石油的性质指标。

(2)氧化沥青

将常压或减压重油，或低稠直馏沥青在250～300℃高温下吹入空气，经过数小时氧化可获得常温下为半固体或固体状的沥青。氧化沥青具有良好的温度稳定性。在道路工程中使用的沥青，氧化程度不能太深，有时也称为半氧化沥青

(3)溶剂沥青

这种沥青是对含蜡量较高的重油采取萃取工艺，提炼出润滑油原料后所余残渣。在溶剂萃取过程中，一些石蜡成分溶解在萃取溶剂中随之被拔出，因此，溶剂沥青中石蜡成分相对减少，其性质较由石蜡基原油生产的渣油或氧化沥青有很大的改善。

(4)裂化沥青

在炼油过程中，为增加出油率，对蒸馏后的重油在隔绝空气和高温下进行热裂化，使碳链较长的烃分子转化为碳链较短的汽油、煤油等。裂化后所得到的裂化残渣，称为裂化沥青。裂化沥青具有硬度大、软化点高、延度小、没有足够的黏度和温度稳定性，不能直接用于道路上。

3. 按沥青在常温下的稠度分类

根据用途的不同，要求石油沥青具有不同的稠度，一般可分为黏稠沥青和液体沥青两大类。黏稠沥青在常温下为半固体或固体状态。如按针入度分级时，针入度小于40为固体沥青，针入度为40～300的呈半固体，而针入度大于300者

为黏性液体状态。

4. 按用途分类

(1)道路石油沥青

主要含直镏沥青,是石油蒸馏后的残留物或残留物氧化而得的产品。

(2)建筑石油沥青

主要含氧化沥青,是原油蒸馏后的重油经氧化而得的产品。

(3)普通石油沥青

主要含石蜡基沥青,它一般不能直接使用,要掺配或调和后才能使用。

液体沥青在常温下多成黏性液体或液体状态,根据凝结速度的不同,可按标准黏度分级划分为慢凝液体沥青,中凝液体沥青和快凝液体沥青三种类型。在生产应用中,常在黏稠沥青掺入一定比例的溶剂,配制的稠度很低的液体沥青,称为稀释沥青。

二、石油沥青的元素组成和结构

(一)元素组成

石油沥青是由多种碳氢化合物及其非金属(氧,硫,氮)的衍生物组成的混合物,它的分子表达通式为 $C_nH_{2n+a}O_bS_cN_d$。化学组成主要是碳(80%～87%)、氢(10%～15%),其次是非烃元素,如氧、硫、氮等(小于 3%)。此外,还含有一些微量的金属元素,如镍、钒、铁、锰、镁、钠等,但含量都极少,约为几个至几十个 ppm(百万分之一)。

(二)化学组分

为了研究石油沥青化学组成与使用性能之间的联系,从工程角度出发,将沥青所含烃类化合物中化学性质相近的成分归类分析,从而划分为若干组,称为"沥青化学组分",简称"组分"。

将沥青分为不同组分的化学分析方法成为组分分析法。组分分析是利用沥青在不同有机溶剂中的选择性溶解或在不同吸附剂上的选择性吸附等性质。

1. 三组分分析法

石油沥青的三组分分析法是将石油沥青分离为油分、树脂、沥青质三个组分。因我国富产石蜡基和中间基沥青,在油分中往往含有蜡,故在分析时还应将油蜡分离。

按三组分分析法所得各组分的性状见表 6-1 所列。

表 6-1　石油沥青三组分分析法的各组分的性状

组分	性状			
	外观特征	平均分子量 M_w	碳氢比 C/H	物化特征
油分	淡黄色透明液体	200～700	0.5～0.7	几乎可溶解大部分有机溶剂,具有光学活性,常发现有荧光,相对密度为 0.910～0.925

（续表）

组分	性状			
	外观特征	平均分子量 M_w	碳氢比 C/H	物化特征
树脂	红褐色黏稠半固体	800～3000	0.7～0.8	温度敏感性高，熔点低于100℃，相对密度大于1.000
沥青质	深褐色固体末微粒	1000～5000	0.8～1.0	加热不溶化，分解为硬焦炭，使沥青呈黑色

2. 四组分分析法

(1)沥青质

沥青中不溶于正庚烷而溶于甲苯中的物质。

(2)饱和分

亦称饱和烃，沥青中溶于正庚烷，吸附于 Al_2O_3 谱柱下，能为正庚烷或石油醚溶解脱附的物质。

(3)环烷芳香烃

亦称芳香烃，沥青经上一步骤处理后，为甲苯所溶解脱附的物质。

(4)极性芳香分

亦称胶质，沥青经上一步骤处理后能为苯-乙醇或苯-甲醇所溶解脱附的物质。

对于多蜡沥青，还可将饱和分和环烷芳香分用丁酮-苯混合溶液冷冻分离出蜡。按四组分分析法所得各组分的性状列入表 6-2。

表 6-2　石油沥青四组分分析法的各组分的性状

组分		性状			
		外观特征	平均分子量 M_w	碳氢比 C/H	物化特征
沥青质		深褐色固体末微粒	1000～5000	<1.0	提高热稳定性和黏滞性
饱和分	相当油分	无色黏稠液体	300～1000	<1.0	赋予沥青流动性
芳香分		茶色黏稠液体			
胶质		红褐色至黑褐色黏稠半固体	500～1000	≈1.0	赋予胶体稳定性，提高粘附性及可塑性。
蜡（石蜡和地蜡）		白色结晶	300～1000	<1.0	破坏沥青结构的均匀性，降低塑性

沥青的化学组分与沥青的物理、力学性质有着密切的关系，主要表现为沥青组分及其含量的不同将引起沥青性质趋向性的变化。一般认为：油分使沥青具有流动性；树脂使沥青具有塑性，树脂中含有少量的酸性树脂（即地沥青酸和地沥青酸酐），是一种表面活性物质，能增强沥青与矿质材料表面的吸附性；沥青质

能提高沥青的黏结性和热稳定性。

3. **沥青的含蜡量**

蜡在常温下呈白色晶体存在于沥青中，当温度达到45℃就会由固态转变为液态。由于沥青中蜡的存在，在高温时使沥青容易发软，导致沥青的高温稳定性降低，出现车辙。同样低温时会使沥青变得脆硬，导致路面低温抗裂性降低，出现裂缝。此外，蜡会使沥青与石料黏附性降低，在水分作用下，会使路面石子与沥青产生剥落现象，造成路面破坏；更严重的是，含蜡沥青会使沥青路面的抗滑性降低，影响路面的行车的安全。

[想一想]

沥青中蜡含量的危害性有哪些？

（三）石油沥青的结构

由于沥青的组分并不能全面地反映沥青材料的性质，沥青的性质还与沥青的结构有着密切的联系。

1. **胶体理论**

沥青质分散在低分子量的油分中，形成一种复杂的胶体系统。沥青质是憎油性的，而且在油分中是不溶解的，这两种组分混合会形成不稳定的体系，沥青质极易絮凝，而沥青之所以能成为稳定的胶体系统，现代胶体学说认为，沥青中沥青质是分散的，饱和分和芳香分是分散介质，但沥青质不能直接分散在饱和分和芳香分中。而胶质分作为一种“胶溶剂”，沥青吸附了胶质分形成胶团后分散于芳香分和饱和分中。所以沥青的胶体结构是以沥青质为胶核，胶质分被吸附其表面，并逐渐向外扩散形成胶团，胶团再分散于芳香分饱和分中。

在沥青胶团结构中，从核心到油质是均匀的、逐步递变的，并无明显分界面。

2. **胶体的结构类型**

根据沥青中各组分的化学组成和相对含量的不同，可以形成不同的胶体结构。沥青的胶体结构，可分为下列三个类型：

[问一问]

这三种结构在哪些方面不同？

(1)溶胶型结构

沥青质含量较少(小于10%)，油分及树脂含量较多，胶团外薄膜较厚，胶团相对运动较自由[见图6-1(a)]。这种结构沥青黏滞性小，流动性大，塑性好，开裂后自行愈合能力强，但温度稳定性较差，是液体沥青结构的特征。

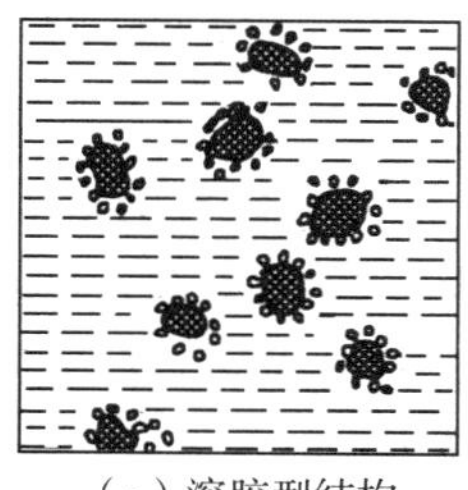

(a) 溶胶型结构

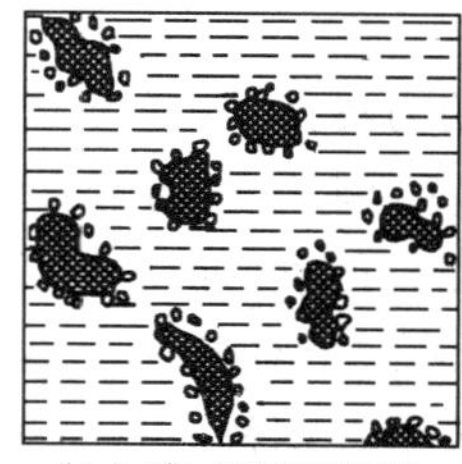

(b) 溶-凝胶型结构

(c) 凝胶型结构

图6-1　沥青的胶体结构示意图

(2)溶-凝胶型结构

当沥青质含量适当时(15%～25%)，又含适量的油分及树脂。胶团的浓度增加，胶团间具有一点的吸引力，它介于溶胶型结构和之间，称为溶－凝胶型结构[见图 6－1(b)]。这类沥青在高温时温度稳定性好，低温时的变形能力也好，现代高级路面所用的沥青，都应属于这类胶体结构类型。

(3)凝胶型结构

油分及树脂含量较少，沥青质含量较多(大于 30%)，胶团外膜较薄，胶团靠近团聚，胶团相互吸引力增大，相互移动困难[见图 6－1(c)]。这种结构的特点是弹性和黏性较高，温度敏感性较小，流动性、塑性较低。

3. 胶体结构类型的判定

沥青的胶体的结构与其路用性能有着密切的关系。为工程使用方便，通常采用针入度指数法划分其胶体结构类型(见表 6－3)。

表 6－3　沥青的针入度指数和胶体结构类型

沥青的针入度指数	沥青胶体结构类型	沥青的针入度指数	沥青胶体结构类型	沥青的针入度指数	沥青胶体结构类型
＜－2	溶胶	－2～＋2	溶凝胶	＞＋2	凝胶

三、石油沥青的技术性质

用于沥青路面的沥青材料，应具备下列主要技术性质：

(一)黏滞性(黏性)

黏滞性是指沥青在外力作用下抵抗变形的能力。是反映沥青内部材料阻碍其相对流动的特性。沥青受到外力作用后表现的变形，是由于沥青中组分胶团发生变形或胶团之间产生相互位移。

各种石油沥青的黏滞性变化范围很大，黏滞性的大小与组分及温度有关。当沥青质含量较高，又含有适量的树脂、少量的油分时，则黏滞性较大。在一定温度范围内，当温度升高时，黏滞性随之降低，反之则增大。

黏滞性是与沥青路面力学性质联系最密切的一种性质。在现代交通条件下，为防止路面出现车辙，沥青的黏度的选择是首要考虑的参数，沥青的黏滞性通常用黏度表示。

1. 沥青的绝对黏度(亦称动力黏度)

如果采用一种剪切变形的模型来描述沥青在沥青与矿质材料的混合料中的应用，可取一对互相平行的平面，在两平面之间分布有一沥青薄膜，薄膜与平面的吸附力远大于薄膜内部胶团之间的作用力。当下层平面固定，外力作用于顶层表面发生位移时(图 6－2)，按牛顿定律可得到如下方程

$$F=\eta \cdot A\,\frac{v}{d} \tag{6-1}$$

式中：F——移动顶层平面的力(N)(等于沥青薄膜内部胶团抵抗变形的能力)

A——沥青薄膜层的面积(cm^2)

V——顶层位移的速度(m/s)

D——沥青膜的厚度(cm)

η——反映沥青黏滞性的系数,及绝对黏度(Pa·s)

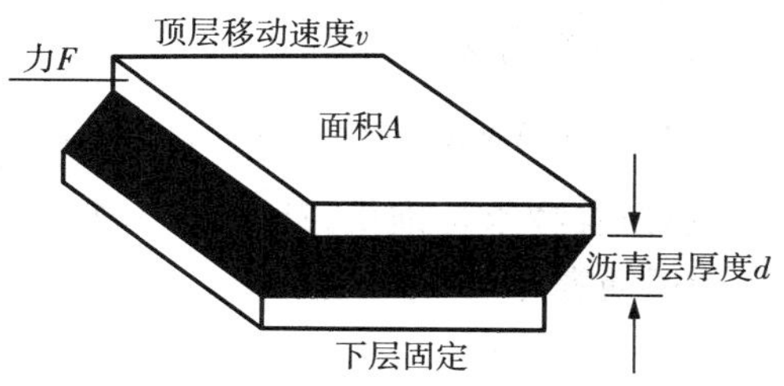

图 6-2 沥青绝对黏度概念图

由式(6-1)得知,当相邻接触面积大小和沥青薄膜厚度一定时,欲使相邻平面以速度 v 发生位移所用的外力与沥青黏度成正比。

当令,$\tau=F/A$ $\gamma=v/d$ 时,可将式 6-1 改写为

$$\eta=\frac{\tau}{\gamma} \tag{6-2}$$

式中:τ——剪应变(N/cm^2)(沥青薄膜层单位面积上所受的剪切力)

γ——剪变率(s^{-1})(位移速度在 d 方向的变化率)

2. 沥青的相对黏度

沥青的相对黏度也称为条件黏度,是反映沥青材料在温度条件下表现出的性质。

(1)针入度

是测定黏稠石油沥青黏结性的常用技术指标,采用针入度仪测定(图 6-3)。沥青的针入度是在规定的温度和时间内,附加一定质量的标准针垂直灌入试样的深度,以 0.1mm 表示。试验条件以 $P_{T、m、t}$ 表示,其中 P 为针入度,T 为试验温度,m 为荷载重,t 为贯入时间。针入度值越小,表示黏度越大。

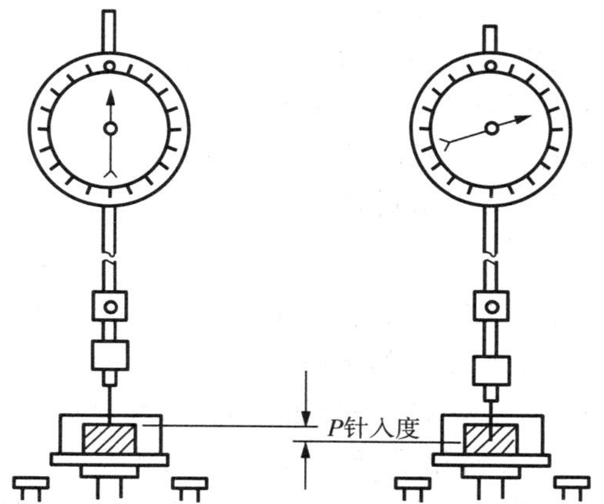

图 6-3 针入度法测定黏稠沥青针入度示意图

我国现行试验方法《公路工程沥青及沥青混合试验规程》(JTG E20—2011)规定：标准针和针连杆组合件的总质量为50g±0.05g，另加50g±0.05g的砝码一个，试验时总质量100g±0.05g，试验温度为25℃(当计算针入度指数P.I.时可采用15℃、30℃、25℃或5℃)，标准针贯入时间为5s。例如：某沥青在上述条件时测得针入度为65(0.1mm)，可表示为

$$P(25℃、100g、5s)=65(0.1mm)$$

[问一问]

不同温度下测同一种沥青的针入度有什么规律性？

我国现行使用的黏稠沥青技术标准中，针入度是划分沥青技术等级的主要指标。针入度值越大，表明沥青愈软(稠度愈小)。

(2)黏度

黏度又称黏滞度，是测定液体沥青黏结性的常用技术指标。

黏度是指沥青试样在规定温度下，通过规定孔径，流出50mL试样所需的时间，以s为单位。我国目前采用道路标准黏度计测定(见图6-4)。

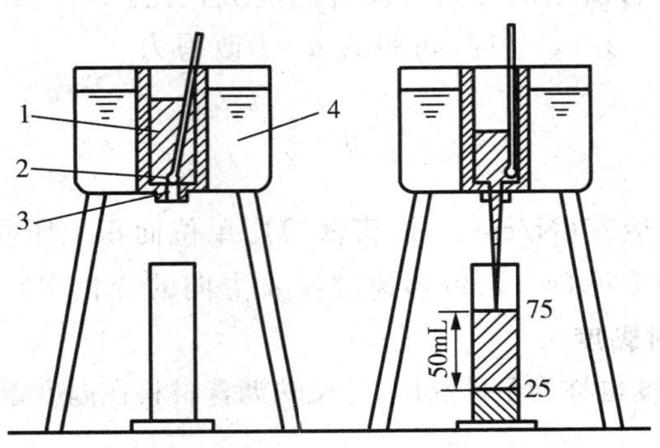

1—沥青试样；2—活动球塞；3—流孔；4—水。

图6-4　标准黏度计测定液体沥青示意图

根据《公路工程沥青及沥青混合试验规程》(JTG E20—2011)规定：液体状态的沥青材料，在标准黏度计中，于规定的温度条件下(20℃、25℃、30℃或60℃)，通过规定的流孔直径(3mm、4mm、5mm及10mm)流出50ml体积沥青所需的时间(s)，以$C_{T、d}$表示。其中C为黏度，T为试验温度，d为流孔直径。例如某沥青在60℃时，自5mm孔径流出50mL沥青所需时间为100 s，表示为$C_{60、5}=100$ s。在相同温度和相同流孔条件下流出时间越长，表示沥青黏度越大。

我国液体沥青是采用黏度来划分技术等级的。

(二)塑性

塑性是指沥青在外力作用下发生变形而不被破坏的能力。

影响塑性大小的因素与沥青的组分及温度有关。沥青中树脂含量多，油分及沥青质含量适当，则塑性较大。当温度升高，塑性增大，沥青膜层愈厚则塑性愈高。反之，塑性愈差。在常温下，塑性好的沥青不易产生裂缝，并减少摩擦时的噪声。同时它对于沥青在温度降低时抵抗开裂的性能有着重要影响。

我国现行试验方法《公路工程沥青及沥青混合试验规程》(JTG E20—2011)

规定：沥青的塑性用延度表示，用延度仪测定(见图 6－5)。沥青延度是将沥青试样制成∞字形标准时摸(中间最小截面为 $1cm^2$)在规定速度 5cm/min±0.25cm/min 和规定温度 25℃、15℃、10℃或 5℃下拉断时的长度，以厘米表示。

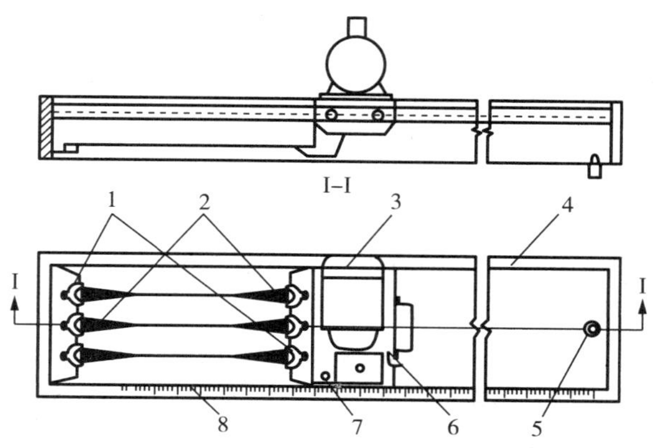

1—试模；2—试样；3—电机；4—水槽；5—泄水孔；6—开关；7—指针；8—标尺。

图 6－5　延度仪

沥青的延度越大，塑性越好，柔性和抗断裂性能越好。

(三)温度稳定性(感温性)

温度稳定性是指沥青的黏滞性和塑性随温度升降不产生较大变化的性能。当温度升高时，沥青由固态或半固态逐渐软化成粘流状态，当温度降低时由粘流状态转变为半固态或固态，甚至变脆。温度稳定性高的沥青，使用时不易因夏季高温而软化，也不易因冬季低温而脆。在工程上使用的沥青，要求具有良好的温度稳定性。

(1)高温敏感性用软化点表示。软化点是沥青材料由固体状态变为具有一定流动态时的温度间隔的 87.21% 为软化点。

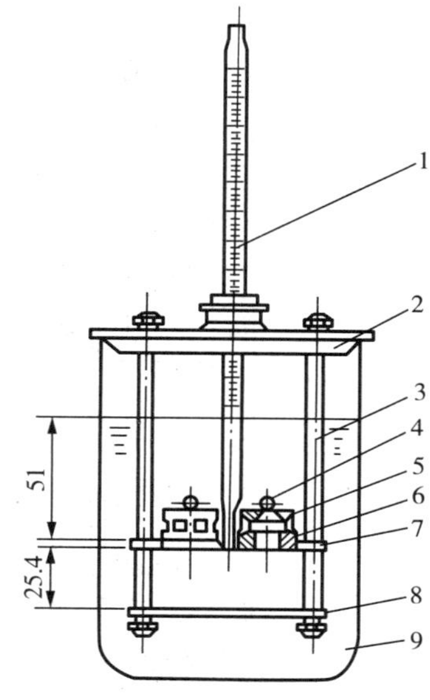

1—温度计；2—上盖板；3—立杆；4—钢球；5—钢球定位环；6—金属环；7—中层板；8—下层板；9—烧杯。

图 6－6　软化点试验仪

(尺寸单位：mm)

我国现行试验方法《公路工程沥青及沥青混合试验规程》(JTG E20—2011)规定：沥青软化点一般采用环球法软化点仪测定(见图 6－6)，即是将沥青式样装入规定尺寸的铜环内(内径 19.8mm±0.1mm)，试样上放置标准钢球(重 3.5g±0.05g)侵入水或甘油中，以规定的升温速度(5℃/min±0.5℃/min)加热,使沥青软化下垂至规定距离时的温度(以℃表示)。软化点愈高,表明沥青的耐热性愈好,即温度稳定性愈好。

针入度是在规定温度下沥青的条件黏度,而软化点则是沥青达到规定条件黏度时的温度。软化点既是反映沥青材料感温性的一个指标,也是沥青黏度的一种量度。

[问一问]

沥青"三大指标"分别表示沥青材料的什么性质?

针入度、延度、软化点是评价黏稠石油沥青路用性能最常用的经验指标,所以通称"三大指标"。

(2)低温抗裂性用脆点表示。

脆点是指沥青材料由黏稠状态转变为固体状态达到条件脆裂时的温度。

我国规范《公路工程沥青及沥青混合试验规程》(JTG E20—2011)规定,采用弗拉斯法测定沥青脆点。脆点试验是将沥青试样均匀涂在金属片上,置于有冷却设备的脆点仪内,摇动脆点仪的曲柄,使涂有沥青的金属片产生重复弯曲,随制冷剂温度降低,沥青薄膜温度也逐渐降低,当沥青薄膜在规定弯曲条件下,产生断裂时的温度,即为脆点(见图 6-7、图 6-8)。

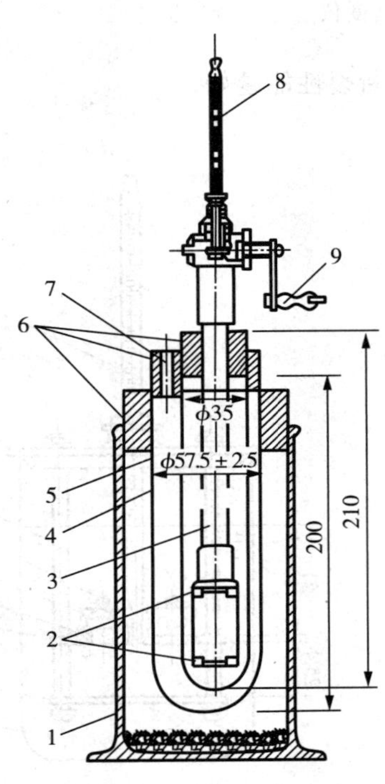

1—外筒;2—夹钳;3—硬塑料管;
4—真空玻璃管;5—试样管;6—橡胶管;
7—通冷却液管道;8—温度计;9—摇把。

图 6-7 弗拉斯脆点仪

(尺寸单位:mm)

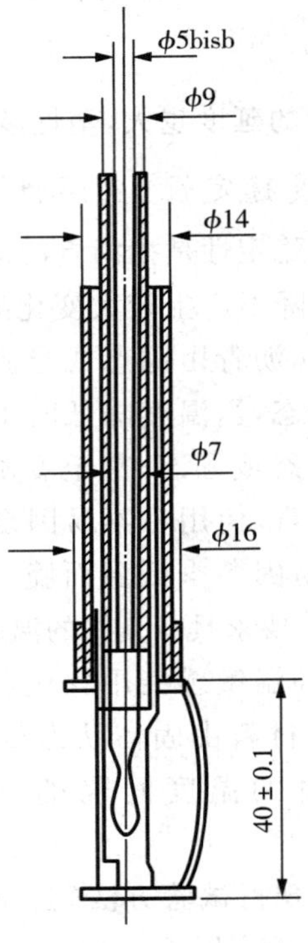

图 6-8 弯曲器

(尺寸单位:mm)

在工程实际应用中，要求沥青具有较高的软化点和较低的脆点，否则容易发生沥青材料夏季流淌或冬季变脆甚至开裂等现象。

（四）加热稳定性

沥青在加热或长时间的加热过程中，会发生轻馏分挥发、氧化、裂化、聚合等一系列物理及化学变化，使沥青的化学组成及性质相应的发生变化。这种性质称为沥青热稳定性。

为了解沥青材料在路面施工及使用过程的耐久性，规范《公路工程沥青及沥青混合试验规程》(JTG E20—2011)规定：要对沥青材料进行加热质量损失和加热后残渣性质的试验，道路黏稠石油沥青采用蒸发损失试验、沥青薄膜加热试验；对于液体石油沥青采用沥青的蒸馏试验。

1. 沥青的蒸发损失试验

将50g±0.5g 沥青试样装入盛样皿(筒状，内径 55mm±1mm，深 35±1mm)中，置于烘箱内，在163℃±1℃下保持受热时间5h，冷却后测定其质量损失，并测定残留物的针入度。

沥青经加热损失试验后，由于沥青中轻质馏分挥发，不稳定成分发生氧化、聚合等作用，导致残留物性能与原始材料性能有很大的差别。主要表现为针入度减小，软化点升高和延度降低。

加沥青的蒸发损失试验中，沥青试样的厚度约为21mm，受热时与空气接触面积较小，只有表面薄层的沥青发生氧化，而在实际使用沥青时，往往需要将沥青与矿料在较高的温度下拌和均匀，这就是说：实际使用的沥青呈薄膜状分布，沥青与空气的接触面积较大，所以对重交通量用道路黏稠石油沥青采用沥青薄膜加热试验。

2. 沥青薄膜加热试验

3.2mm 厚的试样在规定温度条件下，经规定时间加热，测定试验前后沥青质量和性质的变化。

该法是将50±0.5g 沥青试样装入盛样皿(内径140mm±1mm，深9.5mm～10mm)内，使沥青成为厚约3.2mm 的沥青薄膜。沥青薄膜在163℃的标准薄膜加热烘箱(见图6－9)中加热5h后，取出冷却，测定其质量损失，并按规定的方法测定残留物的针入度、延度等技术指标。

3. 液体石油沥青蒸馏试验

蒸馏试验是将沥青在标准曲颈蒸馏器(见图6－10)内加热测定。选择馏出阶段较接近，同时具有相同物理、化学性质的馏分含量，以占试样体积百分率表示。除非特殊要求，各馏分蒸馏的标准切换温度为225℃、316℃、360℃。通过此试验可了解液体石油沥青含各温度范围内轻质挥发油的数量，并可根据对残留物的性质测定预估液体沥青在道路路面中的性质。

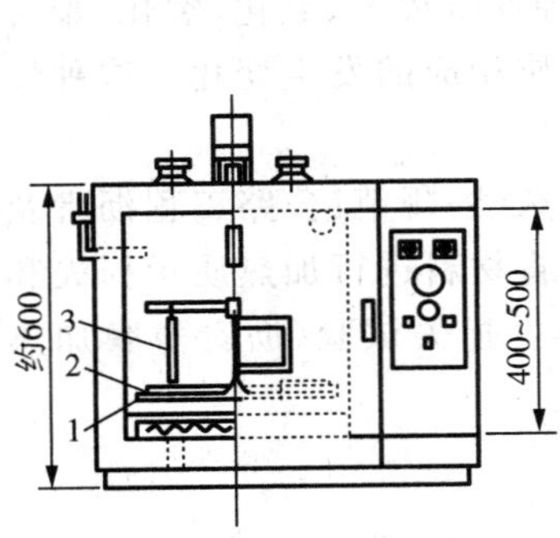

1—转盘；2—试样；3—温度计。

（a）薄膜加热烘箱

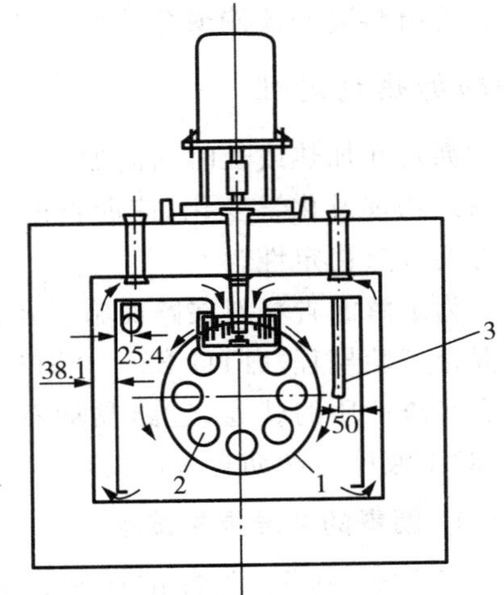

1—垂直转盘；2—盛样瓶插孔；6—温度计。

（b）旋转薄膜加热烘箱

图 6－9　沥青薄膜加热烘箱(尺寸单位:mm)

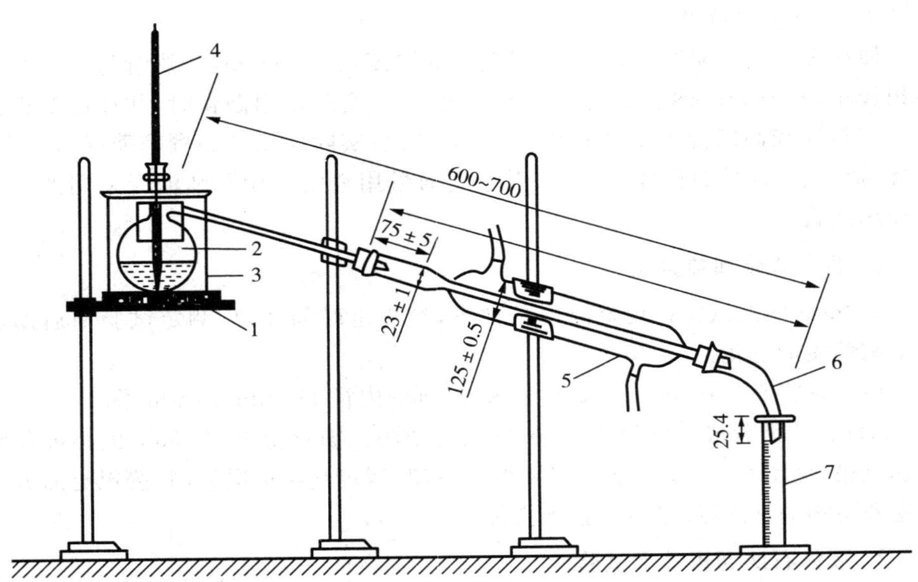

1—调节加热器;2—蒸馏烧杯;3—保温罩;4—温度计;5—冷凝管;6—牛角管;7—量筒。

图 6－10　液体石油沥青蒸馏试验(尺寸单位:mm)

(五)安全性

沥青材料在使用时必须加热。当加热至一定温度时,沥青材料中挥发的油分蒸汽与周围空气组成混合气体,此混合气体遇火焰则发生闪火。若继续加热,油分蒸汽的饱和度增加,由于此种蒸气与空气组成的混合气体遇火焰极易燃烧,而引火灾或导致沥青烧坏，为此必须测定沥青的闪点和燃点。

(1)闪点(闪火点)

加热沥青挥发的可燃气体与空气组成混合气体在规定条件下与火接触，产生闪光时的沥青温度(℃)，常采用开口杯式闪点仪测定(见图6-11)。

(2)燃点(着火点)

指沥青加热产生的混合气体与火接触能持续燃烧5s以上时的沥青温度(℃)。

[问一问]

测定沥青的闪点和燃点对施工有什么作用?

闪点、燃点温度一般相差10℃左右。

我国规范《公路工程沥青及沥青混合试验规程》(JTG E20—2011)常用克利夫兰开口杯式闪点仪测定(见图6-11)。

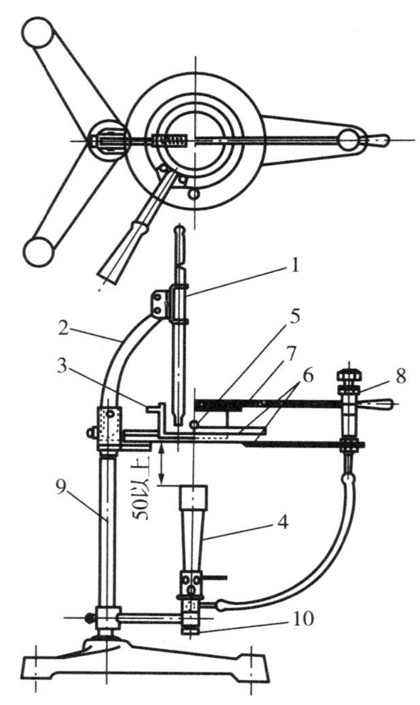

1—温度计；2—温度计支架；3—金属试验杯；4—加热器具；5—试验标准球；6—加热板；7—实验火焰喷嘴；8—调节开关；9—加热板支架；10—加热调节器。

图6-11　克利夫兰开口杯式闪点仪(尺寸单位：mm)

(六)溶解度

沥青的溶解度是指沥青在三氯乙烯中溶解的百分率(有效物质含量)。那些不溶解的物质为有害物质(沥青碳，似碳物)，它会降低沥青的性能，应加以限制。

(七)含水量

沥青几乎不溶于水，具有良好的防水性能。但沥青材料不是绝对不含有水分，水在纯沥青中的溶解度为0.001～0.019。

如沥青中含有水分，施工中挥发太慢，影响施工速度，所以要求沥青中含水量不宜过多。在加热过程中，如水分过多，易产生“溢锅”现象，引起火灾，使材料损失。所以在熔化沥青时应加快搅拌速度，促进水分蒸发，控制加热温度。

沥青的含水量用沥青含水量测定仪测定(见图 6-12)。液体沥青可直接抽提；黏稠沥青需加挥发性溶剂(二苯甲等)以助水分蒸发。含水量以抽提出的水分占沥青重量的百分数表示。水分如小于 0.025mL(二十分刻度的半格)时，则认为是痕迹。

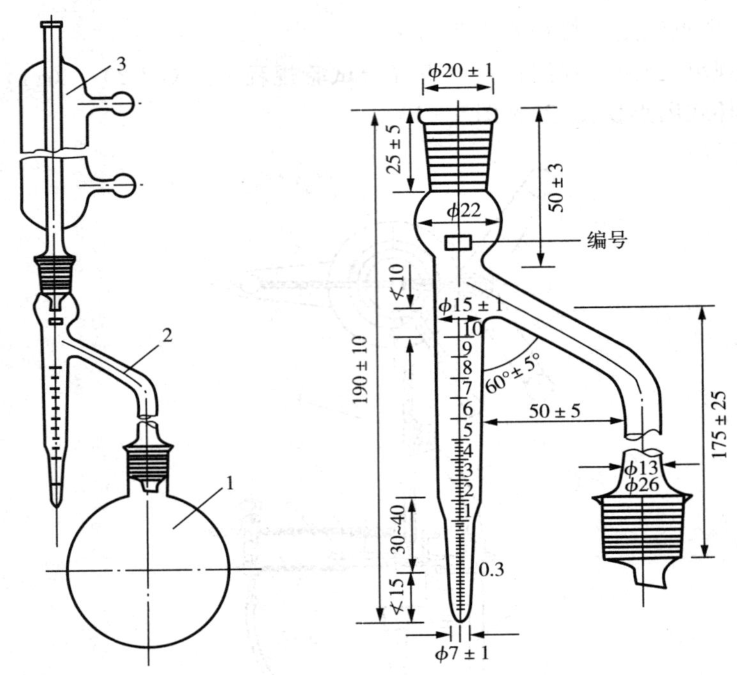

1—烧瓶；2—水分接收器；3—冷凝管。

图 6-12　沥青含水量测定仪(尺寸单位：mm)

(八)针入度指数

荷兰学者普费(Pfeiffer)等研究提出，应用经验的针入度和软化点试验结果，找出其间的变化规律能表征沥青的感温性和胶体结构的指标，称“针入度指数”(P. I.)。

沥青在不同温度下的针入度值，若以针入度的对数为纵坐标，以温度为横坐标，可得到如图 6-13 所示的直线关系，以式(6-3)表示。

$$\lg P = AT + K \tag{6-3}$$

式中：A——针入度温度感应性系数，由针入度和软化点确定；

K——截距。

根据试验研究认为，各种沥青达到软化点($T_{软}$)温度时，此时的针入度恒等

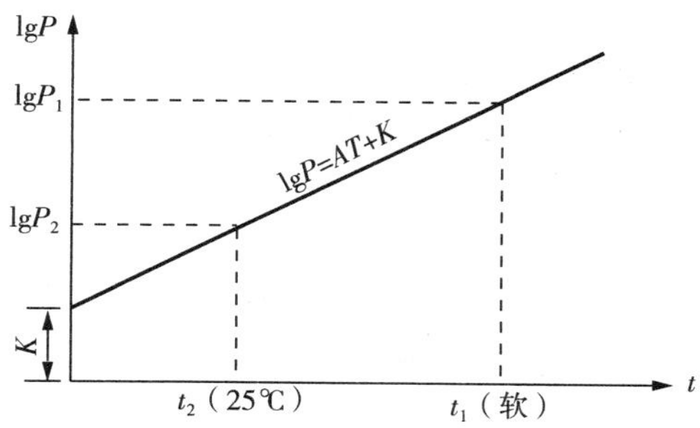

图 6－13　针入度-温度关系图

于 800(1/10mm)，因此斜率 A 可由式 6－4 表示：

$$A=\frac{\lg 800-\lg P(25℃,100g,5s)}{T_{软}-25} \tag{6-4}$$

沥青针入度指数 P.I. 是针入度和软化点的函数。针入度、温度感应性系数(A)与针入度指数(P.I.)的关系可按式 6－5 绘制成诺模图(见图 6－14)。

$$P.I.=\frac{30}{1+50A}-10 \tag{6-5}$$

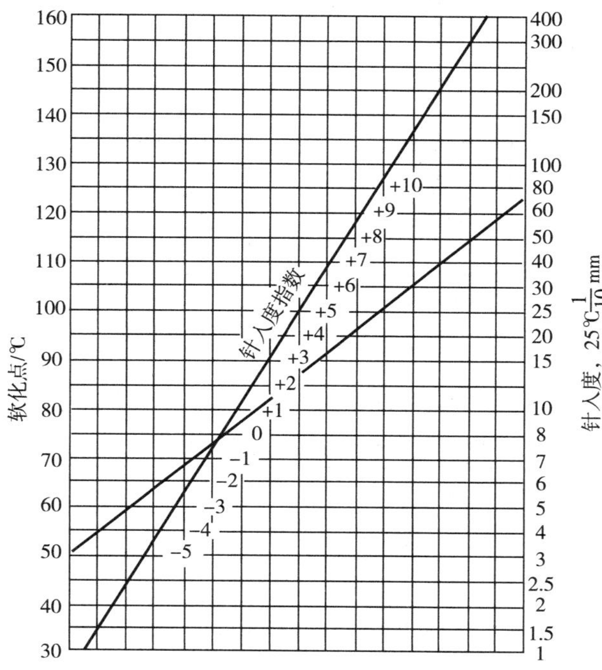

图 6－14　确定沥青针入度指数用诺模图

针入度指数可将沥青划分为三种胶体结构(见表 6－3)。

(九)黏附性

[问一问]

黏附性试验中采用水煮法和水浸法各适用什么条件下?

黏附性是路用沥青重要性能之一。它直接影响沥青路面的使用质量和耐久性。沥青裹覆石料后的抗水性(抗剥性)不仅与沥青的性质有密切关系,而且与集料性质有关。当采用一种固定的沥青时,不同矿物成分的石料的剥落度也有所不同。从碱性,中性直至酸性石料,随着 SiO_2 含量的增加,剥落度亦随之增加。为保证沥青混合料的强度,在选择石料时应优先考虑利用碱性石料,当地缺乏碱性石料必须采用酸性石料时,可掺加各种抗剥剂以提高石料与沥青的黏附性。

对沥青与石料黏附性的试验方法,我国规范《公路工程沥青及沥青混合试验规程》(JTG E20—2011)规定:采用水煮法和水浸法(见图 6-15)。

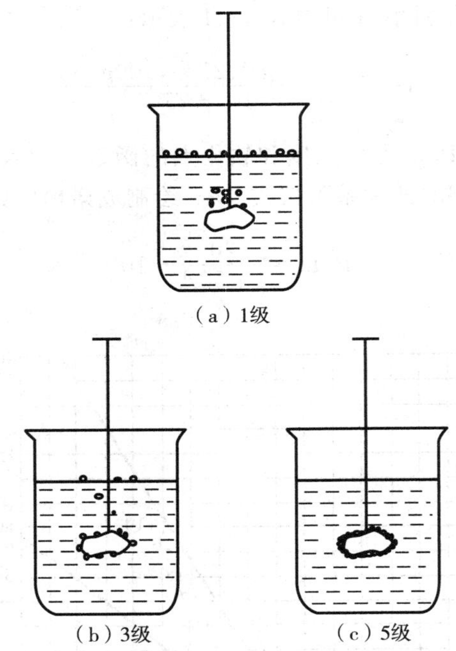

图 6-15 沥青与矿料抗剥性试验(水煮法)

浸、煮后,观察矿料颗粒上沥青膜的剥落程度,并按表 6-4 评定其黏附等级。

表 6-4 沥青与集料的黏附性等级

试验后石料表面上沥青膜剥落情况	黏附性等级
沥青膜完全保存,剥落面积百分率接近于 0	5
沥青膜少部为水所移动,厚度不均匀,剥落面积百分率少于 10%	4
沥青膜局部明显为水所移动,但还基本留在石料表面上,剥落面积百分率少于 30%	3
沥青膜大部分为水所移动,局部保留在石料表面上,剥落面积百分率大于 30%	2
沥青膜完全为水所移动,石料基本裸露,沥青完全浮于水面上	1

(十)老化

沥青在自然因素(热,氧化,光和水)的作用下,产生“不可逆”的化学变化,导致路用性能劣化,通常称之为“老化”。

沥青在使用过程中,由于长时间受阳光、空气和水的作用,以及沥青与矿料间的物理—化学作用,沥青分子会发生氧化和聚合作用,使低分子化合物转变为较高分子化合物。其组分转化大致如下:

[想一想]
老化后沥青哪些性能有变化?

油质→树脂→沥青质→沥青碳、似碳物。

沥青老化后,其化学组分改变,性质也发生改变,表现为针入度减少,延度降低,软化点升高,绝对黏度提高,脆点降低等。

沥青组分在转化过程中,表现为饱和分变化甚少,芳香分明显转变为胶质(速度较慢),而胶质又转变沥青质(速度较快),由于芳香分转变为胶质,不足以补偿胶质转变为沥青质,所以最终是胶质显著减少,而沥青质显著增加。

反映沥青老化的技术指标主要有:加热质量损失和加热后残渣针入度比、残留延度等。

四、我国道路石油沥青的技术要求

(一)道路石油沥青的技术要求

道路石油沥青的质量应符合表 6 - 5 的要求。经建设单位同意,沥青的 PI 值、60℃动力黏度,10℃延度可作为选择性指标。

表 6 - 5 道路石油沥青的适用范围

沥青等级	适用范围
A 级沥青	各个等级的公路,适用于任何场合和层次
B 级沥青	高速公路、一级公路沥青下面层及以下的层次,二级及二级以下公路的各个层次;用作改性沥青、乳化沥青、改性乳化沥青、稀释沥青的基质沥青
C 级沥	三级及三级以下公路的各个层次

在《公路沥青路面施工技术规范》(JTG F40—2004)中修订了沥青等级划分方法,并增补了解沥青的技术指标,以全面、充分地反映沥青技术性能。在这个标准中沥青路面的气候条件为依据,在同一个气候分区内根据道路等级和交通特点再将沥青分为 1~3 个不同的针入度等级;在技术指标中增加了反映沥青感温性的指标针入度指数 PI,沥青高温性能指标 60℃动力黏度,并选择 10℃延度指标评价沥青的低温性能,有关的技术要求见表 6 - 6 所列。

(二)道路液体石油沥青的技术标准

道路用液体石油沥青的技术要求,按液体沥青的凝固速度而分为快凝、中凝、慢凝三个等级,快凝的液体石油沥青又划分为三个标号。除黏度外,对蒸馏的馏分及残留物性质、闪点和含水分等提出相应的要求。技术要求列见表 6 - 7。

表 6－6　道路石油沥青技术要求(JTG F 40—2004)

指标	等级	160 号	130 号	110 号			90 号					70 号⑤					50 号⑤	30 号
适用的气候分区①		注④	注④	2—1	2—2	2—3	1—1	1—2	1—3	2—2	2—3	1—3	1—4	2—2	2—3	2—4	1—4	注⑥
针入度(25℃,100g,5s)(0.1mm)		140～200	120～140	100～120			80～100					60～80					40～60	20～40
针入度指数 PI②,③	A	－1.5～＋1.0																
	B	－1.8～＋1.0																
软化点(R&B)/℃,≥	A	38	40	43			45			44		46		45			49	55
	B	36	39	42			43			42		44		43			46	53
	C	35	37	41			42					43					45	50
60℃动力黏度/(Pa·s),≥	A	—	60	120			160			140		180		160			200	260
10℃延度③/cm,≥	A	50	50	40			45	30	20	30	20	20	15	25	20	15	15	—
	B	30	30	30			30	20	15	20	15	15	10	20	15	10	20	—
15℃延度/cm,≥	A、B																	
	C	80	80	60			50					40					40	40
闪点(COC)/℃,≥		230					260											
含蜡量(蒸馏法)/%,≤	A	2.2																
	B	3.0																
	C	4.5																

（续表）

指标	等级	160 号	130 号	110 号	90 号	70 号⑤	50 号⑤	30 号
溶解度/%		99.5						
15℃密度/(g/cm³)		实测记录						
薄膜加热试验(旋转薄膜加热功当量试验)后								
质量变化/%,≤	±0.8							
针入度/%,≥	A	48	54	55	57	61	63	65
	B	45	50	52	54	58	60	62
	C	40	45	48	50	54	58	60
10℃延度/cm,≥	A	12	12	10	8	6	2	—
	B	10	10	8	6	4	2	—
15℃延度/cm,≥	C	40	36	30	20	15	10	—

［注］ ① 试验方法按照现行《公路工程沥青及沥青混合料试验规程》(JTG E 20—2011)规定的方法执行。用于仲裁试验时，求取针入底指数 P.I. 的 5 个温度与针入度相关系数不得小于 0.997。

② 经建设单位同意，表中的针入度指数 P.I.、60℃动力黏度、10℃延度作为选择性指标；也可作为施工质量检验指标。

③ 30 号沥青仅适用于沥青稳定基层。130 号和 160 号沥青除寒冷地区可直接在中低级公路上直接应用外，通常用乳化沥青、稀释沥青、改性沥青的基质沥青。

④ 70 号沥青可根据需要要求供应商提供针入度范围为 60～70 或 70～80 的沥青，50 号沥青可要求提供针入度范围为 40～50 或 50～60 的沥青。

⑤ 老化试验以 TFOT 为准，也可以 RTFOT 代替。

表 6-7 道路液体石油沥青技术要求

试验项目		快凝		中凝						慢凝						试验方法
		AL(R)-1	AL(R)-2	AL(M)-1	AL(M)-2	AL(M)-3	AL(M)-4	AL(M)-5	AL(M)-6	AL(S)-1	AL(S)-2	AL(S)-3	AL(S)-4	AL(S)-5	AL(S)-6	
黏度/s	$C_{25.5}$	<20	—	<20	—	—	—	—	—	<20	—	—	—	—	—	T0621
	$C_{60.5}$	—	5～15	—	5～15	16～25	26～40	41～100	101～200	—	5～15	16～25	26～40	41～100	101～200	
蒸馏(体积)不大于/%	225℃前	>20	>15	<10	<7	<3	<2	0	0	—	—	—	—	—	—	T0632
	315℃前	>35	>30	<35	<25	<17	<14	<8	<5	—	—	—	—	—	—	
	360℃前	>45	>35	<50	<35	<30	<25	<20	<15	<40	<35	<25	<20	<15	<5	
蒸馏后残留物性质	针入度(25℃，100g,5s)(1/10mm)	60～200	60～200	100～300	100～300	100～300	100～300	100～300	100～300	—	—	—	—	—	—	T0604
	延度 25℃/cm,>	60	60	60	60	60	60	60	60	—	—	—	—	—	—	T0605
	浮漂度(50℃)/s	—	—	—	—	—	—	—	—	<20	>20	>30	>40	>45	>45	T0631
闪点(TOC)/℃,>		30	30	65	65	65	65	65	65	70	70	100	100	120	120	T0633
含水量/%,不大于		0.2	0.2	0.2	0.2	0.2	0.2	0.2	0.2	2.0	2.0	2.0	2.0	2.0	2.0	T0612

第三节　其他品种沥青

一、煤沥青

煤沥青(俗称柏油)是用煤在隔绝空气条件下干馏,制取炼焦和制煤气的副产品煤焦油炼制而成。根据煤干馏的温度不同,而分为高温煤焦油(700℃以上)和低温煤焦油(450～700℃)两类。路用煤沥青主要是由炼焦或制造煤气得到的高温煤焦油加工而得。

(一)煤沥青的化学组成和结构特点

1. 煤沥青的化学组成

煤沥青的组成主要是芳香族碳氢化合物及其氧、硫和氮的衍生物的混合物,其元素组成主要为C、H、O、S和N。煤沥青的化学结构极其复杂,有环结构上带有侧链,但侧链很短。

煤沥青化学组分的研究,采用选择溶解等方法将煤沥青划分为几个化学性质相近且与路用性能有一定联系的组分进行研究。

(1)游离碳。其又称为自由碳,是高分子的有机化合物的固态碳质微粒,不溶于任何有机溶剂,具有足够的稳定性,只有在高温下才能溶解。在煤沥青中含有游离碳能增加沥青的黏滞性、提高其热稳定性。但游离碳超过一定含量时,沥青的低温脆性亦随之增加。煤沥青中游离碳相当于石油沥青中的沥青质,但颗粒比沥青质大得多。

(2)树脂。其主要有两种①硬树脂:固态晶体结构,在沥青中能增加其黏滞性,也类似石油沥青中的沥青质;②软树脂:赤褐色黏塑状物质,溶于氯仿,稳定性较低。能使煤沥青具有塑性,类似于石油沥青中的树脂。

(3)油分。其主要由液体未饱和的芳香族碳氢化合物所组成,与石油沥青中的油分类似,使煤沥青具有流动性。在油分中尚包含萘油、蒽油和菲油等。当蒽油含量小于15%时,可溶于油分中;当含量大于15%,温度低于10℃时,由于萘油变成晶体,使煤沥青的稠度增加。萘在常温下易挥发,所以地煤沥青的技术性质有不良的影响。蒽油含量低于15%～25%时,同样能降低煤沥青的黏滞性,若超过此含量,蒽油结晶,也使煤沥青黏度增加。蒽油有毒,能引起呼吸道黏膜和皮肤发炎、疼痛。

此外,煤沥青中含少量碱性物质(吡啶、喹啉等)和酸性物质(主要是酚),酚有毒且易与碱作用生成易溶于水的酚盐,能降低沥青的水稳定性,故酚在煤沥青中的含量愈少愈好。煤沥青中的酸碱物质都属表面活性物质,相当于石油沥青中的沥青酸与沥青酸酐,但其活性物质含量高于石油沥青。所以煤沥青表面活性比石油沥青高,与石料的黏附力较好。

2. 煤沥青的结构

煤沥青和石油沥青相类似,也是复杂的胶体分散系,游离碳和硬树脂组成的胶体微粒为分散相,油分为分散介质,而软树脂为保护物质,它吸附于固态分散胶粒周围,逐渐向外扩散,并溶解于油分中,使分散系形成稳定的胶体物质。

(二)煤沥青的技术性质与技术标准

1. 煤沥青的技术性质

(1)黏度

表示煤沥青的稠度。煤沥青组分中油分含量减少、固态树脂及游离碳量增加时，则煤沥青的黏度增高。煤沥青的黏度测定方法与液体沥青相同，亦是用道路沥青标准黏度计测定。

(2)蒸馏试验的馏分含量及残渣性质

煤沥青中含有各沸点的油分，这些油分的蒸法将影响沥青的性质。因而每沥青的起始黏滞度并不能完全表达其在使用过程中黏结性的特征。为了预估煤沥青在路面中使用过程的性质变化，在测定其起始黏滞度的同时，还必须测定煤沥青在各温度阶段所含馏分及其蒸馏后残留物的性质。

煤沥青蒸馏试验是测定试样受热时，在规定温度范围内蒸出的馏分含量，以质量百分率表示。除非特殊需要，各馏分蒸馏的标准切换温度为 170℃、270℃、300℃。

馏分含量的规定，控制了煤沥青由于蒸发而发生老化，残渣性质试验保证了煤沥青残渣具有适宜的黏结性与温度稳定性。

(3)煤沥青焦油酸含量

煤沥青的焦油酸(亦称酚)主要存在与煤沥青的中油中，故测定煤沥青中酚的含量是通过测定试样总的蒸馏馏分与碱性溶液氢氧化钠作用，使(C_6H_5OH)与氢氧化钠形成水溶性酚盐(C_6H_5ONa)，根据酚钠体积求算出煤沥青中酚的含量，以体积百分率表示。

焦油酸溶解于水，易导致路面强度降低，同时它有毒。因此对其在沥青中的含量必须加以限制。

(4)含萘量

萘在煤沥青中低温时易结晶析出，使煤沥青产生假黏度而失去塑性，同时常温下易升华，并促使“老化”加速，降低煤沥青的技术性质。此外，萘有毒，故对其含量加以限制。煤沥青的萘含量是取酚含量测定后的无酚中油，在低温下使萘结晶，然后与油分离而获得“粗萘”。萘含量即以粗萘占煤沥青的质量百分率表示。

(5)甲苯不溶物

煤沥青的甲苯不溶物含量，是试样在规定的甲苯溶剂中不溶物(游离碳)的含量，用质量百分率表示。

(6)含水分

与石油沥青一样，在煤沥青中含有过量的水分会使煤沥青在施工加热时发生许多困难，甚至导致材料质量的劣化和火灾。煤沥青含水量的测定方法与石油沥青相同。

2. 煤沥青的技术标准

根据煤沥青在工程中应用要求的不同，按照稠度可划分为软煤沥青(液体、半固体的)和硬煤沥青(固体的)两大类。道路工程主要应用软煤沥青，用于道路的软煤沥青又按其黏度和有关技术性质分为 9 个标号，其技术要求见表 6－9 所列。

表 6－8　道路用煤沥青技术要求

试验项目		T－1	T－2	T－3	T－4	T－5	T－6	T－7	T－8	T－9	试验方法
黏度/s	$C_{30,5}$ $C_{30,10}$ $C_{50,10}$ $C_{60,10}$	5～25	26～70	5～25	26～50	51～120	121～200	10～75	76～200	35～65	T0621
蒸馏试验馏出量/%	170℃前，不大于	<3	<3	<3	<2	<1.5	<1.5	<1.0	<1.0	<1.0	T0641
	270℃前，不大于	<20	<20	<20	<15	<15	<15	<10	<10	<10	
	300℃前，不大于	5～15	15～35	<30	<30	<25	<25	<20	<20	<15	
300℃蒸馏残渣软化点(环球法)/℃		30～45	30～45	35～65	35～65	35～65	35～65	40～70	40～70	40～70	T0606
水分/%，不大于		1.0	1.0	1.0	1.0	1.0	0.5	0.5	0.5	0.5	T0612
甲苯不溶物/%，不大于		20	20	20	20	20	20	20	20	20	T0646
含萘量/%，不大于		5	5	5	4	4	3.5	3	2	2	T0645
焦油酸含量/%，不大于		4	4	3	3	2.5	2.5	1.5	1.5	1.5	T0642

3. 煤沥青在技术性质上与石油沥青的差异：

(1)煤沥青的温度稳定性差。煤沥青是较粗的分散系，同时可溶性树脂含量较多，受热易软化，温度稳定性差。因此加热温度和时间都要严格控制，更不宜反复加热，否则易引起性质急剧恶化。

(2)煤沥青的大气稳定性差。由于煤沥青中含有较多不饱和碳氢化合物，在热、阳光、氧气等长期综合作用下，使煤沥青的组分变化较大，易老化变脆。

(3)煤沥青塑性较差。因煤沥青含有较多的游离碳，使塑性降低，所以在使用时易因受力变形而开裂。

[问一问]

有哪些方法最能区别出煤沥青和石油沥青？

(4)煤沥青与矿质材料表面黏附性能好。煤沥青组分中含酸、碱性物质较多，它们都是极性物质，赋予煤沥青较高的等表面活性和较好的黏附力，对酸、碱性石料均能较好地黏附。

(5)煤沥青防腐性能好。由于煤沥青中含有酚、蒽、萘油等成分，所以防腐性好，故宜用于地下防水层及防腐材料。

(6)煤沥青含有对人体有害成分较多，臭味较重。

(三)煤沥青与石油沥青的鉴别

如前所述，煤沥青的技术性能与石油沥青类似，但另有不同的特性，因而使用要求有一定区别。如煤油沥青加热温度一般应低于石油沥青，加热时间宜短不宜长等。在通常情况下，煤沥青不能与石油沥青混用，否则会因两者在物理化学性质上的差异而导致絮凝结块现象。因此，在贮存和加工时必须将这两种沥青严格区分开来。为使在工地条件下区别鉴认这两种沥青，现根据两种沥青的某些特性提出煤沥青与石油沥青的简易鉴别方法如表 6－10。

表 6－10　石油沥青和煤沥青的简易鉴别方法

鉴别方法	石油沥青	煤沥青
密度	接近 1.0	1.25～1.28
燃烧	烟少，无色，有松香味，无毒	烟多，黄色，臭味大，有毒
气味	常温下无刺激性气味	常温下有刺激性臭味
颜色	呈辉亮褐色	浓黑色
溶解试验	可溶于汽油或煤油	难溶于汽油或煤油
锤击	韧性较好，不易碎	韧性差，较脆
大气稳定性	较高	较低
抗腐蚀性	差	强

二、乳化沥青

(一)概　述

乳化沥青是将黏稠沥青加热至流动状态，再经高速离心、搅拌及剪切等机械作用，沥青形成细小的微粒(2～5μm)，使沥青以微粒状态均匀有乳化剂和稳定稳定剂的水溶液之中，形成水包油(O/W)型乳浊液。由于乳化剂和稳定稳定剂的作用，从而使沥青乳液形成均匀稳定的分散系。其外观为茶褐色，在常温下具有交好的流动性。

乳化沥青优点如下：

① 可冷态施工，节余能源。黏稠沥青通常要加热至160～180℃施工，而乳化沥青可以在常温下进行喷洒、贯入或拌和摊铺，现场无须加热，简化了施工程序，操作简便，节省了能源。

② 可在潮湿基层上使用，能直接与湿集料拌和，黏结力不会减低。而用其他沥青施工，必须在干燥的基层或干燥的集料拌和才能保证有足够的黏结力。

③ 无毒、无嗅、不燃、施工安全，保护环境，减少污染。

④ 节省能源、降低成本、增加结构沥青。

乳化沥青的缺点：

① 稳定性差，贮存期不超过半年，贮存期过长容易引起凝聚分层，贮存温度在0℃以上。

② 乳化沥青修筑路面成型期较长，最初应控制车辆行驶速度。

基于乳化沥青以上的性质，乳化沥青不仅适用于铺筑路面，而且在路堤的边坡保护、层面防水、金属材料表面防腐等工程中得到广泛应用。

(二)、乳化沥青的组成材料

乳化沥青主要由沥青、乳化剂、稳定剂和水等组成。

[问一问]

乳化沥青的主要用途?

1. 沥青

沥青是乳化沥青组成的主要材料，占55%～70%，沥青的性质将直接决定乳化沥青成膜性能和路用性质。在选择作为乳化沥青用的沥青时，首先要考虑它的易乳化性。一般说来，相同油源和工艺的沥青，针入度较大者易于形成乳液。但针入度的选择，应根据乳化沥青在路面工程中的用途来决定。另外，沥青中活性组分的含量对沥青乳化难易性有直接关系，通常认为沥青中沥青酸总量大于1%的沥青，采用通用乳化剂和一般工艺即易于形成乳化沥青。

2. 乳化剂

乳化沥青的性质极大程度上依赖乳化剂的性能，是乳化沥青形成的关键材料。沥青乳化剂是表面活性剂的一种类型，从化学结构上考察，它是一种"两亲性"分子，分子的一部分具有亲水作用，而另一部分具有亲油性质，这两个基因具有使互不相溶的沥青与水连接起来的特殊功能。在沥青、水分散体系中，沥青微粒被乳化剂分子的亲油基吸引，此时以沥青微粒为固体核，乳化剂包裹在沥青颗粒表面形成吸附层。乳化剂的另一端与水分子吸引，形成一层水膜，它可机械地阻碍颗粒的聚集。

乳化剂按其亲水基在水中是否电离而分为离子型和非离子型两大类。其分类如下：

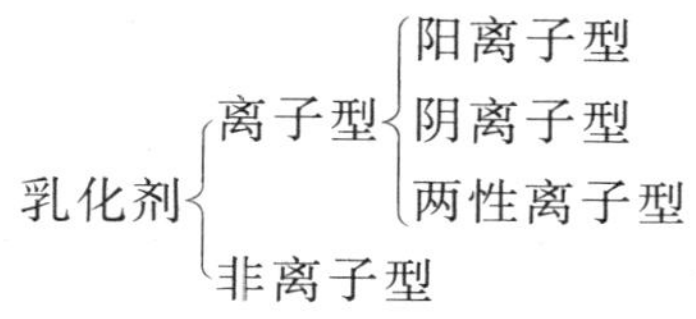

① 阴离子型乳化剂　这类乳化剂的明显特征是由带长链的有机阴离子与一种碱类(即皂类)构成的盐。阴离子型沥青乳化剂溶于水中时,能电离为离子或离子胶束,且于亲油基相连的亲水基团,带有阴(或负)电荷的乳化剂[见图 6-16(a)]。

阴离子沥青乳化剂最主要的亲水基团有羟酸盐(如 COONa)、硫酸酯盐(如 OSO_3Na)、磺酸盐(如 SO_3Na)等三种。

② 阳离子型乳化剂　阳离子型沥青乳化剂是在溶于水中时,能电离为离子或离子胶束,且与亲油基相连接的亲水基团,带有阳(或正)电荷的乳化剂[见图 6-16(b)]。

阳离子型沥青乳化剂按其化学结构,主要有季铵盐类、烷基胺类,酰胺类、咪唑啉类、环氧乙烷二胺类和胺化木质素类等。

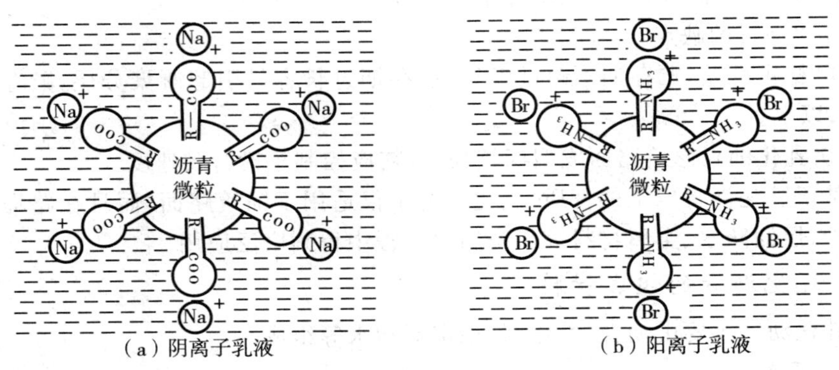

(a) 阴离子乳液　　(b) 阳离子乳液

图 6-16　阴离子和阳离子乳液结构示意图

③ 两性离子型乳化剂　两性离子型沥青乳化剂是在水中溶解时,电离成离子或离子胶束,且与亲油基相连接的亲水基团,即带有阴电荷又带有阳电荷的乳化剂。

两性离子型沥青乳化剂按其两性离子的亲水基团的结构和特性,主要分为氨基酸型、甜菜型和咪唑啉型等。

④ 非离子型乳化剂　非离子型沥青乳化剂是在水中溶解时,不能离解成离子或离子胶束,而是依赖分子所含的羟基(—OH)和醚链(—O—)等作为亲水基团的乳化剂。

非离子型乳化剂根据亲水基团的结构可分为醚基类、酯基类、酰胺类和杂环类等,但应用最多的为环氧乙烷缩合物和一元醇或多元醇的缩合物。

目前我国常用于乳化沥青的乳化剂示例,见表 6-11 所列。

表 6-11　我国各种不同乳化剂类型表

乳化剂类型	乳化剂名称
阴离子型	十二烷磺酸
阳离子型	十六烷基三甲基溴化铵
	十八烷基三甲基氯化铵
	十八叔胺二硝酸季氯盐
	十七烷基二甲基苄基氯化铵
两性离子型	氨基酸型两性乳化剂
非离子型	辛基酚聚氧乙烯醚

3. **稳定剂**

为防止已经分散的沥青乳液在贮存期彼此凝聚，以及在施工喷洒或拌和的机械作用下有良好的稳定性，必要时加入适量的稳定剂。稳定剂可分为两类：

① 有机稳定剂　常用的有聚乙烯醇、聚丙烯酰胺、羟甲基纤维素纳、糊精、MF 废液等。这类稳定剂可提高乳液的贮存稳定性和施工稳定性。

② 无机稳定剂　常用的有氯化钙、氯化镁、氯化铵和氯化铬等。这类稳定剂可提高乳液的贮存稳定性。

稳定剂对乳化剂协同作用必须通过试验来确定，并且稳定剂的用量不宜过多，一般为沥青乳液的 0.1%～0.15%为宜。

4. **水**

水是乳化沥青的主要组成部分。水在乳化沥青中起着润湿、溶解及化学反应的作用。所以要求乳化沥青中的水应当纯净，不含其他杂质，一般要求用每升水中氧化钙含量不得超过 80mg 的洁净水，否则对乳化性能将有很大的影响，并且要多消耗乳化剂。水的用量一般为 30%～70%。

（三）乳化沥青的形成机理

根据乳状液理论，由于沥青与水这两种物质的表面张力相差较大，将沥青分散于水中，则会因表面张力的作用使已分散的沥青颗粒重新聚集结成团块。欲使已分散的沥青能稳定均匀地存在（实际上是悬浮）于水中，必须使用乳化剂，以降低沥青与水之间的表面张力差。沥青能够均匀稳定地分散在乳化剂水溶液中的原因主要是：

① 乳化剂降低界面能的作用　由于沥青与水的表面张力相差较大，在一般情况下是不能互溶的。当加入一定量的乳化剂后，乳化剂能规律地定向排列在沥青和水的界面上，由于乳化剂属表面活跃物质，具有不对称的分子结构，分子一端是极性基因，是亲水的；另一端是非极性基因，是亲油的所以当乳化剂加入沥青与水组成的溶液中，乳化剂分子吸附在沥青—水界面上，形成吸附层，从而降低了沥青和水之间的表面张力差（见图 6-17）。

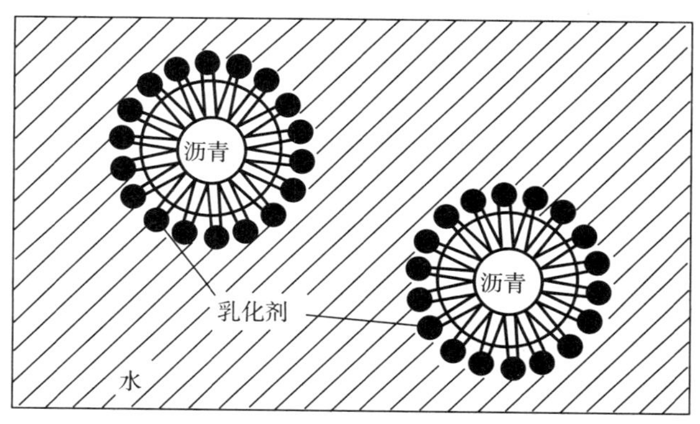

图 6-17　乳化剂在沥青微粒表面形成界面膜

② 增强界面膜的保护作用　乳化剂分子的亲油基吸附在沥青微滴的表面，在沥青—水界面上形成界面膜，此界面膜具有一定的强度，对沥青微滴起保护作

用，使其在相互碰撞时不易聚结（见图 6－17）。

③ 界面电荷稳定作用　乳化剂溶于水后发生离解，当亲油基吸附于沥青时，使沥青微滴带有电荷（阳离子乳化沥青带正电荷，见图 6－18），此时在沥青—水界面上形成扩散双电层。由于每个沥青微滴都带有相同电荷，且有扩散双电层的作用，故水-沥青体系成为稳定体系。

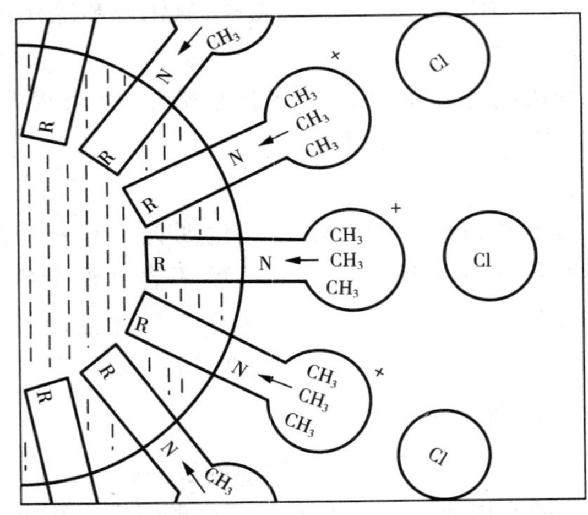

图 6－18　阳离子乳化沥青的界面电荷

综上所述，沥青乳液能形成稳定的分散体系，主要是由于乳化剂降低了体系的界面能，界面膜的形成和界面电荷的作用。

（四）乳化沥青技术性质与技术要求

乳化沥青在使用中，与砂、石骨料拌和成型后，在空气中逐渐脱水，水膜变薄，使沥青微粒靠拢，将乳化剂薄膜挤裂而凝成连续的沥青黏结膜层。成膜后的乳化沥青具有一定的耐热性、黏结性、抗裂性、韧性及防水性。

表 6－12　乳化沥青品种及适用范围

分类	品种及代号	适用范围
阳离子乳化沥青	PC－1	表处、贯入式路面及下封层用
	PC－2	透层油及基层养生用
	PC－3	黏层油用
	BC－4	稀浆封层或冷拌沥青混合料用
阴离子乳化沥青	PA－1	表处、贯入式路面及下封层用
	PA－2	透层油及基层养生用
	PA－3	黏层油用
	BA－1	稀浆封层或冷拌沥青混合料用
非离子乳化沥青	PN－2	透层油用
	BN－1	与水泥稳定集料同时使用（基层路拌或再生）

道路用乳化石油沥青技术要求（见表 6－13）。

表 6-13 道路用乳化石油技术要求

试验项目		单位	品种及代号										试验方法
			阳离子				阴离子				非离子		
			喷洒用			拌和用	喷洒用			拌和用	喷洒用	拌和用	
			PC-1	PC-2	PC-3	BC-1	PA-1	PA-2	PA-3	BA-1	PN-2	BN-1	
破乳速度			快裂	慢裂	快裂或中裂	慢裂或中裂	快裂	慢裂	快裂或中裂	慢裂或中裂	慢裂	慢裂	T0658
粒子电荷			阳离子(+)				阴离子(-)				非离子		T0653
筛上残留物(1.18mm),不大于		%	0.1				0.1				0.1		T0652
黏度	恩格拉黏度 E_{25}		2~10	1~6	1~6	2~30	2~10	1~6	1~6	2~30	1~6	2~30	T0622
	道路标准黏度计 $C_{25,3}$	S	10~25	8~20	8~20	10~60	10~25	8~20	8~20	10~60	8~20	10~60	T0621
蒸发残留物	残留分含量,不小于	%	50	50	50	55	50	50	50	55	50	55	T0651
	溶解度,不小于	%	97.5				97.5				97.5		T0607
	针入度(25℃)	0.1mm	50~200	50~300	45~150		50~200	50~300	45~150		50~300	60~300	T0604
	延度(15℃),不小于	cm	40				40				40		T0605
与粗集料的黏附性,裹附面积,不大于			2/3			—	2/3			—	2/3	—	T0654
与粗、细粒式集料拌和试验			—			平均	—			平均	—		T0659
水泥拌和试验的筛上剩余,不大于		%	—				—				—	3	T0657
常温贮存稳定性(不大于5d),不大于		%	1 5				1 5				1 5		T0655

(五)乳化沥青在集料表面分裂机理

分裂是指从乳液中分裂出来的沥青微滴在集料表面聚结成一层连续的沥青薄膜,这一过程称为分裂(俗称破乳)。

路用沥青乳液要有足够的稳定性,以保证在运输和洒布过程中不致过早分裂;另一方面,但乳液洒布在路面上遇到集料时,则应立即产生分裂。乳液产生分裂的外观特征是它的颜色由棕褐色变成黑色,此时的乳化液还含有水分,需待水分完蒸发后,才能产生黏结力。

路用沥青乳液的分裂速度,与水的蒸发速度、集料表面性质、以及洒布和碾压作用等因素有关。

1. 蒸发作用

沥青洒于路上,随即产生蒸发作用。蒸发快慢与气温、风速及路面环境等有关,和普通水的蒸发现象一样,在温度较高及有风的条件下,水分蒸发快;通常在开阔的路面比有树荫遮路面蒸发快。止外,还洒布速度和压力有关。一般情况下,当沥青乳液中水分蒸发到沥青乳液的 80%~90%时,乳液即开始凝结。碾压应力,也促使了沥青的凝结。

在水分蒸发的初期,乳液的分裂是可逆的,即当遇到雨水时,能使乳液再乳化;遇到大雨时甚至可使乳液从路上冲走。但是在完全分裂后,沥青微粒变成一层沥青膜时,则不再受雨水的影响。

在寒冷潮湿的条件下,分裂不完全的乳液,在行车作用下,则易引起破坏。当乳液完全形成一层黑色的薄膜后,它黏结在集料表面形成一层薄膜,与热拌沥青几乎无甚差别。

2. 乳液与集料表面的吸附作用

在水分逐渐蒸发,乳液分裂凝聚的同时,沥青与矿料表面还有吸附作用。沥青与矿料的吸附除依靠分子间力产生的物理吸附外,还有二者之间的电性吸附。如前所述,沥青乳液中乳化剂的一端为亲油基与沥青吸附,另一端亲水基则伸入水中。当它与骨料相遇时,由于产生离子吸附,使骨料表面迅速牢固的形成一层沥青薄膜,其中水分子立即排除(见图 6-19),而且这一反应过程不受气候、湿度和风速等因素的影响,故能形成高强度路面。

① 阴离子乳液(沥青微滴带负电荷)与带正电荷碱性集料(石灰石、玄武石等)具有较好的黏结性。

② 阳离子乳液(沥青微滴带正电荷)与带负电荷的酸性集料(花岗岩、石英石等)具有较好的黏结性。同时与碱性集料也有较好的亲和力。

由于乳化沥青的分裂需经一定时间才能彻底完成,路面初期强度不高,因此必须限制车辆行驶速度和行驶路线,以保证路面的整体性和强度的形成。

(七)乳化沥青的应用

乳化沥青用于修筑路面,不论是阳离子型乳化沥青或阴离子型乳化沥青有两种施工方法:

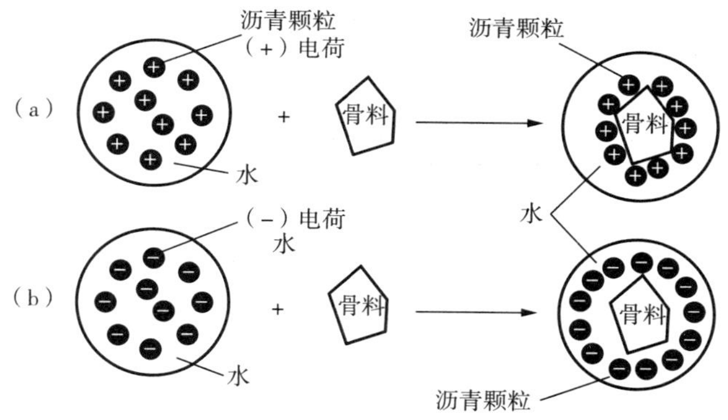

图 6-19　沥青乳液的分裂过程示意图

注:(a)阳离子乳化液与骨料作用;(b)阴离子乳化液与骨料作用。

1)洒布法:如透层、粘层、表面处治或灌入式沥青碎石路面。

2)拌和法:如沥青碎石或沥青混合料路面。

三、再生沥青

再生沥青是将已经老化的沥青,经掺加再生剂后使其恢复到原有(甚至超过原来)性能的一种沥青。

(一)沥青材料的老化

沥青材料的老化是沥青材料在使用中受到自然因素(氧、光、热和水等)的作用,随时间而产生"不可逆"的化学组成结构和物理力学性能变化的过程。

1. 化学组分的变化

沥青是由多种化学结构极其复杂化合物组成的混合物,为便于研究将其分离为几种组分,这种方法称为"化学沉淀法"。该法是将沥青分离为沥青质、氮基、第一酸性分、第二酸性分和链烷分等五个组分。

沥青在自然因素作用后,就会导致沥青组分"移行"。即沥青质显著增加,氮基和第一酸性分减少,第二酸性分稍有减少,链烷分变化很少,甚至几乎没有变化。现举国产沥青的一个例子(见表 6-14)。

表 6-14　老化沥青和再生沥青的化学组分变化事例

沥青种类	化学组分				
	链烷分 P	第二酸性分 A2	第一酸性分 A1	氮基 N	沥青质 At
原始沥青	21.9	29.1	13.1	24.9	11.0
老化沥青	20.6	21.1	12.4	15.4	30.5
再生沥青	16.5	22.4	7.0	25.1	29.0

2. 物理力学性质变化

由于沥青组分的移行,因而引起沥青物理力学性质的变化。通常的规律是针入度变小、延度降低、软化点和脆点升高。表现为沥青变硬、变脆、延伸性降低，导致路面产生裂缝、松散等破坏。同前例沥青老化后物理力学性质变化见表6－15所列。

表6－15 老化沥青和再生沥青技术性质示例

沥青种类	技术性质			
	针入度(0.1mm)	延度/cm	软化点/℃	脆点/℃
原始沥青	106	73	48	－6
老化沥青	39	23	55	－4
再生沥青	80	78	49	－10

(二)沥青再生

1. 沥青再生机理

沥青再生的机理目前采用的理论是“组分调节理论”。该理论是从化学组分移行出发，认为由于组分的移行，沥青老化后，某些组分偏多，而某些组分偏少，各组分间比例不协调，所以导致沥青路用性能降低．如能通过掺加再生剂调节其组分，则沥青将恢复原来的性质。

2. 沥青化学组分调节

从表6－15沥青老化后化学组分移动可以看出：由于第一酸性分转变为氮基的数量不足以补偿氮基转变为沥青质的数量，所以氮基数量的显著减少是沥青老化后的主要特征。所以，再生剂必须是以氮基为主的物剂。前例沥青经掺加再生剂和改性剂后，再生沥青的技术性质与原有沥青相近。

四、改性沥青

(一)概述

随着国民经济的高速发展，国家对交通运输的需求不断加大，现代高等级沥青路面的交通特点是交通密度大，车辆轴载重，荷载作用间歇时间短，以及高速和渠化。由于这些特点造成沥青路面高温出现车辙，低温产生裂缝，抗滑性很快衰降，使用年限不长，出现坑槽、松散等水损坏以及局部龟裂等。为进一步提高沥青材料的路用性能，必须对沥青加以改性，即提高沥青的流变性能，改善沥青与集料的粘附性，提高沥青的耐久性。

改性沥青是指掺加橡胶，树脂，高分子聚合物，磨细的橡胶粉或其他填料等外掺剂(改性剂)，或采用对沥青轻度氧化加工等措施，是沥青的性能得以改善。

改性剂是指在沥青中加入天然的或人工的有机或无机材料，可熔融、分散在沥青中，改善或提高沥青路面性能(与沥青发生反应或裹覆在集料表面上)的材料。

(二)改性沥青的分类及其特性

关于改性性沥青的分类，国际上尚无统一的标准。从广义划分，根据不同目的所采取改性沥青可汇总于图 6-20。

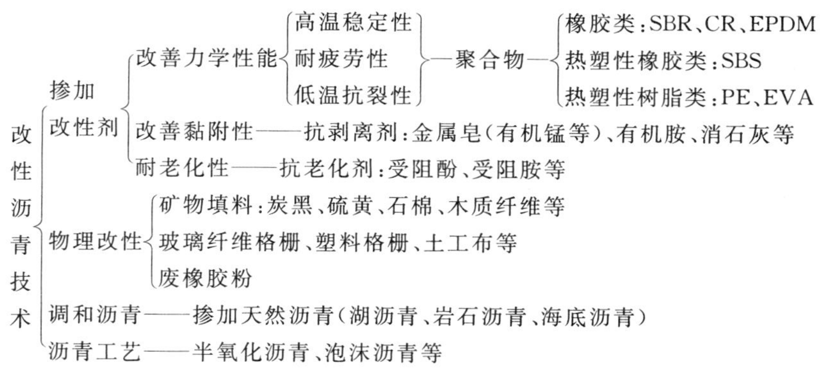

图 6-20　改性沥青的分类

[想一想]

有哪些方法能改善沥青的性能?

从狭义来说，现在所指道路改性沥青一般指聚合物改性沥青。用于改性的聚合物的种类也很多，按照改性剂的不同，一般分为以下几类：

(1)热塑性橡胶类改性沥青

改性剂主要是苯乙烯嵌段，如苯乙烯-丁二烯-苯乙烯(SBS)、苯乙烯-异戊二烯-苯乙烯(SIS)、苯乙烯-聚乙烯/丁基-聚乙烯(SE/BS)等嵌段共聚物。由于它兼具橡胶和树脂两类改性沥青的结构与性质，故也称为橡胶树脂类。SBS 由于具有良好的弹性(变形的自恢复性及裂缝的自愈性)，被广泛用于路面沥青混合料；SIS 主要用于热熔黏结料；SE/BS 则是应用于抗氧化、抗高温变形要求高的道路。

(2)橡胶类改性沥青

通常称为橡胶沥青，其中使用最多的是丁苯橡胶(SBR)和氯丁橡胶(CR)，还有天然橡胶(NR)、丁二烯橡胶(BR)、异戊二烯(IR)、乙丙橡胶(EPDM)、丙烯腈丁二烯共聚物(IIR)、苯乙烯异戊二烯橡胶(SIR)、硅橡胶(SR)、氟橡胶(FR)等等。橡胶类改性沥青不仅是世界上最早出现并广泛应用的改性沥青品种，也是我国较早得到研究和推广的品种。其中 SBR 是世界上应用最广泛的改性沥青之一，尤其是胶乳形式的 SBR 使用越来越广泛。CR 具有极性，常掺入煤沥青中使用，已成为煤沥青的改性剂。

SBR 改性沥青最大的特点是低温性能得到改善，以 5℃低温延度作为主要指标。但其在老化试验后，延度严重降低，所以主要适宜在寒冷气候条件下使用。

(3)热塑性树脂类改性沥青

如聚乙烯(PE)，聚丙烯(PP)，聚氯乙烯(PVC)，聚苯乙烯(PS)、乙烯-乙酸乙烯酯共聚物(EVA)、无规聚丙烯(APP)、烯乙基丙烯酸共聚物(EEA)、丙烯腈丁二烯丙乙烯共聚物(NBR)等在道路沥青的改性中均被应用过，这一类热塑性树脂的共同特点是加热后软化，冷却时变硬。此类改性剂的最大特点是使沥青结合料在常温下黏度变大，从而使高温稳定性增加，遗憾的是不能使沥青的混合料的弹性增加，且加热后易离析，再次冷却时产生众多的弥散体。

(4)掺加天然沥青的改性沥青

天然沥青是石油经过历史上长期的沉积、变化，在热、压力、氧化、触媒、细菌的综合作用下生成的沥青类物质。通常可掺加的天然沥青有湖沥青、岩石沥青和海底沥青等。

(5)其他改性沥青

① 多价金属皂化物　多价金属与一元羟酸所形成的盐类称为金属皂。将一定的金属皂溶解在沥青中，可使延度增加，脆点降低，明显提高与集料的黏附性能，增加沥青混合料的强度，提高沥青路面的柔性和疲劳强度。

② 炭黑　炭黑是由石油、天然气等碳氢化合物经高温不完全燃烧而生成的高含碳量粉状物质，在改性好的 SBS 改性沥青中混入炭黑综合改性，可使改性沥青的黏度增大，回弹性能提高。

③ 玻纤格栅　将一种自黏结型的玻璃纤维格栅，用一种专门的摊铺机铺设，铺在沥青混合料层中，耐热、黏接性好。这些格栅对提高高温抗车辙能力及低温抗裂性能都有良好的效果，同时还可防止沥青路面的反射性裂缝。

(三)我国改性沥青标准

1.《公路沥青路面施工技术规范》(JTGF40—2004)各类聚合物改性沥青的质量应符合表 6-16 的技术要求。当使用表列以外的聚合物及复合改性沥青时，可通过研究制定相应的技术要求。

2. 关于改性沥青的分类及适用范围：

我国目前乃至今后相当长的一段时间内，可能使用的聚合物改性剂主要进 SBS、SBR、EVA、PE，因此将其分为 SBS(属热塑性橡胶类)、SBR(属橡胶类)、EVA 及 PE(热塑性树脂类)三类。其他未列入的改性剂，可以根据其性质，参照相应的类别执行。

Ⅰ类 SBS 热塑性性橡胶类聚合物改性沥青。Ⅰ-A 型及Ⅰ-B 型适用于寒冷地区，Ⅰ-C 型用于较热地区，Ⅰ-D 型用于炎热地区及重交通路段。

Ⅱ类 SBR 橡胶类聚合物改性沥青。Ⅱ-A 型用于寒冷地区，Ⅱ-B 型和Ⅱ-C 型用于较热地区。

Ⅲ类 EVA、PE 热塑性树脂类聚合物改性沥青。适用于较热和炎热地区。通常要求软化点温度比最高月使用最大日空气温度要高 20℃左右。

根据沥青改性的目的和要求在选择改性剂时，可做如下初步选择：

(1)为提高抗永久变形能力，宜使用热塑性橡胶类、热塑性树脂类改性剂。

(2)为提高抗低温开裂能力，宜使用热塑性橡胶类、橡胶类改性剂。

(3)为提高抗疲劳开裂能力，宜使用热塑性橡胶类、橡胶类、热塑性树脂类改性剂。

(4)为提高抗水损害能力，宜使用各类抗剥落剂等外掺剂。

表 6-16　聚合物改性沥青技术要求

指　标	单位	SBS 类(Ⅰ类)				SBR 类(Ⅱ类)			EVA、PE 类(Ⅲ类)				试验方法
		Ⅰ-A	Ⅰ-B	Ⅰ-C	Ⅰ-D	Ⅱ-A	Ⅱ-B	Ⅱ-C	Ⅲ-A	Ⅲ-B	Ⅲ-C	Ⅲ-D	
针入度(25℃,100g,5s)	0.1mm	>100	80	60	40	>100	80	60	>80	60	40	30	T0604
针入度指数 P.I.,不小于		−1.2	−0.8	−0.4	0	−1.0	−0.8	−0.6	−1.0	−0.8	−0.6	−0.4	T0604
延度(5℃,5cm/min),不小于	cm	50	40	30	20	60	50	40	—				T0605
针软化点,不小于	℃	45	50	55	60	45	48	50	48	52	56	60	T0606
运动黏度[2](135℃),不小于	Pa·s	3											T0625 T0619
闪点,不小于	℃	230				230			230				T0611
溶解度,不小于	%)	99				99			—				T0607
弹性恢复 25℃ ,不小于	%	55	60	65	70	—			—				T0662
黏韧性,不小于	N·m	—				5			—				T0624
韧性,不小于	N·m	—				2.5			—				T0624
贮存稳定性[2]离析,48h 软化点差,不小于	℃	2.5				—			无改性剂明显析出、凝聚				T0661
	RTFOT 后残留物												
质量变化,不大于	%	±1.0											T0610 T0609
针入度比(25℃),不小于	%	50	55	60	65	50	55	60	50	55	58	60	T0604
延度(5℃)	cm	30	25	20	15	30	20	10					T0605

[注]　(1)表中 135℃运动黏度可采用《公路工程沥青及沥青混合料试验规程》(JTG E 20—2011)中的“沥青布氏旋转黏度试验方法(布洛克菲尔德旋转黏度计法)”进行测定。若在不改变改性沥青物理力学性质并符合安全条件的温度下易于泵送和拌和,或经试验证明适当提高泵送和拌和温度时能保证改性沥青的质量,容易施工,可不要求测定。

(2)贮存稳定性指标适用于工厂生产的成品改性沥青。现场制作的改性沥青对贮存稳定性指标可不作要求,但必须在制作后,保持不间断地搅拌或泵送循环,保证使用前没有明显的离析。

（四）改性沥青的应用和发展

目前，改性沥青可用做排水或吸音磨耗层及下面的防水层；在老路面上做应力吸收膜中间层，以减少反射裂缝，在重载交通道路的老路面上加铺薄或超薄的沥青面层，以提高耐久性；在老路面上或新建一般公路上做表面处置，以恢复路面使用性能或减少养护工作量等。在使用改性沥青时，应当特别注意路基、路面的施工质量，以避免产生路基沉降和其他早期破坏。否则，使用改性沥青就达不到应有的效果。

SBS 改性沥青无论在高温、低温、弹性等方面都优于其他改性剂，所以我国改性沥青的发展方向应该以 SBS 改性沥青作为主要方向。尤其是现在，SBS 的价格比以前有了大幅度的降低，仅成本这一项，它就可以和 PE、EVA 竞争。明确这一点对于我国发展改性沥青十分重要。

试验一　沥青针入度试验
（JTG E20 T 0604—2011）

（一）目的与适用范围

1. 沥青的针入度是在规定温度和时间内，附加一定质量的标准针垂直穿入试样的深度，单位为 1/10mm。

针入度指数用以描述沥青的温度敏感性，宜在 15℃、25℃、30℃等 3 个或 3 个以上温度条件下测定针入度后按规定方法计算得到，若 30℃的针入度值过大，可采用 5℃代替。当量软化点 T_{800} 是相当于沥青针入度为 800 时的温度，用以评价沥青的高温稳定性。当量脆点 $T_{1.2}$ 是相当于沥青针入度为 1.2 时的温度，用以评价沥青的低温抗裂性能。

2. 本方法适用于测定道路石油沥青、聚合物改性沥青针入度以及液体石油沥青蒸馏或乳化沥青蒸发后残留物的针入度。用本方法评定聚合物改性沥青的改性效果时，仅适用于融混均匀的样品。

（二）仪器设备

1. 针入度仪：凡能保证针和针连杆在无明显摩擦下垂直运动，并能使指示针贯入深度准确至 0.1mm 的仪器均可使用。针和针连杆组合件总质量为 50g±0.05g，另附 50g±0.05g 砝码一只，试验时总质量为 100g±0.05g。当采用其他试验条件时，应在试验结果中注明。仪器设有放置平底玻璃保温皿的平台，并有调节水平的装置，针连杆应与平台相垂直。仪器设有针连杆制动按钮，使针连杆可自由下落。针连杆易于装拆，以便检查其质量。仪器还设有可自由转动与调节距离的悬臂，其端部有一面小镜或聚光灯泡，借以观察针尖与试样表面接触情况。当为自动针入度仪时，各项要求与此项相同，温度采用温度传感器测定，针入度值采用位移计测定，并能自动显示或记录，且应对自动装置的准确性经常校验。为提高测试精密度，不同温度的针入度试验宜采用自动针入度仪进行。

2. 标准针由硬化回火的不锈钢制成，洛氏硬度 HRC54～60，表面粗糙度 $Ra0.2 \sim 0.3\mu m$，针及针杆总质量 2.5g±0.05g，针杆上应打印有号码标志，针应设有固定用装置盒（筒），以免碰撞针尖，每根针必须附有计量部门的检验单，并定期进行检验，其尺寸及针头如图 6－21 所示。

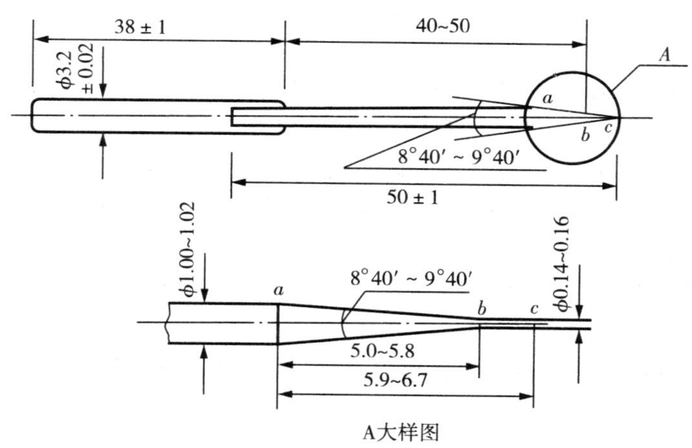

图 6－21 针入度标准针（尺寸单位：mm）

3. 盛样皿：金属制，圆柱形平底。小盛样皿的内径 55mm，深 35mm（适用于针入度小于 200）；大盛样皿内径 70mm，深 45mm（适用于针入度 200～350）；对针入度大于 350 的试样需使用特殊盛样皿，其深度不小于 60mm，试样体积不少于 125mL。

4. 恒温水槽：容量不少于 10L，控温的准确度为 0.1℃。水槽中应设有一带孔的搁架，位于水面下不得少于 100mm，距水槽底不得少于 50mm 处。

5. 平底玻璃皿：容量不少于 1L，深度不少于 80mm，内设有一不锈钢三脚支架，能使盛样皿稳定。

6. 温度计：0～50℃，分度为 0.1℃。

7. 秒表：分度 0.1s。

8. 盛样皿盖：平板玻璃，直径小于盛样皿开口尺寸。

9. 溶剂：三氯乙烯等。

10. 其他：电炉或砂浴、石棉网、金属锅或瓷把坩埚等。

（三）试验准备

1. 按规定的方法准备试样。

2. 按试验要求将恒温水槽调节到要求的试验温度 25℃，或 15℃、30℃或 5℃，保持稳定。

3. 将试样注入盛样皿中，试样高度应超过预计针入度值 10mm，并盖上盛样皿，以防落入灰尘。盛有试样的盛样皿在 15～30℃室温中冷却 1～1.5h（小盛样皿）、1.5～2h（大盛样皿）或 2～2.5h（特殊盛样皿）后移入保持规定试验温度±0.1℃的恒温水槽中 1～1.5h（小盛样皿）、1.5～2h（大盛样皿）或 2～2.5h（特殊盛样皿）。

4. 调整针入度仪使之水平。检查针连杆和导轨，以确认无水和其他外来物，无明显摩擦。用三氯乙烯或其他溶剂清洗标准针，并拭干。将标准针插入针连杆，用螺丝固紧。按试验条件加上附加砝码。

(四)试验步骤

1. 取出达到恒温的盛样皿，并移入水温控制在试验度±0.1℃(可用恒温水槽中的水)的平底玻璃皿中的三脚支架上，试样表面以上的水层深度不少于10mm。

2. 将盛有试样的平底玻璃皿置于针入度仪的平台上。慢慢放下针连杆，用适当位置的反光镜或灯光反射观察，使针尖恰好与试样表面接触。拉下刻度盘的拉杆，使与针连杆顶端轻轻接触，调节刻度盘或深度指示器的指针指示为零。

3. 开动秒表，在指针正指5s的瞬间，用手紧压按钮，使标准针自动下落贯入试样，经规定时间，停压按钮使针停止移动。

注：当采用自动针入度仪时，计时与标准针落下贯入试样同时开始，至5s时自动停止。

4. 拉下刻度盘拉杆与针连杆顶端接触，读取刻度盘指针或位移指示器的读数，准确至0.5(0.1mm)。

5. 同一试样平行试验至少3次，各测试点之间及与盛样皿边缘的距离不应少于10mm。每次试验后应将盛样皿的平底玻璃皿放入恒温水槽，使平底玻璃皿中水温保持试验温度。每次试验应换一根干净标准针或将标准针取下用蘸有三氯乙烯溶剂的棉花或布揩净，再用干棉花或布擦干。

6. 测定针入度大于200的沥青试样时，至少用3支标准针，每次试验后将针留在试样中，直到3次平行试验完成后，才能将标准针取出。

7. 测定针入度指数PI时，按同样的方法在15℃、25℃、30℃(或5℃)3个或3个以上温度条件下分别测定沥青的针入度。

(五)结果整理

1. 同一试样3次平行试验结果的最大值和最小值之差在下列允许偏差范围内时(见表6-17)，计算3次试验结果的平均值，取整数作为针入度试验结果，以0.1mm为单位。

表6-17 沥青针入度试验精度要求

针入度(0.1mm)	允许差值(0.1mm)
0～49	2
50～149	4
150～249	12
250～500	20

当试验值不符此要求时，应重新进行。

(1)当试验结果小于50(0.1mm)时，重复性试验的允许差为2(0.1mm)，复现性试验的允许差为4(0.1mm)。

(2)当试验结果等于或大于50(0.1mm)时，重复性试验的允许差为平均值的4%，复现性试验的允许差为平均值的8%。

2. 本试验记录格式见表6-18所列。

表6-18 沥青针入度试验记录

<table>
<tr><td>试样编号</td><td colspan="3"></td><td colspan="2">试样来源</td><td colspan="2"></td></tr>
<tr><td>试样名称</td><td colspan="3"></td><td colspan="2">初拟用途</td><td colspan="2"></td></tr>
<tr><td rowspan="2">试验次数</td><td rowspan="2">试验温度/℃</td><td rowspan="2">试验时间/s</td><td rowspan="2">试验荷载/N</td><td colspan="3">指针读数</td><td rowspan="2">针入度 P_{en}(0.1mm)</td></tr>
<tr><td>标准针穿入前</td><td>标准针穿入后</td><td>针入度</td></tr>
<tr><td>1</td><td></td><td></td><td></td><td></td><td></td><td></td><td rowspan="3"></td></tr>
<tr><td>2</td><td></td><td></td><td></td><td></td><td></td><td></td></tr>
<tr><td>3</td><td></td><td></td><td></td><td></td><td></td><td></td></tr>
<tr><td>准确度校核</td><td colspan="7"></td></tr>
</table>

试验者__________计算者__________校核者__________试验日期__________

(六)报告

1. 沥青的种类。
2. 沥青的稠度状态。
3. 针入度值。

试验二　沥青延度试验
(JTG E20 T 0605—2011)

(一)目的与适用范围

1. 沥青的延度是规定形状(∞字形)的沥青试样，在规定温度下，以一定的速度延伸至拉断时的长度，以cm表示。

沥青延度的试验温度与拉伸速率可根据要求采用，通常采用的试验温度为25℃、15℃、10℃或5℃，拉伸速度为5cm/min±0.25cm/min。当低温采用1cm/min±0.05cm/min拉伸速度时，应在报告中注明。

2. 本方法适用于测定道路石油沥青、液体沥青蒸馏残留物和乳化沥青蒸发残留物等材料的延度。

(二)仪器设备

1. 延度仪：将试件浸没于水中，能保持规定的试验温度及按照规定拉伸速度拉伸试件，且试验时无明显振动的延度仪均可使用，其组成如图6-5所示。

2. 试模：黄铜制，由两个端模和侧模组成，其形成及尺寸如图6-22所示。试模内侧表面粗糙度 $Ra0.2\mu m$，当装配完好后可浇铸试样。

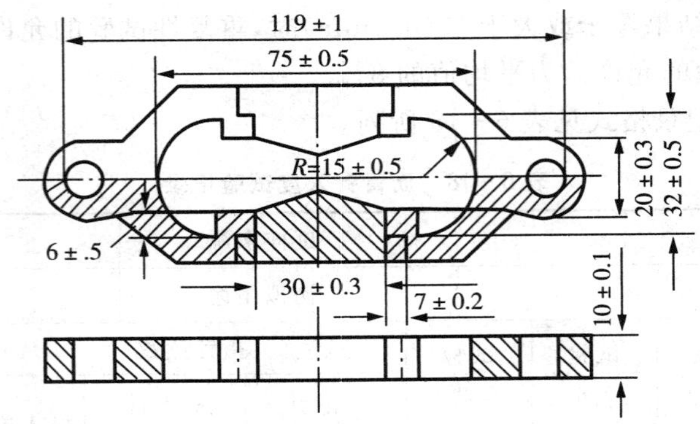

图 6－22　延度试模(尺寸单位:mm)

3. 试模底板:玻璃板或磨光的铜板、不锈钢板(表面粗糙度 $Ra0.2\mu m$)。

4. 恒温水槽:容量不少于 10L,控制温度的准确度为 0.1℃,水槽中应设有带孔搁架,搁架距水槽底不得少于 50mm。试件浸入水中深度不小于 100mm。

5. 温度计:0～50℃,分度为 0.1℃。

6. 砂浴或其他加热炉具。

7. 甘油滑石粉隔离剂(甘油与滑石粉的质量比 2∶1)。

8. 其他:平刮刀、石棉网、酒精、食盐等。

(三)试验准备

1. 将隔离剂拌和均匀,涂于清洁干燥的试模底板和两个侧模的内侧表面,并将试模在试模底板上装妥。

2. 按规定的方法准备试样,然后将试样仔细自试模的一端至另一端往返数次缓缓注入模中,最后略高出试模,灌模时应注意勿使气泡混入。

3. 试件在室温中冷却 30～40min,然后置于规定试验温度±0.1℃的恒温水槽中,保持 30 min 后取出,用热刮刀刮除高出试模的沥青,使沥青面与试模面齐平。沥青的刮法应自试模的中间刮向两端,且表面应刮得平滑。将试模连同底板再浸入规定的试验温度的水槽中 1～1.5h。

4. 检查延度仪延伸速度是否符合规定要求,然后移动滑板使其指针正对标尺的零点。将延度仪注水,并保温达试验温度±0.5℃。

(四)试验步骤

1. 将保温后的试件连同底板移入延度仪的水槽中,然后将盛有试样的试模自玻璃板或不锈钢板上取下,将试模两端的孔分别套在滑板及槽端固定板的金属柱上,并取下侧模。水面距试件表面应不小于 25mm。

2. 开动延度仪,并注意观察试样的延伸情况。此时应注意,在试验过程中,水温应始终保持在试验温度规定范围内,且仪器不得有振动,水面不得有晃动,当水槽采用循环水时,应暂时中断循环,停止水流。

在试验中,如发现沥青细丝浮于水面或沉入槽底时,则应在水中加入酒精或食盐,调整水的密度至与试样相近后,重新试验。

3. 试件拉断时，读取指针所指标尺上的读数，以厘米表示，在正常情况下，试件延伸时应成锥尖状，拉断时实际断面接近于零。如不能得到这种结果，则应在报告中注明。

(五)结果整理

1. 同一试样，每次平行试验不少于3个，如3个测定结果均大于100cm，试验结果记作“>100cm”；特殊需要也可分别记录实测值。如3个测定结果中，有一个以上的测定值小于100cm时，若最大值或最小值与平均值之差满足重复性试验精密度要求，则取3个测定结果的平均值的整数作为延度试验结果，若平均值大于100cm，记作“>100cm”；若最大值或最小值与平均值之差不符合重复性试验精度要求时，试验应重新进行。

2. 当试验结果小于100cm时，重复性试验的允许差为平均值的20%；再现性试验的允许差为平均值的30%。

3. 本试验记录格式如表6-19。

表6-19 沥青延度试验记录

<table>
<tr><td>试样编号</td><td colspan="3"></td><td colspan="2">试样来源</td><td></td></tr>
<tr><td>试样名称</td><td colspan="3"></td><td colspan="2">初拟用途</td><td></td></tr>
<tr><td rowspan="2">试验温度
T_0/℃</td><td rowspan="2">延伸速度
v/(m/min)</td><td colspan="4">延度 D/cm</td><td>拉伸情况描述</td></tr>
<tr><td>试件1</td><td>试件2</td><td>试件3</td><td>平均值</td><td></td></tr>
<tr><td>准确度校核</td><td colspan="6"></td></tr>
</table>

试验者__________计算者__________校核者__________试验日期____________

(六)报告

1. 沥青的种类。

2. 沥青的稠度状态。

3. 针入延度。

试验三　沥青软化点试验(环球法)
(JTG E20 T 0606—2011)

(一)目的与适用范围

1. 沥青的软化点试验是试样在规定尺寸的金属环内，上直规定尺寸和质量的钢球于水或甘油中，以每分钟升高5℃的速度加热至软化下沉达规定距离的温度，以℃表示。

2. 本方法适用于测定道路石油沥青、煤沥青的软化点，也适用于测定液体石油沥青经蒸馏或乳化沥青破乳蒸发后残留物的软化点。

(二)仪器设备

1. 软化点试验仪：如图6-6所示。

① 钢球：直径9.53mm，质量3.5g±0.05g。

② 试样环：黄铜或不锈钢等制成，形状尺寸如图 6－23 所示。

③ 钢球定位环：黄铜或不锈钢制成，形状尺寸如图 6－24 所示。

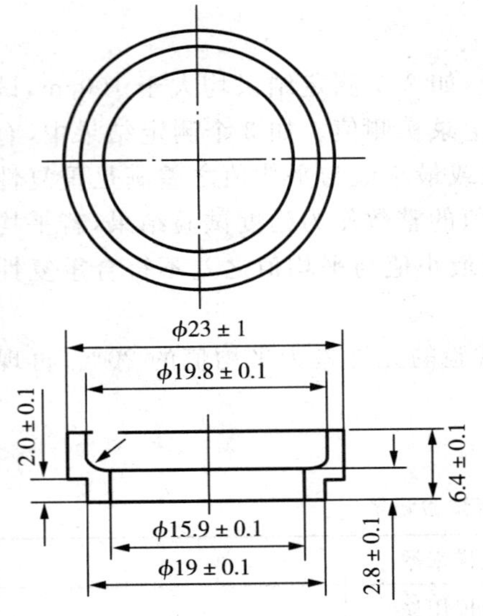

图 6－23　试样环(尺寸单位：mm)

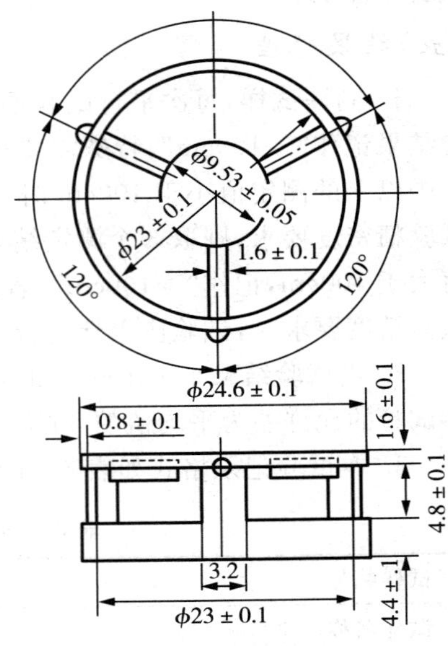

图 6－24　钢球定位环(尺寸单位：mm)

④ 金属支架：由两个主杆和三层平行的金属板组成。上层为一圆盘，直径略大于烧杯直径，中间有一圆孔，用以插放温度计。中层板形状尺寸如图 6－25 所示，板上有两个孔，各放置金属环，中间有一小孔可支持温度计的测温端部。一侧立杆距环上面 51mm 处刻有水高标记。环下面距下层底板为 25.4mm，而下底板距烧杯底不少于 12.7mm，也不得大于 19mm。三层金属板和主杆由两螺母固定在一起。

⑤ 耐热玻璃烧杯：容量 800～1000mL，直径不小于 86mm，不高于 120mm。

⑥ 温度计：0～80℃，分度为 0.5℃。

2. 环夹：由薄钢条制成，用以夹持金属环，以便刮平表面，形状、尺寸如图 6－26 所示。

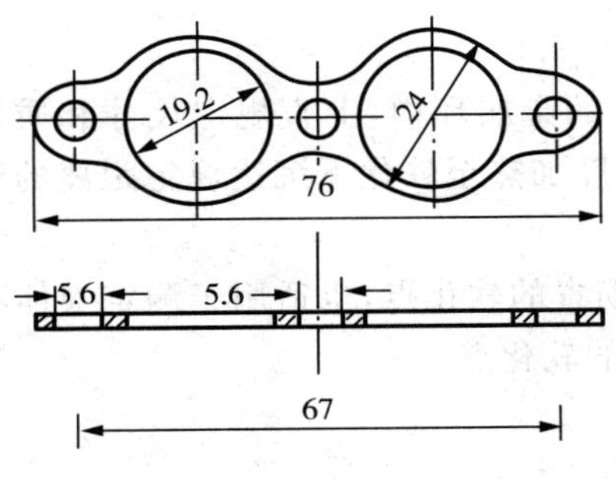

图 6－25　中层板(尺寸单位：mm)

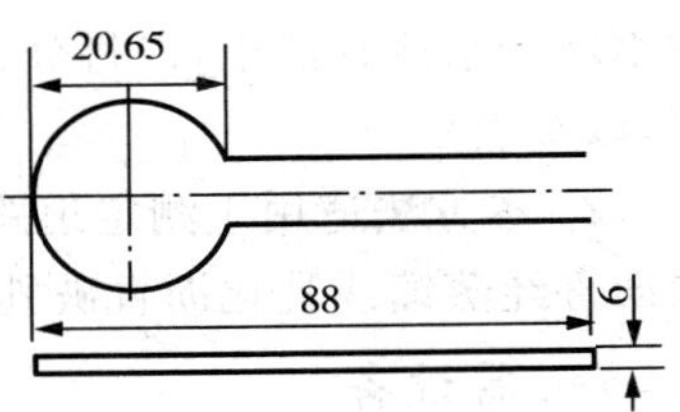

图 6－26　环夹(尺寸单位：mm)

3. 装有温度调节器的电炉或其他加热炉具(液化石油气、天然气等)。应采用带有振荡搅拌器的加热电炉,振荡器置于烧杯底部。

4. 试样底板:金属板(表面粗糙度 Ra 应达 0.8μm)或玻璃板。

5. 恒温水槽:控温的准确度为 0.5℃

6. 平直刮刀。

7. 甘油滑石粉隔离剂(甘油与滑石粉的比例为质量比 2∶1)。

8. 新煮沸过的蒸馏水。

9. 其他:石棉网。

(三)试验准备

1. 将试样环置于涂有甘油滑石粉隔离剂的试样底板上。按规定方法将准备好的沥青试样徐徐注入试样环内至略高出环面为止。

如估计试样软化点高于 120℃,则试样环和试样底板(不用玻璃板)均应预热至 80~100℃。

2. 试样在室温冷却 30min 后,用环夹夹着试样杯,并用热刮刀刮除环面上的试样,务使与环面齐平。

(四)试验步骤

1. 试样软化点在 80℃以下者:

① 将装有试样的试样环连同试样底板置于 5℃±0.5℃水的恒温水槽中至少 15min;同时将金属支架、钢球、钢球定位环等亦置于相同水槽中。

② 烧杯内注入新煮沸并冷却至 5℃的蒸馏水,水面略低于立杆上的深度标记。

③ 从恒温水槽中取出盛有试样的试样环放置在支架中层板的圆孔中,套上定位环;然后将整个环架放入烧杯中,调整水面至深度标记,并保持水温为 5℃±0.5℃。环架上任何部分不得附有气泡。将 0~80℃的温度计由上层板中心孔垂直插入,使端部测温头底部与试样环下面齐平。

④ 将盛有水和环架的烧杯移至放在石棉网的加热炉具上,然后将钢球放在定位环中间的试样中央,立即开动振荡搅拌器,使水微微振荡,并开始加热,使杯中水温在 3min 内调节至维持每分钟上升 5℃±0.5℃。在加热过程中,应记录每分钟上升的温度值。如温度上升速度超出此范围时,则试验应重作。

⑤ 试样受热软化逐渐下坠,至与下层底板表面接触时,立即读取温度,准确到±0.5℃。

2. 试样软化点在 80℃以上者:

① 将装有试样的试样环连同试样底板置于装有 32℃±1℃甘油的恒温槽中至少 15min;同时将金属支架、钢球、钢球定位环等亦置于甘油中。

② 在烧杯内注入预先加热至 32℃的甘油,其液面略低于立杆上的深度标记。

③ 从恒温槽中取出装有试样的试样环,按上述方法进行测定,准确至 1℃。

(五)结果整理

同一试样平行试验两次,当两次测定值的差值符合重复性试验精密度要求时,取其平均值作为软化点试验结果,准确至 0.5℃。

1. 当试样软化点小于 80℃时,重复性试验的允许差为 1℃,复现性试验的允许差为 4℃。

2. 当试样软化点等于或大于 80℃时,重复性试验的允许差为 2℃,复现性试验的允许差为 8℃。

3. 本试验记录格式见表 6-20 所列。

表 6-20 沥青软化点试验记录

<table>
<tr><td colspan="3">试样编号</td><td colspan="9"></td><td colspan="4">试样来源</td><td colspan="6"></td></tr>
<tr><td colspan="3">试样名称</td><td colspan="9"></td><td colspan="4">初拟用途</td><td colspan="6"></td></tr>
<tr><td rowspan="2">试验次数</td><td rowspan="2">室内温度/℃</td><td rowspan="2">烧杯内液体种类</td><td rowspan="2">开始加热时间/s</td><td rowspan="2">开始加热液体温度/℃</td><td colspan="15">烧杯中液体在下列各分钟末温度上升记录/℃</td><td rowspan="2">试样下垂与下层底板接触时的温度/℃</td><td rowspan="2">软化点/℃</td></tr>
<tr><td>1</td><td>2</td><td>3</td><td>4</td><td>5</td><td>6</td><td>7</td><td>8</td><td>9</td><td>10</td><td>11</td><td>12</td><td>13</td><td>14</td><td>15</td></tr>
<tr><td>1</td><td></td><td></td><td></td><td></td><td colspan="16"></td><td rowspan="2"></td></tr>
<tr><td>2</td><td></td><td></td><td></td><td></td><td colspan="16"></td></tr>
<tr><td colspan="3">准确度校核</td><td colspan="19"></td></tr>
</table>

试验者__________ 计算者__________ 校核者__________ 试验日期__________

(六)报告

1. 沥青的种类。

2. 沥青的稠度状态。

3. 软化点。

试验四 沥青标准黏度试验(道路沥青标准黏度计法)(JTG E20 T 0621—1993)

(一)目的与适用范围

1. 沥青的黏度是试样在规定温度下,自沥青黏度计的规定尺寸的流孔流出 50mL 试样所需的时间,以秒表示。

2. 本方法适用液体石油沥青、软煤沥青、乳化沥青等材料流动状态时的黏度。

3. 本法测定的黏度应注明温度及流孔孔径,以 $C_{T,d}$ 表示(T 为试验温度,℃;d 为孔径,mm)。

(二)仪器设备

1. 道路沥青标准黏度计:形状及尺寸如图 6－27 所示。由下列部分组成:

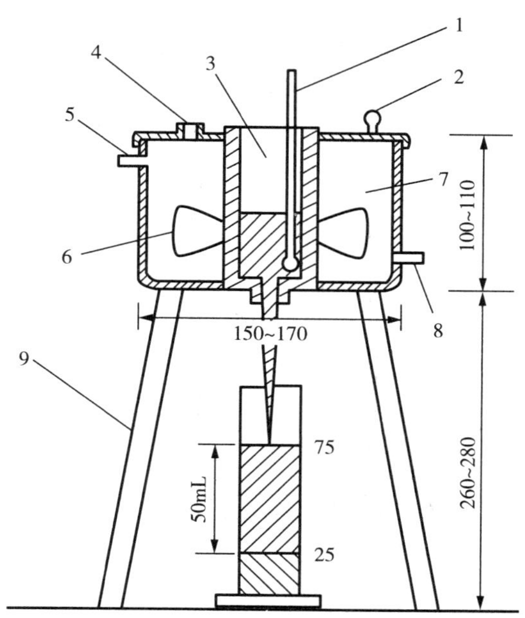

1—球塞;2—摇把;3—黏度环;4—温度计;5—出水孔;
6—搅拌器;7—水浴;8—接恒温器;9—支架。

图 6－27 沥青黏度计(尺寸单位:mm)

① 水槽:环槽形,内径 160mm,深 100mm,中央有一圆井,井壁与水槽之间距离不少于 55mm。环槽中存放保温用液体(水或油),上下方各设有一流水管。水槽下装有可以调节高低的三脚架,架上有一圆盘承托水槽,水槽底离试验台面约 200mm。水槽控温精密度±0.2℃。

② 盛样管:形状及尺寸如图 6－28 所示,管体为黄铜而带流孔的底板为磷青铜制成。盛样管的流孔 d 有 3mm±0.025mm、4mm±0.025mm、5mm±0.025mm 和 10mm±0.025mm 四种。根据试验需要,选择盛样管流孔的孔径。

③ 球塞:用以堵塞流孔,形状尺寸如图 6－29 所示,杆上有一标记。球塞直径 12.7mm±0.05mm 的标记高为 92mm±0.25mm,用以指示 10mm 盛样管内试样的高度;球塞直径 6.35mm±0.05mm 的标记高为 90.3mm±0.25mm,用以指示其他盛样管内试样的高度。

④ 水槽盖:盖的中央有套筒,可套在水槽的圆井上,下附有搅拌叶,盖上有一把手,转动把手时可借贷搅拌叶调匀水槽内水温。盖上还有一插孔,可放置温度计。

⑤ 温度计:分度为 0.1℃。

⑥ 接受瓶:开口,圆柱形玻璃容器,100mL、在 25mL、50mL、75mL、100mL 处有刻度;也可采用 100mL 量筒。

⑦ 流孔检查棒：磷青铜制，长 100mm，检查 4mm 和 10mm 流孔及检查 3mm 和 5mm 流孔各一支，检查段位于两端，长度不少于 10mm，直径按流孔下限尺寸制造。

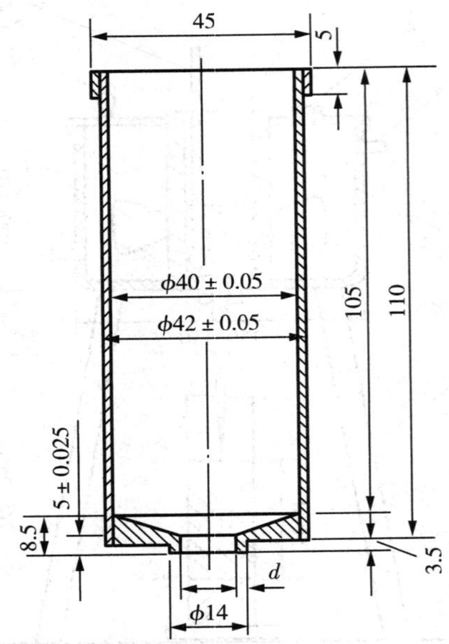

图 6－28　盛样管(尺寸单位：mm)

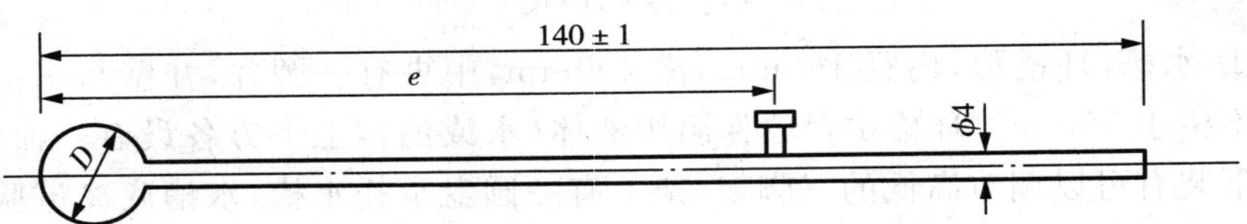

图 6－29　球塞(尺寸单位：mm)

2. 秒表：分度 0.1s。

3. 循环恒温水槽。

4. 肥皂水或矿物油。

5. 其他：加热炉、大蒸发皿等。

(三)试验准备

1. 按规定方法准备沥青试样，根据沥青材料的种类和稠度，选择需要流孔孔径的盛样管，置水槽圆井中。用规定的球塞堵好流孔，流孔下放蒸发皿，以备接受不慎流出的试样。除 10mm 流孔采用直径 12.7mm 球塞外，其余流孔均采用直径为 6.35mm 的球塞。

2. 根据试验温度需要，调整恒温水槽的水温为试验温度±0.1℃，并将其进出口与黏度计水槽的进出口用胶管接妥，使热水流进行正常循环。

(四)试验步骤

1. 将试样加热至比试验温度高 2～3℃(如试验温度低于室温时,试样须冷却至比试验温度低 2～3℃)时注入盛样管,其数量以液面到达球塞杆垂直时杆上的标记为准。

2. 试样在水槽中保持试验温度至少 30min,用温度计轻轻搅拌试样,测量试样的温度为试验温度±0.1℃时,调整试样液面至球塞杆的标记处,再继续保温 1～3min。

3. 将流孔下蒸发皿移去,放置接受瓶或量筒,使其中心正对流孔。接受瓶或量筒可预先注入肥皂水或矿物油 25mL,以利洗涤及读数准确。

4. 提起球塞,借标记悬挂在试样管边上,待试样流入接受瓶或量筒达 25mL(量筒刻度 50 mL)时,按动秒表,待试样流出 75(量筒刻度 100 mL)时,按停秒表。

5. 记取试样流出 50 mL 所经过的时间,以 s 计,即为试样的黏度。

(五)结果整理

1. 同一试样至少平行试验两次,当两次测定的差值不大于平均值的 4%时,取其平均值的整数作为试验结果。

2. 重复性试验的允许差为平均值的 4%。

3. 本试验记录格式见表 6-21 所列。

表 6-21　沥青标准黏度试验记录

试样编号			试样来源			
试样名称			初拟用途			
试验次数	流孔孔径/mm	保温水浴中水的温度/℃	试验时试样温度/℃	量杯中肥皂水数量/mL	试验流出50mL沥青需时间/s	黏度/s
1						
2						
准确度校核						

试验者＿＿＿＿＿计算者＿＿＿＿＿校核者＿＿＿＿＿试验日期＿＿＿＿＿

(六)报告

1. 沥青的种类。

2. 沥青的稠度状态。

3. 所用试验方法及仪器类别。

4. 黏度值。

小 结

石油沥青是复杂的高分子化合物，可分离为饱和分、芳香分、胶质和沥青质等几个组分。根据这些组分结构和含量的不同，可将沥青分为溶胶、溶凝胶和凝胶等三种胶体结构，沥青的胶体结构与沥青的路用性能有密切关系。

沥青具有黏滞性、黏弹性、感温性等一系列特性。通过学习应掌握这些特性及其测试方法，更好地应用沥青材料现代测试技术，为沥青材料性能的深入研究和工程应用奠定基础。

由于交通运输的发展，对沥青的性能提出了更高的要求，因此改性沥青得到较大的发展。

乳化沥青也是沥青路面工程中广泛采用的材料，具有可冷态施工的特点，应掌握其组成形成机理和用途。改性乳化沥青在路面工程中也得到应用，应关注这些材料的发展。

复习思考题

1. 试说明石油沥青的主要组分与技术性质之间的关系？

2. 我国现行的石油沥青化学组分分析方法可将石油沥青分离为哪几个组分？国产石油沥青在化学组分上有什么特点？

3. 按流变学观点，石油沥青可划分为哪几种胶体结构？各种胶体结构的石油沥青有何特点？

4. 石油沥青的“三大指标”表征沥青哪些特征？

5. 什么是沥青的“老化”？老化后的沥青其性质有哪些变化？

6. 煤沥青在成分和性质上有些什么特点？如何用简易方法识别煤沥青和石油沥青？

7. 试述乳化沥青的形成和分裂的机理？

8. 为了改善沥青的路用性质，可以采用一些什么措施？

第七章 沥青混合料

【基本要求】

1. 具备沥青混合料组成结构、技术性质、组成材料的知识,并能分析其影响因素;

2. 具有沥青混合料组成设计的能力并能对沥青混合料质量进行评定;

3. 了解其他沥青混合料;

4. 能进行沥青混合料马歇尔试验;

5. 了解沥青混合料制作、密度测定及车辙试验。

【知识链接】

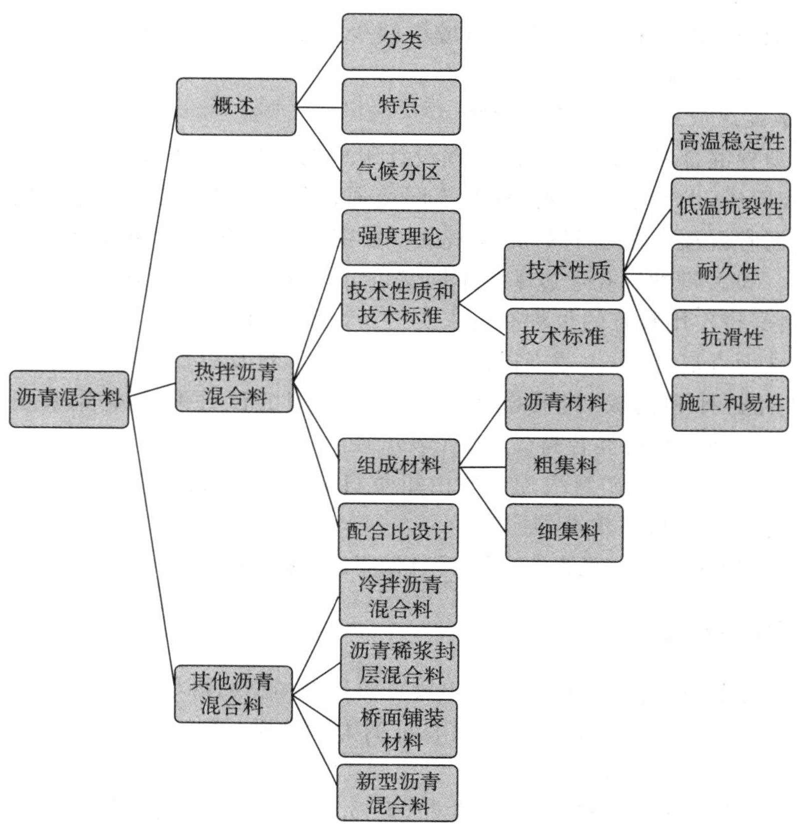

第一节 概述

一、沥青混合料的分类

沥青混合料是指经人工合理选择级配组成的矿质混合料(包括粗集料、细集料和填料),与适量沥青结合料(包括沥青类材料及添加的外掺剂、改性剂等)拌和而成的高级路面材料。其种类繁多,简介如下:

1. 按矿料公称最大粒径划分:

(1)特粗式沥青混合料:公称最大粒径大于31.5mm的沥青混合料。

(2)粗粒式沥青混合料:公称最大粒径等于或大于26.5mm的沥青混合料。

(3)中粒式沥青混合料:公称最大粒径为16mm或19mm的沥青混合料。

(4)细粒式沥青混合料:公称最大粒径为9.5mm或13.2mm的沥青混合料。

(5)砂粒式沥青混合料:公称最大粒径小于9.5mm的沥青混合料。

2. 按材料组成及结构划分:

[问一问]
连续级配与间断级配的区别?

(1)连续级配沥青混合料:矿料按级配原则,从大到小各级粒径都有,按比例相互搭配组成的沥青混合料。

(2)间断级配沥青混合料:矿料级配组成中缺少1个或几个粒径档次(或用量很少)而形成的沥青混合料。

3. 按矿料级配组成及空隙率大小划分:

(1)密级配沥青混合料:按密实级配原理设计组成的各种粒径颗粒的矿料与沥青结合料拌和而成,设计空隙率较小(对不同交通及气候情况、层次可做适当调整)的密实式沥青混凝土混合料(以AC表示)和密实式沥青稳定碎石混合料(以ATB表示)。按关键性筛孔通过率的不同又可分为细型、粗型密级配沥青混合料等。粗集料嵌挤作用较好的也称嵌挤密实型沥青混合料。

(2)半开级配沥青混合料:由适当比例的粗集料、细集料及少量填料(或不加填料)与沥青结合料拌和而成,经马歇尔标准击实成型的试件剩余空隙率在6%～12%的半开式沥青碎石混合料(以AM表示)。

(3)开级配沥青混合料:矿料级配主要由粗集料嵌挤组成,细集料及填料较少,设计空隙率为18%的沥青混合料。

4. 按制造工艺划分:有热拌沥青混合料、冷拌沥青混合料、再生沥青混合料等。

二、沥青混合料的特点

沥青混合料是现代高等级道路应用的主要路面材料,它具有以下一些特点:

1. 沥青混合料是一种黏弹性材料,具有良好的力学性质,铺筑的路面平整无接缝,振动小,噪声低,行车舒适。

2. 路面平整且有一定的粗糙度,耐磨性好,无强烈反光,有利于行车安全。

3. 施工方便,不需养护,能及时开放交通。

4. 维修简单，旧沥青混合料可再生利用。

但是，沥青混合料路面目前还存在一定的缺点，主要是：

1. 老化：在长期的大气因素作用下，因沥青塑性降低，脆性增强，黏聚力减小，导致路面表层产生松散，引起路面破坏。

2. 温度稳定性差：夏季高温沥青易软化，路面易产生车辙、波浪等现象；冬季低温时易脆裂，在车辆重复荷载作用下易产生开裂。

表 7－1 热拌沥青混合料种类

混合料类型	密级配			开级配		半开级配	公称最大粒径/mm	最大粒径/mm
	连续级配		间断级配	间断级配				
	沥青混凝土	沥青稳定碎石	沥青玛蹄脂碎石	排水式沥青磨耗层	排水式沥青碎石基层	沥青碎石		
特粗式	—	ATB－40	—	—	ATPB－40	—	37.5	53.0
粗粒式	—	ATB－30	—	—	ATPB－30	—	31.5	37.5
	AC－25	ATB－25	—	—	ATPB－25	—	26.5	31.5
中粒式	AC－20	—	SMA－20	—	—	AM－20	19.0	26.5
	AC－16	—	SMA－16	OGFC－16	—	AM－16	16.0	19.0
细粒式	AC－13	—	SMA－13	OGFC－13	—	AM－13	13.2	16.0
	AC－10	—	SMA－10	OGFC－10	—	AM－10	9.5	13.2
砂粒式	AC－5	—	—	—	—	AM－5	4.75	9.5
设计空隙率(%)	3～5	3～6	3～4	＞18	＞18	6～12	—	—

三、沥青路面使用性能的气候分区

沥青混合料的物理力学性质与使用环境，如气温和湿度关系密切。因此，在选择沥青胶结料等级，进行沥青混合料配合比设计，检验沥青混合料的使用性能时，应考虑沥青路面工程的环境因素，尤其是温度和湿度条件。

（一）气候分区指标

采用工程所在地最近 30 年最热月份平均气温的平均值，作为反映沥青路面在高温和重载条件下出现车辙等流动变形的气候因子，并作为气候分区的一级指标。按照设计高温指标，一级区划分为 3 个区。

采用工程所在地最近 30 年内的极端最低气温作为反映沥青路面由于温度收缩产生裂缝的气候因子，并作为气候区划的二级指标。按照设计低温指标，二级区划分为 4 个区。

采用工程所在地最近 30 年内的年降雨量的平均值，作为反映沥青路面受水影响折气候因子，并作为气候区划的三级指标。按照设计雨量指标，三级区划分 4 个区。

(二)气候分区的确定

沥青路面使用性能气候分区由一、二、三级区划组合而成,以综合反映该地区的气候特征,见表7-2。每个气候分区划用3个数字表示:第一个数字代表高温分区,第二个数字代表低温分区,第三个数字代表雨量分区,每个数字越小,表示气候因素对沥青路面的影响越严重。如我国上海市属于1-3-1气候分区,为夏炎热冬冷潮湿区,对沥青混合料的高温稳定性和水稳定性要求较高。

表7-2 沥青路面使用性能气候分区

<table>
<tr><td colspan="2">气候分区指标</td><td colspan="4">气候分区</td></tr>
<tr><td rowspan="3">按照高温指标</td><td>高温气候区</td><td>1</td><td colspan="2">2</td><td>3</td></tr>
<tr><td>气候区名称</td><td>夏炎热区</td><td colspan="2">夏热区</td><td>夏凉区</td></tr>
<tr><td>七月份平均最高温度/℃</td><td>>30</td><td colspan="2">20~30</td><td><20</td></tr>
<tr><td rowspan="3">按照低温指标</td><td>低温气候区</td><td>1</td><td>2</td><td>3</td><td>4</td></tr>
<tr><td>气候区名称</td><td>冬严寒区</td><td>冬寒区</td><td>冬冷区</td><td>冬温区</td></tr>
<tr><td>极端最低气温/℃</td><td><-37.5</td><td>-37.5~-21.5</td><td>-21.5~-9.0</td><td>>-9.0</td></tr>
<tr><td rowspan="3">按照雨量指标</td><td>雨量气候区</td><td>1</td><td>2</td><td>3</td><td>4</td></tr>
<tr><td>气候区名称</td><td>潮湿区</td><td>湿润区</td><td>半干区</td><td>干旱区</td></tr>
<tr><td>年降雨量/mm</td><td>>1000</td><td>1000~500</td><td>500~250</td><td><250</td></tr>
</table>

第二节 热拌沥青混合料

热拌沥青混合料通常是指将沥青加热至150~170℃,矿质集料加热至160~180℃,在热态下拌和,并在热态下进行摊铺、压实的混合料,通称"热拌热铺沥青混合料",简称"热拌沥青混合料"。

热拌沥青混合料是沥青混合料中最典型的品种。本节主要详述它的组成结构、技术性质、组成材料和设计方法。

一、沥青混合料的强度理论

(一)沥青混合料的强度理论

沥青混合料是一种由沥青、粗集料、细集料和矿粉以及外加剂所组成的复合材料,其在路面结构中产生破坏的情况,主要是发生在高温时由于抗剪强度不足或塑性变形过大而产生推挤等现象,以及低温时抗拉强度不足或变形能力较差而产生裂缝现象。目前沥青混合料强度和稳定性理论,主要是要求沥青混合料在高温时必须具有一定的抗剪强度和抵抗变形的能力。

沥青混合料的抗剪强度,一般采用库伦理论进行分析。通过三轴剪切试验可求得：

$$\tau=c+\sigma \mathrm{tg}\varphi \tag{7-1}$$

式中：τ——沥青混合料的抗剪强度（MPa）；

c——正应力（MPa）；

σ——沥青与矿质集料物理、化学交互作用而产生的黏聚力（MPa）；

φ——大小不同的矿质颗粒间嵌挤、摩擦所形成的内摩阻角（rad）。

由式（7－1）可知，沥青混合料的抗剪强度主要取决于黏聚力 σ 和内摩阻角 φ 两个参数。

（二）影响沥青混合料抗剪强度的因素

沥青混合料抗剪强度的影响因素，主要是材料的组成、材料的技术性质以及外界因素，如车辆荷载、温度、环境条件等。

1. 沥青黏度的影响

沥青混合料作为一个具有多级空间网络结构的分散系，可看作是各种矿质集料（分散相）分散在沥青（分散介质）中所形成的体系，因此它的黏聚力与分散相的浓度和分散介质黏度有着密切的关系。在其他因素固定的条件下，沥青混合料的黏聚力 σ 是随着沥青黏度的提高而增加的；同时内摩阻角亦稍有提高。因为沥青的黏度即沥青内部沥青胶团相互位移时，其抵抗剪切作用的抗力，所以沥青混合料受到剪切作用时，特别是受到短暂的瞬时荷载时，具有高黏度的沥青能赋予沥青混合料较大的黏滞阻力，因而具有较高的抗剪强度。

2. 沥青与矿料之间的吸附作用

（1）沥青与矿料的物理吸附

沥青材料与矿料之间在分子引力的作用下，形成一种定向多层吸附层，即为物理吸附。该吸附作用的大小，主要取决于沥青中的表面活性物质及矿料与沥青分子亲和性的大小。当沥青表面活性物质含量愈多，矿料与沥青分子亲和性愈大，则物理吸附作用愈强烈，混合料的黏聚力也就愈强。但是，水会破坏沥青与矿料的物理吸附作用，不具备水稳定性。

（2）沥青与矿料的化学吸附

沥青中的活性物质与矿料的金属阳离子产生化学反应在矿料表面构成单分子层的化学吸附层，即为化学吸附。当沥青与矿料形成化学吸附层时，相互之间的黏结力大大提高。

［问一问］
何为结构沥青？何为自由沥青？各有何特点？

研究表明：沥青与矿粉相互作用后，沥青在矿粉表面产生化学组分的重新排列，在矿粉表面形成一层厚度为 δ_0 的扩散溶剂化膜（见图 7－2）。在此膜厚度以内的沥青称为结构沥青，在此膜厚度以外的沥青称为自由沥青。如果矿粉颗粒之间接触处是由结构沥青联结，会具有较大的黏聚力；若为自由沥青联结，则黏聚力较小。

沥青与矿料相互作用不仅与沥青的化学性质有关，而且与矿料的性质有关。试验表明，碱性石料与沥青的化学吸附作用较强，而酸性石料与沥青的化学吸附作用较弱。

沥青与矿料的化学吸附比物理吸附要强得多，同时具有水稳定性。

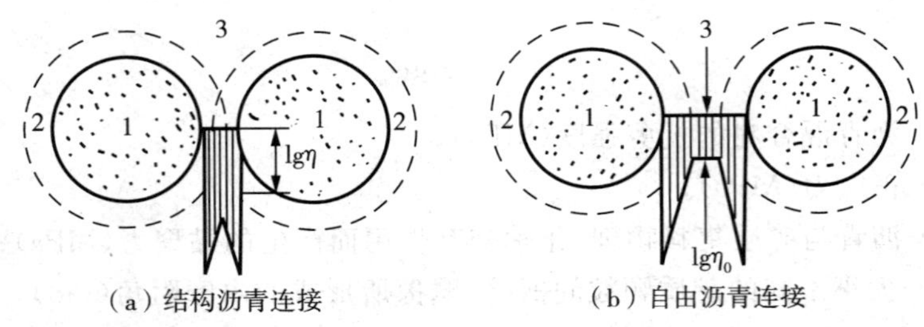

1—矿料；2—结构沥青；3—自由沥青。

图 7－1　沥青膜层厚度对黏聚力 c 的影响

3. 矿料比面的影响

在相同的沥青用量条件下，与沥青产生相互作用的矿料表面积愈大，则形成的沥青膜愈薄，在沥青中结构沥青所占的比例愈大，沥青混合料的黏聚力亦愈高。所以在沥青混合料配料时，必须含有适量的矿粉，但不宜过多，否则施工时混合料易结团。

4. 沥青用量的影响

当沥青用量很少时，沥青不足以形成薄膜黏结矿料颗粒。随着沥青用量的增多，结构沥青逐渐形成，沥青较为完满地黏附于矿料表面，使沥青与矿料间的黏结力随着沥青用量的增多而增大。当沥青用量足以形成薄膜并充分黏结在矿料表面时，沥青混合料具有最优的黏聚力。随后，如沥青用量继续增多，则由于沥青过剩，会将矿料颗粒推开，在颗粒间形成未与矿料相互作用的自由沥青，则沥青胶结物的黏结力随着自由沥青的增加而降低，当沥青用量增加至某一用量后，沥青混合料的黏结力主要取决于自由沥青，所以抗剪强度不变。沥青在混合料中不仅起结合料的作用，而且还起着润滑作用，因此，随着沥青数量的增加，沥青混合料的内摩阻力下降（见图 7－2）。

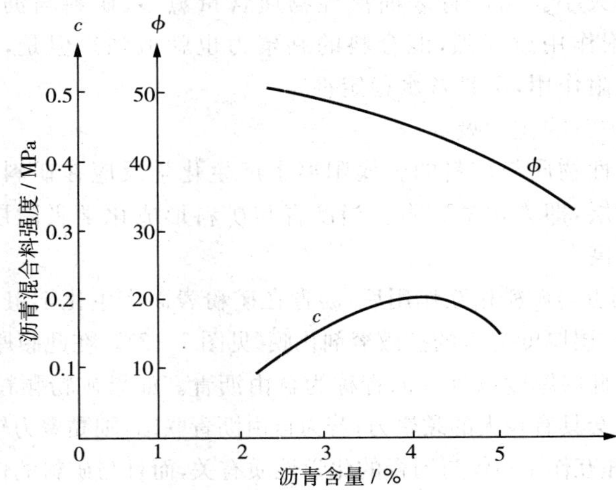

图 7－2　沥青用量对沥青混合料强度的影响

5. **矿料级配、颗粒几何形状与表面特征的影响**

矿料的级配影响矿料在沥青混合料的分布情况，影响矿料颗粒在混合料的相互嵌挤程度，由此对沥青混合料的内摩阻力产生影响；颗粒的几何形状与表面特征同时影响混合料中矿料颗粒间嵌挤作用和相互间的摩擦作用，所以也影响沥青混合料的内摩阻力的大小。通常表面具有棱角、近似正立方体以及具有明显细微凸出的粗糙表面的矿质集料，在碾压后能相互嵌挤锁结而具有很大的内摩阻角。另外，颗粒表面粗糙的矿质集料会加强沥青与矿料间的物理黏结作用，有利于沥青混合料黏聚力。所以，在其他条件相同的情况下，颗粒有棱角、近似立方体、表面粗糙的矿质集料所组成的沥青混合料具有较高的抗剪强度。

6. **温度和变形速度的影响**

随着温度提高，沥青混合料的黏聚力 σ 显著降低，但内摩阻角 φ 受温度变化的影响较小。此外，沥青混合料的黏聚力 σ 还随变形速度的增加而显著提高，而 φ 随变形速度的变化很小。

3. **沥青混合料组成结构类型**

按照沥青混合料强度构成特性的不同，压实沥青混合料可分为三种类型。

1）悬浮–密实结构

[想一想]

这三种结构从组成、性能上各有何不同？

矿质集料采用连续型密级配，即矿料粒径由大到小连续存在，如图 7－3(a)所示。混合料中含有大量细料，而粗颗粒数量较少，相互间没有接触，不能形成骨架，粗颗粒“悬浮”于细颗粒之中，由此矿质集料和沥青组成的沥青混合料密实度较大。这种结构的沥青混合料具有较高的黏聚力，但内摩阻力较低，由于受沥青的影响较大，故高温稳定性较差。常用的沥青混凝土即属于此类混合料。

2）骨架–空隙结构

矿质集料采用连续型开级配，如图 7－3(b)所示。粗集料含量较高，可以互相靠拢形成骨架，但细集料很少，不足以填充粗集料之间的空隙，其残余空隙率较大。这种结构的沥青混合料具有较高的内摩阻角，但黏结力较低，路面的性能受温度的影响较小。

3）骨架–密实结构

矿质集料采用间断型密级配，如图 7－3(c)所示。既有一定数量的粗集料形成骨架，又有足够数量的细集料填充骨架的空隙，密实度较高。这种沥青混合料同时具有较高的黏聚力和内摩阻力，是一种较为理想的结构类型。沥青玛蹄脂碎石混合料(SMA)即属于此类结构。

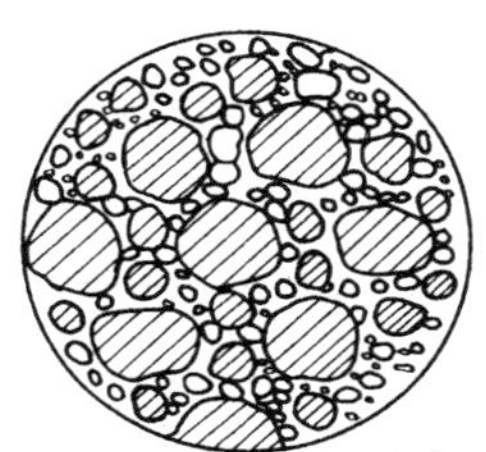

(a) 悬浮–密实结构

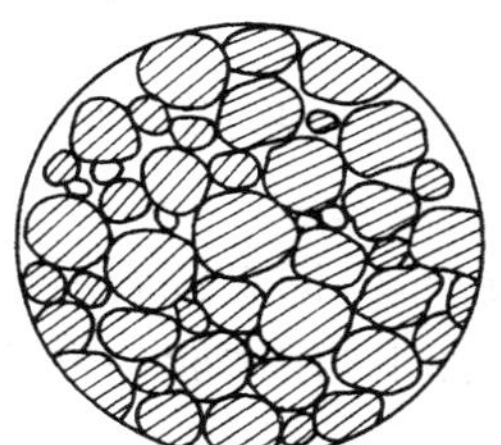

(b) 骨架–空隙结构

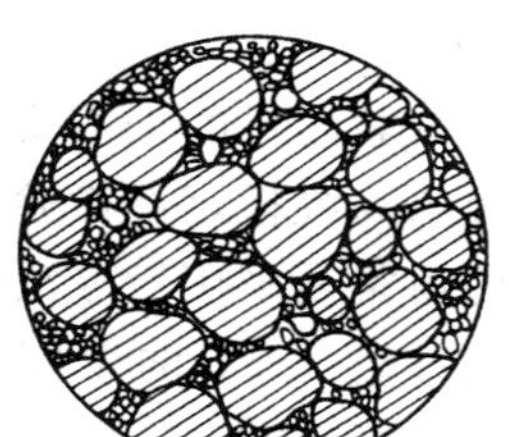

(c) 骨架–密实结构

图 7－3　沥青混合料的典型组成结构

二、沥青混合料的技术性质和技术标准

(一)沥青混合料的技术性质

1. 高温稳定性

沥青混合料的强度与刚度是随温度升高而显著降低的。在夏季高温季节，路面在行车荷载反复作用下，沥青混合料所具有的抵抗诸如车辙、推移、波浪、拥包、泛油等病害的性能，称为沥青混合料的高温稳定性。

对于沥青混合料高温稳定性的评价，我国现行规范采用的方法是马歇尔试验法和车辙试验法。

(1)马歇尔试验法

马歇尔试验是将沥青混合料制成直径为101.6mm、高为63.5mm的圆柱体试件，在高温(60℃)的条件下，保温30～40min，然后将试件放置于马歇尔稳定度仪上(见图7-4)，以50mm/min±5mm/min的形变速度加荷，直至试件破坏，同时测定稳定度(MS)、流值(FL)、马歇尔模数(T)三项指标。

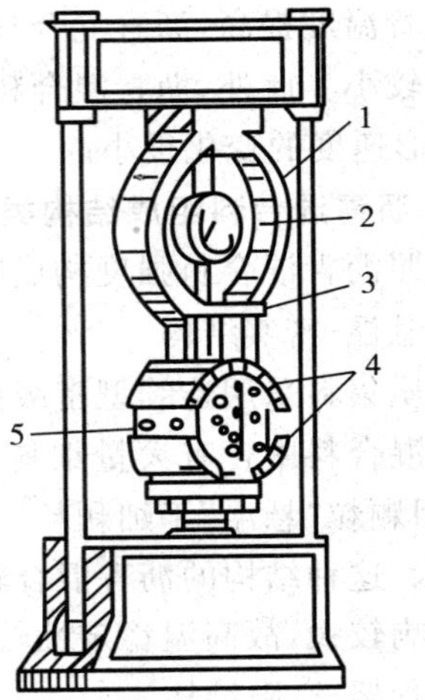

1、2、3—压力传感器；4—压头；5—试件。

图7-4　马歇尔稳定度仪

稳定度是在规定的加载速率条件下试件破坏前所能承受的最大荷载(kN)；流值是达到最大破坏荷载时试件的垂直变形(以mm计)；而马歇尔模数为稳定度除以流值的商，即

$$T=\frac{MS}{FL} \tag{7-2}$$

式中：T——马歇尔模数(kN/mm)；

MS——稳定度(kN)；

FL——流值(mm)。

马歇尔稳定度越大、流值越小，说明高温稳定性越高。而马歇尔模数有关学者则认为与车辙深度有一定的相关性，马歇尔模数愈大，车辙深度愈小。

(2)车辙试验

车辙试验的目的是测定沥青混合料的高温抗车辙能力，可供沥青混合料配合比设计的高温稳定性检验。

目前通常是采用轮碾法成型，将沥青混合料制成300mm×300mm×50mm大小的试件，在60℃的温度条件下，让试验轮对板块状试件产生0.7MPa的压强，在同一轨迹上做一定时间的反复行走，形成一定程度的车辙深度，试验过程中记录绘制时间一变形曲线。

通过试验可以得到沥青混合料的动稳定度，其含义是：试件产生单位变形时

所需试验轮的行走次数，以次/mm 为单位。动稳定度越大，沥青混合料高温稳定性越好。我国现行规范的计算方法如下：

在试验变形曲线的直线段上，求取 45min(t_1)、60min(t_2)的对应车辙变形 d_1 和 d_2。当车辙变形过大，在未到 60min 变形已达 25mm 时，则以达到 25mm(d_2)时的时间为 t_2，将其前 15min 的时间为 t_1，此时的变形记为 d_1，则动稳定度 DS 可按下式计算：

$$DS=\frac{(t_2-t_1)\times N}{d_2-d_1}\times C_1\times C_2 \tag{7-3}$$

式中：d_1——对应于时间 t_1 的变形量(mm)；

d_2——对应于时间 t_2 的变形量(mm)；

C_1——试验机类型修正系数。曲柄连杆驱动试件的变速行走方式为 1.0，链驱动试验轮等速方式的修正系数为 1.5；

C_2——试件系数。试验室制备宽为 300mm 的试件系数为 1.0，从路面切割宽为 150mm 的试件系数为 0.8；

N——试验轮往返碾压速度，通常为 42 次/min。

影响沥青混合料高温稳定性的主要因素有沥青的用量，沥青的黏度，矿料的级配、尺寸、形状等。过量沥青，不仅降低沥青混合料的内摩阻力，而且在夏季容易产生泛油现象，因此，适当减少沥青的用量，可使矿料颗粒更多地以结构沥青的形式相联结，增加混合料的黏聚力和内摩阻力。提高沥青的黏度，可增加沥青混合料抗剪变能力。采用合理级配的矿料，混合料可形成骨架密实结构，使黏聚力和内摩阻力都较大。在矿料的选择上，应挑选粒径大的，有棱角的矿料颗粒，提高混合料的内摩阻角。另外，还可以加入一些外加剂，来改善沥青混合料的性能。这些措施，均可提高沥青混合料的抗剪强度和减少塑性变形，从而增强其高温稳定性。

2. 低温抗裂性

沥青混合料抵抗低温收缩裂缝的能力称为低温抗裂性。由于沥青混合料随着温度的降低，通常会变脆硬，劲度增大，变形能力下降，在温度下降所产生的温度应力和外界荷载应力的作用下，路面内部分应力来不及松弛，应力逐渐累积下来，这些累积应力超过材料的抗拉强度时即发生开裂，从而会导致沥青混合料路面的破坏，所以沥青混合料在低温时应具有较低的劲度和较大的抗变形能力来满足低温抗裂性能。

一般认为，沥青混合料路面的低温收缩开裂主要有两种形式：一种是由于气温骤降造成材料低温收缩，在有约束的沥青混合料面层内产生温度应力超过沥青混合料在相应温度下的抗拉强度时造成的开裂；另一种形式是低温收缩疲劳裂缝，这是由于在沥青混合料经受长期多次的温度循环后，沥青混合料的极限拉伸应变变小，应力松弛性能降低，这样，就会在温度应力小于其相应温度原始抗拉强度时产生开裂，即经受长期多次的降温循环后材料的抗拉强度降低，变成温度疲劳强度，在温度应力超过此温度疲劳强度时就会产生开裂。这种裂缝主要发生在温度变化频繁的温和地区。

沥青混合料的低温抗裂性能可通过低温劈裂试验、直接拉伸试验、弯曲蠕变试验及低温弯曲试验等评价。根据《公路沥青路面施工技术规范》(JTJ F40—2004)规定，沥青混合料配合比设计的低温抗裂性能检验采用的是低温弯曲试验。将轮碾成型后切制的30mm(宽)×35mm(高)×250mm(长)的棱柱体小梁试件，跨径200mm，按50mm/min的加载速度在跨中施加集中荷载至断裂破坏。由破坏时的最大荷载求得试件的抗弯强度，由破坏时的跨中挠度求得沥青混合料的破坏弯拉应变，两者之比值为破坏时的弯曲劲度模量。

3. 耐久性

沥青混合料在路面中长期受到自然因素和重复车辆荷载的作用下，为保证路面具有较长的使用年限，沥青混合料必须具有良好的耐久性。沥青混合料的耐久性有多方面的含义，其中较为重要的是水稳定性、耐老化性和耐疲劳性。

(1)沥青混合料的水稳定性

水稳性是指沥青混合料抵抗由于水侵蚀而逐渐产生沥青膜剥离、松散、坑槽等破坏的能力。水稳性差的沥青混合料在有水情况下，会发生沥青与矿料颗粒表面的局部分离，同时在车辆荷载的作用下会加剧沥青与矿料的剥落，形成松散薄弱块，飞转的车轮带走剥离或局部剥离的矿粒或沥青，从而形成表面的损失，并逐渐形成坑槽，导致路面的早期破坏。

影响沥青混合料水稳定性的因素很多，诸如：矿料和沥青的性质、其相互之间的交互作用、沥青混合料的空隙率以及沥青膜的厚度等。矿料表面粗糙、洁净，有微孔，可增强其与沥青间的黏附性；沥青的黏度越高，与矿料的黏附力也越大；选择碱性集料可与沥青之间产生强烈的化学吸附作用，使沥青与矿料间遇水不易分离；沥青混合料的空隙率越小，大气水分停留与存储的空间越小，沥青混合料受水分作用时间越小，受水作用产生沥青玻剥离破坏的可能性就越小。但一般沥青混合料中应残留一定空隙，以备夏季沥青材料膨胀，不致造成路面泛油。

我国现行规范采用浸水马歇尔试验和冻融劈裂试验来检验沥青混合料的水稳定性。浸水马歇尔试验通过测定浸水48h马歇尔试件的稳定度与未浸水的马歇尔试件的稳定度之比值即残留稳定度(%)，以此作为评价水稳性好坏的指标。残留稳定度越大，混合料的水稳性越高。冻融劈裂试验测定的是沥青混合料试件在受到水、冻融循环作用前后的劈裂破坏强度之比值即残留强度比，其值越大，沥青混合料在水与冻融循环共同作用下的水稳性越高。

(2)沥青混合料的耐老化性

耐老化性是指沥青混合料抵抗由于人为和自然因素作用而逐渐丧失变形能力、柔韧性等各种良好品质的能力。沥青路面在施工中要对沥青反复加热，铺筑好的沥青混合料路面长期处在自然环境中，要经受阳光特别是紫外线作用，这些均会使沥青产生老化，变形能力下降，使路面在温度和荷载作用下容易开裂，从而导致水分下渗数量增加，加剧路面破坏，缩短沥青混合料路面的使用寿命。

影响沥青混合料老化速度的因素主要有沥青的性质、沥青的用量、沥青混合料的残留空隙率、施工工艺等。沥青化学组分中轻质成分、不饱和烃含量越多，沥青老化速度越快；沥青用量的大小影响沥青混合料内部所分布沥青膜的厚度，特别薄的沥青膜容易老化、容易变脆，使沥青混合料的耐老化性较低；空隙率越大，沥青与空气、水接触的范围越大，越容易产生老化现象；过高的拌和温度、过长时间的加热，会导致沥青的严重老化，路面上会过早的出现裂缝。

(3)沥青混合料的耐疲劳性

沥青混合料在使用期间经受车轮荷载的反复作用，长期处于应力应变交迭变化状态，致使混合料强度逐渐下降。当荷载重复作用超过一定次数以后，在荷载作用下沥青混合料路面内产生的应力就会超过强度下降后的强度(也称疲劳强度)，沥青混合料路面出现裂缝，即产生疲劳断裂破坏。

沥青混合料的耐疲劳性即是混合料在反复荷载作用下抵抗这种疲劳破坏的能力。在相同荷载数量重复作用下，疲劳强度下降幅度小的沥青混合料，或疲劳强度变化率小的沥青混合料，其耐疲劳性好。从使用寿命看，其路面耐久性就高。

4. 抗滑性

随着现代高速公路的发展，对沥青路面的抗滑性提出了更高要求。为保证长期高速行车的安全，配料时要特别注意粗集料的耐磨光性，应选择硬质有棱角的集料。但表面粗糙、坚硬耐磨的集料多为酸性集料，与沥青的粘附性不好，应掺加抗剥剂或采用石灰水处理集料表面等。

沥青用量对抗滑性的影响非常敏感，沥青用量超过最佳用量时的0.5%即可使抗滑系数明显降低。

含蜡量对沥青混合料抗滑性也有明显影响，我国现行部颁行业标准《公路沥青路面施工技术规范》(JTJ F40—2004)中《道路石油沥青技术要求》提出，A级沥青含蜡量应不大于2.2%，B级沥青不大于3.0%，C级则不大于4.5%。

5. 施工和易性

沥青混合料应具备良好的施工和易性，使混合料易于拌和、摊铺和碾压。影响沥青混合料施工和易性的因素很多，诸如当地气温、施工条件及混合料性质等。

从混合料材料性质来看，影响沥青混合料施工和易性的是混合料的级配和沥青用量，如粗细集料的颗粒大小相距过大，缺乏中间尺寸，混合料容易分层层积(粗粒集中表面，细粒集中底部)；如细集料太少，沥青层就不容易均匀地分布在粗颗粒表面；细集料过多，则使拌和困难。当沥青用量过少，或矿粉用量过多时，混合料容易产生疏松不易压实。反之，如沥青用量过多，或矿粉质量不好，则容易使混合料黏结成团块，不易摊铺。

(二)热拌沥青混合料的技术标准

我国现行部标《公路沥青路面施工技术规范》(JTJ F40—2004)对热拌沥青混合料的马歇尔试验技术标准的规定如表 7-3 所示,并应有良好的施工性能。

表 7-3 密级配沥青混凝土混合料马歇尔试验技术标准

<table>
<tr><td colspan="2" rowspan="3">试验指标</td><td rowspan="3">单位</td><td colspan="4">高速公路、一级公路</td><td rowspan="3">其他等级公路</td><td rowspan="3">行人道路</td></tr>
<tr><td colspan="2">夏炎热区
(1-1、1-2、1-3、1-4 区)</td><td colspan="2">夏热区及夏凉区
(2-1、2-2、2-3、2-4、3-2 区)</td></tr>
<tr><td>中轻交通</td><td>重载交通</td><td>中轻交通</td><td>重载交通</td></tr>
<tr><td colspan="2">击实次数(双面)</td><td>次</td><td colspan="4">75</td><td>50</td><td>50</td></tr>
<tr><td colspan="2">试件尺寸</td><td>mm</td><td colspan="6">ϕ101.6×63.5</td></tr>
<tr><td rowspan="2">空隙率 VV</td><td>深约 90mm 以内</td><td>%</td><td>3~5</td><td>4~6</td><td>2~4</td><td>3~5</td><td>3~6</td><td>2~4</td></tr>
<tr><td>深约 90mm 以下</td><td>%</td><td colspan="2">3~6</td><td>2~4</td><td>3~6</td><td>3~6</td><td>—</td></tr>
<tr><td colspan="2">稳定度 MS 不小于</td><td>kN</td><td colspan="4">8</td><td>5</td><td>3</td></tr>
<tr><td colspan="2">流 值 FL</td><td>mm</td><td>2~4</td><td>1.5~4</td><td>2~4.5</td><td>2~4</td><td>2~4.5</td><td>2~5</td></tr>
<tr><td rowspan="7">矿料间隙率 VMA(%)不小于</td><td>设计空隙率/%</td><td colspan="7">相应于以下公称最大粒径/mm 的最小 VMA 及 VFA 技术要求/%</td></tr>
<tr><td>2</td><td colspan="2">26.5</td><td>19</td><td>16</td><td>13.2</td><td>9.5</td><td>4.75</td></tr>
<tr><td>3</td><td colspan="2">10</td><td>11</td><td>11.5</td><td>12</td><td>13</td><td>15</td></tr>
<tr><td>4</td><td colspan="2">11</td><td>12</td><td>12.5</td><td>13</td><td>14</td><td>16</td></tr>
<tr><td>5</td><td colspan="2">12</td><td>13</td><td>13.5</td><td>14</td><td>15</td><td>17</td></tr>
<tr><td rowspan="2">6</td><td colspan="2">13</td><td>14</td><td>14.5</td><td>15</td><td>16</td><td>18</td></tr>
<tr><td colspan="2">14</td><td>15</td><td>15.5</td><td>16</td><td>17</td><td>19</td></tr>
<tr><td colspan="2">沥青饱和度 VFA/%</td><td colspan="2">55~70</td><td colspan="3">65~75</td><td colspan="2">70~85</td></tr>
</table>

[注] (1)重载交通是指设计交通量在 1000 万辆以上的路段,长大坡度的路段按重载交通路段考虑。

(2)对空隙率大于 5%的夏炎热区重载交通路段,施工时应至少提高压实度 1 个百分点。

(3)当设计的空隙率不是整数时,由内插确定要求的 *VMA* 最小值。

(4)对改性沥青混合料,马歇尔试验的流值可适当放宽。

三、沥青混合料组成材料的技术要求

[问一问]

沥青的标号是怎么确定的?

沥青混合料的技术性质决定于组成材料的性质、组成配合的比例和混合料的制备工艺等因素。组成材料的质量是首先需要关注的问题。

1. 沥青材料

沥青路面采用的沥青标号,宜按照公路等级、气候条件、交通条件、路面类型、在结构层中的层位及受力特点、施工方法等，结合当地的使用经验确定。按现行部标《公路沥青路面施工技术规范》(JTJ F40—2004)，沥青标号根据道路所属的气候分区可查《道路石油沥青技术要求》选用。

对高速公路、一级公路，夏季温度高、高温持续时间长、重载交通、山区及丘陵区上坡路段、服务区、停车场等行车速度慢的路段，尤其是汽车荷载剪应力大的层次，宜采用稠度大、60℃黏度大的沥青，也可提高高温气候分区的温度水平选用沥青等级；对冬季寒冷的地区或交通量小的公路、旅游公路宜选用稠度小、低温延度大的沥青；对温度日温差、年温差大的地区宜选用针入度指数大的沥青。当高温要求与低温要求发生矛盾时应优先考虑高温性能的要求。

当缺乏所需标号的沥青时，可采用不同标号的沥青掺配，但掺配后的技术指标应符合《道路石油沥青技术要求》。

2. 粗集料

沥青混合料用粗集料包括碎石、破碎砾石、筛选砾石、钢渣、矿渣等，但高速公路和一级公路不得使用筛选砾石和矿渣。

粗集料应该洁净、干燥、表面粗糙，质量应符合表7-4的规定。当单一规格集料的质量指标达不到表中要求，而按照集料配合比计算的质量指标符合要求时，工程上允许使用。对受热易变质的集料，宜采用经拌和机烘干后的集料进行检验。

表7-4 沥青混合料用粗集料质量技术要求

指标	单位	高速公路及一级公路		其他等级公路	试验方法
		表面层	其他层次		
石料压碎值，不大于	%	26	28	30	T0316
洛杉矶磨耗损失，不大于	%	28	30	35	T0317
表观相对密度，不小于	—	2.60	2.50	2.45	T0304
吸水率，不大于	%	2.0	3.0	3.0	T0304
坚固性，不大于	%	12	12	—	T0314
针片状颗粒含量(混合料)，不大于 其中粒径大于9.5mm，不大于 其中粒径小于9.5mm，不大于	% % %	15 12 18	18 15 20	20 — —	T0312
水洗法<0.075mm颗粒含量，不大于	%	1	1	1	T0310
软石含量，不大于	%	3	5	5	T0320

［注］ ①坚固性试验根据需要进行；

② 用于高速公路、一级公路时，多孔玄武岩的视密度可放宽至2.45t/m^3，吸水率可放宽至3%，但必须得到建设单位的批准，且不得用于SMA路面。

③ 对S14即3～5规格的粗集料，针片状颗粒含量可不予要求，小于0.075mm含量可放宽到3%。

粗集料的粒径规格应符合表 7-5 的要求。

表 7-5 沥青混合料用粗集料规格

规格名称	公称粒径/mm	通过下列筛孔(mm)的质量百分率/%												
		106	75	63	53	37.5	31.5	26.5	19.0	13.2	9.5	4.75	2.36	0.6
S1	40～75	100	90～100	—	—	0～15	—	0～5						
S2	40～60		100	90～100	—	0～15	—	0～5						
S3	30～60		100	90～100	—	—	0～15	—	0～5					
S4	25～50			100	90～100	—	—	0～15	—	0～5				
S5	20～40				100	90～100	—	—	0～15	—	0～5			
S6	15～30					100	90～100	—	—	0～15	—	0～5		
S7	10～30					100	90～100	—	—	—	0～15	0～5		
S8	10～25						100	90～100	—	0～15	—	0～5		
S9	10～20							100	90～100	—	0～15	0～5		
S10	10～15								100	90～100	0～15	0～5		
S11	5～15								100	90～100	40～70	0～15	0～5	
S12	5～10									100	90～100	0～15	0～5	
S13	3～10									100	90～100	40～70	0～20	0～5
S14	3～5										100	90～100	0～15	0～3

高速公路、一级公路沥青路面的表面层(或磨耗层)的粗集料的磨光值应符合表 7-6 的要求。除 SMA、OGFC 路面外,允许在硬质粗集料中掺加部分较小粒径的磨光值达不到要求的粗集料,其最大掺加比例由磨光值试验确定。

粗集料与沥青的粘附性应符合表 7-5 的要求,当使用不符合要求的粗集料时,宜掺加消石灰、水泥或用饱和石灰水处理后使用,必要时可同时在沥青中掺加耐热、耐水、长期性能好的抗剥落剂,也可采用改性沥青的措施,使沥青混合料的水稳定性检验达到要求。

表 7-6 粗集料与沥青的粘附性、磨光值的技术要求

雨量气候区	1(潮湿区)	2(湿润区)	3(半干区)	4(干旱区)
年降雨量/mm	>1000	1000～500	500～250	<250
粗集料的磨光值 PSV,不小于 高速公路、一级公路表面层	42	40	38	36

（续表）

雨量气候区	1（潮湿区）	2（湿润区）	3（半干区）	4（干旱区）
粗集料与沥青的粘附性，不小于 高速公路、一级公路表面层 高速公路、一级公路的其他层 次级其他等级公路的各个层次	 5 4	 4 4	 4 3	 3 3

3. 细集料

沥青路面的细集料包括天然砂、机制砂、石屑。

细集料应洁净、干燥、无风化、无杂质，并有适当的颗粒级配，其质量应符合表 7－7 的规定。细集料的洁净程度，天然砂以小于 0.075mm 含量的百分数表示，石屑和机制砂以砂当量（适用于 0～4.75mm）或亚甲蓝值（适用于 0～2.36mm 或 0～0.15mm）表示。

表 7－7　沥青混合料用细集料质量要求

项目	单位	高速公路、一级公路	其他等级公路	试验方法
表观相对密度，不小于	—	2.50	2.45	T0328
坚固性（>0.3mm 部分），不大于	%	12	—	T0340
含泥量（小于 0.075mm 的含量），不大于	%	3	5	T0333
砂当量，不小于	%	60	50	T0334
亚甲蓝值，不大于	g/kg	25	—	T0349
棱角性（流动时间），不小于	s	30	—	T0345

天然砂可采用河砂或海砂，通常宜采用粗、中砂，其规格应符合表 7－8 的规定。热拌密级配沥青混合料中天然砂的用量通常不宜超过集料总量的 20%，SMA 和 OGFC 混合料不宜使用天然砂。

表 7－8　沥青混合料用天然砂规格

筛孔尺寸/mm	通过各筛孔的质量百分率/%		
	粗砂	中砂	细砂
9.5	100	100	100
4.75	90～100	90～100	90～100
2.36	65～95	75～90	85～100
1.18	35～65	50～90	75～100
0.6	15～30	30～60	60～84
0.3	5～20	8～30	15～45
0.15	0～10	0～10	0～10
0.075	0～5	0～5	0～5

石屑是采石场破碎石料通过4.75mm或2.36mm的筛下部分，其规格应符合表7-9的要求。机制砂是由制砂机生产的细集料，其级配应符合S16的要求。

表7-9 沥青混合料用机制砂或石屑规格

规格	公称粒径/mm	通过下筛孔(方孔筛)的质量百分率/%							
		9.5	4.75	2.36	1.18	0.6	0.3	0.15	0.075
S15	0～5	100	90～100	60～90	40～75	20～55	7～40	2～20	0～10
S16	0～3	—	100	80～100	50～80	25～60	8～45	0～25	0～15

4. 填料

沥青混合料的矿粉必须采用石灰岩或岩浆岩中的强基性岩石等憎水性石料经磨细得到的矿粉，原石料中的泥土杂质应除净。矿粉应干净、洁净，能自由地从矿粉仓流出，其质量应符合表7-10的要求。

表7-10 沥青混合料用矿粉质量技术要求

指　标	单位	高速公路、一级公路	其他等级公路	试验方法
表观密度，不小于	t/m^3	2.50	2.45	T0352
含水量，不大于	%	1	1	T0103 烘干法
粒度范围<0.6mm <0.15mm <0.075mm	% % %	100 90～100 75～100	100 90～100 70～100	T0351
外观	—	无团粒结块		—
亲水系数	—	<1		T0353
塑性指数	—	<4		T0354
加热安定性	—	实测记录		T0355

拌和机的粉尘也可作为矿粉的一部分回收使用。但每盘用量不得超过填料总量25%，掺有粉尘填料的塑性指数不得大于4%。

粉煤灰作为填料使用时，用量不得超过填料总量的50%，粉煤灰的烧失量应小于12%，与矿粉混合后的塑性指数应小于4%。高速公路、一级公路的沥青面层不宜采用粉煤灰做填料。

四、沥青混合料配合比设计

热拌沥青混合料配合比设计应通过目标配合比设计、生产配合比设计及生产配合比验证三个阶段，确定沥青混合料的材料品种及配合比、矿料级配、最佳沥青用量。本节着重介绍目标配合比设计。热拌沥青混合料的目标配合比设计宜按图 7 - 5 的框图的步骤进行：

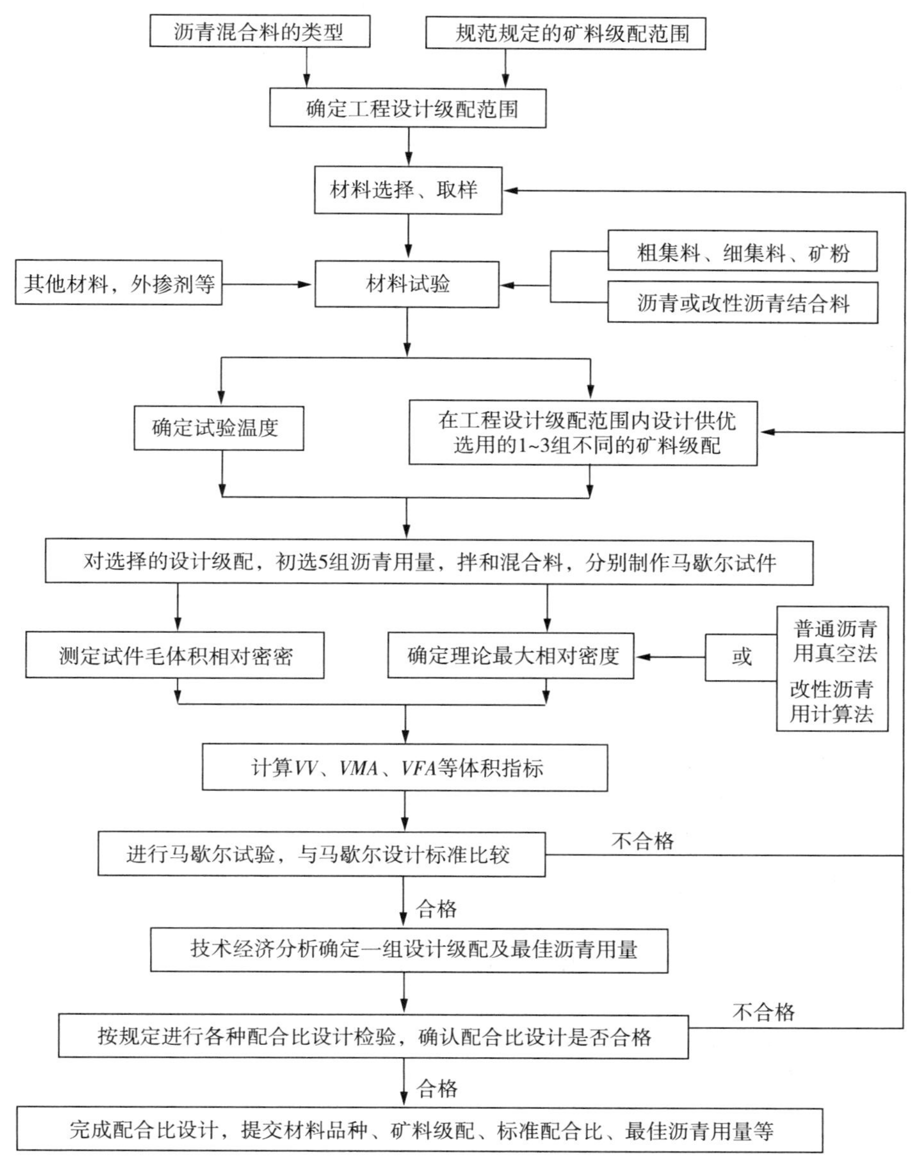

图 7 - 5　密级配沥青混合料目标配合比设计流程图

(一)矿质混合料的配合组成设计

矿质混合料的配合组成设计通常是根据规范推荐的级配范围，来选配一个具有足够密实度、并有较高内摩阻力的矿质混合料。其基本步骤如下：

1. 确定沥青混合料类型

沥青混合料的类型，根据道路等级、路面类型及所处的结构层位，参照《公路沥青路面设计规范》(JTG D50—2017)按表 7 - 11 选定。

表 7-11　沥青混合料类型适用性

层位	开级配	半开级配	密实型沥青混合料				最大粒径/mm
			断级配型		粗级配型	细级配型	
空隙率%	＞15	8～15	3～5	3～4	3～6(8)	3～6	
抗滑磨耗层	OGFC-10 OGFC-13		UTAC-10 UTAC-13	SMA-10 SMA-13			13 16
表面层		AM-13		SMA-13	DCG-13 SUP-13	DFG-13	16
		AM-16		SMA-16	DCG-16	DFG-16	19
中面层		AM-20	FAC-20	SMA-20	DCG-20 SUP-19	DFG-20	26.5
下面层					DCG-25	DFG-25	31.5
基层	ATPB-25	AM-25			LSM-25		31.5
	ATPB-30	AM-30			LSM-30		37.5
底基层	ATPB-35	AM-35			LSM-35		53.0

[注] OGFC—排水式沥青磨耗层;UTAC—抗滑磨耗层;SMA—沥青玛蹄脂碎石混合料;AM—沥青碎石混合料;DCG—密实粗级配;DFG—密实细级配;FAC—高沥青含量沥青混凝土混合料;ATPB—排水式沥青碎石基层;LSM—大粒径沥青碎石混合料。

2. 确定工程设计的级配范围

密级配沥青混合料宜根据公路等级、气候及交通条件按表 7-12 选择粗型(C 型)或细型(F 型)混合料。对夏季温度高、高温持续时间长,重载交通多的路段,宜选用粗型密级配沥青混合料(AC-C 型),并取较高的设计空隙率。对冬季温度低且低温持续时间长的地区,或者重载交通较少的路段,宜选用细型密级配沥青混合料(AC-F 型),并取较低的设计空隙率。

表 7-12　粗型和细型密级配沥青混凝土的关键性筛孔通过率

混合料类型	公称最大粒径/mm	用以分类的关键性筛孔/mm	粗型密级配		细型密级配	
			名称	关键性筛孔通过率/%	名称	关键性筛孔通过率/%
AC-25	26.5	4.75	AC-25C	＜40	AC-25F	＞40
AC-20	19	4.75	AC-20C	＜45	AC-20F	＞45
AC-16	16	2.36	AC-16C	＜38	AC-16F	＞38
AC-13	13.2	2.36	AC-13C	＜40	AC-13F	＞40
AC-10	9.5	2.36	AC-10C	＜45	AC-10F	＞45

密级配沥青混合料的设计级配宜在表 7-13 规定的级配范围内,根据公路等

级、工程特性、气候条件、交通条件、材料品种等因素，通过对条件大体相当的工程使用情况进行调查研究后调整确定，必要时允许超出规范级配范围。经确定的工程设计级配范围是配合比设计的依据，不得随意变更。

表 7－13　密级配沥青混凝土混合料矿料级配范围

级配类型		通过下列筛孔(mm)的质量百分率/%												
		31.5	26.5	19	16	13.2	9.5	4.75	2.36	1.18	0.6	0.3	0.15	0.075
粗粒式	AC－25	100	90～100	75～90	65～83	57～76	45～65	24～52	16～42	12～33	8～24	5～17	4～13	3～7
中粒式	AC－20		100	90～100	78～92	62～80	50～72	26～56	16～44	12～33	8～24	5～17	4～13	3～7
	AC－16			100	90～100	76～92	60～80	34～62	20～48	13～36	9～26	7～18	5～14	4～8
细粒式	AC－13				100	90～100	68～85	38～68	24～50	15～38	10～28	7～20	5～15	4～8
	AC－10					100	90～100	45～75	30～58	20～44	13～32	9～23	6～16	4～8
砂粒式	AC－5						100	90～100	55～75	35～55	20～40	12～28	7～18	5～10

调整工程设计级配范围宜遵循下列原则：

1）要确保高温抗车辙能力，同时兼顾低温抗裂性能的需要。配合比设计时宜适当减少公称最大粒径附近的粗集料用量，减少 0.6mm 以下部分细粉的用量，使中等粒径集料较多，形成 S 型级配曲线，并取中等或偏高水平的设计空隙率。

2）确定各层的工程设计级配范围时应考虑不同层位的功能需要，经组合设计的沥青路面应能满足耐久、稳定、密水、抗滑等要求。

3）根据公路等级和施工设备的控制水平，确定的工程设计级配范围应比规范级配范围窄，其中 4.75mm 和 2.36mm 通过率的上下限差值宜小于 12%。

4）沥青混合料的配合比设计应充分考虑施工性能，使沥青混合料容易摊铺和压实，避免造成严重的离析。

3. 材料选择与准备

按气候和交通条件选择合适的各种材料，经现场取样检验，其质量应符合规定的技术要求。当单一规格的集料某项指标不合格，但不同粒径规格的材料按级配组成的集料混合料指标能符合规范要求时，允许使用。

4. 矿料配合比设计

矿料级配曲线采用泰勒曲线的标准画法绘制（见图 7－6），纵坐标为普通坐标，横坐标按 $x=d_i^{0.45}$ 计算如表 7－15。以原点与通过集料最大粒径 100%的点的连线作为沥青混合料的最大密度线。

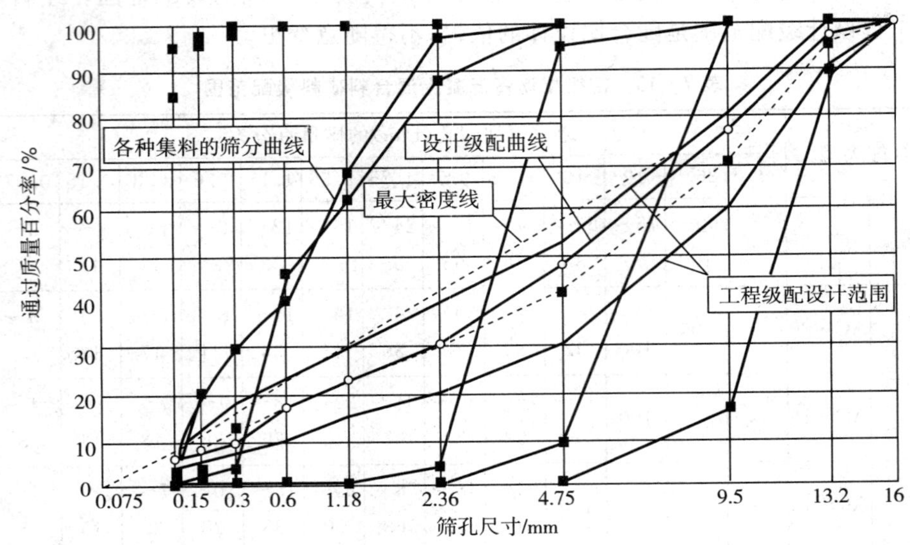

图 7-6　矿料级配曲线示例

高速公路和一级公路沥青路面矿料配合比设计宜借助电子计算机的电子表格用试配法进行。

表 7-14　矿料级配设计计算表示例

筛孔/mm	10～20/%	5～10/%	3～5/%	石屑/%	黄砂/%	矿粉/%	消石灰/%	合成/级配	工程设计级配范围/%		
									中限	下限	上限
16	100	100	100	100	100	100	100	100.0	100	100	100
13.2	88.6	100	100	100	100	100	100	96.7	95	90	100
9.5	16.6	99.7	100	100	100	100	100	76.6	70	60	80
4.75	0.4	8.7	94.9	100	100	100	100	47.7	41.5	30	53
2.36	0.3	0.7	3.7	97.2	87.9	100	100	30.6	30	20	40
1.18	0.3	0.7	0.5	67.8	62.2	100	100	22.8	22.5	15	30
0.6	0.3	0.7	0.5	40.5	46.4	100	100	17.2	16.5	10	23
0.3	0.3	0.7	0.5	30.2	3.7	99.8	99.2	9.5	12.5	7	18
0.15	0.3	0.7	0.5	20.6	3.1	96.2	97.6	8.1	8.5	5	12
0.075	0.2	0.6	0.3	4.2	1.9	84.7	95.6	5.5	6	4	8
配合比	28	26	14	12	15	3.3	1.7	100.0	—	—	—

表 7-15　泰勒曲线的横坐标

d_i	0.075	0.15	0.3	0.6	1.18	2.36	4.75	9.5
$x=d_i^{0.45}$	0.312	0.426	0.582	0.795	1.077	1.472	2.016	2.754
d_i	13.2	16	19	26.5	31.5	37.5	53	63
$x=d_i^{0.45}$	3.193	3.482	3.762	4.370	4.723	5.109	5.969	6.452

对高速公路和一级公路，宜在工程设计级配范围内计算 1～3 组粗细不同的配合比，绘制设计级配曲线，分别位于工程设计级配范围的上方、中值及下方。设计合成级配不得有太多的锯齿形交错，且在 0.3～0.6mm 范围内不出现“驼峰”。当反复调整不能满足时，宜更换材料设计。

根据当地的实践经验选择适宜的沥青用量，分别制作几组级配的马歇尔试件，测定 VMA，初选一组满足或接近设计要求的级配作为设计级配。

(二)确定沥青混合料的最佳沥青用量

沥青混合料的最佳沥青用量(简称 OAC)，按我国现行标准《公路沥青路面施工技术规范》(JTJ F40—2004)中规定，以马歇尔试验方法为标准的设计方法，同时也允许采用其他设计方法。当采用其他设计方法时，应按马歇尔设计方法进行检验。马歇尔试验法确定沥青最佳用量按下列步骤进行：

1. 制备试件

1)确定试件的制作温度

沥青混合料试件的制作温度宜通过在 135℃及 175℃条件下测定的黏度—温度曲线按表 7-16 的规定确定，并与施工实际温度一致，普通沥青混合料如缺乏黏温曲线时可参照表 7-17 执行，改性沥青混合料的成型温度在此基础上再提高 10～20℃。

[问一问]

油石比与沥青含量的区别?

表 7-16　确定沥青混合料拌和及压实温度的适宜温度

黏度	适宜于拌和的沥青混合料黏度	适宜于压实的沥青混合料黏度	测定方法
表观黏度	(0.17±0.02)Pa·s	(0.28±0.03)Pa·s	T0625
运动黏度	(170±20)mm^2/s	(280±30)mm^2/s	T0619
赛波特黏度	(85±10)s	(140±15)s	T0623

表 7-17　热拌普通沥青混合料试件的制作温度　　单位：℃

施工工序	石油沥青的标号				
	50 号	70 号	90 号	110 号	130 号
沥青加热温度	160～170	155～165	150～160	145～155	140～150
矿料加热温度	集料加热温度比沥青温度高 10～30℃(填料不加热)				
沥青混合料拌和温度	150～170	145～165	140～160	135～155	130～150
试件击实成型温度	140～160	135～155	130～150	125～145	120～140

2)确定沥青用量范围

(1)按式(7-4)计算矿质混合料的合成毛体积相对密度 γ_{sb}。

$$\gamma_{sb}=\frac{100}{\frac{P_1}{\gamma_1}+\frac{P_2}{\gamma_2}+\cdots\cdots+\frac{p_n}{\gamma_n}} \tag{7-4}$$

式中:$P_1,P_2,\cdots,P_n$——各种矿料成分的配合比,其和为 100;

$\gamma_1,\gamma_2,\cdots,\gamma_n$——各种矿料相应的毛体积相对密度,粗集料按 T0304 方法测定,机制砂及石屑可按 T0330 方法测定,也可以用筛出的 2.36~4.75mm 部分的毛体积相对密度代替,矿粉(含消石灰、水泥)以表观相对密度代替。

(2)按式(7-5)或按式(7-6)预估沥青内混合料的适宜的油石比 P_a 或沥青用量 P_b。

$$P_a=\frac{P_{a1}\times\gamma_{sb1}}{\gamma_{sb}} \tag{7-5}$$

$$P_b=\frac{P_a}{100+\gamma_{sb}}\times 100 \tag{7-6}$$

式中:P_a——预估的最佳油石比(与矿料总量的百分比),%;

P_b——预估的最佳沥青用量(占混合料总量的百分数),%;

P_{a1}——已建类似工程沥青混合料的标准油石比,%;

γ_{sb}——集料的合成毛体积相对密度;

γ_{sb1}——已建类似工程集料的合成毛体积相对密度。

(3)确定矿料的有效相对密度

对非改性沥青混合料,宜以预估的最佳油石比拌和 2 组的混合料,采用真空法实测最大相对密度,取平均值。然后由式(7-7)反算合成矿料的有效相对密度 γ_{se}。

$$\gamma_{se}=\frac{100-P_b}{\frac{100}{\gamma_t}-\frac{P_b}{\gamma_b}} \tag{7-7}$$

式中:γ_{se}——合成矿料的有效相对密度;

P_b——试验采用的沥青用量(占混合料总量的百分数,%);

γ_t——试验沥青用量条件下实测得到的最大相对密度,无量纲;

γ_b——沥青的相对密度(25℃/25℃),无量纲。

(4)以预估的油石比为中值,按一定间隔(对密级配沥青混合料通常为 0.5%,对沥青碎石混合料可适当缩小间隔为 0.3%~0.4%),取 5 个或 5 个以上不同的油石比分别成型马歇尔试件。例如预估油石比为 4.8%,可选 3.8%、4.3%、4.8%、5.3%、5.8%等。

2. 测定物理指标

1)测定压实沥青混合料试件的毛体积相对密度 γ_f 和吸水率,取平均值。

通常采用表干法测定毛体积相对密度;对吸水率大于2%的试件,宜改采用蜡封法测定。

2)确定沥青混合料的最大理论相对密度

对非改性的普通沥青混合料,在成型马歇尔试件的同时,用真空法实测各组沥青混合料的最大理论相对密度 γ_{ti}。当只对其中一组油石比测定最大理论相对密度时,也可按式(7-8)或式(7-9)计算其他不同油石比时的最大理论相对密度 γ_{ti}。

$$\gamma_{ti}=\frac{100+P_{ai}}{\dfrac{100}{\gamma_{se}}+\dfrac{P_{ai}}{\gamma_b}} \tag{7-8}$$

$$\gamma_{ti}=\frac{100}{\dfrac{P_{si}}{\gamma_{se}}+\dfrac{P_{bi}}{\gamma_b}} \tag{7-9}$$

式中:γ_{ti}——相对于计算沥青用量 P_{bi} 时沥青混合料的最大理论相对密度,无量纲;

P_{ai}——所计算的沥青混合料中的油石比(%);

P_{bi}——所计算的沥青混合料的沥青用量,$P_{bi}=P_{ai}/(1+P_{ai})$,%;

P_{si}——所计算的沥青混合料的矿料含量,$P_{si}=100-P_{bi}$,%;

γ_{se}——矿料的有效相对密度,无量纲;

γ_b——沥青的相对密度(25℃/25℃),无量纲。

3)按式(7-10)~式(7-12)计算沥青混合料试件的空隙率、矿料间隙率 VMA、有效沥青的饱和度 VFA 等体积指标,进行体积组成分析。

$$VV=\left(1-\frac{\gamma_f}{\gamma_t}\right)\times 100 \tag{7-10}$$

$$VMA=\left(1-\frac{\gamma_f}{\gamma_{sb}}\times P_s\right)\times 100 \tag{7-11}$$

$$VFA=\frac{VMA-VV}{VMA}\times 100 \tag{7-12}$$

式中:VV——试件的空隙率(%);

VMA——试件的矿料间隙率(%);

VFA——试件的有效沥青饱和度(有效沥青含量占 VMA 的体积比例,%);

γ_f——试件的毛体积相对密度,无量纲;

γ_t——沥青混合料的最大理论相对密度,无量纲;

P_s——各种矿料占沥青混合料总质量的百分率之和,即 $P_s=100-P_b$,%;

γ_{sb}——矿质混合料的合成毛体积相对密度。

3. **测定力学指标**

进行马歇尔试验，测定马歇尔稳定度和流值。

4. **马歇尔试验结果分析**

1)绘制沥青用量与物理力学指标关系图

以油石比或沥青用量为横坐标，以毛体积密度、空隙率、有效沥青饱和度(VFA)、矿料间隙率(VMA)、稳定度和流值为纵坐标，将试验结果点入图中，连成光滑的曲线，如图7-7。确定均符合规范规定的沥青混合料技术标准的沥青用量范围$OAC_{min}\sim OAC_{max}$。

选择的沥青用量范围必须涵盖设计空隙率的全部范围，并尽可能涵盖沥青饱和度的要求范围，同时使密度及稳定度曲线出现峰值。如果没有涵盖设计空隙率的全部范围，试验必须扩大沥青用量范围重新进行。

2)根据试验曲线走势确定最佳沥青用量OAC_1

(1)在曲线图上求取相应于密度最大值、稳定度最大值、目标空隙率(或中值)、沥青饱和度范围的沥青用量a_1、a_2、a_3、a_4，按式7-13取平均值作为OAC_1。即

$$OAC_1=(a_1+a_2+a_3+a_4)/4 \tag{7-13}$$

(2)如果在所选择的沥青用量范围未能涵盖沥青饱和度的要求范围，按式7-14求取3者的平均值作为OAC_1。即

$$OAC_1=(a_1+a_2+a_3)/3 \tag{7-14}$$

(3)对所选择试验的沥青用量范围，密度或稳定度没有出现峰值(最大值经常在曲线的两端)时，可直接以目标空隙率所对应的沥青用量a_3作为OAC_1，但OAC_1必须介于OAC_{min}和OAC_{max}之间，否则应重新进行配合比设计。

3)确定最佳沥青用量OAC_2

以各项指标均符合沥青混合料技术标准(不含VMA)的沥青用量范围$OAC_{min}\sim OAC_{max}$的中值作为OAC_2。即

$$OAC_2=(OAC_{min}+OAC_{max})/2 \tag{7-15}$$

4)确定计算的最佳沥青用量OAC

通常情况下取OAC_1及OAC_2的中值作为计算的最佳沥青用量OAC。

$$OAC=(OAC_1+OAC_2)/2 \tag{7-16}$$

按式(7-16)计算的最佳沥青用量OAC，从图7-7中得出所对应的空隙率和VMA值，检验是否能满足表7-2关于最小VMA值的要求。OAC宜位于VMA凹形曲线最小值的贫油一侧。当空隙率不是整数时，最小VMA按内插法确定，并将其画入图7-7中。

检查图7-7中相应于此OAC的各项指标是否均符合马歇尔试验技术标准。

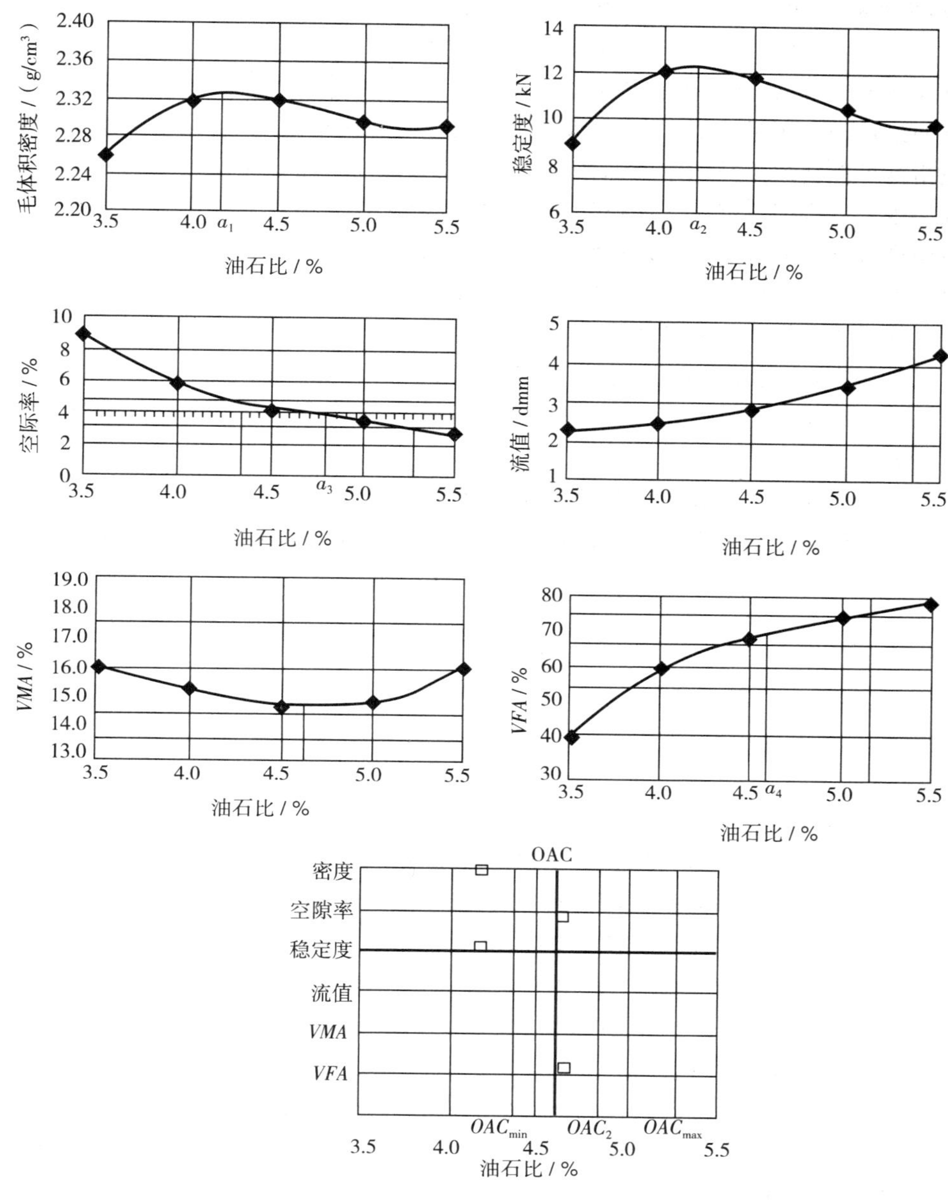

图 7－7　马歇尔试验结果示例

注：图中 $a_1=4.2\%$，$a_2=4.25\%$，$a_3=4.8\%$，$a_4=4.7\%$，$OAC_1=4.49\%$（由 4 个平均值确定），$OAC_{min}=4.3\%$，$OAC_{max}=5.3\%$，$OAC_2=4.8\%$，$OAC=4.64\%$。此例中相对于空隙率 4% 的油石比为 4.6%。

5）根据实践经验和公路等级、气候条件、交通情况，调整确定最佳沥青用量 OAC

（1）调查当地各项条件相接近的工程的沥青用量及使用效果，论证适宜的最佳沥青用量。检查计算得到的最佳沥青用量是否相近，如相差甚远，应查明原因，必要时重新调查级配，进行配合比设计。

［想一想］

炎热地区与寒冷地区对沥青用量的要求有什么不同？

(2)对炎热地区公路以及高速公路、一级公路的重载交通路段，山区公路的长大坡度路段，预计有可能产生较大车辙时，宜在空隙率符合要求的范围内将计算的最佳沥青用量减小0.1～0.5%作为设计沥青用量。此时，除空隙率外的其他指标可能会超出马歇尔试验配合比设计技术标准，配合比设计报告或设计文件必须予以说明。但配合比设计报告必须要求采用重型轮胎压路机和振动压路机组合等方式加强碾压，以使施工后路面的空隙达到未调整前的原最佳沥青用量时的水平，且渗水系数符合要求。如果试验路段试拌试铺达不到此要求时，宜调整所减小的沥青用量的幅度。

(3)对寒区道路、旅游道路、交通量很少的公路，最佳沥青用量可以在OAC的基础上增加0.1～0.3%，以适当减小设计空隙率，但不得降低压实度要求。

6)检验最佳沥青用量时的粉胶比和有效沥青膜厚度

(1)按式(7-17)及式(7-18)计算沥青结合料被集料吸收的比例及有效沥青含量。

$$P_{ba}=\frac{\gamma_{se}-\gamma_b}{\gamma_{se}\times\gamma_{sb}}\times\gamma_b\times 100 \tag{7-17}$$

$$P_{be}=P_b-\frac{P_{ba}}{100}\times P_s \tag{7-18}$$

式中：P_{ba}——沥青混合料中被集料吸收的沥青结合料的比例，%；

P_{be}——沥青混合料中的有效沥青用量，%；

γ_{se}——集料的有效相对密度，无量纲；

γ_{sb}——材料的合成毛体积相对密度，无量纲；

γ_b——沥青的相对密度(25℃/25℃)，无量纲；

P_b——沥青含量，%；

P_s——各种矿料占沥青混合料总质量的百分率之和，即 $P_s=100-P_b$，%。

如果需要，可按式(7-19)及式(7-20)计算有效沥青的体积百分率 V_b 及矿料的体积百分率 V_g。

$$V_b=\frac{\gamma_f\times P_{be}}{\gamma_b} \tag{7-19}$$

$$V_g=100-(V_{be}+VV) \tag{7-20}$$

(2)检验最佳沥青用量时的粉胶比和有效沥青膜厚度。

① 按式(7-21)计算沥青混合了的粉胶比，宜符合0.6～1.6的要求。对常用的公称最大粒径为13.2～19mm的密级配沥青混合料，粉胶比宜为0.8～1.2。

$$FB=\frac{P_{0.075}}{P_{\mathrm{be}}} \tag{7-21}$$

式中：FB—— 粉胶比，沥青混合料的矿料中 0.075mm 通过率与有效沥青含量的比值，无量纲；

$P_{0.075}$—— 矿料级配中 0.075mm 的通过率（水洗法）(%)；

P_{be}—— 有效沥青含量(%)。

② 按式(7-22)的方法计算集料的比表面，按式(7-23)估算沥青混合料的沥青膜有效厚度。根据国外资料，通常情况下连续密级配沥青混合料有效厚度宜不小于 6μm，密实式沥青碎石混合料的有效厚度宜不小于 5μm。各种集料粒径的表面积系数按表 7-15 采用。

$$SA=\sum(P_i\times FA_i) \tag{7-22}$$

$$DA=\frac{P_{\mathrm{be}}}{\gamma_{\mathrm{b}}\times SA}\times 10 \tag{7-23}$$

式中：SA—— 集料的比表面积(m^2/kg)；

P_i—— 各种粒径的通过百分率(%)；

FA_i—— 相应于各种粒径的集料的表面积系数，见表 7-17 所列；

DA—— 沥青膜有效厚度(μm)；

P_{be}—— 有效沥青含量(%)；

γ_{b}—— 沥青的相对密度(25℃/25℃)，无量纲。

注：各种公称最大粒径混合料中大于 4.75mm 尺寸集料的表面积系数 FA 均取 0.0041，且只计算一次，4.75mm 以下部分的 FA，如表 7-18 所示。该例的 SA=6.60m^2/kg。若混合料的有效沥青含量为 4.65%，沥青的相对密度为 1.03，则沥青膜厚度为 DA=4.65/(1.03×6.60)×10 = 6.83(μm)。

表 7-18 集料的表面积系数计算示例

筛孔尺寸/mm	19	16	13.2	9.5	4.75	2.36	1.18	0.6	0.3	0.15	0.075	集料比表面总和 FA/(m^2/kg)
表面积系数 FA_i	0.0041	—	—	—	0.0041	0.0082	0.0164	0.0287	0.0614	0.1229	0.3277	
通过百分率 P_i/%	100	92	85	76	60	42	32	23	16	12	6	
比表面 $FA_i\times P_i$/(m^2/kg)	0.41	—	—	—	0.25	0.34	0.52	0.66	0.98	1.47	1.97	6.60

(三)配合比设计检验

对用于高速公路和一级公路的公称最大粒径等于或小于 19mm 的密级配沥青混合料(AC),SMA、OGFC 混合料,需在配合比设计的基础上按规范要求进行各种使用性能的检验,不符合要求的沥青混合料,必须更换材料或重新进行配合比设计。配合比设计检验按计算确定的设计最佳沥青用量在标准条件下进行,若按照根据实践经验和公路等级、气候条件、交通情况调整确定的最佳沥青用量,或者改变试验条件时,各项技术要求均应适当调整。

1. 高温稳定性检验

按规定方法进行车辙试验,动稳定度应符合表 7-19 的要求。

注:对公称最大粒径大于 19mm 的密级配沥青混凝土或沥青稳定碎石混合料,由于车辙试件尺寸不能适用,不宜按此方法进行车辙试验和弯曲试验。如需要检验可加厚试件厚度或采用大型马歇尔试件。

表 7-19 沥青混合料车辙试验动稳定度技术要求

<table>
<tr><td colspan="2">气候条件与技术指标</td><td colspan="9">相应于下列气候分区所要求的动稳定度/(次/mm)</td><td rowspan="4">试验方法</td></tr>
<tr><td colspan="2" rowspan="3">七月平均最高气温(℃)及气候分区</td><td colspan="4">>30</td><td colspan="4">20～30</td><td><20</td></tr>
<tr><td colspan="4">1. 夏炎热区</td><td colspan="4">2. 夏热区</td><td>3. 夏凉区</td></tr>
<tr><td>1-1</td><td>1-2</td><td>1-3</td><td>1-4</td><td>2-1</td><td>2-2</td><td>2-3</td><td>2-4</td><td>3-2</td></tr>
<tr><td colspan="2">普通沥青混合料,不小于</td><td colspan="2">800</td><td colspan="2">1000</td><td>600</td><td colspan="3">800</td><td>600</td><td rowspan="5">T0719</td></tr>
<tr><td colspan="2">改性沥青混合料,不小于</td><td colspan="2">2400</td><td colspan="2">2800</td><td>2000</td><td colspan="3">2400</td><td>1800</td></tr>
<tr><td rowspan="2">SMA 混合料</td><td>非改性,不小于</td><td colspan="8">1500</td><td></td></tr>
<tr><td>改性,不小于</td><td colspan="8">3000</td><td></td></tr>
<tr><td colspan="2">OGFC 混合料</td><td colspan="8">1500(一般交通路段)、3000(重交通路段)</td><td></td></tr>
</table>

[注] 1. 如果其他月份的平均气温高于七月时,可使用该月平均最高气温。

2. 在特殊情况下,如钢桥面铺装、重载车特别多或纵坡较大的长距离上坡路段、厂矿专用道路,可酌情提高动稳定度的要求。

3. 对因气候寒冷确需使用针入度很大的沥青(如大于100),动稳定度难以达到要求,或因采用石灰岩等不很坚硬的石料,改性沥青混合料的动稳定度难以达到要求等特殊情况,可酌情降低要求。

4. 为满足炎热地区及重载车要求,在配合比设计时采取减少最佳沥青用量的技术措施时,可适当提高试验温度或增加试验荷载进行试验,同时增加试件的碾压成型密度和施工压实度要求。

5. 车辙试验不得采用若次加热的混合料,试验必须检验其密度是否符合试验规程的要求。

6. 如需要对公称最大粒径等于和大于 26.5mm 的混合料进行车辙试验,可适当增加试件的厚度,但不宜作为评定合格与否的依据。

2. 水稳定性检验

按规定的试验方法进行浸水马歇尔试验和冻融劈裂试验,残留稳定度及残留强度比必须同时符合表 7-20 的要求。达不到要求时应采取抗剥落措施,调整最佳沥青用量后再次试验。

表 7－20　沥青混合料水稳定性检验技术要求

气候条件与技术指标		相应于下列气候分区的技术要求/%				试验方法
年降雨量(mm)及气候分区		>1000	500～1000	250～500	<250	
		1. 潮湿区	2. 湿润区	3. 半干区	4. 干旱区	
浸水马歇尔试验残留稳定度/%,不小于						
普通沥青混合料		80		75		T0709
改性沥青混合料		85		80		
SMA 混合料	普通沥青	75				
	改性沥青	80				
冻融劈裂试验的残留强度比/%,不小于						
普通沥青混合料		75		70		T0729
改性沥青混合料		80		75		
SMA 混合料	普通沥青	75				
	改性沥青	80				

(1)浸水马歇尔试验　将试件分两组:一组在 60℃水浴中保养 30～40min 后测其马歇尔稳定度 MS_0;另一组在 60℃水浴中保养 48h 后测其马歇尔稳定度 MS_1。其残留稳定度按式(7－23)计算:

$$MS_0=\frac{MS_1}{MS}\times 100 \tag{7-23}$$

式中:MS_0——试件的浸水残留稳定度(%);

MS_1——试件浸水 48h 后的稳定度(KN)。

(2)冻融劈裂试验

将双面各击实 50 次的马歇尔试件分两组:一组在 25℃水浴中浸泡 2h 后测其劈裂抗拉强度 R_{T1};另一组先真空饱水,在 98.3～98.7kPa 真空条件下浸水 15min,然后恢复常压,在水中放置 0.5h,再在－18℃冰箱中置放 16h,而后放到 60℃水浴中恒温 24h,再放到 25℃水中浸泡 2h 后测其劈裂抗拉强度 R_{T2};其残留强度比按式(7－24)计算:

$$TSR=(R_{T2}/R_{T1})\times 100 \tag{7-24}$$

3. 低温抗裂性能的检验

宜对密级配沥青混合料在温度－10℃、加载速率 50mm/min 的条件下进行低温弯曲试验,测定破坏强度、破坏应变、破坏劲度模量,并根据应力应变曲线的形状,综合评价沥青混合料的低温抗裂性能。其中沥青混合料的破坏应变宜不小于表 7－21 的要求。

表 7－21　沥青混合料低温弯曲试验破坏应变技术要求

<table>
<tr><td>气候条件与技术指标</td><td colspan="9">相应于下列气候分区所要求的破坏应变/με</td><td rowspan="4">试验方法</td></tr>
<tr><td rowspan="3">年极端最低气温(℃)
及气候分区</td><td colspan="2"><－37.0</td><td colspan="3">－21.5 ～
－37.0</td><td colspan="2">－9.0 ～
－21.5</td><td colspan="2">>－9.0</td></tr>
<tr><td colspan="2">1. 冬严寒区</td><td colspan="3">2. 冬寒区</td><td colspan="2">3. 冬冷区</td><td colspan="2">4. 冬温区</td></tr>
<tr><td>1－1</td><td>2－1</td><td>1－2</td><td>2－2</td><td>2－3</td><td>1－3</td><td>2－3</td><td>1－4</td><td>2－4</td></tr>
<tr><td>普通沥青混合料,不小于</td><td colspan="2">2600</td><td colspan="3">2300</td><td colspan="4">2000</td><td rowspan="2">T0715</td></tr>
<tr><td>改性沥青混合料,不小于</td><td colspan="2">3000</td><td colspan="3">2800</td><td colspan="4">2500</td></tr>
</table>

4. 渗水系数检验

宜利用轮碾机成型的车辙试验试件,脱模架起进行渗水试验,并符合表 7－22 的要求。

表 7－22　沥青混合料试件渗水系数技术要求

<table>
<tr><td>级配类型</td><td>渗水系数要求/(mL/min)</td><td rowspan="2">试验方法</td></tr>
<tr><td>密级配沥青混凝土,不大于</td><td>120</td></tr>
<tr><td>SMA 混合料,不大于</td><td>80</td><td rowspan="2">T0730</td></tr>
<tr><td>OGFC 混合料,不小于</td><td>实测</td></tr>
</table>

5. 钢渣活性检验

对使用钢渣作为集料的沥青混合料,应按规定的试验方法进行活性和膨胀性试验,钢渣沥青混凝土的膨胀量不得超过 1.5%。

6. 根据需要,可以改变试验条件进行配合比设计检验,如按调整后的最佳沥青用量、变化最佳沥青用量 OAC±0.3%、提高试验温度、加大试验荷载、采用现场压实密度进行车辙试验,在施工后的残余空隙率(如 7% ～ 8%)的条件下进行水稳定性试验和渗水试验等,但不宜用规范规定的技术要求进行合格评定。

(四)配合比设计报告

配合比设计报告应包括工程设计级配范围选择说明、材料品种选择与原材料质量试验结果、矿料级配、最佳沥青用量,以及各项体积指标、配合比设计检验结果等。试验报告的矿料级配曲线应按规定的方法绘制。

当按实践经验和公路等级、气候条件、交通情况调整的沥青用量作为最佳沥青用量,宜报告不同沥青用量条件下的各项试验结果,并提出对施工压实工艺的技术要求。

第三节　其他沥青混合料

一、冷拌沥青混合料

冷拌沥青混合料是指采用乳化沥青或稀释沥青与矿料在常温状态下拌和、铺筑的沥青混合料。其主要具有节省能源、保护环境、节约沥青、延长施工季节等优势。我国目前经常采用的冷拌沥青混合料，主要是乳化沥青混合料。

1. 强度的形成过程

乳化沥青混合料的成型过程与热拌沥青混合料明显不同，由于乳液是沥青与水的混合物，其中的沥青必须经过乳液与集料的黏附、分解破乳、排水、蒸干等过程才能完全恢复原有的黏结性能。最初摊铺和碾压的乳化沥青混合料，因乳液分散在集料中水分不能立即排净，水的润滑降低了集料间的内摩阻力，故要成型达到一定的强度，时间比热沥青长得多。随着行车的碾压，混合料中的水分继续分离蒸发，粗、细集料的位置进一步调整，密实度逐步增加，强度也将随时间增长。

2. 材料组成

冷拌沥青混合料的材料组成及技术要求与热拌沥青混合料的基本相同。冷拌沥青混合料宜采用乳化沥青或液体沥青拌制，也可采用改性乳化沥青。乳化沥青类型根据集料品种及使用条件选择，其用量可根据当地实践经验以及交通量、气候、集料情况、沥青标号、施工机械等条件确定，也可按热拌沥青混合料的沥青用量折算，如乳化沥青碎石混合料，其乳液的沥青残留物数量可较同规格的热拌沥青混合料的沥青用量减少10%～20%。冷拌沥青混合料宜采用密级配沥青混合料，当采用半开级配的冷拌沥青碎石混合料路面时应铺筑上封层。

3. 施工工艺

1)拌和：乳化沥青混合料的拌和应在乳液破乳前结束，在保证乳液与骨料拌和均匀的前提下，拌和时间宜短不宜长。最佳拌和时间应根据施工现场使用的骨料级配情况、拌和机械性能、施工时的气候等条件通过试拌确定。此外，当采用阳离子乳化沥青拌和时，宜先用水使集料湿润，以便乳液能均布其表面，也可延缓乳液的破乳时间，保持良好的施工和易性。

2)摊铺、压实：由于乳化沥青混合料有一个乳液破乳、水分蒸发过程，故摊铺必须在破乳前完成，而压实则不可能在水分蒸发前完成，开始必须用轻碾碾压，使其初步压实，待水分蒸发后再做补碾。在完全压实之前，不能开放交通。

4. 应用

冷拌沥青混合料适用于三级及三级以下的公路的沥青面层、二级公路的罩面层施工，以及各级公路沥青路面的基层、联结层或整平层。冷拌改性沥青混合料可用于沥青路面的坑槽冷补。

二、沥青稀浆封层混合料

沥青稀浆封层混合料简称沥青稀浆封层，是由乳化沥青、石屑(或砂)、填料和水等拌制而成的一种具有一定流动性能的沥青混合料。将沥青稀浆混合料摊铺在路面上(厚度为3～10mm)，经破乳、析水、蒸发、固化等过程，形成密实、坚固耐磨的表面处治薄层，可以治疗路面早期病害延长路面使用寿命。

1. 沥青稀浆封层的作用

(1)防水作用

稀浆混合料的集料粒径较细，并具有一定的级配，在铺筑成型后，能与原路面牢固地黏附在一起，形成一层密实的表层，从而防止雨水或雪水通过裂缝渗入路面基层，保持了基层和土基的稳定。

(2)防滑作用

由于稀浆混合料摊铺厚度薄，沥青在粗、细集料中分布均匀，沥青用量适当，没有多余的沥青，从而使铺筑稀浆封层后的路面不会产生光滑、泛油等病害，具有良好的粗糙面，路面的摩擦系数明显增加，抗滑性能显著提高。

(3)填充作用

由于稀浆混合料中有较多的水分，拌和后成稀浆状态，具有良好的流动性，可封闭沥青路面上的细微裂缝，填补原路面由于松散脱粒或机械性破坏等原因造成的不平，改善路面的平整度。

(4)耐磨作用

乳化沥青对酸、碱性矿料都有着较好的黏附力，所以稀浆混合料可选用坚硬的优质抗磨矿料，以铺筑有很强耐磨性能的沥青路面面层，延长路面的使用寿命。

(5)恢复路面外观形象

对使用年久，表面磨损发白、老化干涩，或经养护修补，表面状态很不一致的旧沥青路面，可用稀浆混合料进行罩面，遮盖破损与修补部位，使旧沥青路面外观形象焕然一新，形成一个新的沥青面层。

但是，稀浆封层也有其局限性。它只能作为表面保护层和磨耗层使用，而不起承重性的结构作用，不具备结构补强能力。

2. 材料组成

(1)乳化沥青

常采用阳离子慢凝乳液，为提高稀浆封层的效果，可采用改性乳化沥青，如丁苯橡胶改性沥青、氯丁胶乳改性沥青等。

(2)集料

采用级配石屑(或砂)组成矿质混合料，集料应坚硬、粗糙、耐磨、洁净，稀浆封层用通过4.75mm筛的合成矿料的砂当量不得低于50%。细集料宜采用碱性石料生产的机制砂或洁净的石屑。对集料中的超粒径颗粒必须筛除。

根据铺筑厚度、处治目的、公路等级等条件，可按照表7-23选用合适的矿料级配。

表7-23 稀浆封层的矿料级配

筛孔尺寸/mm	不同类型通过各筛孔的百分率/%		
	ES-1型	ES-2型	ES-3型
9.5	—	100	100
4.75	100	95～100	70～90
2.36	90～100	65～90	45～70
1.18	60～90	45～70	27～50

（续表）

筛孔尺寸/mm	不同类型通过各筛孔的百分率/%		
	ES-1型	ES-2型	ES-3型
0.6	40～65	30～50	19～34
0.3	25～42	18～30	12～25
0.15	15～30	10～21	17～18
0.075	10～20	5～15	5～15
一层的适宜厚度/mm	2.5～3	4～7	8～10

(3)填料

为提高集料的密实度，需掺加水泥、石灰、粉煤灰、石粉等填料。掺入的填料应干燥、无结团、不含杂质。

(4)水

为湿润集料，使稀浆混合料具有要求的流动度，需掺加适量的水。水应采用饮用水，一般可采用自来水。

(5)添加剂

为调节稀浆混合料的和易性和凝结时间，需添加各种助剂，如氯化铵、氯化钠、硫酸铝等。

3. 沥青稀浆封层混合料的配合比设计

沥青稀浆封层混合料的配合比设计，可根据理论的矿料表面吸收法，即按单位质量的矿料表面积裹覆 8μm 厚的沥青膜，计算出最佳沥青用量。但该方法并不能反映稀浆混合料的工作特性、旧路面的情况和施工的要求。为满足上述特性、情况和要求，目前通常采用试验法来确定配合比，其主要试验内容包括下列各项：

(1)稠度试验

该试验是为了确定稀浆混合料的加水量。它类似于水泥混凝土的坍落度试验。

稀浆混合料的含水量既要满足施工和易性的要求，又要保证所摊铺的稀浆能形成稳定坚固的封层。一般要求总的含水量在 12%～20%范围内。

(2)初凝时间试验

稀浆混合料的初凝时间不能太长也不能太短，初凝时间太长，就会延长开放交通时间，给施工管理带来困难；初凝时间太短，会给搅拌和摊铺带来困难，保证不了质量。

稀浆混合料的初凝时间可用斑点法测定，其是指混合料拌和以后至乳液完全破乳，用滤纸检验已无沥青斑点的时间。

(3)固化时间试验

稀浆混合料的固化时间，也就是其摊铺后开放交通的时间。稀浆混合料摊铺后开放交通的时间不能太长，太长了会对施工和管理带来很大困难，否则得考虑用助剂来调节。

稀浆混合料的固化时间，是初凝后的混合料在黏结力试验中达到最大黏结力的时间。

(4)湿轮磨耗试验

稀浆混合料的沥青用量是配合比设计中最重要的参数。沥青用量太少，稀浆封层就会松散；沥青用量太多，路面就会拥包，并且也浪费沥青材料。湿轮磨耗试验是用来确定稀浆混合料的最小沥青用量，同时也用于检验稀浆混合料成型后的耐磨耗性能。

湿轮磨耗试验是按规定的成型方法，将成型后的稀浆混合料试件放在水中，用湿轮磨耗仪磨头磨 5min，测定磨耗损失的试验。

(5)乳化沥青稀浆混合料碾压试验

乳化沥青稀浆混合料碾压试验是用来测定混合料中是否有过量的沥青，也就是确定稀浆混合料的最大沥青用量。可与湿轮磨耗试验一起确定稀浆混合料的最佳沥青用量。

碾压试验是稀浆混合料成型后，在 57kg 负荷轮下碾压 1000 次，模拟车辆行驶碾压；然后在试件上撒定量的热砂，再碾压 100 次，以每平方米吸收的砂量来表示。

经配合比设计，稀浆封层混合料的性能应符合表 7-24 的要求。

表 7-24　稀浆封层混合料技术要求

项目	单位	稀浆封层	试验方法
可拌和时间	s	>120	手工拌和
稠度	cm	2～3	T0751
黏聚力试验 30min(初凝时间) 60min(开放交通时间)	 N·m N·m	(仅适用于快开放交通的稀浆封层) ≥1.2 ≥2.0	T0754
负荷轮碾压试验(LWT) 黏附砂量	 g/m^2	(仅适用于重交通道路表层时) <450	T0755
湿轮磨耗试验的磨耗值(WTAT) 浸水 1h	g/m^2	<800	T0752

4. 沥青稀浆封层混合料的应用

沥青稀浆封层适合于沥青路面预防性养护。在路面尚未出现严重病害之前，为了避免沥青性质明显硬化，在路面上用沥青稀浆进行封层，不但有利于填充和治愈路面的裂缝，还可以提高路面的密实性以及抗水、防滑、抗磨耗的能力，从而提高路面的服务能力，延长路面的使用寿命。

在水泥混凝土路面上加铺稀浆封层，可以弥合表面细小的裂缝，防止混凝土表面剥落，改善车辆的行驶条件。

用稀浆封层技术处理砂石路面，可以起到防尘和改善道路状况的作用。

三、桥面铺装材料

桥面铺装又称车道铺装。其作用是保护桥面板，防止车轮或履带直接磨耗桥面，并借以分散车轮集中荷载。对于大中型钢筋水泥混凝土桥，常采用沥青混凝土桥面铺装，对其材料的强度、变形稳定性、疲劳耐久性等要求很高，同时要求具有重量轻、高黏结性、不透水等性能。

沥青桥面铺装构造可分下列层次：

1. 垫层

为使桥面横坡能形成、路拱的形状，先用贫混凝土(C15 或 C20)作三角垫拱和整平层(厚度不小于 6cm)。在做垫层前应将桥面整平并喷洒透层油，以防止水渗入桥面，并加强桥面与垫层黏结。

2. 防水层

厚度约 1.0～1.5mm。类型有沥青涂胶类防水层、高聚物涂胶类防水层或沥青卷材防水层等。

3. 保护层

为了保护防水层免遭损坏，在其上应加铺保护层。一般采用 AC－10(或 AC－5)型沥青混凝土(或沥青石屑，或单层表面处治)。厚度约 1.0cm。

4. 面层

面层分承重层和抗滑层。承重层宜采用高温稳定性好的 AC－16(或 AC－20)型中粒式热拌沥青混凝土，厚度 4～6cm。抗滑层，宜采用抗滑表层结构，厚度 2.0～2.5cm。为提高桥面铺装的高温稳定性，承重层和抗滑层宜采用高聚改性沥青。

四、新型沥青混合料

近年来随着国民经济的高速发展，公路交通量增长迅猛，再加之车辆大型化、超载严重及交通渠化等，使沥青路面面临严峻的考验，因而对沥青混合料的路用性能也提出了更高要求。沥青面层必须具备良好的热稳性、低温抗裂性、不透水、耐久性及抗滑性等。传统的沥青混凝土在综合性能上并不能完全满足要求，故公路部门进行了许多研究，发展了一些新型沥青混合料，用以改善沥青混合料的路用性能。

1. 沥青玛蹄脂碎石混合料(SMA)

SMA 是一种由沥青、纤维稳定剂、矿粉和少量细集料组成的沥青玛蹄脂填充间断级配的粗集料骨架间隙而组成的沥青混合料。

1)组成特点

①SMA 是一种间断级配的沥青混合料，属于骨架密实结构。

② 为加入较多的沥青，一方面增加矿粉用量，同时使用纤维作为稳定剂，通常采用木质素纤维，用量为沥青混合料的 0.3%，也可采用矿物纤维，用量为混合

料的0.4%。

③ 沥青结合料用量多，比普通混合料要高1%以上，黏结性要求高，希望选用针入度小，软化点高，温度稳定性好的沥青。最好采用改性沥青，以改善高低温变形性能及与矿料的粘附性。

[问一问]

你知道骨架密实结构的特点吗?

④ SMA的配合比不能完全依靠马歇尔配合比设计方法，主要由体积指标确定，马歇尔试件成型双面击实50次，目标空隙率2%~4%，稳定度和流值不是主要指标，沥青用量还可参考高温析漏试验确定，车辙试验是重要的设计手段。

⑤ SMA的材料要求，粗集料必须特别坚硬、表面粗糙，针片状颗粒少，以便嵌挤良好；细集料一般不用天然砂，宜采用坚硬的人工砂，矿粉必须是磨细石灰石粉，最好不使用回收粉尘。

⑥ SMA的施工与普通沥青混凝土相比，拌和时间要适当延长，施工温度要提高，压实不得采用轮胎碾。

综合SMA的特点，可以归纳为三多一少，粗集料多、矿粉多、沥青结合料多、细集料少；掺纤维增强剂，材料要求高，使用性能全面提高。

2)路用性能

① 良好的高温稳定性　由于在SMA的组成中，粗集料占到70%以上，其相互接触，空隙由高黏度玛蹄脂填补，形成了一个嵌挤密实的骨架结构，具有较高的承受车轮荷载碾压的能力，因此SMA具有较强的抗车辙能力。

② 良好的低温抗裂性　在低温条件下，抗裂性能主要由结合料延伸性能决定。在SMA中由于使用了较合适的改性沥青，同时采用了纤维起加筋作用，故填充在集料之间的玛蹄脂会有较好的黏结作用和柔韧性，且填充的数量较多，沥青膜较厚，使混合料能够抵抗低温变形。

③ 优良的表面特性　SMA混合料的集料要求采用坚硬的、粗糙的、耐磨的优质石料，在级配上采用间断级配，粗集料含量高，路面压实后表面构造深度大，抗滑性能好，拥有良好的横向排水性能，雨天行车不会产生较大的水雾和溅水，路面噪音可降低3~5dB，从而使SMA路面具有良好的表面特性。

④ 耐久性　SMA混合料内部被沥青结合料充分的填充，使沥青膜较厚、空隙率小、沥青与空气的接触少，使老化的速度、水蚀作用降低。另外改性沥青与纤维的使用大大提高了沥青与矿料的粘附性，从而使SMA混合料的耐老化性与水稳性得到大的提高，且耐疲劳性能大大优于密级配沥青混凝土。

⑤ 投资效益高　由于SMA结构能全面提高沥青混合料和沥青路面的使用性能，使得SMA路面能够减少维修费用，延长使用寿命。

2. 多孔隙沥青混凝土表面层(PAWC)

多孔隙沥青混凝土表面层或多孔隙沥青混凝土磨耗层(PAWC)在一些国家又称开级配磨耗层(OGFC)，采用比普通沥青碎石高的大空隙率，一般在20%左右，属骨架空隙结构。其路用性能特点是：

① 排水和抗滑性　多空隙沥青混合料由于空隙率大，使得内部的空隙呈连

通状态，路表水能迅速地从内部排走，故可提高雨天的抗滑性，避免水滑现象产生。同时还能大大减少行驶车轮引起的水雾及溅水，使雨天行车的能见度提高，雨天的行车速度和安全性提高。

② 降低噪声性能　道路交通噪声主要来自车轮胎在路面滚动产生的噪声，沥青路面因其柔性，对车轮的振动、撞击有缓冲吸收作用，同时其自身的空隙及表面纹理对声音的吸收作用也比混凝土路面大，故沥青路面噪声低。而多孔隙沥青混凝土因空隙率较高，使车轮行驶中形成的气流顺利消散，进一步降低了各种噪声的生成水平，所以总的噪声低于其他类型沥青路面。其降噪声效果与路面厚度、空隙率大小有关。路面越厚、空隙率越大，降噪声效果越好。

③ 高温稳定性　设计、施工优良的多孔隙沥青混凝土路面具有较高的高温稳定性。原因在于其大颗粒间相互直接接触形成骨架结构，可承担主要的荷载作用，颗粒间有效的黏结，也减小了温度对自身的影响。

④ 耐久性　多孔隙沥青混凝土路面的耐久性比一般沥青混合料类路面要低，主要表现为：多空隙路面在使用一定时间后，空隙率会由于灰尘、污物堵塞而减少，排水、吸音效果降低，产生老化、剥落的现象会较早。

3. 多碎石沥青混凝土

4.75mm（方孔筛）或5mm（圆孔筛）以上碎石含量占主要部分（一般为60%）的密级配沥青混凝土称多碎石沥青混凝土。

多碎石沥青混凝土是与传统密级配沥青混凝土相比较而言的。传统的Ⅰ型沥青混凝土因空隙率只有3%～6%，故透水性小、耐久性好，但表面构造深度远达不到要求。而Ⅱ型沥青混凝土空隙率为4%～10%，透水性和耐久性差，但表面构造深度深，抗变形能力较强。多碎石沥青混凝土结合了两者颗粒组成的特点，既能提供要求的表面构造深度，又能具有较小的空隙率和透水性，同时还具有较好的抗变形能力。

4. 再生沥青混凝土

沥青混凝土再生利用的过程是指将需翻修或废弃的旧沥青路面，经翻挖、回收、破碎、筛分，再和再生剂、新集料、新沥青材料等按一定比例重新拌和，形成具有一定路用性能的再生沥青混合料。

沥青路面的再生利用，能够大量节约沥青、砂石材料，节省工程投资，同时有利于处理废料、保护环境，因而具有显著的经济效益和社会、环境效益。

沥青混合料的再生关键是沥青的再生，从化学的角度来看，沥青的再生是沥青老化的逆过程。目前通常采取在旧沥青中加入某种组分的低黏度油料（再生剂）或加入适当稠度的沥青材料，经过调配可获得具有适当黏度及一定路用性能的再生沥青。

再生沥青路面的施工工艺可分为表面再生法、厂拌再生法和路拌再生法。表面再生法就是用红外线加热装置将原路面表面以下一定深度范围内的沥青混合料加热到一定温度，使混合料达到可塑状态后，用翻松机将混合料翻松，最后再碾压成型。路拌再生法是将路面混合料在原路面上就地翻挖、破碎，再加入新沥青和新集料，用路拌机原地拌和，最后碾压成型。厂拌再生法是将旧沥青路面经过翻挖后运回拌和厂，集中破碎，和再生剂、新沥青、新集料等在拌和机中按一定比例重新拌和成新的混合料，铺筑成再生沥青路面。

试验一　沥青混合料试件制作方法（击实法）（JTG E20 T 0702—2011）

(一)目的与适用范围

1. 本方法适用于标准击实法或大型击实法制作沥青混合料试件，以供试验室进行沥青混合料物理力学性质试验使用。

2. 标准击实法适用于马歇尔试验、间接抗拉试验（劈裂法）等所使用的 ϕ101.6mm×63.5mm 圆柱体试件的成型。大型击实法适用于 ϕ152.4mm×95.3mm 的大型圆柱体试件的成型。

3. 沥青混合料试件制作时矿料规格及试件数量应符合如下规定：

(1)沥青混合料配合比设计及在试验室人工配制沥青混合料制作试件时，试件尺寸应符合试件直径不小于集料公称最大粒径的 4 倍，厚度不小于集料公称最大粒径的 1～1.5 倍的规定。对直径 ϕ101.6mm 的试件，集料公称最大粒径应不大于 26.5mm。对粒径大于 26.5mm 的粗粒式沥青混合料，其大于 26.5mm 的集料应用等量的 13.2～26.5mm 集料代替（替代法），也可采用直径 ϕ152.4mm 的大型圆柱体试件。大型圆柱体试件适用于集料公称最大粒径不大于 37.5mm 的情况。试验室成型的一组试件的数量不得少于 4 个，必要时宜增加至 5～6 个。

(2)用拌和厂及施工现场采集的拌和沥青混合料成品试样制作直径 ϕ101.6mm 的试件时，按下列规定选用不同的方法及试件数量：

① 当集料公称最大粒径小于或等于 26.5mm 时，可直接取样（直接法）。一组试件的数量通常为 4 个。

② 当集料公称最大粒径大于 26.5mm，但不大于 31.5mm，宜将大于 26.5mm 的集料筛除后使用（过筛法），一组试件数量仍为 4 个，如采用直接法，一组试件的数量应增加至 6 个。

③ 当集料公称最大粒径大于 31.5mm 时，必须采用过筛法。过筛的筛孔为 26.5mm，一组试件仍为 4 个。

(二)仪器设备

1. 标准击实仪：由击实锤、ϕ98.5mm±0.5mm 平圆形压实头及带手柄的导向棒组成。用机械将压实锤提升，至 457.2mm±1.5mm 高度沿导向棒自由落下击实，标准击实锤质量 4536g±9g。

大型击实仪：由击实锤、ϕ149.5±0.1mm 平圆形压实头及带手柄的导向棒组成。用机械将压实锤提升，至 457.2mm±2.5mm 高度沿导向棒自由落下击实，大型击实锤质量 10210g±10g。

2. 试验室用沥青混合料拌和机：能保证拌和温度并充分拌和均匀，可控制拌和时间，容量不小于 IOL，如图 7-8 所示。搅拌叶自转速度 70r/min～80r/min，公转速度 40r/min～50 r/min。

3. 脱模器：电动或手动，应能无破损地推出圆柱体试件，备有标准试件及大型试件尺寸的推出环。

4. 试模：由高碳钢或工具钢制成，标准击实仪试模的内径 101.6mm±0.2mm，圆柱形金属筒高 87mm，底座直径约 120.6mm，套筒内径 104.8mm、高 70mm。

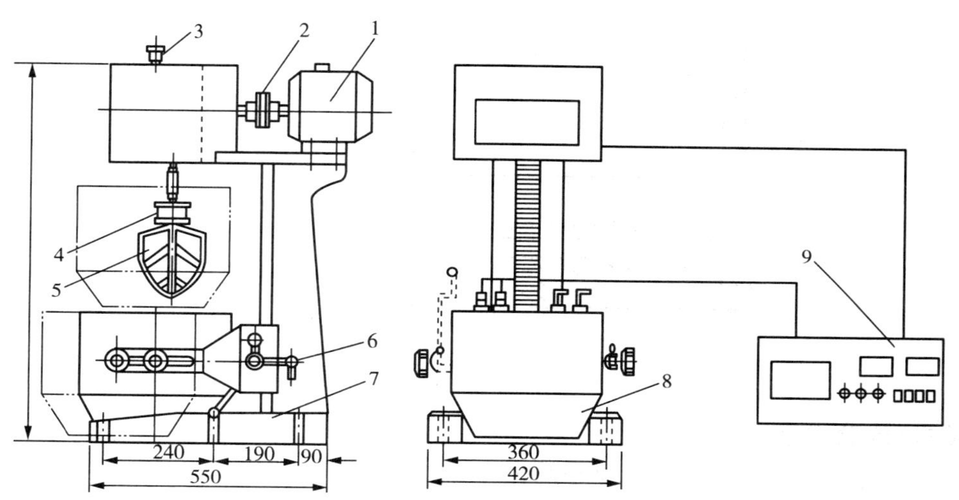

1—电机；2—联轴器；3—变速器；4—弹簧；5—拌和叶片；
6—升降手柄；7—底座；8—加热拌和锅；9—温度时间控制仪。

图 7-8　试验室用沥青混合料拌合物

大型圆柱体试件的试模与套筒如图 7-9 所示。套筒外径 165.1mm，内径 155.6mm±0.3mm，总高 75.5mm±0.3mm。试模内径 152.4mm±0.2mm，总高 101.5mm±0.3mm，底座板厚 12.7mm±0.3mm，内直径 151.6mm±0.3mm。

5. 烘箱：大、中型各一台，应有温度调节器。

6. 天平或电子秤：用于称量矿料的，感量不大于 0.5g；用于称量沥青的，感量不大于 0.1g。

7. 布洛克菲尔德黏度计。

8. 插刀或大螺丝刀。

9. 温度计：分度为 1℃。宜采用有金属插杆的插入式数显温度计，金属插杆的长度不小于 150mm。量程 0～300℃。

10. 其他：电炉或煤气炉、沥青熔化锅、拌和铲、标准筛、滤纸（或普通纸）、胶布、卡尺、秒表、粉笔、棉纱等。

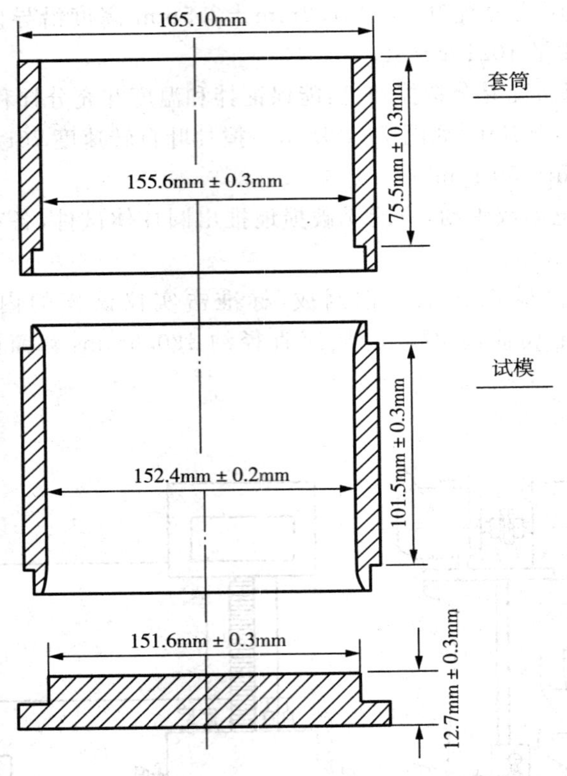

图 7－9　大型圆柱试件的试模与套筒

(三)试验准备

1. 确定制作沥青混合料试件的拌和与压实温度。

当缺乏沥青黏度测定条件时，试件的拌和与压实温度可按试表 7－25 选用，并根据沥青品种和标号做适当调整。针入度小、稠度大的沥青取高限；针入度大、稠度小的沥青取低限；一般取中值。

对改性沥青，应根据实践经验、改性剂的品种和用量，适当提高混合料的拌和压实温度；对大部分聚合物改性沥青，通常在普通沥青的基础上提高 10～20℃；掺加纤维时，尚需再提高 10℃左右。

常温沥青混合料的拌和及压实在常温下进行。

2. 在拌和厂或施工现场采集沥青混合料制作试样时。将试样置于烘箱中加热或保温，在混合料中插入温度计测量温度，待混合料温度符合要求后成型。需要拌和时可倒入已加热的室内沥青混合料拌和机中适当拌和，时间不超过 1min。不得在电炉或明火上加热炒拌。

表 7－25　沥青混合料拌和及压实温度参考表

沥青结合料种类	拌和温度/℃	压实温度/℃
石油沥青	140～160	120～150
改性沥青	160～175	140～170

3. 在试验室人工配制沥青混合料时，材料准备按下列步骤进行：

(1)将各种规格的矿料置105℃±5℃的烘箱中烘干至恒重(一般不少于4～6h)。

(2)将烘干分级的粗、细集料，按每个试件设计级配要求称其质量，在一金属盘中混合均匀，矿粉单独放入小盆里；然后置烘箱中加热至沥青拌和温度以上约15℃(采用石油沥青时通常为163℃；采用改性沥青时通常需180℃)备用。一般按一组试件(每组4～6个)备料，但进行配合比设计时宜对每个试件分别备料。

(3)将规定方法采集的沥青试样，用烘箱加热至规定的沥青混合料拌和温度，但不得超过175℃。当不得已采用燃气炉或电炉直接加热进行脱水时，必须使用石棉垫隔开。

4. 用沾有少许黄油的棉纱擦净试模、套筒及击实座等，置100℃左右烘箱中加热1h备用。常温沥青混合料用试模不加热。

(四)试验步骤

1. 拌制沥青混合料

(1)将沥青混合料拌和机提前预热至拌和温度110℃左右。

(2)将加热的粗细集料置于拌和机中，用小铲子适当混合；然后加入需要数量的沥青(如沥青已称量在一专用容器内时，可在倒掉沥青后用一部分热矿粉将粘在容器壁上的沥青擦拭掉并一起倒入拌和锅中)，开动拌和机一边搅拌一边使拌和叶片插入混合料中拌和1～1.5min；暂停拌和，加入加热的矿粉，继续拌和至均匀为止，并使沥青混合料保持在要求的拌和温度范围内。标准的总拌和时间为3min。

(3)液体石油沥青混合料：将每组(或每个)试件的矿料置已加热至55～100℃的沥青混合料拌和机中，注入要求数量的液体沥青，并将混合料边加热边拌和，使液体沥青中的溶剂挥发至50%以下。拌和时间应事先试拌决定。

(4)乳化沥青混合料：将每个试件的粗细集料，置于沥青混合料拌和机(不加热，也可用人工炒拌)中；注入计算的用水量(阴离子乳化沥青不加水)后，拌和均匀并使矿料表面完全湿润；再注入设计的沥青乳液用量，在1min内使混合料拌匀；然后加入矿粉后迅速拌和，使混合料拌成褐色为止。

2. 马歇尔标准击实法的成型步骤如下：

(1)将拌好的沥青混合料，用小铲适当拌和均匀，称取一个试件所需的用量(标准马歇尔试件约1200g，大型马歇尔试件约4050g)。当已知沥青混合料的密度时，可根据试件的标准尺寸计算并乘以1.03得到要求的混合料数量。当一次拌和几个试件时，宜将其倒入经预热的金属盘中，用小铲适当拌和均匀分成几份，分别取用。在试件制作过程中，为防止混合料温度下降，应连盘放在烘箱中保温。

(2)从烘箱中取出预热的试模及套筒，用蘸有少许黄油的棉纱擦拭套筒、底座及击实锤底面。将试模装在底座上，放一张圆形的吸油性小的纸，用小铲将混合料铲入试模中，用插刀或大螺丝刀沿周边插捣15次，中间捣10次。插捣后将沥青混合料表面整平。对大型击实法的试件，混合料分两次加入，每次插捣次数同上。

(3)插入温度计至混合料中心附近，检查混合料温度。

(4)待混合料温度符合要求的压实温度后，将试模连同底座一起放在击实台上固定。在装好的混合料上面垫一张吸油性小的圆纸，再将装有击实锤及导向棒的压实头放入试模中。开启电机，使击实锤从 457mm 的高度自由落下到击实规定的次数(75 次或 50 次)。对大型试件，击实次数为 75 次(相应于标准击实的 50 次)或 112 次(相应于标准击实 75 次)。

(5)试件击实一面后，取下套筒，将试模翻面，装上套筒；然后以同样的方法和次数击实另一面。

乳化沥青混合料试件在两面击实后，将一组试件在室温下横向放置 24h；另一组试件置温度为 105℃±5℃的烘箱中养生 24h。将养生试件取出后再立即两面锤击各 25 次。

(6)试件击实结束后，立即用镊子取掉上下面的纸，用卡尺量取试件离试模上口的高度并由此计算试件高度。高度不符合要求时，试件应作废，并下式调整试件的混合料质量，以保证高度符合 63.5mm±1.3mm(标准试件)或95.3mm±2.5mm(大型试件)的要求。

$$\text{调整后混合料质量} = \frac{\text{要求试件高度} \times \text{原用混合料质量}}{\text{所得试件的高度}}$$

(6)卸去套筒和底座，将装有试件的试模横向放置冷却至室温后(不少于12h)，置脱模机上脱出试件。用于本方法现场马歇尔指标检验的试件，在施工质量检验过程中如急需试验，允许采用电风扇吹冷 1h 或浸水冷却 3min 以上的方法脱模；但浸水脱模法不能用于测量密度、空隙率等各项物理指标。

(6)将试件仔细置于干燥洁净的平面上，供试验用。

(五)试验记录

表 7-26　沥青混合料试件制作试验(击实法)记录表

试样编号			试样来源			
试样名称			初拟用途			
配和组成	组成材料名称		配合时所需质量/g		配合比/%	
试件编号	制备日期	成型温度 T/℃	成形压力 F_0/Pa	试件尺寸/mm		试件用途
				高度 h	直径 d	

试验者＿＿＿＿＿＿计算者＿＿＿＿＿＿校核者＿＿＿＿＿＿试验日期＿＿＿＿＿＿

试验二　压实沥青混合料密度试验(表干法)
(JTG E20 T 0705—2011)

(一)目的与适用范围

1. 表干法适用于测定吸水率不大于2%的各种沥青混合料试件,包括密级配沥青混凝土、沥青玛蹄脂碎石混合料(SMA)和沥青稳定碎石等沥青混合料试件的毛体积相对密度或毛体积密度。

2. 本方法测定的毛体积相对密度和毛体积密度适用于计算沥青混合料试件的空隙率、矿料间隙率等各项体积指标。

(二)仪器设备

1. 浸水天平或电子秤:当最大称量在3kg以下时,感量不大于0.1g;最大称量3kg以上时,感量不大于0.5g。应有测量水中重的挂钩。

2. 网篮。

3. 溢流水箱:如图7-10所示,使用洁净水,有水位溢流装置,保持试件和网篮浸入水中后的水位一定。能调整水温至25℃±0.5℃。

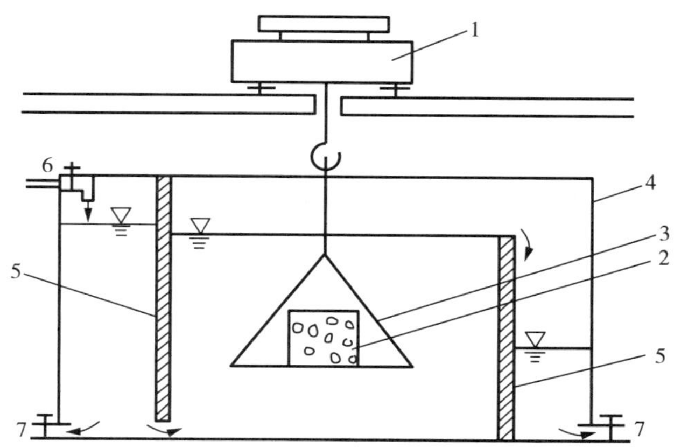

1—浸水天平或电子秤;2—试件;3—网篮;4—溢流水箱;5—水位搁板;6—注入口;7—放水阀门。

图7-10　溢流水箱及下挂法水中重称量方法示意图

4. 试件悬吊装置:天平下方悬吊网篮及试件的装置,吊线应采用不吸水的细尼龙线绳,并有足够的长度。对轮碾成型机成型的板块状试件可用铁丝悬挂。

5. 秒表。

6. 毛巾。

7. 电风扇或烘箱。

(三)试验步骤

1. 选择适宜的浸水天平或电子秤,最大称量应满足试件质量的要求。

2. 除去试件表面的浮粒,称取干燥试件的空中质量(m_a),根据选择的天平的感量读数，准确至 0.1g 或 0.5g。

3. 将溢流水箱水温保持在 25℃±0.5℃。挂上网篮，浸入溢流水箱中，调节水位，将天平调平或复零，把试件置于网篮中（注意不要晃动水）浸水中约 3～5min，称取水中质量（m_w）。若天平读数持续变化，不能很快达到稳定，说明试件吸水较严重，不适用于此法测定，应改用蜡封法测定。

4. 从水中取出试件，用洁净柔软的拧干湿毛巾轻轻擦去试件的表面水（不得吸走空隙内的水），称取试件的表干质量（m_f）。从试件拿出水面到擦拭结束不宜超过 5s，称量过程中流出的水不得再擦拭。

5. 对从路上钻取的非干燥试件，可先称取水中质量（m_w）和表干质量（m_f），然后用电风扇将试件吹干至恒重（一般不少于 12h，当不需进行其他试验时，也可用 60℃±5℃烘箱烘干至恒重），再称取空气中质量（m_a）。

（四）结果整理

1. 计算试件的吸水率，取 1 位小数。

试件的吸水率即试件吸水体积占沥青混合料毛体积的百分率，按式 7-25 计算。

$$S_a = \frac{m_f - m_a}{m_f - m_w} \times 100 \qquad (7-25)$$

式中：S_a—— 试件的吸水率（%）；

m_a—— 干燥试件的空中质量（g）；

m_w—— 试件的水中质量（g）；

m_f—— 试件的表干质量（g）。

2. 计算试件的毛体积相对密度和毛体积密度，取 3 位小数。

当试件的吸水率符合 $S_a < 2\%$ 要求时，试件的毛体积相对密度和毛体积密度按式（7-26）及式（7-27）计算，当吸水率 $S_a > 2\%$ 要求时，应改用蜡封法测定。

$$\gamma_f = \frac{m_a}{m_f - m_w} \qquad (7-26)$$

$$\rho_f = \frac{m_a}{m_f - m_w} \times \rho_w \qquad (7-27)$$

式中：γ_f—— 用表干法测定的试件毛体积相对密度，无量纲；

ρ_f—— 用表干法测定的试件毛体积密度（g/cm^3）；

ρ_w—— 常温水的密度，取 $\approx 1g/cm^3$。

3. 试件的空隙率按式 7-28 计算，取 1 位小数。

$$VV = \left(1 - \frac{\gamma_f}{\gamma_t}\right) \times 100 \qquad (7-28)$$

式中：VV—— 试件的空隙率（%）；

γ_t—— 沥青混合料理论最大相对密度，当实测理论最大相对密度有困难时，也可采用按式(7－5)或式(7－6)计算的理论最大相对密度；

γ_f——试件的毛体积相对密度，用表于法测定，当试件吸水率 $S_a > 2\%$ 时，由蜡封法或体积法测定；当按规定容许采用水中重法测定时，也可用表观相对密度 γ_a 代替。

4. 计算试件的理论最大相对密度或理论最大密度，取3位小数。

(1) 当已知试件油石比时，试件的理论最大相对密度可按式(7－29)计算。

$$\gamma_t = \frac{100 + P_a}{\frac{P_1}{\gamma_1} + \frac{P_2}{\gamma_2} + \cdots + \frac{p_n}{\gamma_n} + \frac{P_a}{\gamma_a}} \tag{7-29}$$

式中：γ_t——理论最大相对密度，无量纲；

P_a——油石比(%)；

γ_a——沥青的相对密度(25℃/25℃)；

$P_1,\cdots,P_n$——各种矿料占矿料总质量的百分率(%)；

$\gamma_1,\cdots,\gamma_n$——各种矿料对水的相对密度。对粗集料，宜采用与沥青混合料同一种相对密度，即混合料采用表干法、蜡封法或体积法测定的毛体积相对密度时，粗集料也采用毛体积相对密度。当混合料采用水中重法测定的表观相对密度代替时，粗集料也采用表观相对密度。对细集料(砂、石屑)和矿粉均采用表观相对密度。矿料的相对密度按《公路工程集料试验规程》(JTJ 058—2000)规定的方法测定。

(2) 当已知试件的沥青含量时，试件的理论最大相对密度按式(7－30)计算。

$$\rho_t = \frac{100}{\frac{P'_1}{\gamma_1} + \frac{P'_2}{\gamma_2} + \cdots + \frac{p'_n}{\gamma_n} + \frac{P_b}{\gamma_b}} \tag{7-30}$$

式中：$P_1',\cdots,P'_n$——各种矿料占沥青混合料总质量的百分率(%)；

P_b——沥青含量(%)。

(3) 试件的理论最大密度按式(7－31)计算。

$$\rho_t = \gamma_t \times \rho_w \tag{7-31}$$

式中：ρ_t——理论最大密度(g/cm^3)

5. 试件中沥青的体积百分率可按式(7－32)或式(7－33)计算，取1位小数。

$$VA = \frac{P_b \times \gamma_f}{\gamma_a} VA \tag{7-32}$$

$$VA = \frac{100 \times P_a \times \gamma_f}{(100 + P_a) \times \gamma_a} \tag{7-33}$$

式中：VA——沥青混合料试件的沥青体积百分率(%)。

6. 试件中的矿料间隙率，可按式(7－34)或式(7－35)计算，式(7－34)适用于空隙率按计算的理论最大相对密度计算的情况；式(7－35)适用于空隙率按实测的理论最大相对密度计算的情况，取1位小数。

$$VMA = VA + VV \tag{7-34}$$

$$VMA = \left(1 - \frac{\gamma_f}{\gamma_{sb}} \times P_s\right) \times 100 \tag{7-35}$$

式中：VMA——沥青混合料试件的矿料间隙率(%)；

P_s——沥青混合料中各种矿料占沥青混合料总质量的百分率之和，即$\sum P_i'$(%)；

γ_{sb}——全部矿料的水的平均相对密度，按式(7－36)计算。

$$\gamma_{sb} = \frac{100}{\dfrac{P_1}{\gamma_1} + \dfrac{P_2}{\gamma_2} + \cdots + \dfrac{p_n}{\gamma_n}} \tag{7-36}$$

7. 试件的沥青饱和度按式(7－37)计算，取1位小数。

$$VFA = \frac{VA}{VA + VV} \times 100 \tag{7-37}$$

式中：VFA——沥青混合料试件的沥青饱和度(%)。

8. 试件中的粗集料骨架间隙率可按式(7－38)计算，取1位小数。

$$VCA_{mix} = \left(1 - \frac{\gamma_f}{\gamma_{ca}} \times P_{ca}\right) \times 100 \tag{7-38}$$

式中：VCA_{mix}——沥青混合料中粗集料骨架之外的体积(通常指小于4.75mm的粗细集料、矿粉、沥青及空隙)占总体积的比例(%)；

P_{ca}——沥青混合料中粗集料的比例(由$P_{ca} = P_S \times PA_{4.75}$计算，$PA_{4.75}$为矿料级配中4.75mm筛余量，即100减去4.75mm通过率之差)(%)；

γ_{ca}——矿料中所有粗集料颗粒部分对水的合成毛体积相对密度，按式(7－39)计算。

$$\gamma_{ca} = \frac{P_{1c} + P_{2c} + \cdots + P_{nc}}{\dfrac{P_{1c}}{\gamma_{1c}} + \dfrac{P_{2c}}{\gamma_{2c}} + \cdots + \dfrac{p_{nc}}{\gamma_{nc}}} \tag{7-39}$$

式中：$P_{1c},\cdots,P_{nc}$——各种粗集料在矿料配合比中的比例(%)；

$\gamma_{1c},\cdots,\gamma_{nc}$——相应的各种粗集料对水的毛体积相对密度。

应在试验报告中注明沥青混合料的类型及采用的测定密度的方法。

（五）试验记录

表 7－27　压实沥青混合料密度试验记录表

<table>
<tr><td>试样编号</td><td colspan="4"></td><td>试样来源</td><td colspan="5"></td></tr>
<tr><td>试样名称</td><td colspan="4"></td><td>初拟用途</td><td colspan="5"></td></tr>
<tr><td>混合料用途</td><td></td><td colspan="3">矿料品种</td><td></td><td colspan="3">矿粉密度/(g/cm³)</td><td colspan="2"></td></tr>
<tr><td>混合料类型</td><td></td><td colspan="3">粗集料表观密度/(g/cm³)</td><td></td><td colspan="3">沥青品种</td><td colspan="2"></td></tr>
<tr><td>混合料配比</td><td></td><td colspan="3">细集料表观密度/(g/cm³)</td><td></td><td colspan="3">沥青密度 ρ(g/cm³)</td><td colspan="2"></td></tr>
<tr><td>试件编号</td><td>沥青用量 P_a/%</td><td>干燥质量 m_a/g</td><td>水中质量 m_w/g</td><td>表干质量 m_f/g</td><td>实测密度 ρ_f/(g/cm³)</td><td>理论密度 ρ_f/(g/cm³)</td><td>沥青含量百分率 P_b/%</td><td>试件空隙率 VV/%</td><td>矿料间隙率 VMA/%</td><td>沥青饱和度 VFA/%</td></tr>
<tr><td></td><td></td><td></td><td></td><td></td><td></td><td></td><td></td><td></td><td></td><td></td></tr>
<tr><td></td><td></td><td></td><td></td><td></td><td></td><td></td><td></td><td></td><td></td><td></td></tr>
<tr><td></td><td></td><td></td><td></td><td></td><td></td><td></td><td></td><td></td><td></td><td></td></tr>
<tr><td></td><td></td><td></td><td></td><td></td><td></td><td></td><td></td><td></td><td></td><td></td></tr>
<tr><td></td><td></td><td></td><td></td><td></td><td></td><td></td><td></td><td></td><td></td><td></td></tr>
<tr><td></td><td></td><td></td><td></td><td></td><td></td><td></td><td></td><td></td><td></td><td></td></tr>
</table>

试验者＿＿＿＿＿＿计算者＿＿＿＿＿＿校核者＿＿＿＿＿＿试验日期＿＿＿＿＿＿

试验三　沥青混合料马歇尔稳定度试验
(JTG E20 T 0709—2011)

（一）目的与适用范围

1. 本方法适用于马歇尔稳定度试验和浸水马歇尔稳定度试验，以进行沥青混合料的配合比设计或沥青路面施工质量检验。浸水马歇尔稳定度试验（根据需要，也可进行真空饱水马歇尔试验）供检验沥青混合料受水损害时抵抗剥落的能力时使用，通过测试其水稳定性检验配合比设计的可行性。

2. 本方法适用于标准马歇尔试件圆柱体和大型马歇尔试件圆柱体。

（二）仪器设备

1. 沥青混合料马歇尔试验仪：分为自动式和手动式。自动马歇尔试验仪应具备控制装置、记录荷载—位移曲线、自动测定荷载与试件的垂直变形，能自动显示和存储或打印试验结果等功能。手动式由人工操作，试验数据通过操作者目测后读取数据。

对用于高速公路和一级公路的沥青混合料宜采用自动马歇尔试验仪。

当集料公称最大粒径小于或等于 26.5mm 时，宜采用 ϕ101.6mm×63.5mm

的标准马歇尔试件，试验仪最大荷载不得小于 25kN，读数准确至 0.1kN，加载速率应能保持 50mm/min±5mm/min。钢球直径 16mm±0.05mm，上下压头曲率半径为 50.8mm±0.08mm。

当集料公称最大粒径大于 26.5mm 时，宜采用 ϕ152.4mm×95.3mm 大型马歇尔试件，试验仪最大荷载不得小于 50kN，读数准确至 0.1kN。上下压头的曲率内径为 ϕ152.4mm±0.2mm，上下压头间距 19.05mm±0.1mm。大型马歇尔试件的压头尺寸如图 7-11 所示。

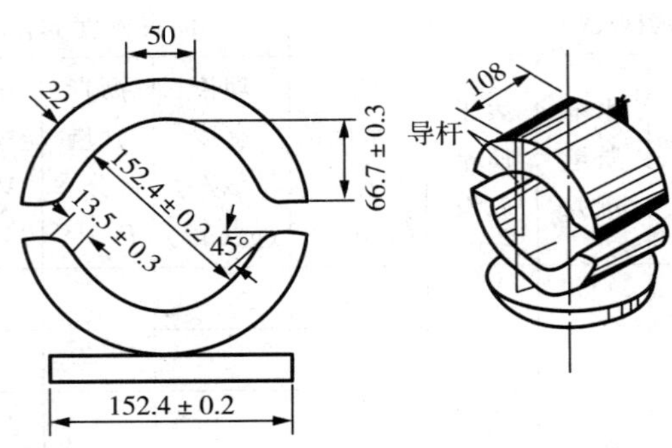

图 7-11　大型马歇尔试件的压头(尺寸单位:mm)

2. 恒温水槽：控温准确度为 1℃，深度不小于 150mm。

3. 真空饱水容器：包括真空泵及真空干燥器。

4. 烘箱。

5. 天平：感量不大于 0.1g。

6. 温度计：分度为 1℃。

7. 卡尺。

8. 其他：棉纱，黄油。

(三)试验准备和试验步骤

1. 标准马歇尔试验方法

1)试验准备

(1)按标准击实法成型马歇尔试件，标准马歇尔尺寸应符合直径 101.6mm±0.2mm、高 63.5mm±1.3mm 的要求。对大型马歇尔试件，尺寸应符合直径 152.4mm±0.2mm，高 95.3mm±2.5mm 的要求。一组试件的数量最少不得少于 4 个，并符合规定。

(2)量测试件的直径及高度：用卡尺测量试件中部的直径，用马歇尔试件高度测定器或用卡尺在十字对称的 4 个方向量测离试件边缘 10mm 处的高度，准确至 0.1mm，并以其平均值作为试件的高度。如试件高度不符合 63.5mm±1.3mm 或 95.3mm±2.5mm 要求或两侧高度差大于 2mm 时，此试件应作废。

(3)按规定的方法测定试件的密度，并计算空隙率、沥青体积百分率、沥青饱和度、矿料间隙率等体积指标。

(4)将恒温水槽调节至要求的试验温度，对黏稠石油沥青或烘箱养生过的乳化沥青混合料为60℃±1℃,对煤沥青混合料为33.8℃±1℃,对空气养生的乳化沥青或液体沥青混合料为25℃±1℃。

2)试验步骤

(1)将试件置于已达规定温度的恒温水槽中保温,保温时间对标准马歇尔试件需30~40min,对大型马歇尔试件需45~60min。试件之间应有间隔,底下应垫起,离容器底部不小于5cm。

(2)将马歇尔试验仪的上下压头放入水槽或烘箱中达到同样温度。将上下压头从水槽或烘箱中取出擦拭干净内面。为使上下压头滑动自如,可在下压头的导棒上涂少量黄油。再将试件取出置于下压头上,盖上上压头,然后装在加载设备上。

(3)在上压头的球座上放妥钢球,并对准荷载测定装置的压头。

(4)当采用自动马歇尔试验仪时,将自动马歇尔试验仪的压力传感器、位移传感器与计算机或X-Y记录仪正确连接,调整好适宜的放大比例,压力和位移传感器调零。

(5)当采用压力环和流值计时,将流值计安装在导棒上,使导向套管轻轻地压住上压头,同时将流值计读数调零。调整压力环中百分表,对零。

(6)启动加载设备,使试件承受荷载,加载速度为50mm/min±5mm/min。计算机或X-Y记录仪自动记录传感器压力和试件变形曲线并将数据自动存入计算机。

(7)当试验荷载达到最大值的瞬间,取下流值计,同时读取压力环中百分表读数及流值计的流值读数。

(8)从恒温水槽中取出试件至测出最大荷载值的时间,不得超过30s。

2. 浸水马歇尔试验方法

浸水马歇尔试验方法与标准马歇尔试验方法的不同之处在于,试件在已达规定温度恒温水槽中的保温时间为48h,其余均与标准马歇尔试验方法相同。

3. 真空饱水马歇尔试验方法

试件先放入真空干燥器中,关闭进水胶管,开动真空泵,使干燥器的真空度达到97.3kPa(730mmHg)以上,维持15min,然后打开进水胶管,靠负压进入冷水流使试件全部浸入水中,浸水15min后恢复常压,取出试件再放人已达规定温度的恒温水槽中保温48h。其余均与标准马歇尔试验方法相同。

(四)结果整理

1. 计算

1)试件的稳定度及流值

(1)当采用自动马歇尔试验仪时,将计算机采集的数据绘制成压力和试件变形曲线。

(2)采用压力环和流值计测定时,根据压力环标定曲线,将压力环中百分表的读数换算为荷载值,或者由荷载测定装置读取的最大值即为试样的稳定度(MS),以kN计,准确至0.01kN。由流值计及位移传感器测定装置读取的试件垂直变形，即为试件的流值（FL），以 mm 计，准确至 0.1mm。

2）试件的马歇尔模数按式（7－40）计算。

$$T=\frac{MS}{FL} \tag{7-40}$$

式中：T——试件的马歇尔模数（kN/mm）；

MS——试件的稳定度（kN）；

FL——试件的流值（mm）。

3）试件的浸水残留稳定度按式（7－41）计算。

$$MS_0=\frac{MS_1}{MS}\times 100 \tag{7-41}$$

式中：MS_0——试件的浸水残留稳定度（%）；

MS_1——试件浸水 48h 后的稳定度（kN）。

4）试件的真空饱水残留稳定度按式（7－42）计算。

$$MS'_0=\frac{MS_2}{MS}\times 100 \tag{7-42}$$

式中：MS'_0——试件的真空饱水残留稳定度（%）；

MS_2——试件真空饱水浸水 48h 后的稳定度（kN）。

2. 报告

（1）当一组测定值中某个测定值与平均值之差大于标准差的 k 倍时，该测定值应予舍弃，并以其余测定值的平均值作为试验结果。当试件数目 n 为 3、4、5、6 个时，k 值分别为 1.15、1.46、1.67、1.82。

（2）报告中需列出马歇尔稳定度、流值、马歇尔模数，以及试件尺寸、试件密度、空隙率、沥青用量、沥青体积百分率、沥青饱和度、矿料间隙率等各项物理指标。采用自动马歇尔试验时，试验结果应附上荷载—变形曲线原件或自动打印结果。

沥青混合料稳定度试验记录表见表 7－28 所列。

表 7－28 沥青混合料稳定度试验记录表

试样编号				试样来源			
试样名称				初拟用途			
试样编号	稳定度/kN				流值 FL/（kN/mm）	马歇尔模数 T/（kN/mm）	备注
	百分表读数（1/100mm）	折算稳定度	修正系数 k/（kN/100mm）	稳定度 MS/kN			

试验者＿＿＿＿＿＿计算者＿＿＿＿＿＿校核者＿＿＿＿＿＿试验日期＿＿＿＿＿＿

试验五　沥青混合料车辙试验
(JTG E20 T 0719—2011)

(一)目的与适用范围

1. 本试验适用于测定沥青混合料的高温抗车辙能力，供沥青混合料配合比设计的高温稳定性检验使用，也可用于现场沥青混合料的高温稳定性检验。

2. 车辙试验的试验温度与轮压(试验轮与试件的接触压强)可根据有关规定和需要选用，非经注明，试验温度为60℃，轮压为0.7MPa。根据需要，如需在寒冷地区也可采用45℃，在高温条件下采用70℃等，对重载交通的轮压可增加至1.4MPa，但应在报告中注明。计算动稳定度的时间原则上为试验开始后45min～60min。

3. 本方法适用于按用轮碾成型机碾压成型的长300mm、宽300mm、厚50～100mm的板块状试件。根据工程需要也可采用其他尺寸的试件。本方法也适用于现场切割板块状试件，切割试件尺寸根据现场面层的实际情况由试验确定。

(二)仪器设备

1. 车辙试验机：示意图如图7-12所示，主要由下列部分组成：

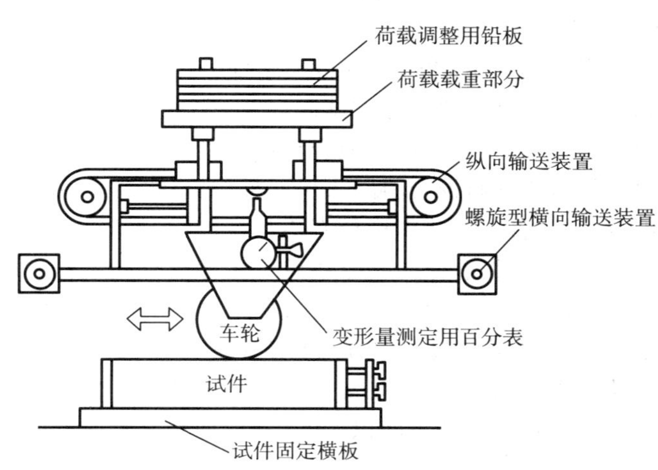

图7-12　车辙试验机结构示意图

(1)试件台：可牢固地安装两种宽度(300mm及150mm)的规定尺寸试件的试模。

(2)试验轮：橡胶制的实心轮胎，外径ϕ200mm，轮宽50mm，橡胶层厚15mm。橡胶硬度(国际标准硬度)20℃时为84±4，60℃时为78±2。试验轮行走距离为230mm±10mm，往返碾压速度为42次/mm±1次/mm(21次往返/min)。采用曲柄连杆驱动加载轮往返运行方式。

注：轮胎橡胶硬度应注意检验，不符合要求者应及时更换。

(3)加载装置:通常情况下试验轮与试件的接触压强在60℃时为0.7MPa±0.05MPa,施加的总荷重为78kg左右,根据需要可以调整接触压强大小。

(4)试模:钢板制成,由底板及侧板组成,试模内侧尺寸宜采用长为300mm,宽为300mm,厚为50～100mm,也可根据需要对厚度进行调整。

(5)变形测量装置:自动采集车辙变形并记录曲线的装置,通常用位移传感器LVDT或非接触位移计。位移测量范围0～130mm,精度±0.01mm。

(6)温度检测装置:自动检测并记录试件表面及恒温室内温度的温度传感器,精密度±0.5℃。温度应能自动连续记录。

2. 恒温室:恒温室应具有足够空间。车辙试验机必须整机安放在恒温室内,装有加热器、气流循环装置及装有自动温度控制设备,同时恒温室还应有至少能保温3块试件并进行试验的条件。保持恒温室温度60℃±1℃(试件内部温度60℃±0.5℃),根据需要也可采用其他试验温度。

3. 台秤:称量15kg,感量不大于5g。

(三)试验准备

1. 试验轮接地压强测定:测定在60℃时进行,在试验台上放置一块50mm厚的钢板,其上铺一张毫米方格纸,上铺一张新写的复写纸,以规定的700N荷载后试验轮静压复写纸,即可在方格纸上得出轮压面积,并由此求得接地压强。当压强不符合0.7MPa±0.05MPa,荷载应予以适当调整。

2. 按轮碾成型法制作车辙试验试块。在试验室或工地制备成型的车辙试件,其标准尺寸为长300mm×宽300mm×厚(50～100)mm(厚度根据需要确定)。也可从路面切割得到需要尺寸的试件。

当直接在拌和厂取拌和好的沥青混合料样品制作试件检验生产配合比设计或混合料生产质量时,必须将混合料装入保温桶中,在温度下降至成型温度之前迅速送达试验室制作试件。如果温度稍有不足,可放在烘箱中稍加热(时间不超过30min)后成型,但不得将混合料放冷却后二次加热重塑制作试件。重塑制作的试验结果仅供参考,不得用于评定配合比设计检验是否合格的标准。

3. 如需要,将试件脱模按规定的方法测定密度及空隙率等各项物理指标。

4. 试件成型后,连同试模一起在常温条件下放置的时间不得少于12h。对聚合物改性沥青混合料,放置的时间以48h为宜,使聚合物改性沥青充分固化后方可进行车辙试验,但室温放置时间也不得长于一周。

(四)试验步骤

1. 将试件连同试模一起,置于已达到试验温度60℃±1℃的恒温室中,保温不少于5h,也不得超过12h。在试件的试验轮不行走的部位上,粘贴一个热电偶温度计(也可在试件制作时预先将热电偶导线埋入试件一角),控制试件温度稳定在60℃±0.5℃。

2. 将试件连同试模移置于车辙试验机的试验台上,试验轮在试件的中央部位,其行走方向须与试件的碾压或行车方向一致。开动车辙变形自动记录仪,然后启动试验机,使试验轮往返行走,时间约1h,或最大变形达到25mm时为止。

试验时，记录仪自动记录变形曲线(见图 7-13)及试件温度。

注：对试验变形较小的试件，也可对一块试件在两侧 1/3 位置上进行两次试验取其平均值。

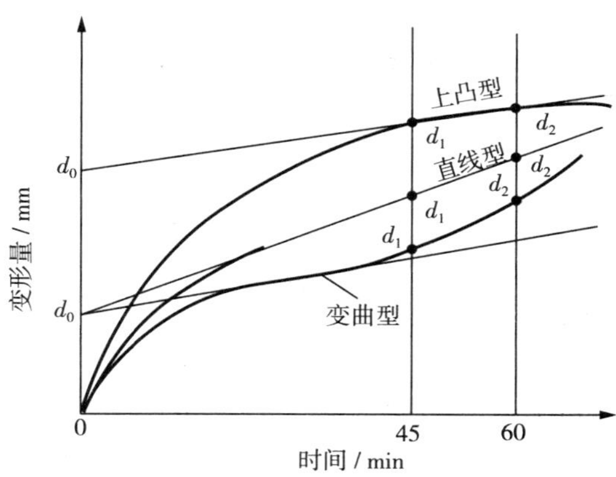

图 7-13　车辙试验自动记录的变形曲线

(五)计算

1. 从试图 7-6 上取 45min(t_1)及 60min(t_2)时的车辙变形 d_1 及 d_2，准确至 0.01mm。

当变形过大，在未到 60min 变形已达 25mm 时，则以达到 25mm(d_2)时的时间为 t_2，将其前 15min 为 t_1，此时的变形记为 d_1。

2. 沥青混合料试件的动稳定度按式(7-43)计算：

$$DS=\frac{(t_2-t_1)\times N}{d_2-d_1}\times C_1\times C_2 \qquad (7-43)$$

式中：DS——沥青混合料的动稳定度(次/mm)；

d_1——对应于时间 t_1 的变形量(mm)；

d_2——对应于时间 t_2 的变形量(mm)；

C_1——试验机类型修正系数，曲柄连杆驱动加载轮往返行走方式为 1.0；

C_2——试件系数，试验室制备宽 300mm 的试件系数为 1.0；

N——试验轮往返碾压速度，通常为 42 次/min。

(六)报告

1. 同一沥青混合料或同一路段的路面，至少平行试验 3 个试件。当 3 个试件动稳定度变异系数不大于 20%时，取其平均值作为试验结果。变异系数大于 20%时应分析原因，并追加试验。如计算动稳定度值大于 6000 次/mm 时，记作：>6000 次/mm。

2. 试验报告应注明试验温度、试验接地压强、试件密度、空隙率及试件制作方法等。

（七）精密度或允许差

重复性试验动稳定度变异系数不大于 20%。

车辙试验记录表见表 7－29 所列。

表 7－29　车辙试验记录表

试样名称				试验温度				
试验接地压强				制件方法				
试件密度				空隙率				
试验次数	t_1/min	d_1/min	t_2/min	d_2/min	试验轮往返碾压次数 N/(次/min)	C_1	C_2	动稳定度 DS/(次/mm)	

试验者________计算者________校核者________试验日期________

小　结

沥青混合料是由沥青和矿质混合料组成的复合材料，经过拌合、摊铺和碾压等施工工艺后形成沥青路面，广泛应用于高速公路、城市快速路、主干路和其他各类道路的面层的结构。

沥青混合料强度由黏结力 c 和内摩阻角 φ 构成，影响沥青混合料强度的内因主要为：沥青的性质、矿料颗料形状和表面特性、矿料级配、矿料比面和沥青用量等；温度和荷载作用时间是影响沥青混合料强度的主要外界因素。

沥青混合料应具备一定的高温稳定性、低温抗裂性、水稳定性、抗老化性、抗滑性等技术性质，以适应车辆荷载及环境因素的作用。

沥青混合料组成设计包括选择原材料和配合比设计。沥青混合料组成材料质量规格应满足设计要求，并根据道路等级、交通特性、气候条件、施工方法等因素进行选择。

我国现行热拌普通混合料的配合比设计方法的主要内容包括：矿质混合料配合组成设计和最佳沥青用量的确定，矿质混合料配合组成设计通常是根据规范推荐的级配范围，来选择一个具有足够密实度和较高内摩阻力的矿质混合料；沥青用量采用马歇尔试验方法确定，也允许采用其他设计方法。所设计的沥青混合料还应满足水稳性和抗车辙能力的要求。

SMA 混合料是一种间断级配的沥青混合料，具有较好的高温稳定性、低温抗裂性、水稳定性和抗滑性。

以乳化沥青为结合料的常温沥青混合料及稀浆封层混合料主要适用于沥青路面的维修和养护，这类混合料的配合比设计内容与热拌沥青混合料基本相同，但试验方法有所修正。由于这类混合料的成型期较热拌沥青混合料长，应特别注意路面的早期养护。

桥面铺装材料和水泥混凝土路面接缝材料的主要功能是保护并提高主体结构使用质量和使用寿命，对这类材料的质量要求较高，在使用时，应结合使用条件和试验结果进行选择。

复习思考题

1. 何谓沥青混合料，沥青混凝土混合料与沥青碎石混合料有什么区别？

2. 沥青混合料按其组成结构可分为哪几种类型？各种结构类型的沥青混合料各有什么优缺点？

3. 试述沥青混合料强度形成的原理，并从内部材料组成参数和外界影响因素方面加以分析。

4. 论述路面沥青混合料应具备的主要技术性质，及我国现行沥青混合料高温稳定性的评定方法。

5. 试述我国现行热拌沥青混合料配合组成的设计方法。

6. 按我国现行沥青混凝土配合比设计方法，沥青最佳用量(OAC)是怎样确定的？

7. 何谓沥青玛蹄脂碎石混合料(SMA)？它由什么材料组成的，在技术性能上有何特征？

8. 什么是多孔隙沥青混凝土表面层(PAWC)？其路用性能有何特点？

9. 什么是多碎石沥青混凝土？它有什么特点？

第八章 建筑钢材和木材

【教学要求】

1. 具有路桥工程常用建筑钢材和木材的技术性质和技术标准的知识；
2. 能按设计要求选用相应规格的钢材和木材。
3. 具有进行钢材技术性能检测及评价的能力。

【知识链接】

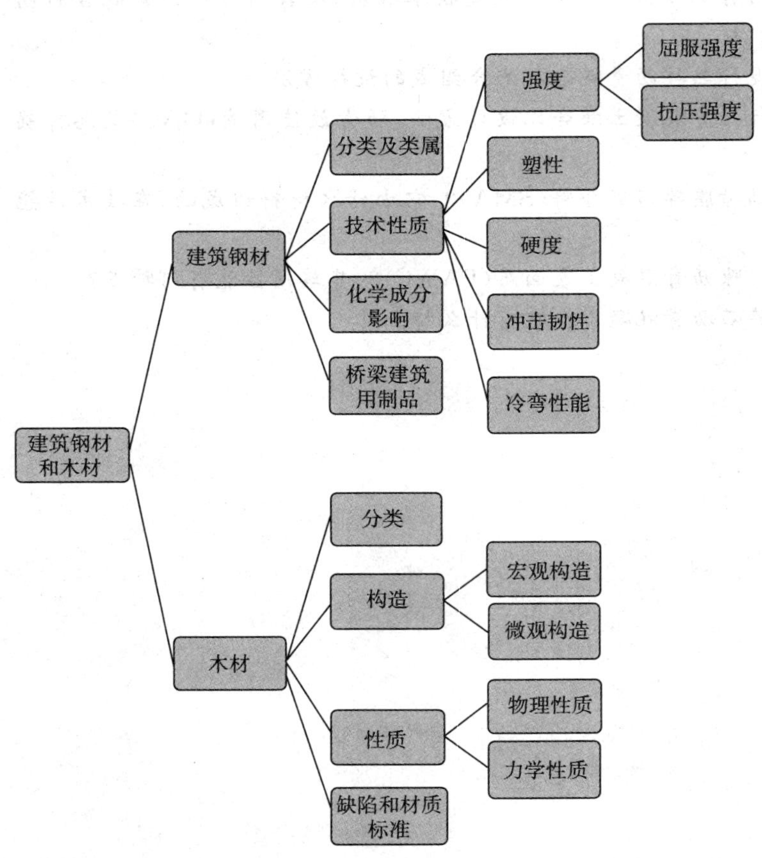

第一节　建筑钢材

钢桥和钢筋混凝土是现代桥梁的主要桥型，在钢结构和钢筋混凝土结构中，都要应用钢材。钢材是以铁元素为主要元素，含碳量一般为2%以下，并含有其他少量元素的材料。建筑钢材是指在建筑工程中使用的各种钢材，主要包括钢结构所用的各种型材（如圆钢、角钢、工字钢、槽钢、钢管）和板材，以及混凝土结构所用的钢筋、钢丝和钢绞线等，是土建工程中应用最广泛的金属材料。在学习钢桥设计和钢筋混凝土桥设计之前，必须掌握常用钢材的规格、性能和应用等材料方面的基础知识。

[问一问]

你知道钢与铁有什么不同吗？

一、钢材的分类及建筑钢材的类属

（一）钢材的分类

钢的分类方法很多，较常用的有下列分类方法。

1. 按冶炼方法分类

1)按生产的炉型分类

① 转炉钢　以熔融的铁水为原料，在转炉中倒入铁水后，在炉的底部或侧面吹入空气或纯氧气进行冶炼。

② 平炉钢　以固体或液体的生铁、铁矿石或废钢为原料，以煤气、煤油或重油为燃料。

③ 电炉钢　以废钢及生铁为原料，用电热进行高温冶炼。

2)按脱氧程度分类

[说一说]

从脱氧程度来分析哪种钢质量最好？

① 沸腾钢　是脱氧不充分的钢，钢液中含氧量较高。在浇铸及钢液冷却时，有大量的一氧化碳气体逸出，钢液呈激烈沸腾状。这种钢的塑性较好，有利于冲压，但钢中杂质分布不均匀，偏析较严重，使钢的冲击韧性及可焊性较差。由于成本较低、产量较高，可以用于一般的建筑结构中。

② 镇静钢　脱氧充分，钢水较纯净，浇铸钢锭时钢水平静。镇静钢材质致密均匀，可焊性好，抗蚀性强，质量高于沸腾钢，但成本较高，可用于承受冲击荷载或其他重要的结构。

③ 特殊钢　是一种比镇静钢脱氧还要充分彻底的钢，所以其质量最好，适用于特别重要的结构工程。

2. 按化学成分分类

钢按化学成分的不同可分为以下几种：

1)碳素钢　亦称碳钢。含碳量低于2.00%的铁碳合金。除铁、碳外，常含有如锰、硅、硫、磷、氧、氮等杂质。碳素钢按含碳量可分为以下几种：

① 低碳钢　含碳量小于0.25%；

② 中碳钢　含碳量为0.25%～0.60%；

③ 高碳钢　含碳量大于 0.60%。

2)合金钢　为改善钢的性能,在钢中特意加入某些合金元素(如锰、硅、钒、钛等),使钢材具有特殊的力学性质。合金钢按合金元素含量可分为以下几种。

① 低合金钢　合金元素总含量小于 5%;

② 中合金钢　合金元素总含量为 5%~10%;

③ 高合金钢　合金元素总含量大于 10%。

3. 按质量分类

碳素钢按供应的钢材化学成分中有害杂质(硫和磷)的含量不同,又可划分为以下几种。

① 普通钢　钢中磷含量不大于 0.045%,硫含量不大于 0.050%;

② 优质钢　钢中磷含量不大于 0.035%,硫含量不大于 0.035%;

③ 高级优质钢　钢中磷含量不大于 0.025%,硫的含量不大于 0.025%;

④ 特级优质钢　钢中磷含量不大于 0.025%,硫的含量不大于 0.015%。

4. 按用途分类

钢材按用途的不同可分为以下几种。

① 结构钢　用于建筑结构,机械制造等,一般为低、中碳钢;

② 工具钢　用于各种工具、量具及模具,一般为高碳钢;

③ 特殊钢　具有各种特殊物理化学性能的钢材,如不锈钢、磁性钢等,一般为合金钢。

(二)建筑钢材的类属

由于桥梁结构需要承受车辆等荷载的作用,同时需要经受各种大气因素的考验,对于桥梁用钢材要求具有高的强度、良好的塑性、韧性和可焊性。因此,桥梁建筑用钢材,钢筋混凝土用钢筋,就其用途分类来说,均属于结构钢;就其质量分类来说,都属于普通钢;按其含碳量的分类来说,均属于低碳钢。所以桥梁结构用钢和混凝土用钢筋是属于碳素结构钢或低合金结构钢。

二、建筑钢材的技术性质

桥梁建筑用钢和钢筋混凝土用钢筋的基本技术性质包括:屈服强度、抗拉强度、伸长率、冲击韧性、冷弯和硬度等。

(一)强度

钢材在承受抗拉试验时,可绘出拉伸图(拉力-变形关系),根据拉伸图改换坐标可作出应力-应变曲线。现以碳素结构钢为例,其应力-应变图如图 8-1 所示。从图中可了解到碳素结构钢下列特征性能指标。

1. 屈服强度

它是钢材开始丧失对变形的抵抗能力,并开始产生大量塑性变形时所对应的应力。在屈服阶段,锯齿形的最高点所对应的应力称为上屈服点;锯齿形的最低点所对应的应力称为下屈服点。因为上屈服点与试验过程中的许多因素有关,而下屈服点较为稳定,所以我国现行规范规定以下屈服点的应力作为钢材的

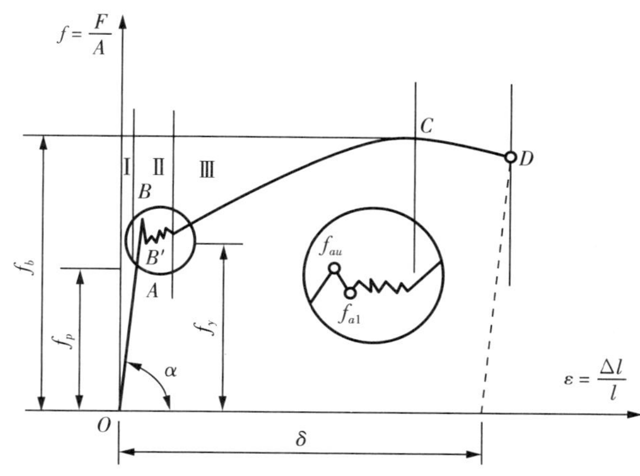

图 8－1　碳素结构钢的压力-应变图

屈服极限。屈服强度以 R_{eL} 表示，并按式(8－1)计算：

$$R_{eL}=\frac{F_s}{A_o} \tag{8-1}$$

式中：R_{eL}——屈服强度(MPa)；

F_s——相当于所求应力的荷载(N)；

A_o——试件的原横截面积(mm^2)。

中碳钢和高碳钢没有明显的屈服点，通常以残余变形 0.2%的应力作为屈服强度，表示为 $R_{p0.2}$，并按(8－1)计算：

$$R_{p0.2}=\frac{F_{0.2}}{A_o} \tag{8-1}$$

式中：$R_{p0.2}$——屈服强度(MPa)；

$F_{0.2}$——相当于所求应力的荷载(N)；

A_o——试件的原横截面积(mm^2)。

屈服强度对钢材使用有重要的意义，当构件的实际应力超过屈服点时，将产生不可恢复的永久变形；另一方面，当应力超过屈服点时，受力较高的部位应力不再提高，而自动将荷载重新分配给某些应力较低的部分。因此，屈服强度是确定钢结构容许应力的主要依据。

[想一想]

1. 确定钢结构容许应力的主要依据是屈服强度还是极限抗拉强度?

2. 抗拉强度

它是钢材所能承受的最大拉应力，即当拉应力达到强度极限时，钢材完全丧失了对变形的抵抗能力而断裂。抗拉强度虽然不能直接作为计算依据，但屈服强度和抗拉强度的比值，即屈强比(f_y/f_b)，对使用有较大的意义。此值越小，则结构的可靠性越高，即延缓结构损坏过程的潜力愈大，但此值太小时，钢材强度的有效利用率低。所以屈服强度和抗拉强度是钢材力学性能的主要检验指标。

抗拉强度以 R_m 表示，并按式(8－2)计算：

$$R_m = \frac{F_m}{A_o} \tag{8-2}$$

式中：R_m——抗拉强度(MPa)；

F_m——试件拉断前的最大荷载(N)；

A_o——试件的原横截面积(mm^2)。

(二)塑性

钢材在受力破坏前可以经受永久变形的性能，称为塑性。在工程应用中钢材的塑性指标通常用断后伸长率、断裂总伸长率、最大力伸长率和断面收缩率表示。

1. 断后伸长率

断后伸长率是钢材发生断裂时所能承受的永久变形的能力。断后标距的残余伸长($L_u - L_o$)与原始标距(L_o)之比的百分率即为断后伸长率，以符号 A 表示，并按式(8－3)计算：

$$A = \frac{L_u - L_o}{L_o} \times 100 \tag{8-3}$$

式中：A——断后伸长率(%)；

L_u——试件拉断后标距部分的长度(mm)；

L_o——试件的原标距长度(mm)；

对于比例试样，若原始标距不为 $5.65\sqrt{S_o}$(S_o为平行长度的原始横截面积)，符号 A 应附以下脚注说明所使用的比例系数，例如，$A_{11.3}$表示原始标距 L_o 为 $11.3\sqrt{S_o}$的断后伸长率。对于非比例试样，符号 A 应附以下脚注说明所使用的原始标距，以毫米表示，例如，A_{80mm}表示原始标距 L_o 为 80mm 的断后伸长率。

2. 断后总伸长率

断后总伸长率是断裂时刻原始标距的总伸长(弹性伸长加塑性伸长)与原始标距(L_o)之比的百分率，以符号 A_t 表示，并按式(8－4)计算：

$$A_t = \frac{L'_u - L_o}{L_o} \times 100 \tag{8-4}$$

式中：A_t——断后总伸长率(%)；

L_u'——试件拉断后原始标距部分的总长度(mm)；

L_o——试件的原标距长度(mm)；

3. 最大力伸长率

最大力伸长率是最大力时原始标距的伸长与原始标距之比的百分率，以符号 A_{gt} 表示，并按式(8－5)计算：

$$A_{gt}=\frac{L_u''-L_o}{L_o}\times 100 \tag{8-5}$$

式中：A_{gt}——断后总伸长率(%)；

L_u''——试件在最大力拉断后原始标距部分的总长度(mm)；

L_o——试件的原标距长度(mm)。

5. **断面收缩率**

收缩率是试件拉断后缩颈处横断面积的最大缩减量占横截面积的百分率。断面收缩率以 Z 表示，并按式(8-6)计算：

$$Z=\frac{S_o-S_u}{S_o}\times 100 \tag{8-6}$$

式中：Z——断面收缩率(%)；

S_u——试件裂断(缩颈)处的横截面积(mm^2)；

S_o——试件的原横截面积(mm^2)。

(三)硬度

钢材表面局部体积内抵抗更硬物体压入的能力称为硬度。钢材硬度值愈高，表示它抵抗局部塑性变形的能力愈大。硬度值与强度指标(R_{eL}，R_m)和塑性指标(A，Z)有一定的相关性。

我国现行国家标准测定金属硬度的方法有：布氏硬度、洛氏硬度和维氏硬度等 3 种，最常用的为布氏硬度和洛氏硬度。

1. **布氏硬度**

布氏硬度测定方法是将一个标准的淬火的钢球，用力压入试件，经一定时间后，卸去荷载，试件表面留有球的压痕如图 8-2 所示。计算压痕单位表面积所承受的荷载值即为布氏硬度，当压头用淬火钢球时，用 HBS 表示；压头用硬质合金钢时，用 HBW 表示，按式(8-7)计算：

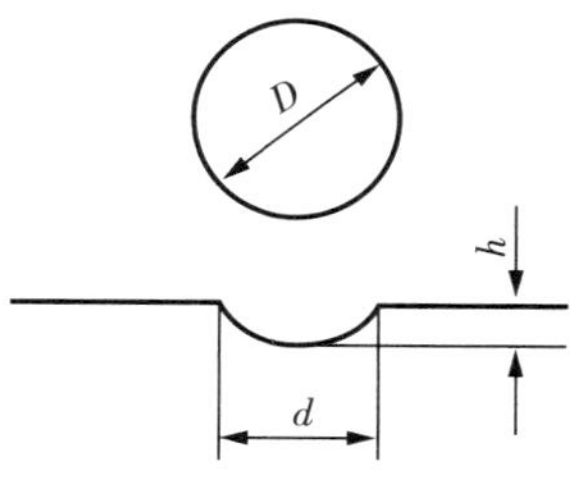

图 8-2 布氏硬度试验原理示意图

$$HBS=0.102\times\frac{2F}{\pi D^2[1-\sqrt{1-(d^2/D^2)}]} \tag{8-7}$$

式中：HBS——布氏硬度；

F——施加荷载(N)；

D——钢球直径(mm)；

d——压痕直径(mm)。

2. **洛氏硬度**

洛氏硬度测定方法是用金刚石圆锥体或钢球做压头，在初始试验力(F_0)和

总试验力 F(F=初始试验力 F_0+主试验力 F_1)的先后作用下,将压头压入试件。洛氏硬度值是以卸除主试验力 F_1 而保留初始试验力 F_0 时,压入试件的深度 h_1 与在初始试验力作用下的压入深度 h_0 之差(h_1-h_0)计算的,如图 8-3 所示,(h_1-h_0)的数值愈大,表示试样愈软;反之,表示试样愈硬。这和习惯概念正好相反,故改用一常数 K 减去(h_1-h_0)之差来表示硬度的高低,并规定每压入 0.002mm 为一硬度单位,以 HR 表示,按式(8-8)计算:

$$HR=\frac{K-(h_1-h_0)}{0.002} \tag{8-8}$$

式中:HR——洛氏硬度值;

h_0——在初始试验力作用下,压头压入试件的深度(mm);

h_1——在卸除主试验力而保留初始试验力时,压头压入试件的深度(mm);

K——常数。

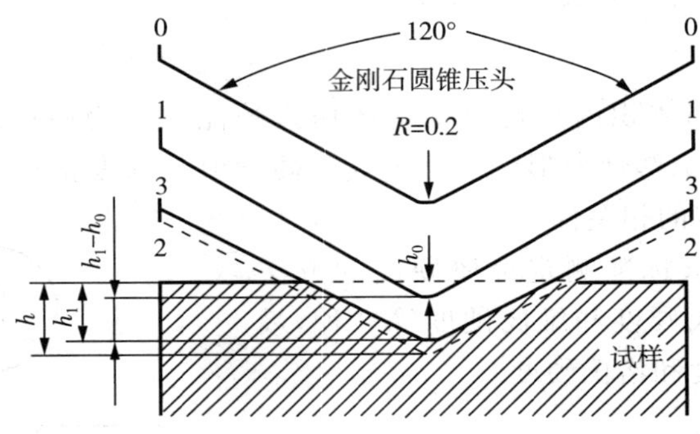

图 8-3 洛氏硬度原理示意图

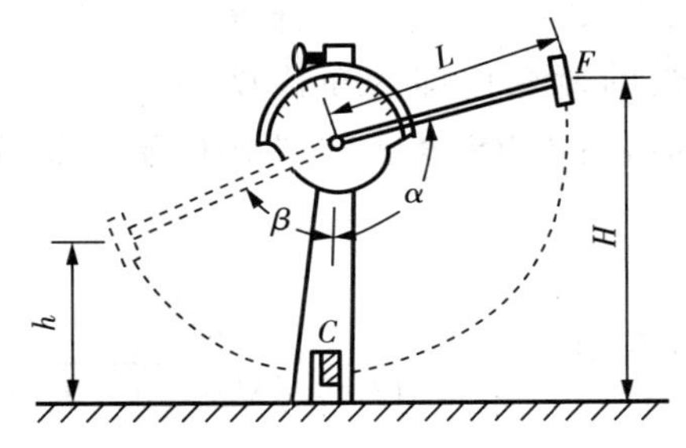

图 8-4 钢材冲击试验示意图

(四)冲击韧性

冲击韧性是钢材在瞬间动荷载作用下,抵抗破坏的能力。钢构件在工作过程中常受到冲击荷载,因此对钢材的抗冲击力也有一定的要求。按我国国家标准试验方法的摆冲法、横梁式为标准方法。如图 8-4 所示按规定制成有槽口的标准试件，以横梁式放在冲击试验机的支座上，然后将试验机的摆锤升至规定高度，突然松开，摆锤自由下落，冲断试件。试验表盘上指示出冲断试样时所消耗的功能，按式(8－9)计算：

$$a_k=\frac{A_k}{A} \tag{8-9}$$

式中：α_k——钢材的冲击韧性；

A_k——摆锤冲断试件所做的功，(kJ)；

A——试样断口的截面积(mm^2)。

α_k值低的钢材在断裂前没有显著的塑性变形，属脆性材料，不宜用作承担冲击荷载的构件，如连杆、桥梁轨道等。

(五)冷弯性能

冷弯性能是钢材在常温条件下承受规定弯曲程度的弯曲变形的能力，并且是显示缺陷的一种工艺性能。

钢材的冷弯性能是以规定尺寸的试件，在常温条件下进行弯曲试验。弯曲的指标与试件被弯曲的角度、弯心的直径与试件的厚度(或直径)的比值有关。弯曲角度愈大，弯心直径与试件厚度比愈小，则表示弯曲性能的要求愈高。按我国现行国家标准有下列三种类型：①达到某规定的角度的弯曲；②绕着弯心弯到两面平行；③弯到两面接触的重合弯曲。按规定试件弯曲处不产生裂纹、断裂和起层等现象即认为合格。

三、化学成分对碳素钢技术性能的影响

1. 碳的影响

建筑碳钢里的含碳量不大于0.8%，在此范围内，随着含碳量的增加，钢的硬度和抗拉强度随之升高，而塑性指标伸长率、断面收缩率和冲击韧性显著降低。碳还可显著降低钢材的焊接性，增加钢的冷脆性和时效敏感性，降低抗大气腐蚀性。

[想一想]

在钢中有害的杂质是哪些元素?

2. 硫的影响

硫是在炼钢时由矿石与燃料带到钢中的杂质。硫几乎不溶于铁，而与铁化合成硫化铁。在950℃时硫化铁与铁形成共晶体，这些低熔点共晶体在结晶时，总是分布在晶界处，在钢材加热至1000℃以上时，由于共晶体已经熔化，而导致钢材加工时产生裂缝，这种现象称为热脆性。通常为消除硫的有害影响，可增加锰含量使形成硫化锰，硫化锰的熔点(1620℃)比钢材热加工温度高，因而可消除热脆性。硫化锰分布在晶界上，在高温时虽具有一定的塑性，但轧制时它易轧成条状的夹杂物分布在钢中，使钢材纵横向性能不同，降低横向冲击韧性。因此，硫在钢中是很有害的杂质。

3. 磷的影响

磷也是由矿石带到钢中来的，即使只有千分之几的磷存在，也会在组织中析出脆性很大的磷化铁化合物，而使室温下屈服点和屈强比显著提高，而塑性和冲

击韧性显著降低，特别是在低温时，对塑性和韧性的影响更大。故磷在碳钢中亦为很有害物质。

4. 锰的影响

锰是炼钢时用锰脱氧、硫时而残留在钢中的元素。锰具有很强的脱氧、硫能力，因此能够消除钢中的氧、硫，大大改善钢的热加工性能。在普通碳钢中一般含有0.25%～0.80%的锰。锰不仅能消除或减轻碳钢中氧、硫所引起的热脆性，同时锰在铁中对钢有一定的强化作用。故锰对碳钢的性能有良好的影响，是一个有益的元素。

5. 硅的影响

[问一问]
你知道哪些是脱氧剂吗?

硅也是作为脱氧剂而存在于钢中的。硅的脱氧能力比锰还要强，能与氧化铁形成 $FeO-SiO_2$，消除氧化铁杂质的影响。当硅含量很低时，能显著地提高钢材的强度，但不明显地降低塑性和韧性。

6. 氧的影响

氧是由于炼钢氧气化过程而存在于钢中的。氧在钢中少部分能溶于铁素体中，而大部分以 FeO_2、MnO、Mn_3O_4、SiO_2、Al_2O_3 等形成夹杂物而存在。随着含氧量的增加，钢材力学强度可以提高，但会使塑性和疲劳强度显著降低。钢中 FeO_2 与其他夹杂物形成低熔点的复合化合物而聚在晶界面上时，会造成钢材的热脆性。总之，钢中的氧为有害元素。

7. 氮的影响

氮对碳钢的影响，与碳、磷相似，可使钢材强度增高，塑性、冲击韧性显著降低。

四、桥梁建筑用钢材及其制品

(一)桥梁建筑用钢的技术要求

用于桥梁建筑的钢材，根据工程使用条件和特点，这类钢材应具有下列技术要求。

1. 良好的综合力学性能

桥梁结构在使用中承受复杂的交通荷载，同时在无遮盖的条件下还要经受大气条件的严酷环境考验，为此必须具有良好的综合力学性能，即除具有较高的屈服点与抗拉强度外，还应具有良好的塑性、冷弯性能、冲出韧性和抵抗振动应力的疲劳强度，以及低温(—40℃)时的冲击韧性。

2. 良好的焊接性

由于近代焊接技术的发展，桥梁钢结构趋向于采用焊接结构代替铆接结构，以加快施工速度和节约钢材。桥梁在焊接后不易整体热处理，因此要求钢材具有良好的焊接性，亦即焊接的连接部分应强而韧，并应不低于或略低于焊件本身，以防止产生硬化脆裂和内应力过大等现象。

3. 良好的抗蚀性

桥梁长期暴露于大气中，所以要求桥梁用钢具有良好的抵抗大气因素腐蚀的性能。

(二)桥梁建筑用主要钢材

桥梁建筑用主要钢材有碳素结构钢、优质碳素结构钢和低合金结构钢等。

1. 碳素结构钢

碳素结构钢在供应时,其化学成分和力学性能均需保证。

(1)碳素结构钢的牌号

碳素结构钢按化学成分和力学性能(屈服点)分为Q195、Q215、Q235和Q275四个牌号。

[问一问]

碳素结构钢的牌号数字代表什么强度?

牌号表示方法按国家标准(GB/T 700—2006)规定,碳素结构钢按屈服点的数值(MPa)分为195、215、235和275四个强度级:按硫、磷杂质的含量分为A、B、C和D四个质量等级;按脱氧程度分为特殊镇静钢、镇静钢和沸腾钢。碳素结构钢的牌号由代表屈服强度的字母、屈服强度数值、质量等级符号和脱氧方法符号等4个部分按顺序组成。例如,Q215AF表示屈服点为215MPa的A级沸腾钢。

(2)碳素结构钢的性能

碳素结构钢的性能应符合我国现行国标《碳素结构钢》(GB/T 700—2006)的要求,其化学组成和力学性能见表8-1、表8-2和表8-3所列。

表8-1 碳素结构钢的化学成分

牌号	统一数字代号[a]	等级	厚度(或直径)/mm	化学成分(质量分数)/%,不大于					脱氧方法
				C	Mn	Si	S	P	
Q195	U11952	—	—	0.12	0.50	0.30	0.040	0.035	F,Z
Q215	U12152	A	—	0.15	1.20	0.35	0.050	0.045	F,Z
	U12155	B					0.045		
Q235	U12352	A	—	0.22	1.40	0.35	0.050	0.045	F,Z
	U12355	B		0.20[b]			0.045		
	U12358	C		0.17			0.040	0.040	Z
	U12359	D					0.035	0.035	TZ
Q275	U12752	A	—	0.24	1.50	0.35	0.050	0.045	F,Z
	U12755	B	≤40	0.21			0.045	0.045	Z
			>40	0.22					
	U12758	C	—	0.20			0.040	0.040	Z
	U12759	D					0.035	0.035	TZ

[注] "a"为镇静钢、特殊镇静钢牌号的统一数字,沸腾钢牌号的统一数字代号如下:

Q195F为U11950;Q215AF为U12150,Q215BF为U12153;Q235AF为U12350,Q235BF为U12353;Q275AF为U12750。

"b"经需方同意,Q235B的碳含量可不大于0.22%。

表 8-2　碳素结构钢的拉伸与冲击性能

牌号	等级	拉伸试验												冲击试验（V型缺口）	
		屈服强度[a] R_{eH}/(N/mm²)，不小于						抗拉强度[b] R_m/(N/mm²)	断后伸长率 A/%，不小于					温度/℃	冲击吸收功（纵向）/J 不小于
		厚度（或直径）/mm							厚度（或直径）/mm						
		≤16	>16~40	>40~60	>60~100	>100~150	>150~200		≤40	>40~60	>60~100	>100~150	>150~200		
Q195	—	195	185	—	—	—	—	315~430	33	—	—	—	—	—	—
Q215	A	215	205	195	185	175	165	335~450	31	30	29	27	26	—	—
	B													+20	27
Q235	A	235	225	215	215	195	185	370~500	26	25	24	22	21	—	27[c]
	B													+20	
	C													0	
	D													−20	
	B													20	
Q275	A	275	265	255	245	225	215	410~540	22	21	20	18	17	—	—
	B													+20	27
	C													0	
	D													−20	

[注]　"a"为 Q195 的屈服强度值仅供参考，不作交货条件。

"b"为厚度大于 100mm 的钢材，抗拉强度下限允许降低 20N/mm²。宽带钢（包括剪切钢板）抗拉强度上限不作交货条件。

"c"为厚度小于 25mm 的 Q235B 级钢材，如供方能保证冲击吸收功值合格，经需方同意，可不作检验。

表 8-3　碳素结构钢的冷弯性能

牌号	试样方向	冷弯试验 180°$B=2a^{a}$	
		钢材厚度(或直径)[b]/mm	
		≤60	>60～100
		弯心直径 d	
Q195	纵	0	—
	横	0.5a	
Q215	纵	0.5a	1.5a
	横	a	2a
Q235	纵	a	2a
	横	1.5a	2.5a
Q275	纵	1.5a	2.5a
	横	2.5a	3a

［注］“a”为从 B 为试样宽度，a 为试样厚度(或直径)。

“b”为钢材厚度(或直径)大于 100mm 时，弯曲试验由双方协商确定。

从表 8-1、表 8-2 可以看出，自 Q195～Q275，牌号愈大，其含碳量和含锰量愈高。同时可以看出，随着牌号增大(即碳锰含量的提高)，屈服点和抗拉强度随之提高，但伸长率随之降低。

(3)碳素结构钢的应用

由于四个牌号的性能不同，其用途也不同。

① Q195、Q215 号钢塑性高，易于冷弯和焊接，但强度较低，故多用于受荷载较小及焊接构件。

② Q235 号钢具有较高的强度和良好的塑性、韧性，易于焊接，且经焊接及气割后力学性能亦仍稳定，有利于冷热加工，故广泛地用于桥梁构件及钢筋混凝土结构中的钢筋等，是目前应用最广泛的钢种。

③ Q275 号钢的屈服强度较高，但塑性、韧性和焊接性较差，可用于钢筋混凝土结构中配筋及钢结构的构件和螺栓。

2. 优质碳素结构钢

优质碳素结构钢简称优质碳素钢。这类钢与碳素结构钢相比，由于允许的硫、磷含量比碳素钢要低，所以综合力学性能比普通碳素结构钢好。

(1)钢号表示方法

按国家标准《优质碳素结构钢》(GB/T 699—2015)规定，优质碳素结构钢根据冶金质量等级分为优质钢、高级优质钢(代号为 A)和特级优质钢(代号为 E)。

［问一问］

优质碳素钢与普通碳素钢牌号表示有何不同?

优质碳素结构钢的化学成分中，对硫、磷含量要求较为严格，规定优质钢硫含量不大于 0.035%、磷含量不大于 0.035%；高级优质钢硫含量不大于 0.030%、磷含量不大于 0.030%；特级优质钢硫含量不大于 0.020%、磷含量不大于 0.025%。

(2)优质碳素结构钢的性能

优质钢有 31 个牌号，现摘要其常用的几个牌号的化学成分和力学性能见表 8-4 所列。

表 8-4 优质碳素结构钢的化学成分和力学性能

序号	牌号	化学成分/%						力学性能				
		C	Si	Mn	Ni	Cr	Cu	σ_b/MPa	σ_s/MPa	δ_n/%	ψ/%	$A_k(a_k)$/J
					不大于			不小于				
1	30Mn	0.27～0.34	0.17～0.37	0.70～1.00	0.30	0.25	0.25	540	315	20	45	63
2	35Mn	0.32～0.39	0.17～0.37	0.70～1.00	0.30	0.25	0.25	560	335	18	45	55
3	40Mn	0.37～0.44	0.17～0.37	0.70～1.00	0.30	0.25	0.25	590	355	17	45	47
4	45Mn	0.42～0.50	0.17～0.37	0.70～1.00	0.30	0.25	0.25	620	375	15	40	39
5	60Mn	0.57～0.65	0.17～0.37	0.70～1.00	0.30	0.25	0.25	690	410	11	35	—
6	65Mn	0.62～0.70	0.17～0.37	0.90～1.20	0.30	0.25	0.25	735	430	9	30	—

(3)工程应用

优质碳素结构钢适于热处理后使用,但也可不经过热处理而直接使用。这种钢在建筑上应用不太多。一般常用 30 钢、35 钢、40 钢和 45 钢做高强螺栓,45 钢用作预应力钢筋的锚具,65 钢、70 钢、75 钢和 80 钢可用于生产预应力混凝土用的碳素钢丝、刻痕钢丝和钢绞线。

3. 低合金结构钢

在碳素结构钢的基础上,加入少量或微量的合金元素,可大大改善其性能,从而获得高强度、高韧度和良好的可焊性的低合金钢。这类钢称为低合金结构钢(简称普低钢)。

[问一问]

你知道我国北京鸟巢体育馆用的是什么材料么?

(1)低合金结构钢的性能

低合金结构钢具有以下优点。

1 强度高、综合性能好　碳素结构钢(如 Q355)的屈服点一般为 355MPa,抗拉强度为 470～400MPa。而低合金结构钢屈服点一般为 300～700MPa,抗拉强度为 400～1000MPa,由于其强度较碳素结构钢高,故称高强钢。低合金结构钢由于含碳量限制在 0.20%以下,这样就保证有良好的塑性、低温韧性和焊接性等。同时掺入少量合金元素提高其强度,故可达到综合性好的效果。

② 质量轻　采用低合金结构钢建造的构件,其质量和所需要的钢材量可较碳素结构钢减少 20%～30%,从而降低了成本,且便利运输和安装。

③ 耐蚀性好　合金中某些元素(如铜、磷等)不仅能提高低合金钢的强度而且能提高耐蚀性。

综上所述可知,低合金结构钢最适用于大跨度的桥梁工程。

现行国标《低合金高强度结构钢》(GB/T 1591—2018)共分为 Q355、Q390、Q420、Q460、Q500、Q550、Q620、Q690 八个牌号,其命名方法由代表屈服点的汉语拼音字母(Q)、屈服强度数值、质量等级符号(A、B、C、D、E)三个部分按顺序排列。例如,Q355B 中 Q 为钢材屈服点的汉语拼音的首位字母;355 表示屈服点的数值,单位 MPa;B 为质量等级。

低合金高强度结构钢的含碳量较低是为了使钢材具有良好的加工性能(如焊接性等),强度的提高主要由添加合金元素解决。表 8-5、表 8-6 列出了部分低合金结构钢力学性能指标。

3. 桥梁用结构钢

根据使用要求,对桥梁建筑用钢的三个标准合并修订为《桥梁用结构钢》(GB/T 714—2015),该标准规定了桥梁结构钢的牌号表示方法、订货内容、尺寸、外形、重量及允许偏差、技术要求、试验方法、检测规则、包装、标志和质量证明书等。桥梁用钢的牌号由代表屈服强度的汉语拼音字、屈服强度数值、桥字的汉语拼音字母、质量等级符号等 4 个部分组成,如 Q345qC,其中 Q 表示屈服点;345 代表屈服点数值,单位 MPa;q 为桥梁的钢的桥字汉语拼音首位字母;C 为质量等级为 C 级。

表 8-5　热轧钢材的拉伸性能

牌号		上屈服强度(R_{eLt})/MPa,不小于									抗拉强度(R_m)/MPa			
钢级	质量等级	公称厚度或直径/mm												
		≤16	>16~40	>40~63	>63~80	>80~100	>100~150	>150~200	>200~250	>250~400	≤100	>100~150	>150~250	>250~400
Q355	B、C	355	345	335	325	315	295	285	275	—	470~630	450~600	450~600	—
	D									265[b]				450~600[b]
Q390	B、C、D	390	380	360	340	340	320	—	—	—	490~650	470~620	—	—
Q420[b]	B、C	420	410	390	370	370	350	—	—	—	520~680	500~650	—	—
Q460[c]	C	460	450	430	410	410	390	—	—	—	550~720	530~700	—	—

“a”当屈服强度不明显时,可用规定塑性延伸强度 $R_{p0.2}$ 代替上屈服强度。
“b”为只适用于质量等级为 D 的钢板。
“c”只适用于型钢和棒材。

表 8-6　热轧钢材的伸长率

牌号		断后伸长率 A/%　不小于						
钢级	质量等级	公称厚度或直径/mm						
		试样方向	≤40	>40～63	>63～100	>100～150	>150～250	>250～400
Q355	B、C、D	纵向	22	21	20	18	17	17[a]
		横向	20	19	18	18	17	17[a]
Q390	B、C、D	纵向	21	20	20	19	—	—
		横向	20	19	19	18	—	—
Q420[b]	B、C	纵向	20	19	19	19	—	—
Q460[b]	C	纵向	18	17	17	17	—	—

"a"为只适用于质量等级为 D 的钢板。
"b"为只适用于型钢和棒材。

钢的牌号与力学性能与工艺性能应符合表 8-7、表 8-8 的规定。

表 8-7　桥梁结构钢的力学性能

牌号	质量等级	拉伸试验[a,b]					冲击试验[c]	
		下屈服强度 R_{cL}/MPa			抗拉强度 R_m/MPa	断后伸长率 A/%	温度/℃	冲击吸收能量 KV_2/J
		厚度≤50mm	50mm<厚度≤100mm	100mm<厚度≤150mm				
		不小于						不小于
Q345q	C	345	335	305	490	20	0	120
	D						−20	
	E						−40	
Q370q	C	370	360	—	510	20	0	120
	D						−20	
	E						−40	
Q420q	D	420	410	—	540	19	−20	120
	E						−40	
	F						−60	47
Q460q	D	460	450	—	570	18	−20	120
	E						−40	
	F						−60	47

(续表)

牌号	质量等级	拉伸试验[a,b]					冲击试验[c]	
		下屈服强度 R_{eL}/MPa)			抗拉强度 R_m/MPa	断后伸长率 A/%	温度/℃	冲击吸收能量 KV_2/J
		厚度≤50mm	50mm<厚度≤100mm	100mm<厚度≤150mm				
		不小于						不小于
Q500q	D	500	480	—	630	18	−20	120
	E						−40	
	F						−60	47
Q550q	D	550	530	—	660	16	−20	120
	E						−40	
	F						−60	47
Q620q	D	620	580	—	720	15	−20	120
	E						−40	
	F						−60	47
Q690q	D	690	650	—	770	14	−20	120
	E						−40	
	F						−60	47
“a”当屈服不明显时，可测量 $R_{p0.2}$ 代替下屈服强度 “b”拉伸试验取横向试样 “c”冲击试验取纵向试样								

表 8-8 桥梁结构钢的工艺性能

180°弯曲试验		
厚度≤16mm	厚度>16mm	弯曲结果
$D=2a$	$D=3a$	要试样外表面不应有肉眼可见的裂纹
D 为弯曲压头直径　a 为试样厚度		

(三)钢筋混凝土和预应力用钢筋和钢丝

1. 热轧钢筋

热轧钢筋主要应用于钢筋混凝土结构中，分为热轧光圆钢筋和热轧带肋钢筋。

根据现行国家标准《钢筋混凝土用钢第 1 部分：热轧光圆钢筋》(GB/T1499.1—2017)的规定，光圆钢筋是指横截面通常为圆形，表面光滑的钢筋混凝土配筋有钢材。热轧光圆钢筋是指经热轧成型并自然冷却后的成品光圆直条钢筋。钢筋的公称直径为 6、8、10、12、14、16、18、20、22mm 等几种。钢筋的化学成分、力学性能应符合表 8－9、表 8－10 的规定。

此外，钢筋混凝土中还经常使用低碳钢热轧圆盘条，每根盘条重量应不小于 500kg，每盘重量应不小于 1000kg。

表 8－9　光圆钢筋的化学成分

牌号	化学成分（质量分数）/%				
	C	Si	Mn	P	S
HPB300	0.25	0.55	1.50	0.045	0.045

表 8－10　光圆钢筋的力学性能

牌号	力学性能				冷弯试验 180° d 为弯芯直径 a 为钢筋公称直径
	屈服强度 R_{eL}/MPa	抗拉强度 R_m/MPa	断后伸长率 A/%	最大力总伸长率 A_{gt}/%	
	不小于				
HPB300	300	420	25.0	10.0	$d=a$

热轧带肋钢筋是钢筋混凝土结构中使用的主要钢筋类型，由低合金钢轧制而成。横截面为圆形，外表带肋，长度方向有两条纵肋及均匀分布的月牙状横肋，其几何形状如图 8－5 所不。

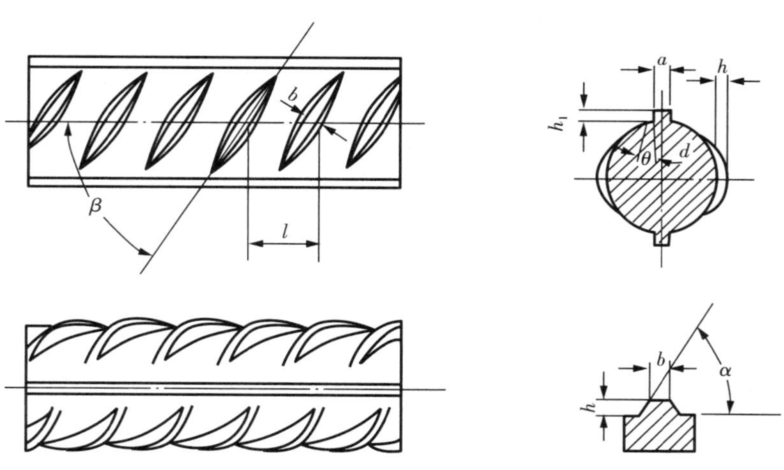

图 8－5　月牙肋钢筋

根据国家标准《钢筋混凝土用钢第 2 部分：热轧带肋钢筋》（GB 1499.2—2018）的规定，热轧钢筋按类别分普通热轧钢筋和细晶粒热轧钢筋，普通热轧钢筋是按热轧状态交货的钢筋，其金相组织主要是铁素体加珠光体，不得有影响使用性能的其他组织存在，其牌号有 HRB400、HRB500、HRB600、HRB400E、

HRB500E；细晶粒热轧钢筋是在热轧过程中，通过控轧和控冷工艺形成的细晶粒钢筋，其金相组织主要是铁素体加珠光体，不得有影响使用性能的其他组织存在，晶粒度不粗于 9 级，其牌号有 HRBF400、HRBF500、HRBF400E、HRBF500E。钢筋的公称直径范围为 6～50mm，各种牌号化学成分、力学性能应符合表 8－11、表 8－12。

表 8－11　热轧带肋钢筋的化学成分和弯曲性能

牌号	公称直径/mm	弯曲压头直径/mm	化学成分/%，不大于					
			C	Si	Mn	P	S	Ceq
HRB400 HRBF400 HRB400E HRBF400E	6～25	4d	0.25	0.80	1.60	0.045	0.045	0.54
	28～40	5d						
	＞40～50	6d						
HRB500 HRBF500 HRB500E HRBF500E	6～25	6d						0.55
	28～40	6d						
	＞40～50	7d						
HRB600	6～25	6d	0.28					0.58
	28～40	7d						
	＞40～50	78d						

表 8－12　热轧带肋钢筋的力学性能

牌号	屈服点 R_{eL}/MPa	抗拉强度 R_m/MPa	断后伸长率 A/%	最大力总伸长率 A_{gt}/%	R_m^0/R_{eL}^0	R_{eL}^0/R_{eL}
	不小于					不大于
HRB400 HRBF400	400	540	16	7.5	—	—
HRB400E HRBF400E			—	9.0	1.25	1.3
HRB500 HRBF500	500	630	15	7.5	—	—
HRB500E HRBF500E			—	9.0	1.25	1.3
HRB600	600	730	14	7.5	—	—
注：R_m^0 为钢筋实测抗拉强度；R_{eL}^0 为钢筋实测下屈服强度。						

钢筋混凝土结构对热轧钢筋的要求是：力学强度较高，具有一定的塑性、

韧性、冷弯性能和焊接性。光圆钢筋的强度较低，但塑性及焊接性好，便于冷加工，广泛用作普通钢筋混凝土中的非预应力钢筋；热轧带肋钢筋的强度较高，塑性及焊接性也较好，广泛用作大、中型钢筋混凝土结构的受力钢筋以及预应力钢筋。

2. 冷加工钢筋

［问一问］

1. 何为冷加工？

(1)冷拉钢筋

为了提高强度以节约钢筋，工程中常按施工规程对钢筋进行冷拉。

由于冷拉钢筋的塑性、韧性较差，易于发生脆断，因此，冷拉钢筋不宜用于负温及受冲击或重复荷载作用的结构。

冷拉Ⅰ级钢筋适用作非预应力受拉钢筋。冷拉热带肋钢筋强度较高，可用作预应力混凝土结构的预应力盘筋。

(2)冷拔低碳钢丝

冷拔低碳丝是低碳钢热轧圆盘条经一次或多次冷拔制成的以盘卷供货的钢丝。根据《混凝土制品用冷拔低碳钢丝》(JC/T540—2006)的规定，冷拔低碳钢丝分为甲、乙两级。甲级冷拔低碳钢丝适用于预应力筋，乙级冷拔低碳钢丝适用于焊接网、焊接骨架、箍筋和构造钢筋。

冷拔低碳钢丝由于经过反复拉拔强化、强度大为提高，但塑性显著降低，脆性随之增加，已属硬钢类钢筋。由于加工时受到原材料质量和工艺的影响较大，常有强度和塑性离散性较大情况，故使用时应加注意分析。

冷拔低碳钢丝的代号为 CDW，其力学性能应符合表 8－13 的规定。

表 8－13　冷拔低碳钢丝的力学性能

级别	公称直径 d/mm	抗拉强度 R_m/MPa 不小于	断后伸长率 A_{100}/% 不小于	反复弯曲次数/(次/180°)，不小于
甲级	5.0	650 600	3.0	4
	4.0	700 650	2.5	
乙级	3.0、4.0、5.0、6.0	550	2.0	

［注］　甲级冷拔低碳钢丝作预应力筋用时，如经机械调直则抗拉强度标准值应降低 50MPa。

(3)冷轧带肋钢筋

将热轧圆盘条经冷轧后，在其表面带有沿长度方向均匀分布的三面或二面横肋的钢筋即形成冷轧带肋钢筋。如图 8－6、图 8－7 所示。

冷轧钢筋强度高、焊接性好，广泛用于中、小预应力混凝土结构构件和普通钢筋混凝土结构构件中，也适用于上述构件的制造和用冷轧带肋钢筋或冷轧光圆钢筋焊接而成的钢筋网。

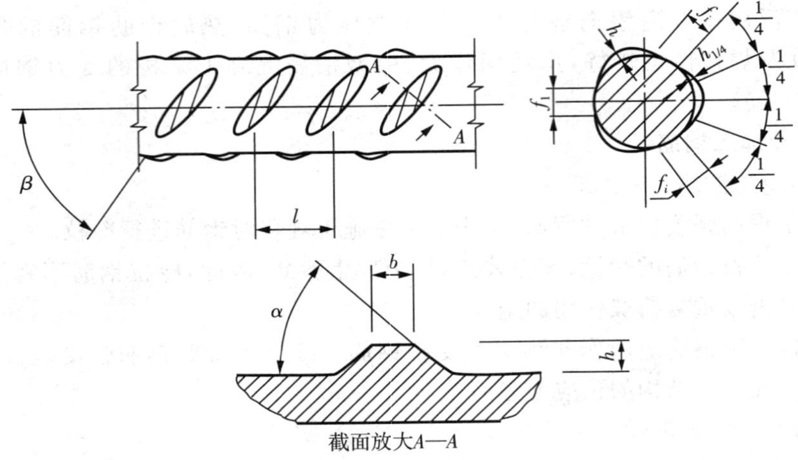

α—横肋斜角；β—横肋与钢筋轴线夹角；h—横肋中点高；l—横肋间距；b—横肋顶宽；f_i—横肋间隙。

图 8-6　三面肋钢筋表面及截面形状

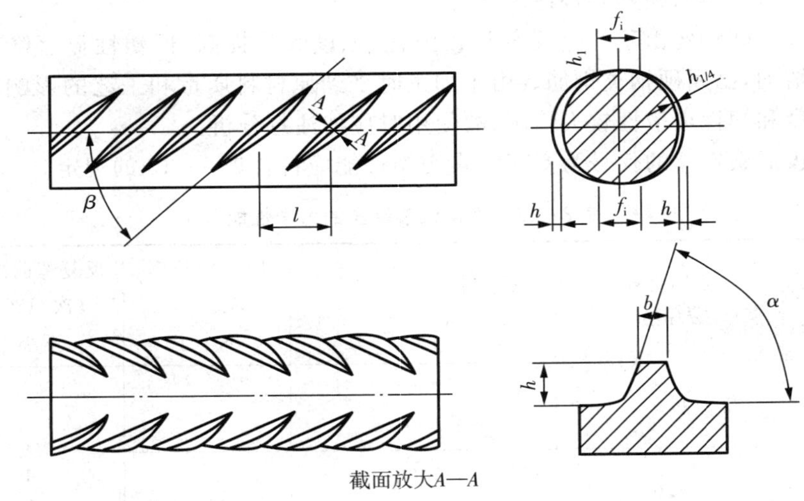

α—横肋斜角；β—横肋与钢筋轴线夹角；h—横肋中点高；l—横肋间距；b—横肋顶宽；f_i—横肋间隙。

图 8-7　二面肋钢筋表面及截面形状

根据国家标准《冷轧带肋钢筋》(GB 13788—2017)的规定，冷轧带肋钢筋的牌号由 CRB 和钢筋的抗拉强度最小值构成。C、R、分别为冷轧、带肋、钢筋三个词的英文首位字母。冷轧带肋钢筋分为 CRB550、CRB650、CRB800、CRB600H、CRB680H、CRB800H 六个牌号。CRB550、CRB600H 为普通钢筋混凝土用钢筋，CRB650、CRB800、RB800H 为预应力混凝土用钢筋，CRB680H 既可作为普通混凝土用钢筋，也可作为预应力混凝土用钢筋使用。其性能见表 8-14 所列。

表 8-14 冷轧带肋钢筋性能

分类	牌号	规定塑性延伸强度 $R_{p0.2}$/MPa，不小于	抗拉强度 R_m/MPa，不小于	$R_m/R_{p0.2}$，不小于	断后伸长率/%，不小于		最大力总延伸率/%，不小于	弯曲试验 180°	反复弯曲次数	压力松弛初始应力应相当于公称抗拉强度的 70%
					$A_{11.3}$	A_{100}				1000h 松弛率/%，不大于
普通混凝土用	CRB550	500	550	1.05	11.0	—	2.5	$D=3d$	—	—
	CRB600H	540	600	1.05	14.0	—	5.0	$D=3d$	—	—
	CRB680H[h]	600	680	1.05	14.0	—	5.0	$D=3d$	4	5
预应力混凝土用	CRB650	585	650	1.05	—	4.0	2.5	—	3	8
	CRB800	720	800	1.05	—	4.0	2.5	—	3	8
	CRB800H	720	800	1.05	—	7.0	4.0	—	4	5

注：表中 D 为弯心直径，d 为钢筋公称直径。
“h”当该牌号钢筋作为普通钢筋混凝土用钢筋使用时，对反复弯曲和应力松弛不做要求；当该牌号钢筋作为预应力混凝土用钢筋使用时应进行反复弯曲试验代替 180°弯曲试验，并检测松弛率。

CRB550、CRB600H、CRB680H 钢筋的公称直径为 4～12mm，CRB650、CRB800、CRB800H 公称直径为 4mm、5mm、6mm。钢筋通常按盘卷交货，盘卷钢筋的重量不小于 100kg。每盘应由一根钢筋组成，CRB650、CRB680H、CRB800、CRB800H 作为预应力混凝土用钢筋使用时，不得有焊接接头。

［问一问］
何为热处理？

3. 预应力混凝土用热处理钢筋

预应力混凝土用热处理钢筋是用热轧带肋钢筋经淬火和回火调质处理后的钢筋，其代号为 RB150。规格有直径为 6、8.2、10(mm)三种规格。热处理钢筋成盘供应，每盘长约 100～120m，开盘后钢筋自然伸直，按要求的长度切断。

热处理钢筋经调质热处理后，其强度高、韧性高，可代替高强钢丝使用；配筋根数少，节约钢材；锚固性好，不易打滑，预应力值稳定；施工简便，开盘后钢筋自然伸直，不需调直，不能焊接。主要用作预应力钢筋混凝土轨枕，也用于预应力梁、板结构及吊车梁等。

4. 钢丝和钢绞线

钢丝和钢绞线均由优质碳素结构钢经过冷加工、热处理、冷轧、绞捻等过程制得。它们的特点是强度高、安全可靠、便于施工，一般用于预应力混凝土结构中。

按照《预应力混凝土用钢丝》(GB/T 5223—2014)的规定，钢丝可按加工状态分为冷拉钢丝和消除应力钢丝两类。消除应力钢丝按松弛性能又可分为低松弛级钢丝和普通松弛级钢丝。其代号分别是：冷拉钢丝为 WCD，低松弛钢丝为

WLR，普通松弛钢丝为 WNR。钢丝按外形分为光圆、螺旋肋、刻痕三种，其代号分别是：光圆钢丝为 P、螺旋肋钢丝为 H、刻痕钢丝为 I。

钢丝由含碳量不低于 0.8%的优质碳素结构钢盘条，经冷拔及回火制成，具有较好的力学性能。将钢丝表面沿长度方向压出刻痕钢丝（见图 8－8）。这种钢丝应用于钢筋混凝土结构中可以增加钢丝与混凝土之间的摩擦阻力，改善钢筋混凝土结构的受力性能。预应力螺旋肋钢丝的外形如图 8－9 所示，其中 C 为螺旋肋导程，d 为外轮廓直径，d_1 为基圆直径，a 为单肋宽度，b 为单肋深度。

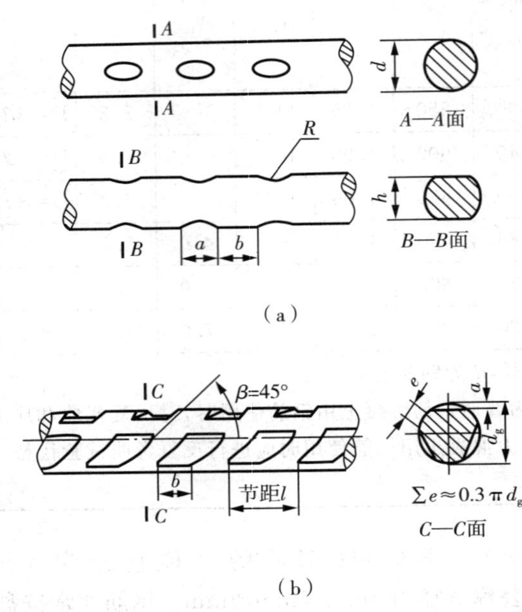

图 8－8　刻痕钢丝外形图

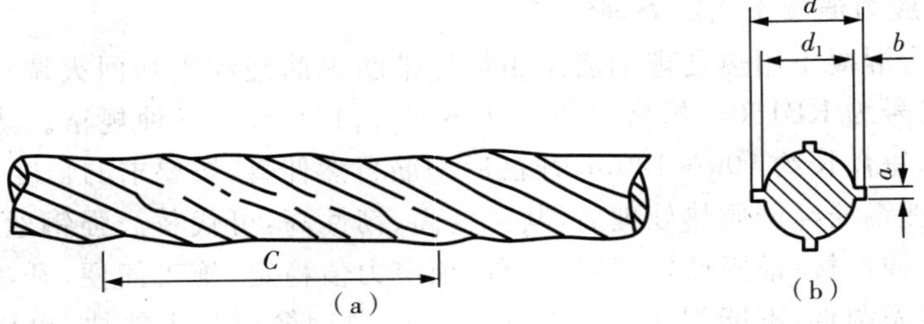

图 8－9　预应力螺旋肋钢丝外形图

预应力钢绞线按结构分别用两根、三根和七根圆形断面的高强度钢丝捻制而形成，根据其应力松弛性能又可将其分为Ⅰ级松弛（代号Ⅰ）和Ⅱ级松弛（代号Ⅱ）两种。钢绞线的标记反映了钢绞线的分类情况。例如，“预应力钢绞线 1×7—15.20—1860—GB/T 5224—2014”表示公称直径为 15.20mm、强度级别为 1860MPa、七根钢丝捻制而成的标准型钢绞线。“GB/T 5224—2014”为现行国家标准《预应力混凝土用钢绞线》的代号。

每盘钢绞线由一整根组成，其长度不小于200m。钢绞线的捻向一般向左(S)捻，特殊情况下也可向右(Z)捻。捻制后，为消除捻制时产生的应力，应进行热处理。部分钢绞线的尺寸及拉伸性能见表8－15～表8－18所列。

钢绞线的尺寸及拉伸性能

表8－15　1×2结构钢绞线力学性能

钢绞线结构	公称直径 D_0/mm	公称抗拉强度 R_m/MPa	整根钢绞线最大力 F_m/kN，≥	整根钢绞线最大力的最大值 $F_{m,min}$/kN，≤	0.2%屈服力 $F_{p0.2}$/kN，≥	最大力总伸长率 L_0≥400mm，Agt/%，≥	应力松弛性能	
							初始负荷相当于实际最大力的百分数/%	1000h后应力松弛率 r/%，≤
						对所有规格		
1×2	8.00	1470	36.9	41.9	32.5	3.5	70 80	2.5 4.5
	10.00		57.8	65.6	50.9			
	12.00		83.1	94.4	73.1			
	5.00	1570	15.4	17.4	13.6			
	5.80		20.7	23.4	18.2			
	8.00		39.4	44.4	34.7			
	10.00		61.7	69.6	54.3			
	12.00		88.7	100	78.1			
	5.00	1720	16.9	18.9	14.9			
	5.80		22.7	25.3	20.0			
	8.00		43.2	48.2	38.0			
	10.00		67.6	75.5	59.5			
	12.00		97.2	108	85.5			
	5.00	1860	18.3	20.2	16.1			
	5.80		24.6	27.2	21.6			
	8.00		46.7	51.7	41.1			
	10.00		73.1	81.0	64.3			
	12.00		105	116	92.5			
	5.00	1960	19.2	21.2	16.9			
	5.80		25.9	28.5	22.8			
	8.00		49.2	54.2	43.3			
	10.00		77.0	84.9	67.8			

表 8-16　1×3 结构钢绞线力学性能

钢绞线结构	公称直径 D_0/mm	公称抗拉强度 R_m/MPa	整根钢绞线最大力 F_m/kN，≥	整根钢绞线最大力的最大值 $F_{m,min}$/kN，≤	0.2%屈服力 $F_{p0.2}$/kN，≥	最大力总伸长率 L_0≥400mm，Agt/%，≥	应力松弛性能	
							初始负荷相当于实际最大力的百分数/%	1000h 后应力松弛率 r/%，≤
						对所有规格		
1×3	8.60	1470	55.4	63.0	48.8	3.5	70 80	2.5 4.5
	10.80		85.5	98.4	76.2			
	12.90		125	142	110			
	6.20	1570	31.1	35.0	27.4			
	6.50		33.3	37.5	29.3			
	8.60		59.2	66.7	52.1			
	8.74		60.6	68.3	53.3			
	10.80		92.5	104	81.4			
	12.90		133	150	117			
	8.74	1670	64.5	72.2	56.8			
	6.20	1720	34.1	38.0	30.0			
	6.50		36.5	40.7	32.1			
	8.60		64.8	72.4	57.0			
	10.80		101	113	88.9			
	12.90		146	163	128			
	6.20	1860	36.8	40.8	32.4			
	6.50		39.4	43.7	34.7			
	8.60		70.1	77.7	61.7			
	8.74		71.8	79.5	63.2			
	10.80		110	121	96.8			
	12.90		158	175	139			
	6.20	1960	38.8	42.8	34.1			
	6.50		41.6	45.8	36.6			
	8.60		73.9	81.4	65.0			
	10.80		115	127	101			
	12.90		166	183	146			
1×3I	8.7	1570	60.4	68.1	53.2			
		1720	66.2	73.9	58.3			
		1860	71.6	79.3	63.0			

表 8－17　1×7 结构钢绞线力学性能

钢绞线结构	公称直径 D_0/mm	公称抗拉强度 R_m/MPa	整根钢绞线最大力 F_m/kN，≥	整根钢绞线最大力的最大值 $F_{m,min}$/kN，≤	0.2% 屈服力 $F_{p0.2}$/kN，≥	最大力总伸长率 L_0≥400mm，Agt/%，≥	应力松弛性能：初始负荷相当于实际最大力的百分数/%	应力松弛性能：1000h 后应力松弛率 r/%，≤
						对所有规格		
1×7	15.20 (15.24)	1470	206	234	181	3.5	70 80	2.5 4.5
		1570	220	248	194			
		1670	234	262	206			
	9.5 (9.53)	1720	94.3	105	83.0			
	11.10 (11.11)		128	142	113			
	12.70		170	190	150			
	15.20 (15.24)		241	269	212			
	17.80 (17.78)		327	365	288			
	18.90	1820	400	444	352			
	15.70	1770	266	296	234			
	21.60		504	561	444			
	9.50 (9.55)	1860	102	113	89.8			
	11.10 (11.11)		138	153	121			
	12.70		184	203	162			
	15.20 (15.24)		260	288	229			
	15.70		279	309	246			
	17.80 (17.78)		355	391	311			
	18.90		409	453	360			
	21.60		530	587	466			
	9.5 (9.53)	1960	107	118	94.2			
	11.10 (11.11)		145	160	128			
	12.70		193	213	170			
	15.20 (15.24)		274	302	241			
1×7I	12.70	1860	184	203	162			
	15.20 (15.24)		260	288	229			
(1×7)C	12.70	1860	208	231	183			
	15.20 (15.24)	1820	300	333	264			
	18.00	1720	384	428	338			

表 8－18 1×19 结构钢绞线力学性能

钢绞线结构	公称直径 D_0/mm	公称抗拉强度 R_m/MPa	整根钢绞线最大力 F_m/kN，≥	整根钢绞线最大力的最大值 $F_{m,min}$/kN，≤	0.2% 屈服力 $F_{p0.2}$/kN，≥	最大力总伸长率 L_0≥400mm，Agt/%，≥	应力松弛性能：初始负荷相当于实际最大力的百分数/%	应力松弛性能：1000h 后应力松弛率 r/%，≤
						对所有规格		
1×19S（1+9+9）	28.6	1720	915	1021	805	3.5	70 80	2.5 4.5
	17.8	1770	368	410	334			
	19.3		431	481	379			
	20.3		480	534	422			
	21.8		554	617	488			
	28.5		942	1048	829			
	20.3	1810	491	545	432			
	21.8		567	629	499			
	17.8	1860	387	428	341			
	19.3		454	503	400			
	20.3		504	558	444			
	27.8		583	645	513			
1×19W（1+6+6/6）	28.6	1720	915	1021	805			
		1770	942	1048	829			
		1860	990	1096	854			

预应力钢丝和钢绞线主要用于大跨度、大负荷的桥梁、电杆、轨枕、屋架、大跨度吊车梁等，安全可靠，节约钢材，且不需冷拉、焊接接头等加工，因此在土木工程中得到广泛应用。

第二节 建筑木材

木材是人类使用最早的建筑材料之一，也是性能优良、人们最喜爱的建筑材料。早在古代，我国就曾采用木材建筑桥梁和栈道，取得辉煌的成就。随着现代建筑材料的产生和应用，在桥梁工程中单纯采用木材建造桥梁的情况已经很少，但在道路与桥梁工程中，各种木结构在工程设计中仍然会经常遇到。

一、建筑木材的分类

由于地球划分为热带、亚热带、温带和寒带等，所以气候条件有很大差异，木材的树种很多。但从总体上，从树叶的外观形状可将木材分为针叶树木和阔叶树木两大类。

1. 针叶树木

针叶树木的树干通直而高在，易得大材，纹理较平顺，材质较均匀，木质较软而易于加工，所以又称为“软木材”。这类木材表观密度和胀缩变形比较小，耐腐蚀性较强，是建筑工程中的主要用材，多用作承重构件。常用树种有松、杉、柏等。

2. 阔叶树木

阔叶树木的树干部分较短，材质较硬、较难加工，所以又称为“硬木材”。其表观密度较大，胀缩、翘曲变形较大，比较容易开裂。建筑工程中常用于尺寸较小的构件，有些树种具有天然而美丽的纹理，适于作内部装修、家具及胶合板等。常用的树种有榆木、水曲柳、柞木、槐木、桑木等。

二、建筑木材的构造

由于树种和生成环境不同，各种木材在构造上也有很大差异。木材的构造是决定木材性质的主要因素，木材的构造一般从宏观构造和微观构造两方面进行研究。

[问一问]
请指出木材的横向、径向、弦向三个切面的位置?

（一）木材的宏观构造

木材的宏观构造用肉眼和放大镜进行观察和分析。由木材的横向、径向和弦向三个切面可知，木材是由树皮、形成层、木质部、年轮、髓心等部分组成。有的木材还可以看到放射状的髓线。其宏观构造如图 8－10 所示。

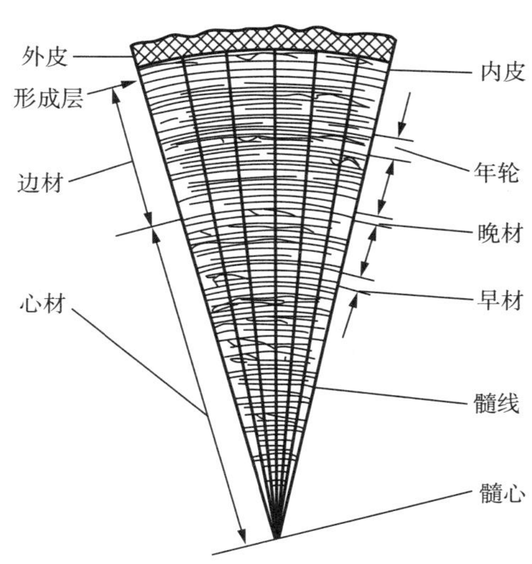

图 8－10　木材的宏观构造

1. 树皮

树皮在形成层的外表面，起着保护树木的作用。比较厚的树皮有内外两层，外层即外皮（粗皮），内层为韧皮，紧靠形成层。

2. 形成层

形成层为最后长成的一层很薄的活细胞，紧靠树皮。它向外生成树皮，向内生成木质部。借助形成层的成长，树木生成新的木材。

3. 木质部

木质部是髓心和树皮之间，系由形成层逐年积累的结果，是工程使用的主要部分。靠近树皮的部分，材色较浅，水分较多，称为边材。在髓心周围的部分，材色较深，水分较少，称为习材。心材材质较硬，密度较大，渗透性降低，而耐久性和耐磨性均比边材好，但两者的力学性能无太大的差别。

4. 年轮

由于形成层在成长过程中是不均匀的，所以在木材的横切面上能显示出深浅相间的同心圆，这些同心圆称为年轮，一般树木每生长一年一圈。年轮在木材的不同切面呈现出不同的形状，在横切面上为同心圆状，在径面上为明显条状，在弦切面上为抛物线或 V 字花边。

在年轮中，色浅而质松的部分是春季生长的，称为春材（早材）；色较深而质较密的部分是夏秋生长的，称为夏材（晚材）。相同树种夏材所占的比例大，木材的强度相对比较高，年轮紧密而均匀，木材材质相对较好，但胀缩、变形也比较显著。

5. 髓心

髓心位于树干的中心，生长期最长，材质松软，强度较低，易腐朽。由髓心呈放射状横向分布的纤维称髓线，髓线与周围联结较弱，干燥时在髓线处沿径向发生开裂。因此，在使用木材时，凡重要的木构件都应避开髓心。

6. 髓线与射出髓

各类木材都有顺横断面半径方向的细胞，形成侧立的细带称为髓线；由髓心或离髓心若干距离处开始一直深入树皮的称为射出髓。

（二）木材的微观构造

木材的微观构造是从显微镜下观察的木材构造。在显微镜下观察到木材是由无数管状空腔细胞紧密结合而成，绝大部分为纵向排列，少数为横向排列。细胞组织中细胞壁是由若干层细纤维组成，其间微小的孔隙能吸收和渗透水分。木材的细胞壁愈厚，木材愈密实，表观密度和强度也愈高。

木材细胞因功能不同，可分为管胞、导管、木纤维、髓线等多种。针叶树的显微构造简单而规则，主要由管胞和髓线组成，其髓线较细小且不明显。阔叶树的显微构造比较复杂，主要由导管、木纤维及髓线等组成，其髓线很发达，粗大而明显。

三、木材的性质

按我国现行国家标准（GB 1927～1943—9119）规定，木材的主要物理力学性质有下列各项。

（一）木材的物理性质

1. 木材的表观密度

木材的表观密度与树种、木材构造、含水率及取材部位等有关。一般来说，树木主干的基部最重，中部次之，上部最轻。木材的表观密度随含水量的多少而不同，可按式(8－10)计算：

$$r_{o(W)}=\frac{G_{(W)}}{V_{o(W)}} \quad (8-10)$$

式中：$r_{o(W)}$——表示木材含水率为W%时的表观密度；

$G_{(W)}$——含水率为W%时木材的质量；

$V_{o(W)}$——含水率为W%时木材的体积。

由以上公式可以看出，木材的表观密度与含水率密切有关，为了使木材具有可比性，通常规定木材的含水率15%时为标准含水率。另外，木材中晚材含量多的，其表观密度相应较大；阔叶树种比针叶树种木材的表观密度大。

2. 木材的含水量

木材的含水量是影响木材物理和力学性质的一个重要指标，一般常用含水率表示，即木材中所含水的质量占干燥木材质量的百分数。

① 木材中水的种类

木材中所含的水分，可以分为自由水、吸附水和化合水三种。自由水是存在于细胞腹腔内和细胞间隙间的水分；吸附水是存在于细胞壁微纤维之间的水分；化合水是与细胞壁组成物质化学结合的水分。

新采伐的木材称为生材，其内部都含有大量的自由水和吸附水，含水率一般在70%～140%。当木材在干燥时，首先是自由水很快被蒸发，但并不影响木材的尺寸变化和力学性质。当自由水完全被蒸发后，吸附水才开始蒸发，但蒸发的速度较慢，而且随着吸附水不断蒸发，木材的体积和强度均发生变化。化合水需在150～180℃以上才会发生破坏，且所含数量很少，研究物理力学性质时，可以不考虑化合水的变化。

②纤维饱和点

[问一问]

纤维饱和点与平衡含水率的概念是一样吗？

湿木材放置在空气中干燥，其水分将随着环境温度和湿度的变化而变化，当木材中没有自由水，而细胞壁内充满吸附水，达到饱和状态时，称为木材的纤维饱和点。纤维饱和点等于木材吸附水的最大量，是木材含水量中最重要的物理量，这是木材物理力学性质的转折点、分界线。木材的纤维饱和点一般为25%～35%，通常以30%作为各树种纤维饱和点含水率的平均值。

③ 平衡含水率

木材中水分的蒸发与周围空气的湿度和温度有关，当木材中的含水量与周围空气中的相对湿度达到平衡时，称为木材的平衡含水率。为了避免木材因含水率大幅度变化而引起过大变形及木制品开裂，木材在使用之前，必须干燥至使用环境年平均平衡含水率，然后再进行加工。我国的新疆、内蒙古、甘肃等地区的平衡含水率为10%，北方其他地区平衡含水率为12%左右，南方地区平衡含水率为15%左右。

3. 木材的湿胀干缩变形

木材细胞壁内吸附水的变化会引起木材发生变形，这就是木材另一个物理性质—湿胀干缩变形。木材从潮湿状态干燥至纤维饱和点的过程中,木材尺寸形状不会发生变化,只是质量有所降低。当木材从纤维饱和点干燥至细胞壁中的吸附水开始蒸发时,木材才会发生收缩。当木材中的吸附水增加时,木材的体积也会增大。

木材的湿胀干缩变形,理论上数值相等,仅方向相反。但实际上因吸收滞后作用,干缩率一般大于湿胀率。由于木材的构造具有不均匀性,所以在不同方向的干缩值不同,顺纹方向干缩最小(0.1%~0.3%),径向干缩较大(3%~6%),弦向干缩最大(6%~12%)。干缩对木材的使用有很大影响,它会使木材产生裂缝或翘曲变形,以致引起木结构的接合松弛或凸起等。

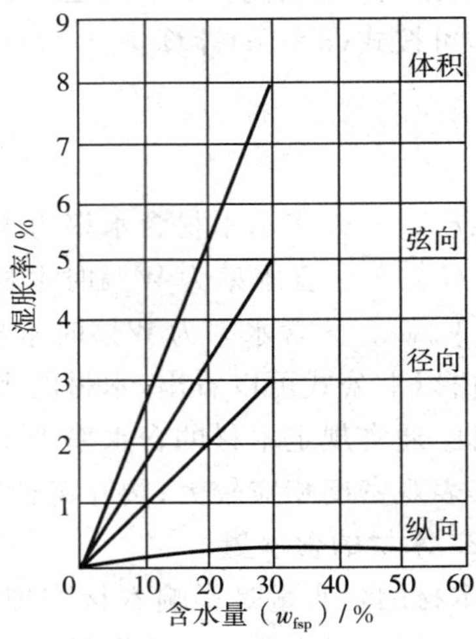

图 8-11　松木的含水膨胀曲线

[问一问]

从图中能反映木材的什么性质?你能从中得到什么结论?

含水率与湿胀率的关系,以松木为例如图 8-11 所示;木材在干燥后其断面尺寸和形状变化如图 8-12 所示。

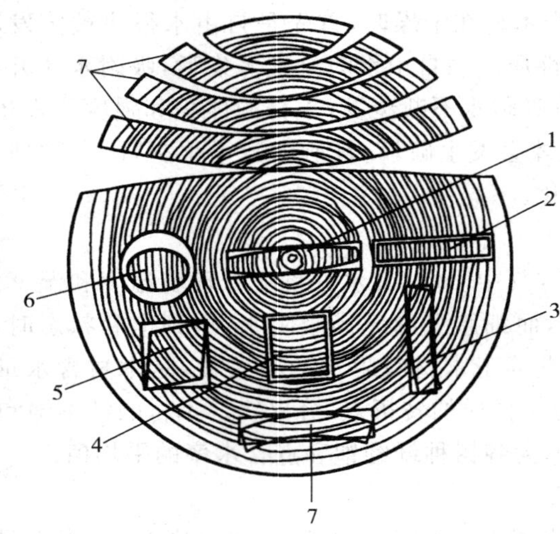

1—含髓心径锯板,呈凸形;2—不含髓心径切板,干缩均匀;3—端面与年轮成 45°板,呈瓦状翘曲;4—板迹与年轮平行,正方形变为长方形;5—与年轮呈对角线,正方形变为菱形;6—与年轮平行,圆形变为椭圆形;7—弦锯板呈弯瓦翘曲。

图 8-12　木材干燥后截面形状的改变

4. 木材的热传导性

木材与金属相比,其导热性是很小的。因为木材内有很多空隙,空隙中含有不流动的空气,所以木材是热的不良导体。影响木材导热性的因素很多,主要有以下三个方面：与木材的表观密度成正比；与木材的构造方向有关，弦向和径向基本相同，但纵向较横向大约高1倍；随木材含水率的提高而增大。

（二）木材的力学性能

木材在使用过程中的受力状态，可以分为抗拉、抗压、抗弯和抗剪四类强度，由于木材具有特殊的构造特点，其抗拉、抗压、抗剪强度又有顺纹（作用力方向与纤维方向平行）和横纹（作用力方向与纤维方向垂直）之分。总起来说，木材的强度可以分为顺纹抗压、横纹抗压、顺纹抗拉、横纹抗拉、抗弯、顺纹抗剪、横纹抗剪七种强度。木材的顺纹与横纹强度有很大差别，强度试验证明，顺纹抗拉强度最大，抗弯强度较大，顺纹抗压强度次大，横纹抗拉强度最小。它们之间的关系见表8－19所列。

［问一问］

木材哪个方向受力最大？

表8－19　木材强度之间的关系

抗压		抗拉		抗弯	抗剪	
顺纹	横纹	顺纹	横纹		顺纹	横纹切断
1	1/10～1/3	2～3	1/20～1/3	1.5～2.0	1/7～1/3	1/2～1

木材强度等级按无疵标准试件的弦向静曲强度来评定（见表8－20），木材强度代号中的数值为木结构设计时的强度设计值，它要比试件实际强度低数倍，这是因为木材的实际强度还会受到各种因素的影响。

表8－20　木材强度等级评定标准

木材种类	针叶树材				阔叶树材				
强度等级	TC11	TC13	TC15	TC17	TB11	TB13	TB15	TB17	TB20
静曲强度最低值/MPa	48	54	60	74	58	68	81	92	104

四、建筑木材的缺陷

木材在构造上的不规则性，内部或外部的损伤以及各种形式的病态等都称为木材的缺陷。木材出现缺陷不仅会降低其使用价值，甚至完全不能使用。与木材材质标准有关的缺陷有腐朽、节子、斜纹、裂纹和髓心等。

1. 腐朽

木材受腐朽菌侵蚀后，不但颜色和结构发生变化，同时变得松软、易碎，最后变成一种干的或湿的软块（呈筛孔状、粉末状等），此种状态称为腐朽。木材腐朽后，其硬度、强度剧烈降低，并破坏木材的完整性和均匀性，如腐朽严重的，可以使木材完全失去利用价值，因此应加限制。

2. 节子

树干中的活枝条或枯死在树干中着生的断面，称为节子。根据节子质地及其与周围木材相结合的程度分为：

① 活节：与周围木材全部紧密相连的节子；

② 死节：与周围木材部分脱离或完全脱离的节子；

③ 漏节：节子本身的木质构造已大部分破坏，而且和树干的内部腐朽相连。

节子能破坏木材的均匀性，有时甚至还能破坏木材的完整性，降低木材的力学性质，所以节子是评定木材等级的主要项目之一。节子影响使用的程度，主要根据节子质地、分布位置、尺寸大小、密集程度和木材用途而定。

3. 斜纹

木材中由于纤维排列与纵轴方向不一致，所形成的倾斜纹理，称为斜纹。除天然斜纹外，由于锯解方法的不正确，亦能造成人造斜纹。

斜纹对木材纵向受拉和静力弯曲强度影响较大。此外，有斜纹的圆材在锯解成板方材后，其翘曲性也较大。斜纹的存在影响木材的使用，其影响程度需根据斜纹的倾斜度大小和木材用途而定。

4. 裂纹

在树木生长期间或伐倒后，由于受外力或温度和湿度变化的影响，致使木材纤维之间出现脱离的现象，称为裂纹。

按开裂部位和开裂方向不同，裂纹可分为：

① 径裂：是在木材断面内部，沿半径方向开裂的裂纹；

② 轮裂：是在木材断面沿年轮方向开裂的裂纹，轮裂有成整圈的环裂和不成整圈的弧裂两种；

③ 干裂：是由于木材干燥不均而引起的裂纹，一般都分布在材身上，在断面上分布的亦与材身上分布的外露裂纹相连，故统称为纵裂。

裂纹破坏木材的完整性，降低木材强度，如在不良的保管条件下，还能引起木材变色和腐朽。裂纹影响使用的程度，须根据裂纹的长度、深度、分布部位和木材用途而定。

5. 髓心

髓心是在树干断面中由第一轮年轮组成的初生木质部分，在每一个株树木中都有。有髓心的成材，在干燥时会增加木材的开裂程度，在桥梁木结构上应加以限制。

实验一　钢材拉伸试验

1. 试验目的

测定钢筋的屈服点、抗拉强度和伸长率，评定钢筋的强度等级。

2. 主要仪器设备

(1)万能材料试验机　为保证机器安全和试验准确，其吨位选择最好是使试件达到最大荷载时．指针位于第二象限内。试验机的测力示值误差不大于1%。

(2)量具游标卡尺，精确度为0.1mm。

3. 试样制备

拉伸试验用钢筋试件不得进行车削加工，可以用两个或一系列等分小冲点或细划线标出试件原始标距，测量标距长度 L_0，精确至 0.1mm，如图 8－13 所示。根据钢筋的公称直径按表 8－13 选取公称横截面积(mm^2)。

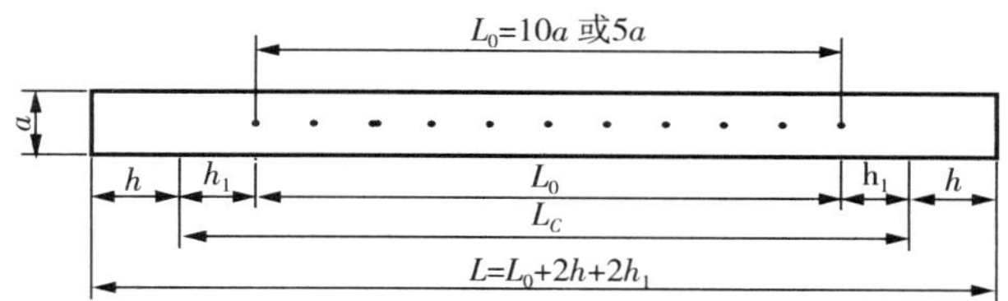

a—试样原始直径；L_0—标距长度；h_1—取(0.5～1)a；
h—夹具长度；L_C—试样平行长度(不小于 L_0+a)。

图 8－13　钢筋拉伸试验试件

表 8－18　钢筋的公称横截面积

公称直径/mm	公称横截面积/mm^2	公称直径/mm	公称横截面积/mm^2
8	50.27	22	380.1
10	78.54	25	490.9
12	113.1	28	615.8
14	153.9	32	804.2
16	201.1	36	1018
18	254.5	40	1257
20	314.2	50	1964

4. 试验步骤

(1)调整试验机测力度盘指针，使对准零点，并拨动副指针，使与主指针重叠。装好描绘器、纸、笔等。

(2)将试件固定在试验机夹头内，开动试验机进行拉伸，拉伸速度为：屈服前应力增加速度为 10MPa/s；屈服后试验机活动夹头在荷载下移动速度不大于 0.5Lc/min，直至试件拉断。

(3)拉伸过程中，测力度盘指针停止转动时的恒定荷载，或第一次回转时的最小荷载，即为屈服荷载 F_s(N)。向试件继续加荷直至试件拉断，读出最大荷载 F_b(N)。

(4)将已拉断的试件两端在断裂处对齐，尽量使其轴线位于同一条直线上，测量拉伸后标距两端点间的长度 L_1(精确至 0.1mm)。如拉断处形成缝隙，则此缝隙应计入该试件拉断后的标距内。

(5)如试件拉断处到邻近标距端点处距离大于 $L_0/3$ 时，可用游标卡尺直接量出 L_1。如拉断处距离邻近标距端点小于或等于 $L_0/3$ 时，可按下述移位法确定

L_1：在长段上自断点 O 起，取等于短段格数得 B 点，再取等于长段所余格数[偶数见图试 8－14(a)]之半得 C 点；或者取所余格数[奇数见图 8－14(b)]减 1 与加 1 之半得 C 与 C_1 点。则移位后的 $L1$ 分别为 $AO+OB+2BC$ 或 $AO+OB+BC+BC_1$。

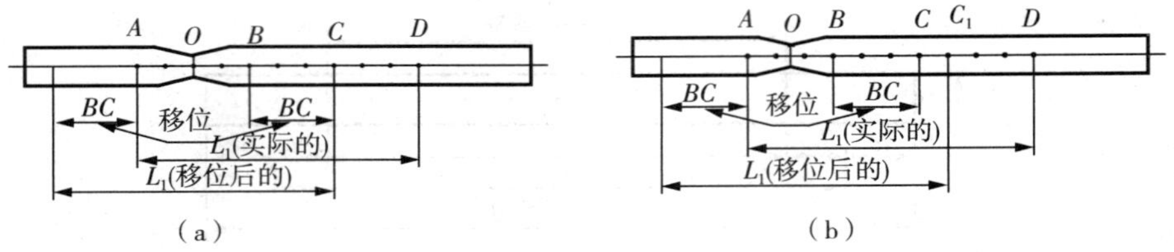

图 8－14　用移位法计算标距

如果直接测量所求得的伸长率能达到技术条件要求的规定值，则可不采用移位法。

5. **结果评定**

1)钢筋的屈服点 σ_s 和抗拉强度 σ_b 按下式计算：

$$\sigma_s=\frac{F_s}{A}\quad \sigma_b=\frac{F_b}{A}$$

式中：σ_s、σ_b——分别为钢筋的屈服点和抗拉强度(MPa)；

F_s、F_b——分别为钢筋的屈服荷载和最大荷载(N)；

A——试件的公称横截面积(mm^2)。

当 σ_s、σ_b 大于 1000MPa 时，应计算至 10MPa，按“四舍六入五单双法”修约；为 200～1000MPa 时，计算至 5MPa，按“二五进位法”修约；小于 200MPa 时，计算至 1MPa，小数点数字按“四舍六入五单双法”处理。

(2)钢筋的伸长率 δ_5 或 δ_{10} 按下式计算：

$$\delta_5(\text{或 }\delta_{10})=\frac{L_1-L_0}{L_0}\times 100$$

式中：δ_5 或 δ_{10}——分别为 $L_0=5d$ 或 $L_0=10d$ 时的伸长率(精确至 1%)；

L_0——原标距长度 $5d$ 或 $10d$(mm)；

L_1——试件拉断后直接量出或按移位法的标距长度(mm，精确至 0.1mm)。

(3)如试件在标距端点上或标距处断裂，则试验结果无效，应重做试验。

实验二　钢筋冷弯试验

1. **试验目的**

通过冷弯试验，对钢筋塑性进行严格检验，也间接测定钢筋内部的缺陷及可焊性。

2. **主要仪器设备**

压力机或万能材料试验机，具有不同弯心直径的冷弯冲头。

3. **试验步骤**

(1)钢筋冷弯试件不得进行车削加工，试样长度通常按下式确定：

$$L \approx 5a + 150(\mathrm{mm})$$

式中：a——试件原始直径。

(2)半导向弯曲

试样一端固定，绕弯心直径进行弯曲，试件弯曲到规定的弯曲角度或出现裂纹、裂缝或裂断为止。

(3)导向弯曲

① 试件放在两个支点上[见图 8－15(a)]，将一定直径的弯心在试样两个支点中间施加压力，使试样弯曲到规定角度[见图 8－15(b)和(c)]或出现裂纹、裂缝、裂断为止。

② 试验时应在平稳压力作用下，缓慢施加试验力。两支辊间距离 L_1 为$(d + 2.5a) \pm 0.5a$，其中 d 为冷弯冲头直径，$d = na$，n 为自然数，其值大小根据钢筋级别确定。两支辊间距离 L_1 在试验过程中不允许有变化。

③ 试验应在 10～35℃下进行。在控制条件下，试验在 23℃±5℃进行。

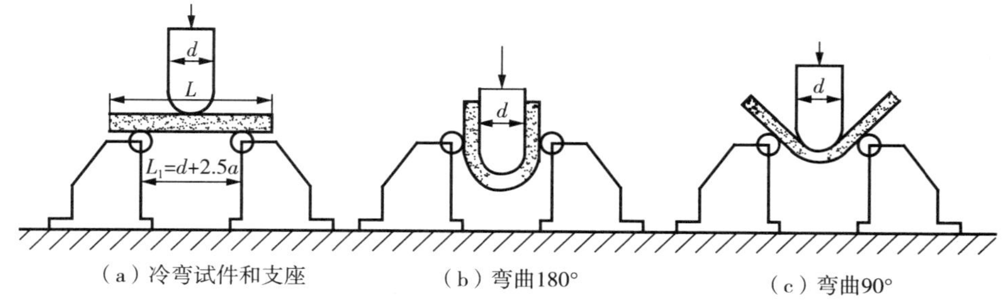

图 8－15　钢筋冷弯试验装置示意图

4. **结果评定**

在常温下，在规定的弯心直径和弯曲角度下对钢筋进行弯曲，检测两根弯曲钢筋的外表面，若无裂纹、断裂或起层，即判定钢筋的冷弯合格，否则冷弯不合格。

5. **试验完成后按要求填写以下实训报告**

小　结

建筑钢材主要应用于钢结构、钢筋混凝土和预应力钢筋混凝土结构中。建筑钢材最主要的技术性质是抗拉性能、冲击韧性、耐疲劳性和冷弯性能。最常用的钢结构用钢材为碳素钢和低合金钢。钢筋混凝土结构常采用热轧钢筋、冷轧钢筋等。

建筑木材最主要的力学性质是顺纹抗拉强度、顺纹抗压强度、顺纹抗剪强度、弯曲强度等。建筑木材的力学强度与含水率、温度、荷载状态和木材缺陷有密切关系。

复习思考题

1. 评价建筑用钢的技术性质应根据哪些主要指标？

2. 桥梁建筑用钢有哪些技术要求？

3. 说明下列钢材牌号含义：Q235、16Mn、15MnVq、45Si2Cr。

4. 预应力混凝土用热处理钢筋、钢丝和钢绞线应检验哪些力学性能项目？

5. 木材中水分有哪几种？它们分别对木材的物理和力学性质有什么影响？何谓纤维饱和点和含水率和平衡含水率？

6. 木材缺陷对材质有什么影响？如何根据缺陷来确定木材等级？

主要参考文献

1. 中华人民共和国国家标准.《碳素结构钢》(GB/T700—2006). 北京:中国标准出版社,2007.

2. 中华人民共和国国家标准.《优质碳素结构钢》(GB/T699—2015). 北京:中国标准出版社,2015.

3. 中华人民共和国国家标准.《低合金高强度结构钢》(GB/T1591—2008). 北京:中国标准出版社,2008.

4. 中华人民共和国国家标准.《桥梁用结构钢》(GB/T714—2018). 北京:中国标准出版社,2018.

5. 中华人民共和国国家标准.《冷轧带肋钢筋》(GB13788—2017). 北京:中国标准出版社,2017.

6. 中华人民共和国国家标准.《预应力混凝土用钢丝》(GB/T5223—2014). 北京:中国标准出版社,2014.

7. 中华人民共和国国家标准. 建设用砂(GB/T 14684—2011). 北京:中国标准出版社,2011.

8. 中华人民共和国国家标准. 混凝土外加剂应用技术规范(GB 50119—20103). 北京:中国建筑工业出版社,2013.

9. 中华人民共和国国家标准. 混凝土强度检验评定标准(GB/T50107—2010). 北京:中国计划出版社,2010.

10. 中华人民共和国国家标准. 混凝土质量控制标准(GB 50164—2011). 北京:中国计划出版社,2011.

11. 中华人民共和国国家标准. 通用硅酸盐水泥(GB 175—2007). 北京:中国标准出版社,2008.

12. 中华人民共和国国家标准. 水泥胶砂强度检验方法(ISO 法)(GB/T17671—1999). 北京:中国标准出版社,1999.

13. 中华人民共和国国家标准. 混凝土拌和物性能试验方法标准(GB/50080—2016). 北京:中国建筑工业出版社,2017.

14. 中华人民共和国国家标准. 普通混凝土力学性能试验方法标准(GB/T 50081—2019). 北京:中国建筑工业出版社,2019.

15. 中华人民共和国国家标准. 普通混凝土配合比设计规程(JGJ 55—2011). 北京:中国建筑工业出版社,2011.

16. 中华人民共和国国家标准. 混凝土结构工程施工质量验收规范(GB 50204—2015). 北京:中国建筑工业出版社,2015.

17. 中华人民共和国国家标准．混凝土结构设计规范(GB 50010—2010)．北京:中国建筑工业出版社,2010.

18. 中华人民共和国交通行业标准．公路工程技术标准(JTG B01—2014)．北京:人民交通出版社,2014.

19. 中华人民共和国国家标准．水泥标准稠度用水量、凝结时间、安定性检验方法(GB/T 1346—2011)．北京:中国标准出版社,2011.

20. 中华人民共和国国家标准．钢筋混凝土用热轧带肋钢筋(GB/T 1499.2—2018)．北京:中国标准出版社,2018.

21. 中华人民共和国国家标准．金属材料弯曲试验方法(GB/T 232—2010)．北京:中国标准出版社,2010.

22. 中华人民共和国国家标准．建设用碎石、卵石(GB/T 14685—2011)．北京:中国标准出版社,2011.

23. 中华人民共和国交通行业标准．公路水泥混凝土路面设计规范(JTG D40—2011)．北京:人民交通出版社,2014.

24. 中华人民共和国交通行业标准．公路水泥混凝土路面施工技术细则(JTG/T F30—2014)．北京:人民交通出版社,2014.

25. 中华人民共和国交通行业标准．公路工程岩石试验规程(JTG E41—2005)．北京:人民交通出版社,2005.

26. 中华人民共和国交通行业标准．公路工程集料试验规程(JTG E42—2005)．北京:人民交通出版社,2005.

27. 中华人民共和国交通行业标准．公路路面基层施工技术细则(JTG/T F20—2015)．北京:人民交通出版社,2015.

28. 中华人民共和国交通行业标准．公路工程无机结合料稳定材料试验规程(JTG E51—2009)．北京:人民交通出版社,2009.

29. 中华人民共和国交通行业标准．公路沥青路面施工技术规范(JTG F40—2004)．北京:人民交通出版社,2003.

30. 中华人民共和国行业标准．砌筑砂浆配合比设计规程(JGJ98－2010)．北京:中国建筑工业出版社,2010.

31. 中华人民共和国交通行业标准．公路沥青路面设计规范(JTG D50—2017)．北京:人民交通出版社,2017.

32. 中华人民共和国交通行业标准．公路工程沥青及沥青混合料试验规程(JTG E20—2011)．北京:人民交通出版社,2011.

33. 中华人民共和国建设部标准．混凝土拌合用水标准(JGJ 63—2006)．北京:中国建筑工业出版社,2006.

34. 郃连河．道路建筑材料．北京:人民交通出版社,2001.

35. 姜志青．道路建筑材料．北京:人民交通出版社,2002.

36. 沈金安．改性沥青与SMA路面．北京:人民交通出版社,1999.

37. 徐培华、陈忠达．路基路面试验检测技术．北京:人民交通出版社,2004.

38. 邓学钧．路基路面工程．北京:人民交通出版社,2000.
39. 伍必庆．道路材料试验．北京:人民交通出版社,2002.
40. 习应祥、卓知学、杨煜惠．道路工程材料质量控制与检测．长沙:湖南地图出版社,1989.
41. 李立寒、张南鹭．道路建筑材料．上海:同济大学出版社,2004.
42. 文德云．公路施工技术．北京:人民交通出版社,2003.
43. 高等级公路半刚性基层沥青路面．北京:人民交通出版社,1998.
44. 屠书荣．现代路面与材料．北京:人民交通出版社,2003.
45. 高群．公路沥青路面养护新技术．北京:人民交通出版社,2001.
46. 葛勇,张宝生．建筑材料．北京:中国建材工业出版社,2002.
47. 张应立．现代混凝土配合比设计手册．北京:人民交通出版社,2002.
48. 申爱琴．水泥与水泥混凝土．北京:人民交通出版社,2000.
49. 侯子仪．道路建筑材料．天津:天津大学出版社,2004.
50. 严家伋,道路建筑材料,北京:人民交通出版社,2001.

责任编辑　张择瑞
封面设计　张　争

图书在版编目(CIP)数据

道路材料/陈晓明,周娟主编.—合肥:合肥工业大学出版社,2012.7(2024.1重印)
高职高专交通土建类系列教材
ISBN 978-7-5650-0728-6

Ⅰ.①道…　Ⅱ.①陈…　②周…　Ⅲ.①道路工程—工程材料—高等职业教育—教材
Ⅳ.①U414

中国版本图书馆CIP数据核字(2012)第095254号

道路材料

主　编　陈晓明　周　娟　　　副主编　吴自强　徐凤纯　王　彪

出　版	合肥工业大学出版社	版　次	2012年7月第1版
地　址	合肥市屯溪路193号	印　次	2024年1月第7次印刷
邮　编	230009	开　本	787毫米×1092毫米　1/16
电　话	理工图书出版中心:0551-62903204	印　张	22.5
	营销与储运管理中心:0551-62903198	字　数	479千字
网　址	press.hfut.edu.cn	印　刷	安徽省瑞隆印务有限公司
E-mail	hfutpress@163.com	发　行	全国新华书店

主编信箱　cxmtyy@sina.com　　责编信箱/热线　zrsg2020@163.com　13965102038

ISBN 978-7-5650-0728-6　　定价:56.00元

如果有影响阅读的印装质量问题,请与出版社营销与储运管理中心联系调换。